U0733146

理工社

MBA/MPA/MPAcc

管理类联考

老·吕·数·学

—— 要点精编 ——

（第4版）

主　编◎吕建刚　　副主编◎马羡梓

北京理工大学出版社

BEIJING INSTITUTE OF TECHNOLOGY PRESS

图书在版编目（CIP）数据

管理类联考·老吕数学要点精编/吕建刚主编 . —4 版 . —北京：北京理工大学出版社，2017.11（2018.1 重印）

ISBN 978－7－5682－4991－1

Ⅰ.①管… Ⅱ.①吕… Ⅲ.①高等数学－硕士生入学考试－自学参考资料 Ⅳ.①O13

中国版本图书馆 CIP 数据核字（2017）第 280812 号

出版发行 / 北京理工大学出版社有限责任公司		
社　　址 / 北京市海淀区中关村南大街 5 号		
邮　　编 / 100081		
电　　话 / （010）68914775（总编室）		
（010）82562903（教材售后服务热线）		
（010）68948351（其他图书服务热线）		
网　　址 / http：//www.bitpress.com.cn		
经　　销 / 全国各地新华书店		
印　　刷 / 保定市中画美凯印刷有限公司		
开　　本 / 787 毫米×1092 毫米　1/16		
印　　张 / 27		责任编辑 / 孟雯雯
字　　数 / 633 千字		文案编辑 / 多海鹏
版　　次 / 2017 年 11 月第 4 版　2018 年 1 月第 2 次印刷		责任校对 / 周瑞红
定　　价 / 59.80 元		责任印制 / 边心超

联考高分必杀攻略

——老吕专硕系列再版前言

你最大的愿望是什么？考上研究生！

考上研究生需要什么？高分！

得到高分需要什么？也许你会说，勤奋。

老吕承认，考研必须勤奋。可惜的是，即使面对考研这么重要的人生十字路口，能做到勤奋的同学比例也不大。为何？因为勤奋让人如此痛苦而玩耍却让人身心愉悦。与做一道数学题相比，和朋友开黑来一局王者荣耀所带来的快感显然要大得多。

正是因为勤奋的痛苦值太高，所以，老吕一直致力于让你更快乐的学习。所以，老吕成了移动表情包，成了网红段子手，成了自黑小达人。很多同学黑起老吕来也是不遗余力——老吕，你的鼻孔为何比眼睛还大？

可是，如果老吕只会搞笑的话，那老吕和岳云鹏、宋小宝、沈腾他们还有什么区别？老吕显然高级得多，因为，教学，老吕是认真的，这种认真，最多地体现在对教学方法、备考方法、得分方法的研究上。老吕一直认为，勤奋固然重要，但方法比勤奋更加重要！

所以，如果你想考上研究生，请你先跟我了解联考，了解联考的正确备考方法。请你相信，这一篇前言给你带来的价值，不低于一个月的学习，所以，请用心听老吕讲下去。

（注意，此文的数学攻略仅适用于管理类联考，逻辑、写作备考攻略既适合管理类联考，也适合经济类联考。所以，参加经济类联考的同学，请直接跳到逻辑、写作部分即可。）

一、 管理类联考的考试特点

管理类联考的综合试题由 25 道数学选择题、30 道逻辑选择题、1 篇 600 字的论证有效性分析和 1 篇 700 字的论说文构成。联考的考试时间为 180 分钟，但是，你至少要拿出 2～3 分钟来涂 55 个选择题的答题卡，加上你刚进考场时心里的小鹿乱撞、即将交卷时的心塞，你的有效做题时间，最多只有 175 分钟。所以，你需要在 110 分钟内做完 25 道数学题加 30 道逻辑题，然后再用 65 分钟的时间写完两篇作文！是不是很紧张？

从题目难度来看，联考数学每年 23 道左右的题是常规型题目，逻辑至少有 25 道题可以在历年真题中找到相似题。这些题，我们都不应该称之为难题。也就是说，联考中真正的难题并不多。另外，由于时间的珍贵，遇到难题，应该跳过去，等做完全部会做的题目，再回头来做。记住，直接放弃一道题的净收益为零，但是花了 10 分钟才做出一道题，净收益为负。

所以，管理类联考对大家的要求就是两个字：快、准。只准不快，意味着你做不完题；只快不准，白忙一场。

二、 数学备考策略

1. 数学如何做到快

（1）常规题目要秒杀。

很多同学说数学考试难度太大，还有的同学说数学考试变化太多。我想对这样的同学说，数学每年有 23～24 道题是常规题目，这些题目的规律性是很强的。所以，不是题目出得偏也不是题目出得难，是你对常规题型、常见解法、常见变化总结

扫码并回复"前言"
听前言 1：数学备考攻略

1

的不到位,是你基本功不扎实。

来看 2 道例题。

例 1 若 $(1-2x)^{2\,009}=a_0+a_1x+a_2x^2+\cdots+a_{2\,009}x^{2\,009}$,$x\in\mathbf{R}$,则 $\dfrac{a_1}{2}+\dfrac{a_2}{2^2}+\cdots+\dfrac{a_{2\,009}}{2^{2\,009}}$ 的值为( ).

(A)2   (B)0   (C)-1   (D)-2   (E)1

例 2 已知 a_1,a_2,a_3,$\cdots$,$a_{1\,996}$,$a_{1\,997}$ 均为正数,又 $M=(a_1+a_2+\cdots+a_{1\,996})(a_2+a_3+\cdots+a_{1\,997})$,$N=(a_1+a_2+\cdots+a_{1\,997})(a_2+a_3+\cdots+a_{1\,996})$,则 M 与 N 的大小关系是( ).

(A)$M=N$ (B)$M<N$ (C)$M>N$ (D)$M\geqslant N$ (E)$M\leqslant N$

亲,你能做出这两道题来吗,又用了多长时间做这两道题呢?如果你觉得这两道题难的话,那么你的基础题型掌握得太差了,因为这两道题真的很简单。

例 1 【解析】看起来此题很复杂,但观察可知此题是一道求多项式展开式的系数之和问题,遇到此类题目必可以使用特殊值法。

令 $x=\dfrac{1}{2}$,原式可化为:$\left(1-2\times\dfrac{1}{2}\right)^{2\,009}=a_0+\dfrac{a_1}{2}+\dfrac{a_2}{2^2}+\cdots+\dfrac{a_{2\,009}}{2^{2\,009}}=0$,

故,$\dfrac{a_1}{2}+\dfrac{a_2}{2^2}+\cdots+\dfrac{a_{2\,009}}{2^{2\,009}}=-a_0$;

令 $x=0$,得 $a_0=1$. 故,$\dfrac{a_1}{2}+\dfrac{a_2}{2^2}+\cdots+\dfrac{a_{2\,009}}{2^{2\,009}}=-1$,选(C).

例 2 【解析】比较 M、N 的大小,常用比差法,即求 $M-N$,看是大于还是小于 0 即可。又因为题目中多次出现公共部分 $a_2+\cdots+a_{1\,996}$,故用换元法,令 $a_2+a_3+\cdots+a_{1\,996}=t$.

故有:$M-N=(a_1+t)(t+a_{1\,997})-(a_1+t+a_{1\,997})t=a_1a_{1\,997}>0$,故 $M>N$,选(C).

你可能会问,老吕怎么能想到这么巧的方法呢?不是老吕聪明,而是这些题目是常规题型,老吕做了详细的总结。通过观察命题特点,即可判断题型,有了题型自然可以确定对应的解题方法。

这样的总结有很多,比如绝对值的最值问题一定可以用"描点看边取拐点法",代数式的最值问题一定用均值不等式、一元二次函数或者配方法,遇到平行线又有三角形一定考三角形的相似,等等。这些规律,老吕总结在《老吕数学要点精编》或者《老吕数学母题 800 练》的"老吕施法"栏目中,建议大家在理解的基础上背下来,就能做到常规题型一眼看出解法。

你可能会问,老师,如果题目有变化怎么办?这就是"母题"的价值了。老吕不仅给你总结了"母题",还帮你总结了"母题"的常见变化。可以说,掌握了母题及变化,就掌握了数学的根本,数学又怎么会得不到高分呢?

(2)要擅长使用特殊方法

考试中,我们要做到三点:别人不会的我会,大家都会的我准,大家都准的我快。同样是得 3 分,如果你比别人少用了 1 分钟,你的效率就是高的。所以,我们要擅长使用特殊方法。

看几道例题。

例 3 掷一枚均匀的硬币若干次,当正面向上次数大于反面向上次数的时候停止,则在 4 次之内停止的概率为( ).

(A)$\dfrac{1}{8}$ (B)$\dfrac{3}{8}$ (C)$\dfrac{5}{8}$ (D)$\dfrac{3}{16}$ (E)$\dfrac{5}{16}$

例 4 一个球从 100 米高处自由落下,每次着地后又跳回前一次高度的一半再落下. 当它第 10 次着地时,共经过的路程是( )米.(精确到 1 米且不计任何阻力)

(A)300   (B)250   (C)200   (D)150   (E)100

例 5 一艘轮船往返航行于甲、乙两个码头之间,若船在静水中的速度不变,则当这条河的水流速度增加50%时，往返一次所需的时间比原来将（　　）.

(A)增加　　　　　　　(B)减少半个小时　　　　　　(C)不变

(D)减少一个小时　　　(E)无法判断

这3道题，如果使用常规方法来解，要么难度比较大，要么计算量会比较大。但实际上，如果你擅长使用特殊方法，都能迅速求解。

例3　【解析】若第一次一下就扔出正面，就停止了，此时概率为$\frac{1}{2}$，所以答案得大于等于$\frac{1}{2}$，只有(C)项符合。

例4　【解析】本题考的是无穷递缩等比数列求和，可实际上，第一次落地路程为100，第二次又是100，第3次是50，答案必大于250，只能选(A)。

例5　【解析】若此题用比差法比大小，没有5分钟不可能做出来，若用极值法，假设水速增加到了与船速相同，则船逆水而上时，上不去了，时间变成正无穷，可见时间增加，即(A)项。

你可能会说，老师，我想不到特殊方法。其实，哪一类题型能用特殊方法，有极强的规律性。比如分式求值问题90%可用特殊值法，齐次分式求值问题必可用特殊值法，数列的递推公式问题必可令n等于1、2、3求解，等等。这些规律，老吕也会给你做详细总结，你还不背下来吗？

2. 数学如何做到准

如果一道数学题，你做不对，有两种可能：不会做；会做但是做错了。

(1)不会做的题目如何处理？

你的处理方式是这样的。例22不会做，看答案吧，一看答案，原来这么简单，我咋想不到，学会了，做例23吧。晕，居然又不会，看答案吧，一看答案，原来也这么简单，我咋想不到，真笨，算了，看例24吧。老吕的书并不厚，一本书一个月就"做"完了，但你这是"做"完吗？你这是看了一遍答案，而且，没过两天答案也忘了。遇到相似的题，还是不会做。然后你就想大量刷题来解决这个问题。结果就是会做的题反复做，不会做的题还是不会，也没有去做总结。

正确的学习方法是这样的。遇到一个不会做的题，先不看答案，先想这个题考的哪个知识点？是哪个题型？这个题型有几种常用方法？用常用方法试着解一下，一般就解出来了。还是解不出来，没关系，看看答案。然后找一些相似题做一下，总结这个题型的变化有几种、方法有几种、什么样的变化用什么样的方法。这样，你一道题不会做，却解决了一类你不会做的问题，你觉得你学不好吗？这就是老吕数学"母题学习法"的本质。老师要求你主动地做题，主动地总结，而不是被动地刷题。

(2)会做但是做错了是为什么？

大多数同学会用"粗心"二字来回答这个问题。但是，同学，你固然会粗心，但绝大多数"粗心"其实是能力问题，是基础知识不牢固、公式的适用条件不清楚、被命题陷阱套住了。请你做一做这道题：

例6　关于x的一元二次方程$x^2-mx+2m-1=0$的两个实数根分别是x_1、x_2，且$x_1^2+x_2^2=7$，则$(x_1-x_2)^2$的值是（　　）.

(A)−11或13　　(B)−11　　　(C)13　　　　(D)−13　　　(E)19

老吕上课时发现这道题有很多同学选(A)。亲，我们要求的是平方项的和，肯定大于等于0，(A)、(B)、(D)三项一眼就要排除呀。那为什么还是有人选A呢？是用韦达定理算出来的$m_1=5$，$m_2=-1$，但实际上使用韦达定理前，要判断根的判别式Δ是否大于等于0。这就是基础知识不扎实导致的错误。

本题的正确解法如下：

例6　【解析】方程有实根，故

$$\Delta=m^2-4(2m-1)=m^2-8m+4\geqslant 0$$

由韦达定理知:$x_1+x_2=m$,$x_1x_2=2m-1$.

故,$x_1^2+x_2^2=(x_1+x_2)^2-2x_1x_2=m^2-2(2m-1)=7$,

解得 $m_1=5$(使 $\Delta<0$,舍去),$m_2=-1$;

故,$(x_1-x_2)^2=(x_1+x_2)^2-4x_1x_2=1+12=13$.

管理类联考的数学一共三十多个的命题陷阱,避过了这些陷阱,多做对一两道题是很轻松的。所以,你还不总结命题陷阱吗?如果实在不想总结,没关系,老吕帮你总结好了,你还不背下来吗?

三、 逻辑备考策略

1. 形式逻辑的备考

传统的逻辑学习方法,致力于让考生学习复杂的逻辑学理论。的确,学好这些复杂理论,足以应付考试。问题是,正是这些理论,让你痛苦万分。

例如,逻辑的经典理论"三段论":

"三段论推理是演绎推理中的一种简单判断推理。它包含两个性质判断构成的前提,和一个性质判断构成的结论。一个正确的三段论有且仅有三个词项,其中联系大小前提的词项叫中项;出现在大前提中,又在结论中做谓项的词项叫大项;出现在小前提中,又在结论中做主项的词项叫小项。"

你晕了吗?反正我晕了。然而,这才仅仅是三段论的定义而已,要想掌握和使用三段论,还需要掌握七个推理规则:

①一个正确的三段论,有且只有三个不同的项。

②三段论的中项至少要周延一次。

③在前提中不周延的词项,在结论中不得周延。

④两个否定前提不能推出结论。

⑤前提有一个是否定的,其结论必是否定的;若结论是否定的,则前提必有一个是否定的。

⑥两个特称前提推不出结论。

⑦前提中有一个是特称的,结论必须也是特称的。

你真晕了吧?你还想学逻辑吗?你一定会说:逻辑快滚开,让我做一个安静的美男子。

先不要绝望,还有老吕逻辑!老吕会告诉你,以上内容完全不用学习,也能把题目全部做对。学规则?不,我们学口诀。学术语?不,我们讲口语。学案例?不,我们听段子。学了老吕逻辑,你会发现,原来老师可以这么逗,原来逻辑也可以这么逗。你信吗?翻开书,就是见证奇迹的时刻!所以,忘掉"三段论"吧!忘掉"换质位推理"吧!忘掉"SAP、SEP、SIP、SOP"吧!忘掉欧拉图吧!忘掉词项的周延性吧!与老吕一起简洁、粗暴、有效地学逻辑!

扫码并回复"前言"
听前言 2:一天学会形式逻辑

现在,你打开手机,扫描二维码,听一下《老吕教你一天学会形式逻辑》吧,学 1 天顶别人 100 天,你可以的。

2. 论证逻辑的备考

(1)论证逻辑的命题特点

如果用一句话来表示,那就是论证逻辑多"陈题",也就是说,等你进考场的那一天,你做的每一道题,几乎都是以前真题中出现过的。题还是那道题,换了个说法而已,新瓶装旧酒,这也就是逻辑"母题"的价值。

比如下面 2 道真题:

例 7 自从《行政诉讼法》颁布以来,"民告官"的案件成为社会关注的热点。人们普遍担心的是,"官官相护"会成为公正审理此类案件的障碍。但据 H 省本年度的调查显示,凡正式立案审理的"民告官"案件，65％都是以原告胜诉结案。这说明，H省的法院在审理"民告官"的案件中，并没有出现社会舆论所担心的"官官相护"。

以下哪项如果为真，最能削弱上述论证？

(A)在"民告官"案件中，原告如果不掌握能胜诉的确凿证据，一般不会起诉。

(B)有关部门收到的关于司法审理有失公正的投诉，H省要多于周边省份。

(C)所谓"民告官"的案件，在法院受理的案件中，只占很小的比例。

(D)在"民告官"的案件审理中，司法公正不能简单地理解为原告胜诉。

(E)由于新闻媒介的特殊关注，"民告官"案件的审理透明度要大大高于其他的案件。

例8 有人对某位法官在性别歧视类案件审理中的公正性提出了质疑。这一质疑不能成立。因为有记录表明，该法官审理的这类案件中60％的获胜方为女性，这说明该法官并未在性别歧视类案件的审理中有失公正。

以下哪项如果为真，将对上述论证构成质疑？

Ⅰ．在性别歧视案件中，女性原告如果没有确凿的理由和证据，一般不会起诉。

Ⅱ．一个为人公正的法官在性别歧视案件的审理中保持公正也是件很困难的事情。

Ⅲ．统计数据表明，如果不是因为遭到性别歧视，女性应该在60％以上的此类案件的诉讼中获胜。

(A)仅仅Ⅰ。 　　　　　(B)仅仅Ⅰ和Ⅱ。 　　　　　(C)仅仅Ⅰ和Ⅲ。

(D)仅仅Ⅱ和Ⅲ。 　　　(E)Ⅰ、Ⅱ和Ⅲ。

这两道题有区别吗？只是把原告为"民"改成了原告为"女性"而已。再看两道：

例9 在"非典"期间，某地区共有7名参与治疗"非典"的医务人员死亡，同时也有10名未参与"非典"治疗工作的医务人员死亡。这说明参与"非典"治疗并不比日常医务工作危险。

以下哪项相关断定如果为真，最能削弱上述结论？

(A)参与"非典"治疗死亡的医务人员的平均年龄，略低于未参与"非典"治疗而死亡的医务人员。

(B)参与"非典"治疗的医务人员的体质，一般高于其他医务人员。

(C)个别参与治疗"非典"死亡的医务人员的死因，并非是感染"非典"病毒。

(D)医务人员中只有一小部分参与了"非典"治疗工作。

(E)经过治疗的"非典"患者死亡人数，远低于未经治疗的"非典"患者死亡人数。

例10 通常认为左撇子比右撇子更容易出操作事故。这是一种误解。事实上，大多数家务事故，大到火灾、烫伤，小到切破手指，都出自右撇子。

以下哪项最为恰当地概括了上述论证中的漏洞？

(A)对两类没有实质性区别的对象作实质性的区分。

(B)在两类不具有可比性的对象之间进行类比。

(C)未考虑家务事故在整个操作事故中所占的比例。

(D)未考虑左撇子在所有人中所占的比例。

(E)忽视了这种可能性：一些家务事故是由多个人造成的。

这两道题有区别吗？原理是完全一致的吧？

我们在这个世界上所研究的一切科学都是有规律的，如果没有规律，我们就无法做研究，逻辑也不例外。论证逻辑的命题，具有模型化、套路化的特点，比如常见的模型有"论证型""因果型""调查统计型""措施目的型""求异法型""百分比对比型""数字比例型""平均值型"，等等。每一种模型用什么方法来解题，是基本固定的。

甚至，干扰项的设置都是有规律的。比如"因人而异""诉诸权威""出现题干中没有出现的新比较""否定最高级""有的不"，等等。如果这些你没有听说过、没有总结过，那就来看老吕的书、听老吕的课吧。

(2)论证逻辑的备考技巧

①重视分析题干的论证结构,这是提高逻辑思维能力最基础也是最关键的一步。通过这一步,确定命题模型。

②理解并背熟每个命题模型的解题方法。如论证型削弱题有6种削弱方法:反驳论证、反驳结论、提出反面论据、指出论据不充分、反驳隐含假设、举反例。因果型削弱题有7种削弱方法:否因、否果、因果无关、因果倒置、另有他因、有因无果、无因有果。调查统计型削弱题有2种削弱方法:样本没有代表性(数学、广度、随机性)、调查机构不中立,等等。

③重视对干扰项的分析,掌握常见干扰项的命题方式。

④抓往年真题、分析题干、分析正确选项、分析错误选项,吃透1道母题、总结1类题,而不是刷10道题。

3. 综合推理的备考

综合推理其实难度并不大,解题方法只有几种,如简单匹配题多用排除法,比较大小问题用不等式法,方位问题用图像法,复杂匹配问题用连线法或表格法,等等。请你熟记老吕帮你总结过的这些方法。

但是,综合推理题比较浪费时间,时间不够才是大家出错的主要原因。所以,对于这一类题,记住方法,然后多做题提高速度吧。

四、 写作备考策略

1. 论证有效性分析

什么是论证有效性分析?就是别人写了一篇文章论证自己的观点,你找找文章里的逻辑漏洞并加以分析。比如下面这道真题:

例 11 过去5年中,洋快餐在大城市中的网点数每年以40%的惊人速度增长,而在中国广大的中小城市和乡镇还有广阔的市场成长空间;照此速度发展下去,估计未来10年,洋快餐在中国饮食行业的市场占有率将超过20%,成为中国百姓饮食的重要选择。

你看完这段话,是不是觉得挺有道理?但仔细分析,逻辑问题很多。第一,由于中小城市和乡镇的消费者的消费理念、消费能力与大城市不同,洋快餐在大城市的增长速度不见得能在中小城市和乡镇保持;第二,"网点数"的快速增长与销售额的快速增长是两个不同的概念,不难发现一些品牌网点数扩张虽然很快,但由于单网点的运营能力不高,销售额反而下降;第三,市场环境是变化的,"过去5年"的高速增长也许很难在"未来10年"得以保持;第四,市场占有率是洋

扫码并回复"前言"
听前言3:写作一晚入门

快餐的营业额与整个餐饮业营业额的比值,不知道整个餐饮业的发展情况就断言市场占有率超过20%太过武断。

如果你不具备这样的分析能力,那就需要跟老吕好好学习了——《老吕写作要点精编》学起来,老吕课程听起来,二维码扫起来。

2. 论说文

什么是论说文?老吕给下一个定义:用讲道理、摆事实的方式,有理有据地说服别人同意自己的观点。那么,我们说服的是什么样的人呢?看下面的例子:

例 12

老吕:唯唯,做我女朋友呗。

唯唯:好呀好呀,我早就这么想了。

那么,还需要说服吗?还需要论说文吗?不需要了。但如果唯唯的回答是"你很好,但我不能做你女朋友",那就需要说服了。

现在你明白了,论说文的说服对象是那些和自己观点不同的人。怎么说服呢?很多同学就开

始写美文了，比喻句、排比句、拟人句一顿抢，看起来文采优美，实际上什么道理都没说清楚。还有一些同学，一开始写文章，就在心里告诉自己"我要开始编了"，那么请问，一篇连你自己都不信的文章，你如何说服别人？

所以，要想写好论说文，首先，你得敢说真话，我手写我心；其次，你得有深刻的思想和正确的价值观，否则，你的心里话只能让人唾骂而不是信服；再次，你得懂得说服别人的套路，文章的结构要符合大多数人的认知；最后，你得掌握丰富的论据和一定的文采，这样文章才能有血有肉。总之，论说文的备考具有一定的难度，需要长期的训练。

当然，老吕经常押中论说文，一定程度上降低了论说文的难度。但很多同学只依赖押题，这也是不对的。如果你不会写文章，押题又有什么用呢？如果老吕押不中，你上考场写一篇狗屎；如果老吕押中了，你上考场写了一篇提前踩中了的狗屎。所以，论说文备考，功在平时！跟着老吕勤学苦练吧，天道酬勤、功不唐捐！

五、 全年备考规划

1. 老吕系列图书和课程体系

阶段	时间	备考用书	配套课程
名校先行阶段	春节前	名校先行班讲义	全程班(名校先行班)
基础阶段	6月前	《管理类联考·老吕数学要点精编》 《管理类、经济类联考·老吕逻辑要点精编》 《管理类、经济类联考·老吕写作要点精编》	全程班(基础班)
暑假阶段	7—8月	《管理类联考·老吕数学母题800练》 《管理类、经济类联考·老吕逻辑母题800练》 《管理类、经济类联考·老吕写作要点精编》	暑假母题直播集训营
真题阶段	7—10月	第1遍模考： 《管理类联考·老吕综合真题超精解》(试卷版)	全程班(真题强化班)
		第2遍总结： 《管理类联考·老吕综合真题超精解》(题型分类版)	真题特训营
冲刺阶段	11月	《管理类联考·老吕数学冲刺600题》 《管理类、经济类联考·老吕逻辑冲刺600题》	考前逆袭班
		《管理类、经济类联考·老吕写作母题50练》 (素材·范文·模板)	写作特训营
模考阶段	12月	《管理类联考·老吕综合密押6套卷》	全程班(冲刺模考班)

说明：1. 在校考生建议所有书刷2～3遍。
　　　2. 在职考生可根据自己的备考情况，适当减少部分图书和课程的学习。

2. 答疑

老吕开通多种方式与各位同学互动。希望与老吕沟通的同学，可以选择以下联系方式：

微博：老吕考研吕建刚

微信公众号：老吕考研

微信：laolvky laolvtj

2019MBA/MPA/MPAcc老吕备考QQ群：398343934，436331330，391151375，390064782

冰心先生有一首小诗《成功的花》,是这样写的:"成功的花儿,人们只惊羡她现时的明艳!然而当初她的芽儿,浸透了奋斗的泪泉,洒遍了牺牲的血雨。"现在,让我们开始努力,让我们一起努力,让我们一直努力!

祝你金榜题名!

吕建刚

$\mathbf{C}$ontents 目录

第三部分 几何

第四部分 数据分析

管理类联考数学题型说明

一、题型与分值

管理类联考中，数学分为两种题型，即问题求解和条件充分性判断，均为选择题．其中，问题求解题 15 道，每道题 3 分，共 45 分；条件充分性判断题有 10 道，每题 3 分，共 30 分．

二、条件充分性判断

1. 充分性定义

对于两个命题 P 和 Q，若有 P⇒Q，则称 P 为 Q 的充分条件．

2. 充分性判断题的解题说明

题干先给出一个结论，再给出两个条件，要求判断根据给定的条件是否足以推出题干中的结论．

若条件(1)充分，但条件(2)不充分，选择(A)．

若条件(2)充分，但条件(1)不充分，选择(B)．

若条件(1)和条件(2)单独都不充分，但条件(1)和条件(2)联合起来充分，选择(C)．

若条件(1)充分，条件(2)也充分，选择(D)．

若条件(1)和条件(2)单独都不充分，条件(1)和条件(2)联合起来也不充分，选择(E)．

3. 例题

例 1 方程 $f(x)=1$ 有且仅有一个实根．

(1) $f(x)=|x-1|$；　　　　　　　　(2) $f(x)=|x-1|+1$．

【解析】由条件(1)得

$$|x-1|=1 \Rightarrow x-1=\pm 1 \Rightarrow x_1=2, \ x_2=0,$$

所以条件(1)不充分．

由条件(2)得

$$|x-1|+1=1 \Rightarrow x-1=0 \Rightarrow x=1,$$

所以条件(2)充分．

【答案】(B)

例 2 $x=3$．

(1) x 是自然数；　　　　　　　　(2) $4>x>1$．

【解析】条件(1)不能推出 $x=3$ 这一结论，即条件(1)不充分．

条件(2)也不能推出 $x=3$ 这一结论，即条件(2)也不充分．

联立两个条件：可得 $x=2$ 或 3，也不能推出 $x=3$ 这一结论，所以条件(1)和条件(2)联合起来也不充分．

【答案】(E)

例 3 x 是整数，则 $x=3$．

(1) $x<4$；　　　　　　　　(2) $x>2$．

【解析】条件(1)和(2)单独显然不充分，联立两个条件得 $2<x<4$．

仅由这两个条件当然不能得到题干的结论 $x=3$．

但要注意,题干还给了另外一个条件,即 x 是整数;

结合这个条件,可知,两个条件联立起来充分,选(C).

【答案】(C)

例 4 $x^2-5x+6\geqslant0$.

(1)$x\leqslant2$; (2)$x\geqslant3$.

【解析】由 $x^2-5x+6\geqslant0$,可得结论:$x\leqslant2$ 或 $x\geqslant3$,

条件(1):可以推出结论,充分.

条件(2):可以推出结论,充分.

两个条件都充分,选(D).

注意,在此题中我们求解了不等式 $x^2-5x+6\geqslant0$,即对不等式进行了等价变形,得到了一个结论,然后再看条件(1)和条件(2)能不能推出这个结论. 切记不是由这个不等式的解去推出条件(1)和条件(2).

【答案】(D)

例 5 $(x-2)(x-3)\neq0$.

(1)$x\neq2$; (2)$x\neq3$.

【解析】

条件(1):不充分,因为在 $x\neq2$ 的条件下,如果 $x=3$,可以使 $(x-2)(x-3)=0$.

条件(2):不充分,因为在 $x\neq3$ 的条件下,如果 $x=2$,可以使 $(x-2)(x-3)=0$.

所以,必须联立两个条件,才能保证 $(x-2)(x-3)\neq0$.

【答案】(C)

例 6 $(a-b)\cdot|c|\geqslant|a-b|\cdot c$.

(1)$a-b>0$; (2)$c>0$.

【解析】此题有些同学会这么想:

由条件(1),可知 $(a-b)=|a-b|>0$;

由条件(2),可知 $|c|=c>0$;

故有

$$(a-b)\cdot|c|=|a-b|\cdot c,$$

能推出 $(a-b)\cdot|c|\geqslant|a-b|\cdot c$,所以联立起来成立,选(C).

条件(1)和(2)联立起来确实能推出结论,但问题在于:

由条件(1),可知 $(a-b)=|a-b|>0$;

则 $(a-b)\cdot|c|\geqslant|a-b|\cdot c$,可化为 $|c|\geqslant c$,此式是恒成立的.

也就是说,仅由条件(1)就已经可以推出结论了,并不需要联立. 因此,本题选(A).

各位同学一定要谨记,将两个条件联立的前提是条件(1)和条件(2)单独都不充分.

【答案】(A)

三、注意

本书正文例题中的条件充分性问题,不再注明选项,同学们务必记住各选项的含义,按照上述说明进行选择即可.

第一部分　算术

☑ 大纲要求

1. 整数
   (1)整数及其运算
   (2)整除、公倍数、公约数
   (3)奇数、偶数
   (4)质数、合数
2. 分数、小数、百分数
3. 比与比例
4. 数轴与绝对值
5. 平均值与方差

第一章　算术

一　历年真题考查点

真题出现次数	考点
5 次或以上	质数问题、实数的运算技巧、与平均值有关的应用题、与比例有关的应用题、非负性问题、证明绝对值方程或不等式、均值不等式
3~4 次	奇数与偶数、不定方程、三角不等式、绝对值的最值问题、求解绝对值方程或不等式、绝对值的化简求值、平均值的定义
1~2 次	整除问题、约数与倍数问题、整数与小数部分、其他实数问题、等比定理与合比定理、三连比问题、自比性问题、方差
0 次	带余除法问题、无限循环小数化分数

备注：

(1)2008 年 1 月和 2009 年 1 月数学的总题量为 30 道，其余年份为 25 道．

(2)2007 年以前的考试内容考查高等数学的知识，与现在有极大差异，故本表不统计 2007 年以前的考点．下述同．

二　命题趋势预测

本章一般考 3~4 道，难度一般不大．其中，与绝对值有关的问题每年必考；均值不等式、质数问题、实数的运算技巧问题是考查重点．

真题的命题特点是重点题型反复考，所以，考试频次越大的题型，越需要重点掌握．

扫码并回复"要点精编"
听数学第一章视频讲解

三　本章知识网

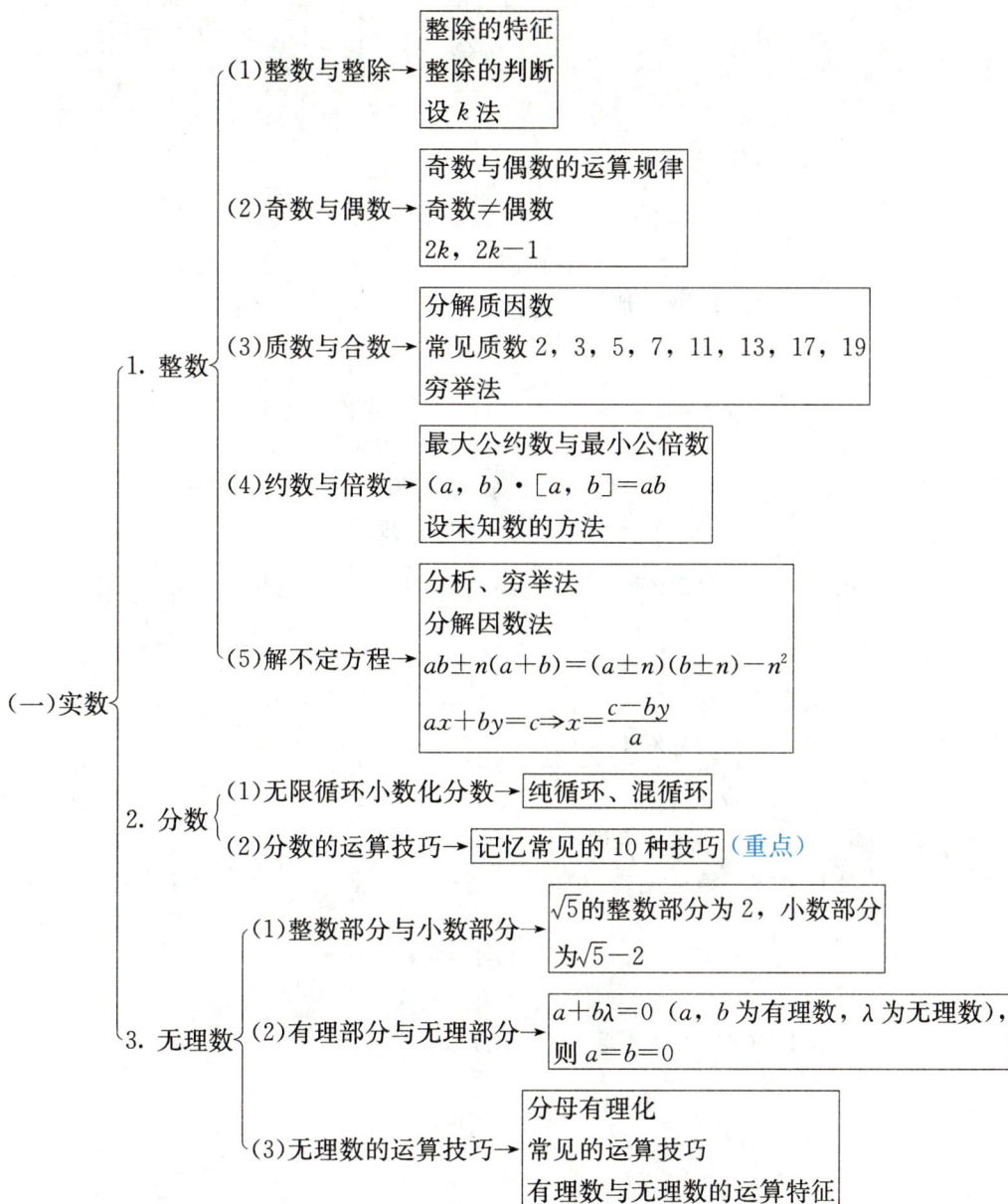

$$
\text{（一）实数}
\begin{cases}
\text{1. 整数}
\begin{cases}
\text{(1)整数与整除} \to
\begin{array}{|l|}
\hline
\text{整除的特征} \\
\text{整除的判断} \\
\text{设 } k \text{ 法} \\
\hline
\end{array} \\[3pt]
\text{(2)奇数与偶数} \to
\begin{array}{|l|}
\hline
\text{奇数与偶数的运算规律} \\
\text{奇数} \neq \text{偶数} \\
2k，2k-1 \\
\hline
\end{array} \\[3pt]
\text{(3)质数与合数} \to
\begin{array}{|l|}
\hline
\text{分解质因数} \\
\text{常见质数 } 2，3，5，7，11，13，17，19 \\
\text{穷举法} \\
\hline
\end{array} \\[3pt]
\text{(4)约数与倍数} \to
\begin{array}{|l|}
\hline
\text{最大公约数与最小公倍数} \\
(a，b)\cdot[a，b]=ab \\
\text{设未知数的方法} \\
\hline
\end{array} \\[3pt]
\text{(5)解不定方程} \to
\begin{array}{|l|}
\hline
\text{分析、穷举法} \\
\text{分解因数法} \\
ab\pm n(a+b)=(a\pm n)(b\pm n)-n^2 \\
ax+by=c\Rightarrow x=\dfrac{c-by}{a} \\
\hline
\end{array}
\end{cases} \\[6pt]
\text{2. 分数}
\begin{cases}
\text{(1)无限循环小数化分数} \to \boxed{\text{纯循环、混循环}} \\
\text{(2)分数的运算技巧} \to \boxed{\text{记忆常见的 10 种技巧}}\ \text{(重点)}
\end{cases} \\[6pt]
\text{3. 无理数}
\begin{cases}
\text{(1)整数部分与小数部分} \to
\begin{array}{|l|}
\hline
\sqrt{5}\text{ 的整数部分为 2，小数部分} \\
\text{为} \sqrt{5}-2 \\
\hline
\end{array} \\[3pt]
\text{(2)有理部分与无理部分} \to
\begin{array}{|l|}
\hline
a+b\lambda=0\ (a，b\text{ 为有理数，}\lambda\text{ 为无理数)，} \\
\text{则 } a=b=0 \\
\hline
\end{array} \\[3pt]
\text{(3)无理数的运算技巧} \to
\begin{array}{|l|}
\hline
\text{分母有理化} \\
\text{常见的运算技巧} \\
\text{有理数与无理数的运算特征} \\
\hline
\end{array}
\end{cases}
\end{cases}
$$

（二）比与比例

1. 性质 → $\dfrac{a}{b}=\dfrac{c}{d}\Rightarrow$ (1) $ad=bc$；(2) $\dfrac{a}{c}=\dfrac{b}{d}$；(3) $\dfrac{b}{a}=\dfrac{d}{c}$

2. 等比定理 → $\dfrac{a}{b}=\dfrac{c}{d}=\dfrac{e}{f}=\dfrac{a+c+e}{b+d+f}$，注意分母之和不等于 0

3. 合（分）比定理 →
$\dfrac{a}{b}=\dfrac{c}{d}\Leftrightarrow\dfrac{a+b}{b}=\dfrac{c+d}{d}$，等式左右同加 1

$\dfrac{a}{b}=\dfrac{c}{d}\Leftrightarrow\dfrac{a-b}{b}=\dfrac{c-d}{d}$，等式左右同减 1

4. 正比例与反比例 →
正比例：$y=kx$ $(k\neq0)$

反比例：$y=\dfrac{k}{x}$ $(k\neq0)$

（三）绝对值

1. 代数意义 → $|a|=\begin{cases}a, & a\geqslant0,\\ -a, & a<0,\end{cases}$ 分组讨论法去绝对值

2. 几何意义 →
$|a|$ 为原点 0 到点 a 的距离

$|a-b|$ 为 a，b 两点间的距离

3. 性质

(1) 非负性 → $|a|\geqslant0$，$\sqrt{a}\geqslant0$，$a^2\geqslant0$ （重点）

(2) 自比性 → $\dfrac{|a|}{a}=\dfrac{a}{|a|}=\begin{cases}1, & a>0,\\ -1, & a<0\end{cases}$

(3) 等价性 → $|a|=\sqrt{a^2}$，$|a|^2=|-a|^2=a^2$

(4) 对称性 → $|-a|=|a|$

4. 基本不等式 →
(1) $-|a|\leqslant a\leqslant|a|$

(2) $\big||a|-|b|\big|\leqslant|a\pm b|\leqslant|a|+|b|$ （重点）

5. 绝对值方程与不等式 →
(1) 特殊值法

(2) 几何意义

(3) 分组讨论法

(4) 平方法

(5) 图像法

6. 最值问题 →
(1) $y=|x-a|+|x-b|$

(2) $y=|x-a|-|x-b|$

(3) $y=|x-a|+|x-b|+|x-c|$ （重点）

(4) $y=|x-a|+m|x-b|-n|x-c|$

(5) 自变量属于某一区间

$$1.\ \text{算术平均值} \rightarrow \boxed{\bar{x} = \dfrac{x_1 + x_2 + x_3 + \cdots + x_n}{n}}$$

$$2.\ \text{几何平均值} \rightarrow \boxed{G = \sqrt[n]{x_1 \cdot x_2 \cdot x_3 \cdots \cdot x_n},\ x_i > 0}$$

（四）均值与方差

$$3.\ \text{方差} \rightarrow \boxed{\begin{aligned} S^2 &= \frac{1}{n}\left[(x_1 - \bar{x})^2 + (x_2 - \bar{x})^2 + \cdots + (x_n - \bar{x})^2\right] \\ &= \frac{1}{n}\left[(x_1{}^2 + x_2{}^2 + \cdots + x_n{}^2) - n\bar{x}^2\right] \end{aligned}}$$

$$4.\ \text{标准差} \rightarrow \boxed{S = \sqrt{S^2} = \sqrt{\frac{1}{n}\left[(x_1 - \bar{x})^2 + (x_2 - \bar{x})^2 + \cdots + (x_n - \bar{x})^2\right]}}$$

第一节　实数的分类、性质与运算

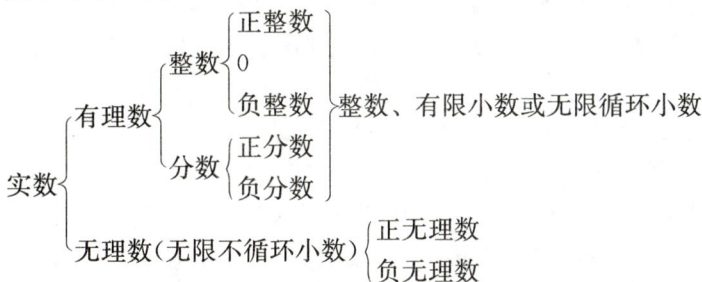

一、 老吕讲考点

（一）实数的分类

$$
\text{实数}
\begin{cases}
\text{有理数}
\begin{cases}
\text{整数}
\begin{cases}
\text{正整数} \\
0 \\
\text{负整数}
\end{cases} \\
\text{分数}
\begin{cases}
\text{正分数} \\
\text{负分数}
\end{cases}
\end{cases}
\text{整数、有限小数或无限循环小数} \\[2em]
\text{无理数（无限不循环小数）}
\begin{cases}
\text{正无理数} \\
\text{负无理数}
\end{cases}
\end{cases}
$$

（二）整除

1. 数的整除

设 a，b 是两个任意整数，$b \neq 0$，若存在整数 c，使得 $a = bc$，则称 b 整除 a，或 a 能被 b 整除. 此时，称 b 是 a 的约数（因数），称 a 是 b 的倍数.

2. 整除的特征

(1)若一个整数的末位数字能被 2（或 5）整除，则这个数能被 2（或 5）整除.

(2)若一个整数各数位的数字之和能被 3（或 9）整除，则这个数能被 3（或 9）整除.

(3)若一个整数的末两位数字能被 4（或 25）整除，则这个数能被 4（或 25）整除.

(4)若一个整数的末三位数字能被 8（或 125）整除，则这个数能被 8（或 125）整除.

（三）质数与合数

1. 定义

质数：只有 1 和它本身两个约数的数；

合数：除了 1 和它本身外，还有其他约数的数；

1 既不是质数，也不是合数.

2. 常见的质数

常见的质数有：2(质数中唯一的偶数)、3、5、7、11、13、17、19.

3. 分解质因数

把一个合数分解为若干个质因数的乘积的形式，称为分解质因数，如 $12=2\times2\times3$.

(四)奇数与偶数

1. 定义

偶数：能被 2 整除的数，记为 $2n$ ($n\in\mathbf{Z}$)；

奇数：不能被 2 整除的数，记为 $2n+1$ ($n\in\mathbf{Z}$).

2. 运算规律

奇数＋奇数＝偶数；奇数＋偶数＝奇数；偶数＋偶数＝偶数；

奇数×奇数＝奇数；奇数×偶数＝偶数；偶数×偶数＝偶数．

(五)约数与倍数

1. 定义

(1)公约数：如果一个整数 c 既是整数 a 的约数，又是整数 b 的约数，那么 c 叫作 a 与 b 的公约数．

(2)最大公约数：两个数的公约数中最大的一个，叫作这两个数的最大公约数，记为 (a,b)．若 $(a,b)=1$，则称 a 与 b 互质．

(3)公倍数：如果一个整数 c 能被整数 a 整除，又能被整数 b 整除，则称 c 为 a 与 b 的公倍数．

(4)最小公倍数：a 与 b 的公倍数中最小的一个，叫作它们的最小公倍数，记为 $[a,b]$．

2. 定理

两个整数的乘积等于他们的最大公约数和最小公倍数的乘积，即 $ab=(a,b)\cdot[a,b]$.

3. 最大公约数和最小公倍数的求法

使用短除法．例如，求 84 与 96 的最大公约数与最小公倍数：

$$
\begin{array}{r}
2\,\underline{|\,84\ \ 96} \\
2\,\underline{|\,42\ \ 48} \\
3\,\underline{|\,21\ \ 24} \\
7\ \ \ 8
\end{array}
$$

故有

$$84=2\times2\times3\times7,$$
$$96=2\times2\times3\times8,$$
$$(a,b)=2\times2\times3,$$
$$[a,b]=2\times2\times3\times7\times8.$$

(六)有理数和无理数

1. 定义

有理数：整数、有限小数和无限循环小数，统称为有理数．

无理数：无限不循环小数叫作无理数．

2. 运算

(1)有理数之间的加减乘除运算结果必为有理数；

(2)有理数和无理数的乘积为 0 或无理数；

(3)有理数与无理数的加减必为无理数．

3. 整数部分与小数部分

整数部分是指一个数减去一个整数后，若所得的差大于等于 0 且小于 1，那么此减数是整数部分，差是小数部分．

例如，$\sqrt{5}$的整数部分是2，小数部分是$\sqrt{5}-2$．

$-\sqrt{5}$的整数部分是-3，小数部分是$-\sqrt{5}-(-3)=3-\sqrt{5}$．

4. 定理

若a，b为有理数，λ为无理数，若$a+b\lambda=0$，则$a=b=0$．

（七）实数的乘方与开方

1. 乘方运算

(1)当实数$a\neq0$时，$a^0=1$，$a^{-n}=\dfrac{1}{a^n}$；$a^m a^n=a^{m+n}$，$(a^m)^n=a^{mn}$，$\dfrac{a^m}{a^n}=a^{m-n}$．

(2)负实数的奇数次幂为负数；负实数的偶数次幂为正数．

2. 开方运算

(1)在实数范围内，负实数无偶次方根；0的偶次方根是0；正实数的偶次方根有两个，它们互为相反数，其中正的偶次方根称为算术根．

(2)当$a>0$时，a的平方根是$\pm\sqrt{a}$，其中$\sqrt{a}$是正实数a的算术平方根．

(3)在运算有意义的前提下，$a^{\frac{n}{m}}=\sqrt[m]{a^n}$．

乘积的方根：$\sqrt[n]{ab}=\sqrt[n]{a}\cdot\sqrt[n]{b}$ $(a\geqslant0，b\geqslant0)$；

分式的方根：$\sqrt[n]{\dfrac{a}{b}}=\dfrac{\sqrt[n]{a}}{\sqrt[n]{b}}$ $(a\geqslant0，b>0)$；

根式的方根：$(\sqrt[n]{a})^m=\sqrt[n]{a^m}$ $(a\geqslant0)$；

根式的化简：$\sqrt[np]{a^{mp}}=\sqrt[n]{a^m}$ $(a\geqslant0)$；

分母有理化：$\dfrac{1}{\sqrt{a}}=\dfrac{\sqrt{a}}{a}$ $(a>0)$．

二、 老吕讲题型

题型 1.1　整除与带余除法问题

老吕施法

整除问题，常用以下方法：

　　(1)特殊值法(首选方法)．

　　(2)设k法(常用方法，必须掌握)：a被b整除，可设$a=bk$ $(k\in\mathbf{Z})$．

　　(3)分解因式法．

典型例题

例1　（条件充分性判断）$\dfrac{n}{14}$是一个整数．

(1)n是一个整数，且$\dfrac{3n}{14}$也是一个整数；

(2)n是一个整数，且$\dfrac{n}{7}$也是一个整数．

本题为条件充分性判断题型,这种题型的特点是:

题干先给出一个结论:$\dfrac{n}{14}$ 是一个整数.

再给出两个条件:(1)n 是一个整数,且 $\dfrac{3n}{14}$ 也是一个整数;

(2)n 是一个整数,且 $\dfrac{n}{7}$ 也是一个整数.

解题思路: 条件(1)能充分地推出结论吗?条件(2)能充分地推出结论吗?如果两个都不充分的话,两个条件联立能充分地推出结论吗?

选项设置:

(A)项,条件(1)充分,但条件(2)不充分.

(B)项,条件(2)充分,但条件(1)不充分.

(C)项,条件(1)和条件(2)单独都不充分,但条件(1)和条件(2)联合起来充分.

(D)项,条件(1)充分,条件(2)也充分.

(E)项,条件(1)和条件(2)单独都不充分,条件(1)和条件(2)联合起来也不充分.

【注意】 本书之后的例题不再单独注明条件充分性判断题,出现条件(1)、(2)的就是这种题型,选项设置均同此题,选项设置需各位同学记忆.

【解析】 特殊值法.

条件(1):$\dfrac{3n}{14}$ 是一个整数,因为3与14互质,所以 n 是14的倍数,条件(1)充分.

条件(2):令 $n=7$,显然不充分.

【答案】 (A)

例2 m 是一个整数.

(1)若 $m=\dfrac{p}{q}$,其中 p 与 q 为非零整数,且 m^2 是一个整数;

(2)若 $m=\dfrac{p}{q}$,其中 p 与 q 为非零整数,且 $\dfrac{2m+4}{3}$ 是一个整数.

【解析】 设 k 法、特殊值法.

条件(1):p 与 q 为非零整数,所以 $m=\dfrac{p}{q}$ 为整数或分数.

因为分数的平方必然为分数,又因为 m^2 是整数,所以 m 必然是整数,故条件(1)充分.

条件(2):令 $\dfrac{2m+4}{3}=k$,则 $m=\dfrac{3k}{2}-2$.

所以,当 k 为偶数时,m 是整数;当 k 为奇数时,m 是分数,故条件(2)不充分.

【快速得分法】 对于条件(2)有特殊值法:

令 $p=-1$,$q=2$,则 $\dfrac{2m+4}{3}=1$ 是整数,但 $m=\dfrac{p}{q}=-\dfrac{1}{2}$,不是整数,所以条件(2)不充分.

【答案】 (A)

例3 $4x^2+7xy-2y^2$ 是9的倍数.

(1)x,y 是整数;

(2)$4x-y$ 是3的倍数.

【解析】 方法一:设 k 法.

使用特殊值法，易知两个条件单独不充分，联立之．

设 $4x-y=3k\Rightarrow y=4x-3k$，代入，得

$$4x^2+7xy-2y^2=4x^2+7x(4x-3k)-2(4x-3k)^2=27kx-18k^2=9(3kx-2k^2).$$

因为 $3kx-2k^2$ 为整数，故原式能被 9 整除，两个条件联立起来充分．

方法二：因式分解法＋设 k 法．

$$4x^2+7xy-2y^2=x(4x-y)+8xy-2y^2=x(4x-y)+2y(4x-y)=(4x-y)(x+2y).$$

设 $4x-y=3k\Rightarrow y=4x-3k$，得 $x+2y=x+2(4x-3k)=9x-6k$ 是 3 的倍数．

又由 $4x-y$ 是 3 的倍数，故 $(4x-y)(x+2y)$ 是 9 的倍数．

【答案】(C)

例 4 若 $5m+3n(m,n\in\mathbf{N})$ 是 11 的倍数，则 $9m+n$（ ）．

(A) 是 11 的倍数　　　　(B) 不是 11 的倍数　　　　(C) 不都是 11 的倍数

(D) 是质数　　　　　　(E) 以上选项均不正确

【解析】

方法一：设 k 法．

设 $5m+3n=11k$，则有 $n=\dfrac{11k-5m}{3}$，代入，得

$$9m+n=9m+\frac{11k-5m}{3}=\frac{11k+22m}{3}=\frac{11(k+2m)}{3},$$

即 $3(9m+n)=11(k+2m)$，故 $3(9m+n)$ 能被 11 整除．

又因为 3 与 11 互质，故 $9m+n$ 能被 11 整除．

方法二：

$3(9m+n)-(5m+3n)=22m$，显然能被 11 整除．

因为 $5m+3n$ 能被 11 整除，所以 $3(9m+n)$ 能被 11 整除．

又因为 3 和 11 互质，说明 $9m+n$ 能被 11 整除．

【答案】(A)

例 5 $\dfrac{n+68}{35}$ 是整数．

(1) n 是整数，$\dfrac{n+3}{5}$ 是整数；

(2) n 是整数，$\dfrac{n+5}{7}$ 是整数．

【解析】特殊值法、裂项法、分析法．

条件(1)：令 $n=7$，显然不充分．

条件(2)：令 $n=9$，显然不充分．

联立两个条件：

$\dfrac{n+3}{5}=\dfrac{n-2+5}{5}=\dfrac{n-2}{5}+1$ 为整数，故 $n-2$ 必能被 5 整除．

$\dfrac{n+5}{7}=\dfrac{n-2+7}{7}=\dfrac{n-2}{7}+1$ 为整数，故 $n-2$ 必能被 7 整除．

5 与 7 互质，故 $n-2$ 能被 35 整除．

所以，$\dfrac{n+68}{35}=\dfrac{n-2+70}{35}=\dfrac{n-2}{35}+2$ 必为整数．

故联立两个条件充分.

【答案】(C)

例 6　有一个四位数，它被 131 除余 13，被 132 除余 130，则此数字的各位数字之和为(　　).

(A)23　　　　(B)24　　　　(C)25　　　　(D)26　　　　(E)27

【解析】带余除法问题.

设所求的 4 位数为 x，则有

$$\begin{cases} x=131k_1+13, \\ x=132k_2+130. \end{cases}$$

由第二个式子，可得

$$x=(131+1)k_2+131-1=131(k_2+1)+k_2-1.$$

可知 $\begin{cases} k_2-1=13, \\ k_2+1=k_1, \end{cases}$ 故 $\begin{cases} k_2=14, \\ k_1=15, \end{cases}$ 则

$$x=131\times15+13=1\,978.$$

各位数字之和为 $1+9+7+8=25$.

【答案】(C)

题型 1.2　奇数与偶数问题

老吕施法

奇数偶数问题常用以下方法：

(1)设偶数 $=2n$ $(n\in\mathbf{Z})$；奇数 $=2n+1$ $(n\in\mathbf{Z})$.

(2)奇数和偶数的四则运算规律，即

奇数＋奇数＝偶数，奇数＋偶数＝奇数，奇数×奇数＝奇数，奇数×偶数＝偶数.

(3)特殊值法.

(4)解不定方程，见题型 1.5.

典型例题

例 7　设 a 为正奇数，则 a^2-1 必是(　　).

(A)5 的倍数　　　　(B)6 的倍数　　　　(C)8 的倍数

(D)9 的倍数　　　　(E)7 的倍数

【解析】设 $a=2n+1$ $(n$ 是非负整数$)$，则

$$a^2-1=(2n+1)^2-1=4n^2+4n=4n(n+1).$$

因为 n 是非负整数，所以 n 与 $n+1$ 之中至少有一个是偶数，即 2 的倍数，故 $4n(n+1)$ 是 8 的倍数.

【快速得分法】特殊值法.

令 $a=3$，则 $a^2-1=8$，故选(C).

【答案】(C)

例 8　设 a，b 为整数，给出下列四个结论：

(1)若 $a+5b$ 是偶数，则 $a-3b$ 是偶数；

(2)若 $a+5b$ 是偶数，则 $a-3b$ 是奇数；

(3)若 $a+5b$ 是奇数，则 $a-3b$ 是偶数；

(4)若 $a+5b$ 是奇数，则 $a-3b$ 是奇数；

其中结论正确的个数是(　　).

(A)0　　　　(B)1　　　　(C)2　　　　(D)3　　　　(E)4

【解析】若$a+5b$为偶数,则a,b同为奇数或同为偶数,故$a-3b$是偶数,故结论(1)正确,结论(2)错误.

若$a+5b$为奇数,则a,b必为一奇一偶,故$a-3b$是奇数,故结论(3)错误,结论(4)正确.所以,结论正确的个数是2.

【答案】(C)

例9　已知n是偶数,m是奇数,x,y为整数且满足方程组$\begin{cases} x-1\,998y=n, \\ 9x+13y=m \end{cases}$的解,那么(　　).

(A)x,y都是偶数　　　　　　(B)x,y都是奇数　　　　　　(C)x是偶数,y是奇数

(D)x是奇数,y是偶数　　　　(E)以上选项均不正确

【解析】由方程组得:$x=1\,998y+n$,因为$1\,998y$和n都是偶数,故x是偶数;又由方程组得:$13y=m-9x$,m是奇数,$9x$是偶数,故$m-9x$是奇数,故y是奇数.

【答案】(C)

题型1.3　质数与合数问题

老吕施法

质数与合数问题常用以下方法:

(1)质数问题最常用的方法就是穷举法,使用穷举法时,常根据整除的特征、奇偶性等缩小穷举的范围.故30以内的质数要熟练记忆:2、3、5、7、11、13、17、19、23、29.

(2)分解质因数法.

(3)特殊质数常作为突破口,如2(质数中唯一的偶数),5.

典型例题

例10　每一个合数都可以写成k个质数的乘积,在小于100的合数中,k的最大值为(　　).

(A)3　　　　(B)4　　　　(C)5　　　　(D)6　　　　(E)7

【解析】由于最小的质数是2,且$2^6=64<100$,$2^7=128>100$,所以小于100的合数最多可以写成6个质数的乘积.

【答案】(D)

例11　若a,b都是质数,且$a^2+b=2\,003$,则$a+b$的值等于(　　).

(A)1\,999　　(B)2\,000　　(C)2\,001　　(D)2\,002　　(E)2\,003

【解析】$a^2+b=2\,003$,可知a^2和b必为一奇一偶,又因为a,b都是质数,所以a,b中有一个为2.

故有两组解:$a=2$,$b=1\,999$或$b=2$,$a=\sqrt{2\,001}$.因为$b=2$,$a=\sqrt{2\,001}$时,不符合题意,故$a+b=2\,001$.

【答案】(C)

例12　在20以内的质数中,两个质数之和还是质数的共有(　　)种.

(A)3　　　　(B)4　　　　(C)5　　　　(D)6　　　　(E)7

【解析】20以内的质数为2,3,5,7,11,13,17,19.

大于2的质数一定为奇数,偶数+奇数=奇数,故这两个质数中有一个为偶数2;

另外一个可能为：3，5，11，17，共有 4 种情况．

【答案】(B)

例 13 1 374 除以某质数，余数为 9，则这个质数为(   )．

(A)7　　　　(B)11　　　　(C)13　　　　(D)17　　　　(E)19

【解析】 分解质因数法．

1 374－9＝1 365＝3×5×7×13，又因为余数为 9，所以除数必然大于 9，故此质数为 13．

【快速得分法】此题可用选项代入法迅速得解．

【答案】(C)

例 14 已知 3 个质数的倒数和为 $\dfrac{1\ 661}{1\ 986}$，则这三个质数的和为(   )．

(A)334　　　　(B)335　　　　(C)336　　　　(D)338

(E)不存在满足条件的三个质数

【解析】 分解质因数法．

设这三个数分别为 a，b，c，则有

$$\frac{1}{a}+\frac{1}{b}+\frac{1}{c}=\frac{bc+ac+ab}{abc}=\frac{1\ 661}{1\ 986}.$$

将 1 986 分解质因数可知 1 986＝2×3×331，故这三个数可能为 2，3，331，代入上式验证即可，故有 $a+b+c=336$．

【答案】(C)

题型 1.4　约数与倍数问题

老吕施法

约数和倍数问题，需要掌握以下技巧：

(1)分解质因数法求公约数和公倍数．

(2)若已知两个数的最大公约数为 k，可设这两个数分别为 ak，bk，则最小公倍数为 abk，这两个数的乘积为 abk^2．

(3)两个正整数的乘积等于这两个数的最大公约数与最小公倍数的积，即
$$ab＝(a，b)\cdot[a，b].$$

典型例题

例 15　$a+b+c+d+e$ 的最大值是 133．

(1)a，b，c，d，e 是大于 1 的自然数，且 $a\cdot b\cdot c\cdot d\cdot e＝2\ 700$；

(2)a，b，c，d，e 是大于 1 的自然数，且 $a\cdot b\cdot c\cdot d\cdot e＝2\ 000$．

【解析】 条件(1)：2 700＝2×2×3×3×3×5×5，欲使 $a+b+c+d+e$ 的值最大，则

　　　　$a\cdot b\cdot c\cdot d\cdot e＝2×2×3×3×75＝2\ 700$，$a+b+c+d+e＝85$，

故条件(1)不充分．

条件(2)：2 000＝2×2×2×2×5×5×5，欲使 $a+b+c+d+e$ 的值最大，则

　　　　$a\cdot b\cdot c\cdot d\cdot e＝2×2×2×2×125＝2\ 000$，$a+b+c+d+e＝133$，

故条件(2)充分．

【结论】

(1)ab 为定值，若要 $a+b$ 最大，则两数相差越大越好；若要 $a+b$ 最小，则两个数越接近越好．

(2)$a+b$ 为定值，若要 ab 最大，则两个数越接近越好；若要 ab 最小，则两数相差越大越好．

【答案】(B)

例 16　两个正整数的最大公约数是 6，最小公倍数是 90，满足条件的两个正整数组成的大数在前的数对共有(　　)．

(A)0 对　　　　(B)1 对　　　　(C)2 对　　　　(D)3 对　　　　(E)无数对

【解析】定理的应用．

设这两个数为 a，b，则有

$$ab=(a,b)[a,b]=6\times90=6\times6\times3\times5,$$

故 $a=90$，$b=6$ 或 $a=30$，$b=18$，则大数在前的数对有 2 对．

【答案】(C)

例 17　已知两数之和是 60，它们的最大公约数与最小公倍数之和是 84，此两数中较大那个数为(　　)．

(A)36　　　　(B)38　　　　(C)40　　　　(D)42　　　　(E) 48

【解析】

设 $x=ad$，$y=bd$（d 为最大公约数），故最小公倍数为 abd，由题意得

$$\begin{cases}ad+bd=60,\\ d+abd=84,\end{cases} 等价于 \begin{cases}d(a+b)=60,\\ d(1+ab)=84.\end{cases}$$

所以 d 为 60 和 84 的公约数，$d=1$、3、4、6、12，d 取最大值 12．

$$\begin{cases}a+b=5,\\ ab=6\end{cases} \Rightarrow \begin{cases}a=3,\\ b=2\end{cases} 或 \begin{cases}a=2,\\ b=3.\end{cases}$$

所以 $x=36$，$y=24$ 或 $x=24$，$y=36$，故较大的数为 36．

【答案】(A)

题型 1.5　解整数不定方程

老吕施法

一个方程里面有多个未知数，若已知未知数的解为整数，则称之为整数不定方程问题，常用以下两类解法：

(1)穷举法．

①在穷举时，常用特征判断法、奇偶分析法减少讨论的范围．

②若 $ax+by=c$，整理得 $x=\dfrac{c-by}{a}$，然后再用穷举法讨论．

(2)分解因数法．

①分解为两式的积等于某整数的形式．

如：若已知 a，b 为自然数，又有 $ab=7$．因为 $7=1\times7$，故 $a=1$，$b=7$ 或 $a=7$，$b=1$．

②分解因数法常用以下公式：

Ⅰ.$ab\pm n(a+b)=(a\pm n)(b\pm n)-n^2$．

若 $ab\pm n(a+b)=0$，则有 $(a\pm n)(b\pm n)=n^2$．

Ⅱ.平方差公式：$a^2-b^2=(a+b)(a-b)$．

【典型例题】

例 18 一个小孩子,将 99 个小球装进两种盒子,每个大盒子可以装 12 个小球,每个小盒子可以装 5 个小球,恰好装满,所用大、小盒子的数量多于 10 个,则用到小盒子的个数为( ).

(A)3 　　　　 (B)10 　　　　 (C)12 　　　　 (D)15 　　　　 (E)16

【解析】穷举法.

设用大盒子的数量为 x,小盒子的数量为 y,根据题意得

$$12x+5y=99,\ 即\ y=\frac{99-12x}{5},\qquad ①$$

$99-12x$ 能被 5 整除,故 x 的个位数必为 2 或 7.

当 $x=2$ 时,$y=15$;当 $x=7$ 时,$y=3$.

所用大小盒子的数量多于 10 个,故 $x=2$,$y=15$.

【注意】整理得到①式时,如果解出 x,则有 $x=\dfrac{99-5y}{12}$,此时在进行穷举时,要试验很多组才能得出答案,所以一般我们解系数较小的未知数.

【答案】(D)

例 19 一个整数 x,加 3 之后是一个完全平方数,减 4 之后也是一个完全平方数,则 $x=($).

(A)7 　　　　 (B)9 　　　　 (C)10 　　　　 (D)13 　　　　 (E)16

【解析】分解因数法、穷举法、选项验证法.

分解因数法,由题意知

$$\begin{cases} x+3=m^2, & ① \\ x-4=n^2. & ② \end{cases}$$

①式减去②式得

$$7=m^2-n^2=(m+n)(m-n)=7\times1,\ (分解因数法)$$

故必有 $\begin{cases} m+n=7, \\ m-n=1, \end{cases}$ 解得 $m=4$,$n=3$,所以 $x=13$.

【快速得分法】由选项验证法或穷举法,均可迅速得解.

【答案】(D)

例 20 a 和 b 的算术平均值是 8.

(1)a,b 为不相等的自然数,且 $\dfrac{1}{a}$ 和 $\dfrac{1}{b}$ 的算术平均值为 $\dfrac{1}{6}$;

(2)a,b 为自然数,且 $\dfrac{1}{a}$ 和 $\dfrac{1}{b}$ 的算术平均值为 $\dfrac{1}{6}$.

【解析】分解因数法.

条件(1):由题意知,$\dfrac{1}{a}+\dfrac{1}{b}=\dfrac{1}{3}$,即 $\dfrac{a+b}{ab}=\dfrac{1}{3}$,整理得 $ab-3(a+b)=0$.

$ab-3a-3b=0$,$a(b-3)-3(b-3)-9=0$,

故有:$(a-3)(b-3)=9=3\times3=9\times1$.（分解因数法）

故有 $\begin{cases} a-3=3, \\ b-3=3 \end{cases}$ 或 $\begin{cases} a-3=9, \\ b-3=1, \end{cases}$ 解得 $\begin{cases} a=6, \\ b=6 \end{cases}$ (含去)或 $\begin{cases} a=12, \\ b=4, \end{cases}$ 则 a 和 b 的算术平均值为 $\dfrac{4+12}{2}=8$,

条件(1)充分.

条件(2)：令 $a=b=6$，显然不充分．

【答案】(A)

题型 1.6　无限循环小数化分数问题

老吕施法

(1)纯循环小数化分数．

例1　$0.333\ 3\cdots=0.\dot{3}=\dfrac{3}{9}=\dfrac{1}{3}$．

例2　$0.121\ 2\cdots=0.\dot{1}\dot{2}=\dfrac{12}{99}=\dfrac{4}{33}$．

【结论】将纯循环小数化为分数，分子是循环节，循环节有几位，分母就是几个9，最后进行约分．

(2)混循环小数化分数．

例1　$0.203\ 030\ 3\cdots=0.2\dot{0}\dot{3}=\dfrac{203-2}{990}=\dfrac{201}{990}=\dfrac{67}{330}$．

例2　$0.238\ 888\cdots=0.23\dot{8}=\dfrac{238-23}{900}=\dfrac{215}{900}=\dfrac{43}{180}$．

【结论】混循环小数化为分数，分子为小数点后的数字减去不循环的部分，分母为循环节有几位，分母就有几个9，循环节前有几位，分母中的9后面就有几个0．

典型例题

例21　有一个非零的自然数，当乘以 $2.1\dot{2}\dot{6}$ 时误乘了 2.126，使答案差 1.4，则此自然数等于(　　)．

(A)11 100　　　　　　(B)11 010　　　　　　(C)10 110

(D)10 100　　　　　　(E)11 000

【解析】设此自然数为 a，根据题意有

$$2.1\dot{2}\dot{6}a-2.126a=1.4，即(0.1\dot{2}\dot{6}-0.126)a=\dfrac{7}{5}，$$

化为分数为 $\left(\dfrac{126}{999}-\dfrac{126}{1\ 000}\right)a=\dfrac{7}{5}$，解得 $a=11\ 100$．

【答案】(A)

例22　m 除 10^k 的余数为1．

(1)既约分数 $\dfrac{n}{m}$ 满足 $0<\dfrac{n}{m}<1$；

(2)分数 $\dfrac{n}{m}$ 可以化为小数部分的一个循环节有 k 位数字的纯循环小数．

【解析】条件(1)：令 $\dfrac{n}{m}=\dfrac{1}{2}$，显然不充分．

条件(2)：令 $\dfrac{n}{m}=\dfrac{2}{6}$，显然不充分．

联立条件(1)和(2)：根据纯循环小数化为分数的特点，则 m 必为 k 个9或 k 个9的约数，即 k 个1或3，所以 m 除 10^k 的余数为1，充分．

【答案】(C)

题型 1.7　整数、小数部分问题

老吕施法

一个数的整数部分，是不大于这个数的最大整数．小数部分是原数减去整数部分．

例如：

2.5 的整数部分是 2，小数部分是 0.5；

$\sqrt{5}$ 的整数部分是 2，小数部分是 $\sqrt{5}-2$；

-2.2 的整数部分是 -3，小数部分是 0.8.

典型例题

例 23　把无理数 $\sqrt{5}$ 记作 a，它的小数部分记作 b，则 $a-\dfrac{1}{b}$ 等于(　　).

(A)1　　　　(B)-1　　　　(C)2　　　　(D)-2　　　　(E)3

【解析】由题意得，$a=\sqrt{5}$，$b=\sqrt{5}-2$，则 $a-\dfrac{1}{b}=\sqrt{5}-\dfrac{1}{\sqrt{5}-2}=-2$.

【答案】(D)

例 24　把 $\dfrac{\sqrt{5}+1}{\sqrt{5}-1}$ 的整数部分记作 a，小数部分记作 b，则 $ab-\sqrt{5}$ 等于(　　).

(A)1　　　　(B)-1　　　　(C)0　　　　(D)$\sqrt{5}$　　　　(E)$-\sqrt{5}$

【解析】将原式分母有理化，得

$$\frac{\sqrt{5}+1}{\sqrt{5}-1}=\frac{(\sqrt{5}+1)^2}{(\sqrt{5}-1)(\sqrt{5}+1)}=\frac{3+\sqrt{5}}{2}.$$

又因为 $\sqrt{5}\approx2.236$，故 $\dfrac{3+\sqrt{5}}{2}$ 的整数部分为 2，即 $a=2$.

小数部分 $b=\dfrac{3+\sqrt{5}}{2}-2=\dfrac{\sqrt{5}-1}{2}$，代入，得 $ab-\sqrt{5}=-1$.

【答案】(B)

题型 1.8　有理、无理部分问题

老吕施法

已知 a，b 为有理数，λ 为无理数，若有 $a+b\lambda=0$，则有 $a=b=0$.

典型例题

例 25　若 x，y 是有理数，且满足 $(1+2\sqrt{3})x+(1-\sqrt{3})y-2+5\sqrt{3}=0$，则 x，y 的值分别为(　　).

(A)1，3　　　(B)-1，2　　　(C)-1，3　　　(D)1，2　　　(E)以上选项均不正确

【解析】将原方程整理可得

$$(1+2\sqrt{3})x+(1-\sqrt{3})y-2+5\sqrt{3}=0,$$

$$x+2\sqrt{3}x+y-\sqrt{3}y-2+5\sqrt{3}=0,$$

$$x+y-2+(2x-y+5)\sqrt{3}=0,$$

即 $\begin{cases} x+y-2=0, \\ 2x-y+5=0, \end{cases}$ 解得 $x=-1$，$y=3$.

【答案】(C)

题型 1.9 实数的运算技巧

老吕施法

(1)多个分数求和．

如果题干为多个分数求和，使用裂项相消法，常用公式有：

① $\dfrac{1}{n(n+k)}=\dfrac{1}{k}\left(\dfrac{1}{n}-\dfrac{1}{n+k}\right)$，当 $k=1$ 时，$\dfrac{1}{n(n+1)}=\dfrac{1}{n}-\dfrac{1}{n+1}$.

② $\dfrac{1}{(2n-1)(2n+1)}=\dfrac{1}{2}\left(\dfrac{1}{2n-1}-\dfrac{1}{2n+1}\right)$.

③ $\dfrac{1}{n(n+1)(n+2)}=\dfrac{1}{2}\left[\dfrac{1}{n(n+1)}-\dfrac{1}{(n+1)(n+2)}\right]=\dfrac{1}{2}\left(\dfrac{1}{n}-\dfrac{2}{n+1}+\dfrac{1}{n+2}\right)$.

④ $\dfrac{n-1}{n!}=\dfrac{1}{(n-1)!}-\dfrac{1}{n!}$.

(2)多个括号乘积．

如果题干有多个括号的乘积，则使用分子分母相消法或凑平方差公式法，常用公式有：

① $1-\dfrac{1}{n^2}=\dfrac{n-1}{n}\cdot\dfrac{n+1}{n}$.

② $(a+b)(a^2+b^2)(a^4+b^4)\cdots=\dfrac{(a-b)(a+b)(a^2+b^2)(a^4+b^4)\cdots}{a-b}=\dfrac{(a^8-b^8)\cdots}{a-b}$.

(3)多个无理分数相加减．

将每个无理分数的分母有理化，再消项即可．

$\dfrac{1}{\sqrt{n+k}+\sqrt{n}}=\dfrac{1}{k}\left(\sqrt{n+k}-\sqrt{n}\right)$；当 $k=1$ 时，$\dfrac{1}{\sqrt{n+1}+\sqrt{n}}=\sqrt{n+1}-\sqrt{n}$.

(4)n 个相同数字的数相加．

利用 $9+99+999+9\,999+\cdots=10^1-1+10^2-1+10^3-1+10^4-1+\cdots$ 这一恒等式求解．

(5)换元法．

如果题干中多次出现某些相同的项，可将这些相同的项换元，设为 t.

(6)数列求和法．

典型例题

例 26 $\dfrac{\dfrac{1}{2}+\left(\dfrac{1}{2}\right)^2+\left(\dfrac{1}{2}\right)^3+\cdots+\left(\dfrac{1}{2}\right)^8}{0.1+0.2+0.3+0.4+\cdots+0.9}=($ $)$.

(A) $\dfrac{85}{768}$ (B) $\dfrac{85}{512}$ (C) $\dfrac{85}{384}$ (D) $\dfrac{255}{256}$ (E)以上选项均不正确

【解析】等差、等比数列求和．

$$原式=\dfrac{\dfrac{\dfrac{1}{2}\left[1-\left(\dfrac{1}{2}\right)^8\right]}{1-\dfrac{1}{2}}}{\dfrac{0.1+0.9}{2}\times 9}=\dfrac{1-\left(\dfrac{1}{2}\right)^8}{\dfrac{9}{2}}=\dfrac{85}{384}.$$

【答案】(C)

例 27 $\dfrac{1}{1\times 2}+\dfrac{1}{2\times 3}+\dfrac{1}{3\times 4}+\cdots+\dfrac{1}{99\times 100}=($).

(A)$\dfrac{99}{100}$ (B)$\dfrac{100}{101}$ (C)$\dfrac{99}{101}$ (D)$\dfrac{97}{100}$

【解析】裂项相消法.

$$\dfrac{1}{1\times 2}+\dfrac{1}{2\times 3}+\dfrac{1}{3\times 4}+\cdots+\dfrac{1}{99\times 100}$$

$$=\left(1-\dfrac{1}{2}\right)+\left(\dfrac{1}{2}-\dfrac{1}{3}\right)+\left(\dfrac{1}{3}-\dfrac{1}{4}\right)+\cdots+\left(\dfrac{1}{99}-\dfrac{1}{100}\right)$$

$$=1-\dfrac{1}{100}$$

$$=\dfrac{99}{100}.$$

【答案】(A)

例 28 $\dfrac{(1+3)(1+3^2)(1+3^4)(1+3^8)\times\cdots\times(1+3^{32})+\dfrac{1}{2}}{3\times 3^2\times 3^3\times\cdots\times 3^{10}}=($).

(A)$\dfrac{1}{2}\times 3^{10}+3^{19}$ (B)$\dfrac{1}{2}+3^{19}$ (C)$\dfrac{1}{2}\times 3^{19}$ (D)$\dfrac{1}{2}\times 3^9$

(E) 以上选项均不正确

【解析】凑平方差公式法.

$$\dfrac{(1-3)(1+3)(1+3^2)(1+3^4)(1+3^8)\times\cdots\times(1+3^{32})+(1-3)\times\dfrac{1}{2}}{(1-3)\times 3\times 3^2\times 3^3\times\cdots\times 3^{10}}=\dfrac{(1-3^{64})-1}{-2\times 3^{55}}=\dfrac{1}{2}\times 3^9.$$

【答案】(D)

例 29 $\left(\dfrac{1}{1+\sqrt{2}}+\dfrac{1}{\sqrt{2}+\sqrt{3}}+\cdots+\dfrac{1}{\sqrt{2\,009}+\sqrt{2\,010}}+\dfrac{1}{\sqrt{2\,010}+\sqrt{2\,011}}\right)\times(1+\sqrt{2\,011})=($).

(A)2 006   (B)2 007   (C)2 008   (D)2 009   (E)2 010

【解析】分母有理化.

$$\left(\dfrac{1}{1+\sqrt{2}}+\dfrac{1}{\sqrt{2}+\sqrt{3}}+\cdots+\dfrac{1}{\sqrt{2\,009}+\sqrt{2\,010}}+\dfrac{1}{\sqrt{2\,010}+\sqrt{2\,011}}\right)\times(1+\sqrt{2\,011})$$

$$=\left[\sqrt{2}-1+\sqrt{3}-\sqrt{2}+\cdots+(\sqrt{2\,010}-\sqrt{2\,009})+(\sqrt{2\,011}-\sqrt{2\,010})\right]\times(1+\sqrt{2\,011})$$

$$=(\sqrt{2\,011}-1)(\sqrt{2\,011}+1)=2\,011-1=2\,010.$$

【答案】(E)

例 30 $\left(1+\dfrac{1}{2}+\dfrac{1}{3}+\dfrac{1}{4}\right)\times\left(\dfrac{1}{2}+\dfrac{1}{3}+\dfrac{1}{4}+\dfrac{1}{5}\right)-\left(1+\dfrac{1}{2}+\dfrac{1}{3}+\dfrac{1}{4}+\dfrac{1}{5}\right)\times\left(\dfrac{1}{2}+\dfrac{1}{3}+\dfrac{1}{4}\right)=$

( ).

(A)$\dfrac{1}{5}$ (B)$\dfrac{2}{5}$ (C)1   (D)2   (E)3

【解析】换元法.

设 $t=\dfrac{1}{2}+\dfrac{1}{3}+\dfrac{1}{4}$,

$$\left(1+\frac{1}{2}+\frac{1}{3}+\frac{1}{4}\right)\times\left(\frac{1}{2}+\frac{1}{3}+\frac{1}{4}+\frac{1}{5}\right)-\left(1+\frac{1}{2}+\frac{1}{3}+\frac{1}{4}+\frac{1}{5}\right)\times\left(\frac{1}{2}+\frac{1}{3}+\frac{1}{4}\right)$$

$$=(1+t)\left(t+\frac{1}{5}\right)-\left(1+t+\frac{1}{5}\right)t=\frac{1}{5}.$$

【答案】(A)

例 31　$7+77+777+\cdots+777\ 777\ 777=(\qquad)$.

(A) $\dfrac{7}{9}\times\dfrac{10\times(10^9-1)}{9}-7$　　(B) $\dfrac{7}{9}\times\dfrac{10\times(10^9+1)}{9}-7$　　(C) $\dfrac{10\times(10^9-1)}{9}-7$

(D) $\dfrac{7}{9}\times\dfrac{10\times(10^9-1)}{9}+7$　　(E)以上选项均不正确

【解析】先变 9，再变 10^n-1.

原式可化为

$$\frac{7}{9}\times(9+99+999+\cdots+999\ 999\ 999)=\frac{7}{9}\times(10-1+10^2-1+10^3-1+\cdots+10^9-1)$$

$$=\frac{7}{9}\times(10+10^2+10^3+\cdots+10^9-9)$$

$$=\frac{7}{9}\times\frac{10\times(1-10^9)}{1-10}-7$$

$$=\frac{7}{9}\times\frac{10\times(10^9-1)}{9}-7.$$

【答案】(A)

例 32　$\dfrac{1}{1\times2}+\dfrac{2}{1\times2\times3}+\dfrac{3}{1\times2\times3\times4}+\cdots+\dfrac{2\ 010}{1\times2\times3\times\cdots\times2\ 011}=(\qquad)$.

(A) $1-\dfrac{1}{2\ 010!}$　　　　(B) $1-\dfrac{1}{2\ 011!}$　　　　(C) $\dfrac{2\ 009}{2\ 010!}$

(D) $\dfrac{2\ 010}{2\ 011!}$　　　　(E) $1-\dfrac{2\ 010}{2\ 011!}$

【解析】裂项相消法.

因为 $\dfrac{n-1}{n!}=\dfrac{n}{n!}-\dfrac{1}{n!}=\dfrac{1}{(n-1)!}-\dfrac{1}{n!}$，故

$$原式=1-\frac{1}{1\times2}+\frac{1}{1\times2}-\frac{1}{1\times2\times3}+\cdots+\frac{1}{2\ 010!}-\frac{1}{2\ 011!}=1-\frac{1}{2\ 011!}.$$

【答案】(B)

题型 1.10　其他实数问题

典型例题

例 33　一个大于 1 的自然数的算术平方根为 a，则与该自然数左右相邻的两个自然数的算术平方根分别为(　　).

(A) $\sqrt{a}-1,\ \sqrt{a}+1$　　　　(B) $a-1,\ a+1$　　　　(C) $\sqrt{a-1},\ \sqrt{a+1}$

(D) $\sqrt{a^2-1},\ \sqrt{a^2+1}$　　　(E) $a^2-1,\ a^2+1$

【解析】设这个数是 n，则 $n=a^2$，左右相邻的自然数分别为 a^2-1 和 a^2+1，所以算术平方根分别为 $\sqrt{a^2-1},\ \sqrt{a^2+1}$.

【答案】(D)

例 34 以下命题中正确的一个是(   ).

(A) 两个数的和为正数，则这两个数都是正数

(B) 两个数的差为负数，则这两个数都是负数

(C) 两个数中较大的数的绝对值也较大

(D) 加上一个负数，等于减去这个数的绝对值

(E) 一个数的 2 倍大于这个数本身

【解析】实数性质的应用，显然选(D).

【答案】(D)

例 35 设 a 与 b 之和的倒数的 2 007 次方等于 1，a 的相反数与 b 之和的倒数的 2 009 次方也等于 1，则 $a^{2\,007}+b^{2\,009}=($).

(A) -1 (B) 2   (C) 1   (D) 0   (E) $2^{2\,007}$

【解析】根据题意可得

$$\begin{cases}\left(\dfrac{1}{a+b}\right)^{2\,007}=1,\\[2mm]\left(\dfrac{1}{-a+b}\right)^{2\,009}=1,\end{cases}\text{可知}\begin{cases}a+b=1,\\-a+b=1.\end{cases}$$

解得 $a=0$，$b=1$，故 $a^{2\,007}+b^{2\,009}=1$.

【答案】(C)

第二节　比与比例

一、　老吕讲考点

(一)定义

1. 比

两个数 a，b 相除，又可称为这两个数的比，记为 $a:b$，即 $a:b=\dfrac{a}{b}$. 若 a，b 相除的商为 k，则称 k 为 $a:b$ 的比值.

2. 比例

若 $a:b$ 和 $c:d$ 的值相等，就称 a，b，c，d 成比例，记作 $a:b=c:d$ 或 $\dfrac{a}{b}=\dfrac{c}{d}$，其中 a，d 叫作比例外项，b，c 叫作比例内项.

(二)相关定理

(1)比例的基本性质：内项积等于外项积，即若 $a:b=c:d$，则 $ad=bc$.

(2)比的基本性质：比的前项和后项都乘以或除以一个不为零的数，比值不变，即 $a:b=ak:bk(k\neq0)$.

(3)等比定理：$\dfrac{a}{b}=\dfrac{c}{d}=\dfrac{e}{f}=\dfrac{a+c+e}{b+d+f}$（注意分母之和不等于 0）.

(4)合比定理：$\dfrac{a}{b}=\dfrac{c}{d}\Leftrightarrow\dfrac{a+b}{b}=\dfrac{c+d}{d}$　①（等式左右同加 1）.

(5)分比定理：$\dfrac{a}{b}=\dfrac{c}{d}\Leftrightarrow\dfrac{a-b}{b}=\dfrac{c-d}{d}$ ② （等式左右同减 1）．

(6)合分比定理：$\dfrac{a}{b}=\dfrac{c}{d}\Leftrightarrow\dfrac{a+b}{a-b}=\dfrac{c+d}{c-d}$ （①式除以②式）．

(7)更比定理：$\dfrac{a}{b}=\dfrac{c}{d}\Leftrightarrow\dfrac{a}{c}=\dfrac{b}{d}$．

(8)反比定理：$\dfrac{a}{b}=\dfrac{c}{d}\Leftrightarrow\dfrac{b}{a}=\dfrac{d}{c}$．

【注意】以上公式的任一分母均不等于 0．

（三）正比例和反比例

1. 正比例

若两个数 x，y，满足 $y=kx$ $(k\neq0)$，则称 y 与 x 成正比例．

2. 反比例

若两个数 x，y，满足 $y=\dfrac{k}{x}$ $(k\neq0)$，则称 y 与 x 成反比例．

二、 老吕讲题型

题型 1.11　连比问题

老吕施法

常见运算技巧：

(1)设 k 法．

(2)最小公倍数法．

典型例题

例 36　设 $\dfrac{1}{x}:\dfrac{1}{y}:\dfrac{1}{z}=4:5:6$，则使 $x+y+z=74$ 成立的 y 值是（　　）．

(A) 24　　　　　(B)36　　　　　(C)$\dfrac{74}{3}$　　　　　(D)$\dfrac{37}{2}$　　　　　(E)$\dfrac{37}{4}$

【解析】设 k 法．

设 $\dfrac{1}{x}:\dfrac{1}{y}:\dfrac{1}{z}=4k:5k:6k$，则有

$$\begin{cases}\dfrac{1}{x}=4k\\[2mm]\dfrac{1}{y}=5k\\[2mm]\dfrac{1}{z}=6k\end{cases},$$

又因为 $x+y+z=74$，

即 $\dfrac{1}{4k}+\dfrac{1}{5k}+\dfrac{1}{6k}=74$，

解得 $k=\dfrac{1}{120}$，代入，得 $y=\dfrac{1}{5k}=\dfrac{120}{5}=24$．

【答案】(A)

例 37 $\left(\dfrac{1}{x}+\dfrac{1}{y}\right):\left(\dfrac{1}{y}+\dfrac{1}{z}\right):\left(\dfrac{1}{z}+\dfrac{1}{x}\right)=4:10:9$.

(1) $(x+y):(y+z):(z+x)=4:2:3$;

(2) $(x+y):(y+z):(z+x)=3:2:4$.

【解析】赋值法.

条件(1): 设 $\begin{cases} x+y=4, \\ y+z=2, \\ z+x=3, \end{cases}$ 解得 $\begin{cases} x=\dfrac{5}{2}, \\ y=\dfrac{3}{2}, \\ z=\dfrac{1}{2}. \end{cases}$

$\left(\dfrac{1}{x}+\dfrac{1}{y}\right):\left(\dfrac{1}{y}+\dfrac{1}{z}\right):\left(\dfrac{1}{z}+\dfrac{1}{x}\right)=\dfrac{16}{15}:\dfrac{8}{3}:\dfrac{12}{5}=4:10:9$, 故条件(1)充分.

条件(2): 设 $\begin{cases} x+y=3, \\ y+z=2, \\ z+x=4, \end{cases}$ 解得 $\begin{cases} x=\dfrac{5}{2}, \\ y=\dfrac{1}{2}, \\ z=\dfrac{3}{2}. \end{cases}$

$\left(\dfrac{1}{x}+\dfrac{1}{y}\right):\left(\dfrac{1}{y}+\dfrac{1}{z}\right):\left(\dfrac{1}{z}+\dfrac{1}{x}\right)=\dfrac{12}{5}:\dfrac{8}{3}:\dfrac{16}{15}=9:10:4$, 故条件(2)不充分.

【答案】(A)

例 38 甲与乙的比是 $3:2$, 丙与乙的比是 $2:3$, 则甲与丙的比是( ).

(A) $1:1$　　(B) $3:2$　　(C) $2:3$　　(D) $9:4$　　(E) $8:5$

【解析】比例问题.

设甲、乙、丙分别为 x, y, z, 则 $\dfrac{x}{y}=\dfrac{3}{2}$, $\dfrac{z}{y}=\dfrac{2}{3}$, 故 $\dfrac{x}{z}=\dfrac{\frac{x}{y}}{\frac{z}{y}}=\dfrac{\frac{3}{2}}{\frac{2}{3}}=\dfrac{9}{4}$.

【快速得分法】最小公倍数法.

令乙的值为 3 和 2 的最小公倍数 6, 则甲为 9, 丙为 4, 则甲与丙之比为 $9:4$.

【答案】(D)

题型 1.12　等比定理与合比定理的应用

老吕施法

(1) 等比定理: $\dfrac{a}{b}=\dfrac{c}{d}=\dfrac{e}{f}=\dfrac{a+c+e}{b+d+f}$.

【易错点】使用等比定理时, "分母不等于 0"并不能保证"分母之和也不等于 0", 所以要先讨论分母之和是否为 0.

(2) 合比定理: $\dfrac{a}{b}=\dfrac{c}{d}\Leftrightarrow\dfrac{a+b}{b}=\dfrac{c+d}{d}$　(等式左右同加 1).

分比定理: $\dfrac{a}{b}=\dfrac{c}{d}\Leftrightarrow\dfrac{a-b}{b}=\dfrac{c-d}{d}$　(等式左右同减 1).

> 合比定理与分比定理是在等式两边加减 1 得到的，但是解题时，未必非得是加减 1，也可以是加减别的数．使用合比定理的目标，往往是将分子变成相等的项，本书将其命名为"通分子"．

典型例题

例 39 若 $\dfrac{a+b-c}{c}=\dfrac{a-b+c}{b}=\dfrac{-a+b+c}{a}=k$，则 k 的值为（　　）．

(A)1　　　　　(B)1 或 -2　　　(C)-1 或 2　　　(D)-2　　　　(E)以上选项均不正确

【解析】

方法一：设 k 法．

由 $\dfrac{a+b-c}{c}=k$，得 $a+b-c=ck$，以此类推，$a-b+c=bk$，$-a+b+c=ak$，三个等式相加得

$$a+b+c=k(a+b+c),$$

故有 $k=1$ 或者 $a+b+c=0$，将 $a+b=-c$ 代入原式可知 $k=-2$．

方法二：等比定理法．

欲使用等比定理，先判断分母之和是否为 0，故分两类讨论：

(1)当 $a+b+c=0$ 时，$a+b=-c$，代入原式，可知 $k=-2$；

(2)当 $a+b+c\neq 0$ 时，由等比定理，可知

$$\frac{a+b-c}{c}=\frac{a-b+c}{b}=\frac{-a+b+c}{a}=\frac{(a+b-c)+(a-b+c)+(-a+b+c)}{a+b+c}=k,$$

整理，得 $k=1$．

方法三：合比定理法．

在等式的各个位置均加 2，得

$$\frac{a+b-c}{c}+2=\frac{a-b+c}{b}+2=\frac{-a+b+c}{a}+2=k+2,$$

$$\frac{a+b-c+2c}{c}=\frac{a-b+c+2b}{b}=\frac{-a+b+c+2a}{a}=k+2,$$

$$\frac{a+b+c}{c}=\frac{a+b+c}{b}=\frac{a+b+c}{a}=k+2,$$

可知 $a=b=c$，$3=k+2$，$k=1$ 或 $a+b+c=0$，则 $k+2=0$，即 $k=-2$．

【答案】 (B)

例 40 $\dfrac{c}{a+b}<\dfrac{a}{b+c}<\dfrac{b}{c+a}$．

(1)$0<c<a<b$；　　　(2)$0<a<b<c$．

【解析】 原式可化简为：$\dfrac{c}{a+b}+1<\dfrac{a}{b+c}+1<\dfrac{b}{c+a}+1$，即 $\dfrac{a+b+c}{a+b}<\dfrac{a+b+c}{b+c}<\dfrac{a+b+c}{c+a}$．

条件(1)：由 $0<c<a<b$，得 $a+b>b+c>a+c>0$．

故 $\dfrac{a+b+c}{a+b}<\dfrac{a+b+c}{b+c}<\dfrac{a+b+c}{c+a}$，条件(1)充分．

条件(2)：由 $0<a<b<c$，得 $0<a+b<a+c<b+c$．

故 $\dfrac{a+b+c}{a+b}>\dfrac{a+b+c}{a+c}>\dfrac{a+b+c}{c+b}$，条件(2)不充分．

【快速得分法】 条件(2)可以用反例法：

令 $a=1$，$b=2$，$c=3$，则有 $\dfrac{c}{a+b}=1$，$\dfrac{a}{b+c}=\dfrac{1}{5}$，$\dfrac{b}{a+c}=\dfrac{1}{2}$，故条件(2)不充分.

【答案】(A)

例 41 $\dfrac{a+b}{c+d}=\dfrac{\sqrt{a^2+b^2}}{\sqrt{c^2+d^2}}$ 成立.

(1) $\dfrac{a}{b}=\dfrac{c}{d}$，且 a，b，c，d 均为正数；

(2) $\dfrac{a}{b}=\dfrac{c}{d}$，且 a，b，c，d 均为负数.

【解析】由 $\dfrac{a}{b}=\dfrac{c}{d}$，得

$$\dfrac{a}{b}=\dfrac{c}{d}\Rightarrow\dfrac{a}{b}+1=\dfrac{c}{d}+1\Rightarrow\dfrac{a+b}{b}=\dfrac{c+d}{d}\Rightarrow\dfrac{a+b}{c+d}=\dfrac{b}{d}\Rightarrow\dfrac{(a+b)^2}{(c+d)^2}=\dfrac{b^2}{d^2},$$

$$\dfrac{a}{b}=\dfrac{c}{d}\Rightarrow\dfrac{a^2}{b^2}=\dfrac{c^2}{d^2}\Rightarrow\dfrac{a^2}{b^2}+1=\dfrac{c^2}{d^2}+1\Rightarrow\dfrac{a^2+b^2}{b^2}=\dfrac{d^2+c^2}{d^2}\Rightarrow\dfrac{a^2+b^2}{d^2+c^2}=\dfrac{b^2}{d^2},$$

可知 $\dfrac{(a+b)^2}{(c+d)^2}=\dfrac{a^2+b^2}{c^2+d^2}$.

条件(1)：因为 a，b，c，d 均为正数，直接开平方得 $\dfrac{a+b}{c+d}=\sqrt{\dfrac{a^2+b^2}{c^2+d^2}}$，条件(1)充分.

条件(2)：因为 a，b，c，d 均为负数，故 $\dfrac{a+b}{c+d}$ 为正数，故 $\dfrac{a+b}{c+d}=\sqrt{\dfrac{a^2+b^2}{c^2+d^2}}$，条件(2)充分.

【快速得分法】用特殊值法验证即可.

【答案】(D)

题型 1.13 正比例、反比例问题

老吕施法

(1) 正比例.

若两个数 x，y，满足 $y=kx$（$k\neq0$），则称 y 与 x 成正比例.

(2) 反比例.

若两个数 x，y，满足 $y=\dfrac{k}{x}$（$k\neq0$），则称 y 与 x 成反比例.

典型例题

例 42 若 y 与 $x-1$ 成正比，比例系数为 k_1. y 又与 $x+1$ 成反比，比例系数为 k_2，且 $k_1:k_2=2:3$，则 x 值为(   ).

(A) $\pm\dfrac{\sqrt{15}}{3}$ 　　(B) $\dfrac{\sqrt{15}}{3}$ 　　(C) $-\dfrac{\sqrt{15}}{3}$ 　　(D) $\pm\dfrac{\sqrt{10}}{2}$ 　　(E) $-\dfrac{\sqrt{10}}{2}$

【解析】

定义法.

设

$$\begin{cases} y=k_1(x-1), & ① \\ y=\dfrac{k_2}{x+1}, & ② \end{cases}$$

用①除以②，得 $1=\dfrac{k_1}{k_2}(x-1)(x+1)$，即 $x^2-1=\dfrac{3}{2}$，$x^2=\dfrac{5}{2}\Rightarrow x=\pm\dfrac{\sqrt{10}}{2}$．

【快速得分法】特殊值法．

可令 $k_1=2$，$k_2=3$，则有 $y=2(x-1)=\dfrac{3}{x+1}$，解得 $x=\pm\dfrac{\sqrt{10}}{2}$．

【答案】(D)

第三节　绝对值

一、　老吕讲考点

(一)数轴

规定了原点、正方向和单位长度的直线叫数轴．所有的实数都可以用数轴上的点来表示，也可以用数轴来比较两个实数的大小．

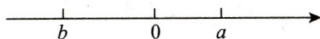

(二)绝对值

代数意义：$|a|=\begin{cases}a, & a>0,\\ 0, & a=0,\\ -a, & a<0.\end{cases}$

几何意义：$|a|$ 表示在数轴上 a 点与原点 0 之间的距离；

$|a-b|$ 表示在数轴上 a 点与 b 点之间的距离．

(三)绝对值的性质

(1)非负性：$|a|\geqslant0$．

(2)对称性：$|-a|=|a|$．

(3)等价性：$|a|=\sqrt{a^2}$，$|a|^2=|a^2|=|-a|^2=a^2$．

(4)自比性：$\dfrac{|a|}{a}=\dfrac{a}{|a|}=\begin{cases}1, & a>0,\\ -1, & a<0.\end{cases}$

(5)$|a\times b|=|a|\times|b|$，$\left|\dfrac{a}{b}\right|=\dfrac{|a|}{|b|}$．

(6)基本不等式：$-|a|\leqslant a\leqslant|a|$．

(四)三角不等式

1.$||a|-|b||\leqslant|a+b|\leqslant|a|+|b|$

等号成立条件：

左边等号：$ab\leqslant0$；右边等号：$ab\geqslant0$．

口诀：左异右同，可以为零（即左边等号成立的条件是 a，b 异号，右边等号成立的条件是 a，b 同号，a，b 中的任意一个为零，等号也成立）．

2.$||a|-|b||\leqslant|a-b|\leqslant|a|+|b|$

等号成立条件：

左边等号：$ab\geqslant0$；右边等号：$ab\leqslant0$．

口诀：左同右异，可以为零(即左边等号成立的条件是 a，b 同号，右边等号成立的条件是 a，b 异号，a，b 中的任意一个为零，等号也成立).

二、 老吕讲题型

题型 1.14 · 绝对值的基本问题与方法总结

老吕施法

解绝对值问题常见以下四类方法：

(1)特殊方法.

①特殊值法.

②选项代入法.

这两种方法适合解绝对值方程和绝对值不等式问题.

(2)性质定理法.

①几何意义：可用于求解绝对值的最值问题，解绝对值方程和不等式等，是一种较简单的方法.

②三角不等式法：用于求最值或者证明不等式.

③绝对值的非负性：用于非负性问题.

④自比性：用于自比性问题.

(3)去绝对值符号.

①分类讨论法去绝对值是万能方法，几乎所有绝对值问题均可使用此方法.

②平方法去绝对值.

a. 平方法仅适合绝对值内未知数的次数为 1 次，如果绝对值内的次数高于 1 次，平方升次以后会出现高次方程，就不好求解了.

b. 如果出现两个绝对值符号，用平方法去绝对值符号时，先移项，将两个绝对值符号放在等号的两边.

c. 平方法可能会使方程出现增根. 如 $|x-1|=-2$，这个方程是无解的，但是使用平方法，会出现 2 个解.

③换元法去绝对值.

换元法是用一个字母(如 t)来代替题干中的公共部分，常用此法来去特殊符号(根号、绝对值、指数、对数、降次).

(4)图像法.

用描点看边法画绝对值的图像，记住常用绝对值函数的图像，见题型 1.18.

典型例题

例 43 $|b-a|+|c-b|-|c|=a$.

(1)实数 a，b，c 在数轴上的位置为

$$
\begin{array}{ccccc}
& c & b & 0 & a \\
\end{array}
$$

(2)实数 a，b，c 在数轴上的位置为

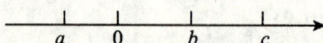

$$
\begin{array}{ccccc}
& a & 0 & b & c \\
\end{array}
$$

【解析】根据几何意义可知：

条件(1)：$|b-a|+|c-b|-|c|=a-b+b-c+c=a$，条件(1)充分.

条件(2)：$|b-a|+|c-b|-|c|=b-a+c-b-c=-a$，条件(2)不充分.

【答案】(A)

例 44　已知 $|a|=5$，$|b|=7$，$ab<0$，则 $|a-b|=$（　　）.

(A) 2　　　　(B) -2　　(C) 12　　(D) -12　　(E) 0

【解析】方法一：由 $ab<0$ 可知，$a=5$，$b=-7$ 或 $a=-5$，$b=7$，分别代入，得 $|a-b|=12$.

方法二：三角不等式.

因为 $ab<0$，根据三角不等式得：$|a-b|=|a|+|b|=5+7=12$.

【答案】(C)

例 45　设 a，b，c 为整数，且 $|a-b|^{20}+|c-a|^{41}=1$，则 $|a-b|+|a-c|+|b-c|=$（　　）.

(A) 2　　　　(B) 3　　　　(C) 4　　　　(D) -3　　　　(E) -2

【解析】特殊值法.

令 $a=b=0$，$c=1$，代入可得 $|a-b|+|a-c|+|b-c|=2$.

【答案】(A)

例 46　若 $|a|=\dfrac{1}{2}$，$|b|=1$，则 $|a+b|=$（　　）.

(A) $\dfrac{3}{2}$ 或 0　　　　(B) $\dfrac{1}{2}$ 或 0　　　　(C) $-\dfrac{1}{2}$　　　　(D) $\dfrac{1}{2}$ 或 $\dfrac{3}{2}$　　　　(E) $\dfrac{1}{2}$ 或 -1

【解析】

方法一：$|a|=\dfrac{1}{2}$，$a=\pm\dfrac{1}{2}$；$|b|=1$，$b=\pm1$.

讨论：

(1)若 $a=\dfrac{1}{2}$.

①$b=1$，则 $|a+b|=\left|\dfrac{1}{2}+1\right|=\dfrac{3}{2}$；

②$b=-1$，则 $|a+b|=\left|\dfrac{1}{2}-1\right|=\dfrac{1}{2}$.

(2) 若 $a=-\dfrac{1}{2}$.

①$b=1$，则 $|a+b|=\left|-\dfrac{1}{2}+1\right|=\dfrac{1}{2}$；

②$b=-1$，则 $|a+b|=\left|-\dfrac{1}{2}-1\right|=\dfrac{3}{2}$.

故 $|a+b|=\dfrac{1}{2}$ 或 $\dfrac{3}{2}$.

【快速得分法】排除法.

由绝对值的非负性，知 $|a+b|\geqslant0$，所以排除(C)，(E)；显然 $|a+b|\neq0$，因为 a，b 不可能互为相反数，所以排除(A)，(B).

【答案】(D)

题型 1.15　绝对值方程和绝对值不等式

老吕施法

(1)解绝对值方程的常用方法.

①首先考虑选项代入法.

②平方法去绝对值.

③分类讨论法去绝对值.

④图像法.

(2)解绝对值方程的易错点.

方程 $|f(x)|=g(x)$ 有隐含定义域,不能直接平方,而是等价于 $\begin{cases} g(x) \geqslant 0, \\ f^2(x)=g^2(x). \end{cases}$

(3)解绝对值不等式的常用方法.

①特殊值法验证选项法.

②平方法去绝对值.

③分类讨论法去绝对值.

④图像法.

典型例题

例 47 $|1-x|-\sqrt{x^2-8x+16}=2x-5$.

(1)$x>2$;　　　　(2)$x<3$.

【解析】 分组讨论法.

原式可化简为 $|x-1|-|x-4|=\begin{cases} -3, & x<1, \\ 2x-5, & 1\leqslant x\leqslant 4, \\ 3, & x>4. \end{cases}$

所以当 $1\leqslant x\leqslant 4$ 时,题干中的结论成立.

故条件(1)和(2)单独不充分,联合起来充分.

【答案】 (C)

例 48 方程 $|x+1|+|x|=2$ 无根.

(1)$x\in(-\infty,-1)$;

(2)$x\in(-1,0)$.

【解析】

条件(1):当 $x\in(-\infty,-1)$ 时,$|x+1|+|x|=2$ 可化为 $-x-1-x=2$,$x=-\dfrac{3}{2}$,有解,所以条件(1)不充分.

条件(2):当 $x\in(-1,0)$ 时,$|x+1|+|x|=2$ 可化为:$x+1-x=2$,显然无解,所以条件(2)充分.

【答案】 (B)

例 49 方程 $|x-|2x+1||=4$ 的根是(　　　).

(A)$x=-5$ 或 $x=1$　　　　(B)$x=5$ 或 $x=-1$　　　　(C)$x=3$ 或 $x=-\dfrac{5}{3}$

(D)$x=-3$ 或 $x=\dfrac{5}{3}$ (E)不存在

【解析】方法一：选项代入法，易知选(C).

方法二：分组讨论法.

原式等价于 $x-|2x+1|=4$ 或 $x-|2x+1|=-4$.

(1) $\begin{cases} 2x+1\geqslant 0, \\ x-2x-1=4 \end{cases}$ 或 $\begin{cases} 2x+1<0, \\ x+2x+1=4, \end{cases}$ 无解；

(2) $\begin{cases} 2x+1\geqslant 0, \\ x-2x-1=-4 \end{cases}$ 或 $\begin{cases} 2x+1<0, \\ x+2x+1=-4, \end{cases}$ 解得 $x=3$ 或 $x=-\dfrac{5}{3}$.

【答案】(C)

例 50 如果方程 $|x|=ax+1$ 有一个负根，那么 a 的取值范围是( ).

(A)$a<1$ (B)$a=1$ (C)$a>-1$ (D)$a<-1$

(E)以上选项均不正确

【解析】方法一：将根代入方程.

设 x_0 为此方程的负根，则 $x_0<0$，有

$$|x_0|=ax_0+1, \quad -x_0=ax_0+1, \quad x_0=\dfrac{-1}{a+1}<0.$$

解得 $a>-1$.

方法二：图像法.

原题等价于函数 $y=|x_0|$ 与函数 $y=ax+1$ 的图像在第二象限有交点. 如图 1-1 所示，可知直线的斜率 $a>-1$ 时，在第二象限有交点.

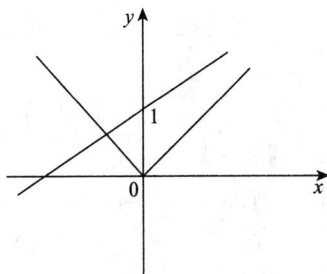

图 1-1

【答案】(C)

题型 1.16 非负性问题

老吕施法

(1)非负性问题的特征.

一个方程出现多个未知数，并且没有说明这几个未知数是整数(如果说明了这几个数是整数，一般是解不定方程问题，见题型 1.5).

(2)具有非负性的式子.

$|a|\geqslant 0$，$a^2\geqslant 0$，$\sqrt{a}\geqslant 0$.

(3)非负性问题的标准形式.

若已知 $|a|+b^2+\sqrt{c}=0$ 或 $|a|+b^2+\sqrt{c}\leqslant 0$，可得 $a=b=c=0$.

(4)非负性问题常见的 3 种变化.

①两式型.

两式相加减即可求解.

②配方型.

通过配方整理成 $|a|+b^2+\sqrt{c}=0$ 的形式，或者 $|a|+b^2+\sqrt{c}\leqslant 0$ 的形式.

③定义域型.

根据根号下面的数大于等于 0，可以列出不等式求值.

典型例题

例 51 若实数 a，b，c 满足 $|a-3|+\sqrt{3b+5}+(5c-4)^2=0$，则 $abc=($).

(A) -4　　　(B) $-\dfrac{5}{3}$　　　(C) $-\dfrac{4}{3}$　　　(D) $\dfrac{4}{5}$　　　(E) 3

【解析】 基本型.

根据非负性可知 $a=3$，$b=-\dfrac{5}{3}$，$c=\dfrac{4}{5}$，所以 $abc=-4$.

【答案】 (A)

例 52 $|3x+2|+2x^2-12xy+18y^2=0$，则 $2y-3x=($).

(A) $-\dfrac{14}{9}$　　　(B) $-\dfrac{2}{9}$　　　(C) 0　　　(D) $\dfrac{2}{9}$　　　(E) $\dfrac{14}{9}$

【解析】 配方型.

原式可化为 $|3x+2|+2(x-3y)^2=0 \Rightarrow x=-\dfrac{2}{3}$，$y=-\dfrac{2}{9}$.

所以 $2y-3x=\dfrac{14}{9}$.

【答案】 (E)

例 53 已知实数 a，b，x，y 满足 $y+|\sqrt{x}-\sqrt{2}|=1-a^2$ 和 $|x-2|=y-1-b^2$，则 $3^{x+y}+3^{a+b}=($).

(A) 25　　　(B) 26　　　(C) 27　　　(D) 28　　　(E) 29

【解析】 两式型.

两式相加法.

$$y+|\sqrt{x}-\sqrt{2}|=1-a^2，得\ a^2+|\sqrt{x}-\sqrt{2}|=1-y，\qquad ①$$
$$|x-2|=y-1-b^2，得\ |x-2|+b^2=y-1，\qquad ②$$

①+②，得 $|\sqrt{x}-\sqrt{2}|+a^2+|x-2|+b^2=0$.

从而 $x=2$，$a=b=0$，$y=1$，所以 $3^{x+y}+3^{a+b}=28$.

【快速得分法】 特殊值法.

令 $x=2$，$a=b=0$，可知 $y=1$，代入验证即可.

【答案】 (D)

例 54 若 $|a+b+1|$ 与 $(a-b+1)^2$ 互为相反数，则 a 与 b 的大小关系是( ).

(A) $a>b$　　　(B) $a=b$　　　(C) $a<b$　　　(D) $a\geqslant b$　　　(E) 以上选项均不正确

【解析】 基本型.

由题意知，$|a+b+1|=-(a-b+1)^2$，即 $|a+b+1|+(a-b+1)^2=0$. 故

$$\begin{cases} a+b+1=0, \\ a-b+1=0, \end{cases}$$

解得 $\begin{cases} a=-1, \\ b=0. \end{cases}$ 所以 $a<b$.

【答案】 (C)

例 55 实数 x，y，z 满足条件 $|x^2+4xy+5y^2|+\sqrt{z+\dfrac{1}{2}}=-2y-1$，则 $(4x-10y)^z=($).

(A) $\dfrac{\sqrt{6}}{2}$　　　(B) $-\dfrac{\sqrt{6}}{2}$　　　(C) $\dfrac{\sqrt{2}}{6}$　　　(D) $-\dfrac{\sqrt{2}}{6}$　　　(E) $\dfrac{\sqrt{6}}{6}$

【解析】配方型.

将条件进行化简, 得

$$|x^2+4xy+4y^2|+\sqrt{z+\frac{1}{2}}+y^2+2y+1=0, \quad 即 |(x+2y)^2|+\sqrt{z+\frac{1}{2}}+(y+1)^2=0.$$

由非负性, 可得

$$\begin{cases} x+2y=0, \\ z+\dfrac{1}{2}=0, \\ y+1=0, \end{cases}$$

解得 $\begin{cases} x=2, \\ y=-1, \\ z=-\dfrac{1}{2}, \end{cases}$ 所以 $(4x-10y)^z=(8+10)^{-\frac{1}{2}}=\dfrac{1}{\sqrt{18}}=\dfrac{\sqrt{2}}{6}$.

【答案】(C)

例 56 设 x, y, z 满足 $\sqrt{3x+y-z-2}+\sqrt{2x+y-z}=\sqrt{x+y-2\,002}+\sqrt{2\,002-x-y}$, 则 $x+y+z=(\quad)$.

(A)4 000　　　(B)4 002　　　(C)4 004　　　(D)4 006　　　(E)4 008

【解析】定义域型.

由根号下面的数大于等于 0, 可知 $x+y-2\,002\geqslant 0$ 且 $2\,002-x-y\geqslant 0$, 得

$$x+y=2\,002, \tag{①}$$

由此可得等式右边的值为零. 那么原方程可化为 $\sqrt{3x+y-z-2}+\sqrt{2x+y-z}=0$.

由于 $\sqrt{3x+y-z-2}\geqslant 0$, $\sqrt{2x+y-z}\geqslant 0$, 可得

$$3x+y-z-2=0, \tag{②}$$
$$2x+y-z=0, \tag{③}$$

联立①②③式, 可得 $x=2$, $y=2\,000$, $z=2\,004$, 故 $x+y+z=2+2\,000+2\,004=4\,006$.

【答案】(D)

题型 1.17　自比性问题

老吕施法

自比性问题要注意以下几点:

(1) $\dfrac{|a|}{a}=\dfrac{a}{|a|}=\begin{cases} 1, & a>0, \\ -1, & a<0. \end{cases}$

(2)自比问题的关键是判断符号, 常与以下几个表达式有关:

$abc>0$, 说明 a, b, c 有 3 正或 2 负 1 正;

$abc<0$, 说明 a, b, c 有 3 负或 2 正 1 负;

$abc=0$, 说明 a, b, c 至少有 1 个为 0;

$a+b+c>0$, 说明 a, b, c 至少有 1 正, 注意有可能某个字母等于 0;

$a+b+c<0$, 说明 a, b, c 至少有 1 负, 注意有可能某个字母等于 0;

$a+b+c=0$, 说明 a, b, c 至少有 1 正 1 负, 或者三者都等于 0.

典型例题

例 57 $\dfrac{b+c}{|a|}+\dfrac{c+a}{|b|}+\dfrac{a+b}{|c|}=1.$

(1)实数 a, b, c 满足 $a+b+c=0$；

(2)实数 a, b, c 满足 $abc>0$.

【解析】 条件(1)：令 a, b, c 均等于 0，条件(1)不充分.

条件(2)：令 $a=1$, $b=1$, $c=1$，则 $\dfrac{b+c}{|a|}+\dfrac{c+a}{|b|}+\dfrac{a+b}{|c|}=6$，条件(2)不充分.

联立两个条件，由 $abc>0$ 可知 a, b, c 有 1 正 2 负或者 3 正.

又由 $a+b+c=0$，可知 a, b, c 应为 1 正 2 负. 由 $a+b+c=0$，故

$$\frac{-a}{|a|}+\frac{-b}{|b|}+\frac{-c}{|c|}=-\left(\frac{a}{|a|}+\frac{b}{|b|}+\frac{c}{|c|}\right)=-(1-1-1)=1.$$

故两个条件联合起来充分.

【答案】(C)

例 58 代数式 $\dfrac{|a|}{a}+\dfrac{|b|}{b}+\dfrac{|c|}{c}$ 的可能取值有(　　).

(A) 1 种　　　　(B) 2 种　　　　(C) 3 种　　　　(D) 4 种　　　　(E) 5 种

【解析】

当 a, b, c 为 3 负时，结果为 -3；

当 a, b, c 为 3 正时，结果为 3；

当 a, b, c 为 2 正 1 负时，结果为 1；

当 a, b, c 为 1 正 2 负时，结果为 -1；

故有 4 种可能的取值.

【答案】(D)

例 59 已知 $abc<0$, $a+b+c=0$，则 $\dfrac{|a|}{a}+\dfrac{b}{|b|}+\dfrac{|c|}{c}+\dfrac{|ab|}{ab}+\dfrac{bc}{|bc|}+\dfrac{|ca|}{ca}=($　　$).$

(A) 0　　　　　　　　(B) 1　　　　　　　　(C) -1

(D) 2　　　　　　　　(E) 以上选项均不正确

【解析】 $abc<0$，又因为 $a+b+c=0$，故 a, b, c 为 1 负 2 正.

令 $a<0$, $b>0$, $c>0$，则

$$\frac{|a|}{a}+\frac{b}{|b|}+\frac{|c|}{c}+\frac{|ab|}{ab}+\frac{bc}{|bc|}+\frac{|ca|}{ca}=-1+1+1-1+1-1=0.$$

【快速得分法】 特殊值法.

令 $a=-2$, $b=1$, $c=1$，代入可得原式为 0.

【答案】(A)

题型 1.18 "描点看边取拐点法"求绝对值的最值

老吕施法

(1)求绝对值最值问题的方法.

①几何意义.

②三角不等式.

③图像法.

④分组讨论法.

(2)绝对值最值问题的常见类型.

类型 1　形如 $y=|x-a|+|x-b|$（线性和）.

设 $a<b$，则当 $x\in[a, b]$ 时，y 有最小值 $|a-b|$.

函数的图像如图 1-2 所示（盆地形）.

类型 2　形如 $y=|x-a|-|x-b|$（线性差）.

y 有最小值 $-|a-b|$，最大值 $|a-b|$.

函数的图像如图 1-3 所示（正 Z 或反 Z 形中的一个）.

类型 3　形如 $y=|x-a|+|x-b|+|x-c|$.

若 $a<b<c$，则当 $x=b$ 时，y 有最小值 $|a-c|$.

函数的图像如图 1-4 所示（尖铅笔形）.

类型 4　形如 $y=m|x-a|+n|x-b|-p|x-c|+q|x-d|$.

此类题比较复杂，用分组讨论法虽然可以做，但是计算量太大，用图像法也可以做，但是现在各种参考书的画图像方法并不可取，请大家记住老吕的“描点看边法”画绝对值的图像，用“描点看边取拐点法”求最值.

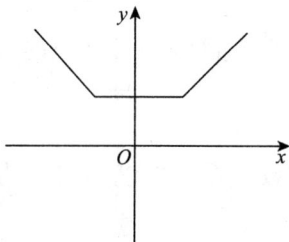

图 1-2

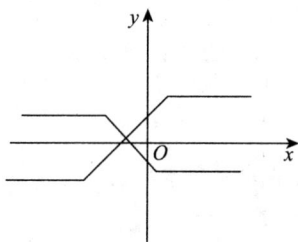

图 1-3

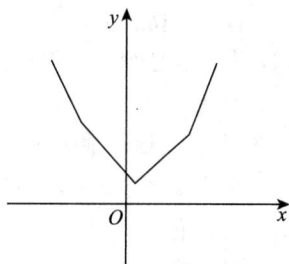

图 1-4

例如：画出 $y=|x-1|+2|x-2|-3|x-3|+|x-4|$ 的图像，并求出 y 的取值范围.

【解析】 第一步，描点连线.

分别令 $x=1$，$x=2$，$x=3$，$x=4$，可知图像必过 4 个点：$(1, -1)$，$(2, 0)$，$(3, 5)$，$(4, 4)$，将这四个点描在平面直角坐标系中，并用线段连接这四个点，如图 1-5 所示.

第二步，画出最右边的一段图像.

令 $x>4$，此时只需要看原式每个绝对值符号内的一次项系数即可（因为图像的左半段必然和 $(4,4)$ 点相连，所以常数项不用管），可知原式在此时的一次项为 x，即最右边一段图像的斜率为 1，是增函数. 画出最右边的图像，如图 1-6 所示.

第三步，画在最左边的一段图像.

最左边一段的图像的斜率必与最右边的一段图像的斜率互为相反数（令 $x<1$ 即可证明），故，右边为增函数，左边必为减函数，画出图像如图 1-7 所示.

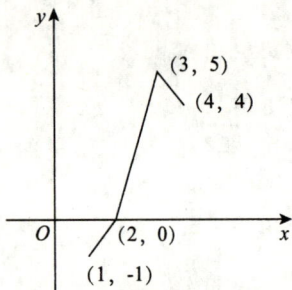
图1-5

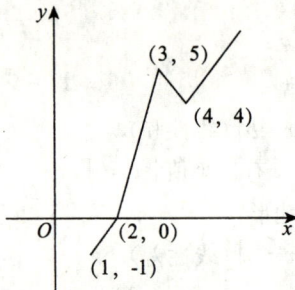
图1-6

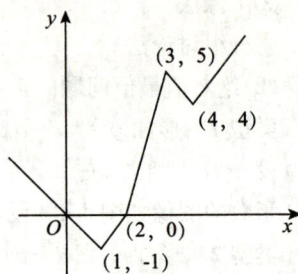
图1-7

根据图像可知,原函数的取值范围为$[-1, +\infty)$.

【总结】

①"描点看边取拐点法"口诀.

> 描点看右边,最值取拐点;
>
> 右减左必增,右增左必减;
>
> 右减有最大,右增有最小;
>
> 题干知大小,直接取拐角.

②直接取拐点法.

因为最值必然取在拐点处,所以,当题目仅要求求出最值时,直接求各个拐点的纵坐标,即为最值.

类型5 x属于某区间.

①在前4类题型中,x的定义域均为全体实数,若x的定义域不是全体实数则不能直接套用以上结论.

②拐点端点法.

当x的定义域属于某闭区间时,求出拐点纵坐标和区间端点的纵坐标,找到最值即为答案.

(3)管理类联考中的最值问题常见以下几类:

①绝对值的最值问题,即本类题型.

②代数式的最值问题,见题型2.4.

③均值不等式求最值问题,见题型3.3.

④函数的最值问题,尤其是一元二次函数的最值,见题型3.5.

⑤等差数列前n项和的最值问题,见题型4.3.

⑥解析几何中的最值问题,见题型6.19.

⑦应用题中的最值问题,见题型5.18.

典型例题

例60 设$y=|x-2|+|x+2|$,则下列结论正确的是(   ).

(A)y没有最小值

(B)只有一个x使y取到最小值

(C)有无穷多个x使y取到最大值

(D)有无穷多个x使y取到最小值

(E)以上选项均不正确

【解析】类型1.

方法一:分组讨论法.

$$y=|x-2|+|x+2|=\begin{cases}-2x, & x<-2, \\ 4, & -2\leqslant x\leqslant 2, \\ 2x, & x>2,\end{cases}$$

显然当 $-2\leqslant x\leqslant 2$ 时，y 有最小值 4.

方法二：几何意义法.

$y=|x-2|+|x+2|$，即数轴上的点 x 到点 -2 和 2 的距离之和，画数轴易得当 $-2\leqslant x\leqslant 2$ 时，y 有最小值 4.

【快速得分法】直接记忆类型 1 的结论，当 $-2\leqslant x\leqslant 2$ 时，y 有最小值 4.

【答案】(D)

例 61 $f(x)$ 有最小值 2.

(1) $f(x)=\left|x-\dfrac{5}{12}\right|+\left|x-\dfrac{1}{12}\right|$；

(2) $f(x)=|x-2|+|4-x|$.

【解析】类型 1.

根据三角不等式，显然有

条件(1)：$f(x)=\left|x-\dfrac{5}{12}\right|+\left|x-\dfrac{1}{12}\right|\geqslant\left|x-\dfrac{5}{12}-x+\dfrac{1}{12}\right|=\dfrac{1}{3}$，条件(1)不充分.

条件(2)：$f(x)=|x-2|+|4-x|\geqslant|x-2+4-x|=2$，条件(2)充分.

【快速得分法】直接记忆类型 1 的结论，迅速得解.

【答案】(B)

例 62 设 $y=|x-a|+|x-20|+|x-a-20|$，其中 $0<a<20$，则对于满足 $a\leqslant x\leqslant 20$ 的 x 值，y 的最小值是(   ).

(A) 10 　　　　(B) 15 　　　　(C) 20 　　　　(D) 25 　　　　(E) 30

【解析】类型 3.

去绝对值符号.

由题意可知 $x-a\geqslant 0$，$x-20\leqslant 0$，$x-a-20<0$，所以

　　　　$y=|x-a|+|x-20|+|x-a-20|=x-a+20-x+a+20-x=40-x$.

故当 $x=20$ 时，y 的最小值是 20.

【快速得分法】直接记忆类型 3 的结论.

当 x 取 a，20，$a+20$ 的中间值时，取到最值.

又知 $a<20<a+20$，将 $x=20$ 代入原式，可知 y 的最小值是 20.

【答案】(C)

例 63 不等式 $|x-2|+|4-x|<s$ 无解.

(1) $s\leqslant 2$；　　　　(2) $s>2$.

【解析】类型 1.

由类型 1 的结论可知 $|x-2|+|4-x|$ 的值域为 $[2,+\infty)$.

故条件(1)充分，条件(2)不充分.

【答案】(A)

例 64 函数 $y=2|x+1|+|x-2|-5|x-1|+|x-3|$ 的最大值是(   ).

(A) -3 　　　　(B) 2 　　　　(C) 7 　　　　(D) -1 　　　　(E) 10

【解析】类型 4.

根据"描点看边取拐点法",最大值一定取 4 个拐点的纵坐标的最大值.

故令 $x=-1$,$x=2$,$x=1$,$x=3$,可知函数的图像过以下四个点:$(-1,-3)$,$(2,2)$,$(1,7)$,$(3,-1)$,故最大值为 7.

【答案】(C)

题型 1.19 证明绝对值不等式(等式)

老吕施法

证明绝对值等式或不等式,常用以下方法:

(1)首选特殊值法,特殊值一般先选 0,再选负数.

(2)不等式的基本性质.

(3)三角不等式,常考三角不等式等号成立时的条件.

$$||a|-|b||\leqslant|a+b|\leqslant|a|+|b|.$$

左边等号成立的条件:$ab\leqslant0$;右边等号成立的条件:$ab\geqslant0$.

口诀:左异右同,可以为零.

$$||a|-|b||\leqslant|a-b|\leqslant|a|+|b|.$$

左边等号成立的条件:$ab\geqslant0$;右边等号成立的条件:$ab\leqslant0$.

口诀:左同右异,可以为零.

(4)平方法或分类讨论法去绝对值符号.

(5)图像法.

典型例题

例 65 x,y 是实数,$|x|+|y|=|x-y|$.

(1)$x>0$,$y<0$; (2)$x<0$,$y>0$.

【解析】三角不等式 $|x-y|\leqslant|x|+|y|$,在异号时等号成立,故两个条件都成立.

【答案】(D)

例 66 实数 a,b 满足 $|a|(a+b)>a|a+b|$.

(1)$a<0$; (2)$b>-a$.

【解析】条件(1):令 $a=-1$,$b=1$,显然不充分.

条件(2):令 $a=0$,显然不充分.

联立两个条件:

由条件(2)可得 $a+b>0$,故 $a+b=|a+b|$,故原不等式可化为 $|a|>a$.

由条件(1)$a<0$,可知 $|a|>a$ 成立,故两个条件联合起来充分.

【答案】(C)

例 67 已知 a,b 是实数,$|a+b|\leqslant1$,$|a-b|\leqslant1$,则以下选项正确的是( ).

(A)$|a|\leqslant1$,$|b|\leqslant1$. (B)$|a|<1$,$|b|<1$ (C)$|a+b|\geqslant1$

(D)$|a-b|\geqslant1$ (E)$|a-b|\geqslant2$

【解析】

方法一:平方法.

由 $|a+b|\leqslant1$,平方得:$a^2+2ab+b^2\leqslant1$.

由 $|a-b|\leqslant1$,平方得:$a^2-2ab+b^2\leqslant1$.

两式相加得：$2(a^2+b^2)\leqslant 2$，即，$a^2+b^2\leqslant 1$，故 $|a|\leqslant 1$，$|b|\leqslant 1$，选(A).

方法二：分类讨论法.

由 $|a+b|\leqslant 1$ 得：$-1\leqslant a+b\leqslant 1$　　　　①

由 $|a-b|\leqslant 1$ 得：$-1\leqslant a-b\leqslant 1$　　　　②

两式相加得：$-2\leqslant 2a\leqslant 2$，$-1\leqslant a\leqslant 1$，即 $|a|\leqslant 1$.

由②式得：$-1\leqslant b-a\leqslant 1$，与①式相加可得：$-2\leqslant 2b\leqslant 2$，$-1\leqslant b\leqslant 1$，即 $|b|\leqslant 1$.

故，选(A)

方法三：三角不等式法.

两条件相加可得：$|a+b|+|a-b|\leqslant 2$.

由三角不等式得：$|(a+b)+(a-b)|\leqslant|a+b|+|a-b|\leqslant 2$，即，$|2a|\leqslant 2$，$|a|\leqslant 1$.

又由三角不等式得：$|(a+b)-(a-b)|\leqslant|a+b|+|a-b|\leqslant 2$，即，$|2b|\leqslant 2$，$|b|\leqslant 1$.

故，选(A).

【快速得分法】用特值可迅速排除(B)、(C)、(D)、(E)项.

【答案】(A)

第四节　平均值和方差

一、 老吕讲考点

(一)算术平均值和几何平均值

(1)算术平均值：n 个数 x_1，x_2，x_3，$\cdots$，x_n 的算术平均值为 $\dfrac{x_1+x_2+x_3+\cdots+x_n}{n}$，记为 $\bar{x}=\dfrac{1}{n}\sum\limits_{i=1}^{n}x_i$.

(2)几何平均值：n 个正数 x_1，x_2，x_3，$\cdots$，x_n 的几何平均值为 $\sqrt[n]{x_1\cdot x_2\cdot x_3\cdot\cdots\cdot x_n}$，记为 $G=\sqrt[n]{\prod\limits_{i=1}^{n}x_i}$.

(二)方差和标准差

1. 方差

方差：一组数据中各个数据与这组数据的平均数的差的平方和的平均数.

设一组数据 x_1，x_2，x_3，$\cdots$，x_n 的平均数为 $\bar{x}$，则该组数据方差的计算公式为

$$S^2=\frac{1}{n}\left[(x_1-\bar{x})^2+(x_2-\bar{x})^2+\cdots+(x_n-\bar{x})^2\right],$$

也可记为 $D(x)$.

方差反映的是一组数据偏离平均值的情况，是反映一组数据的整体波动大小的特征的量. 方差越大，数据的波动越大；方差越小，数据的波动越小.

2. 标准差

标准差：又称均方差，是方差的算术平方根.

设一组数据 x_1，x_2，x_3，$\cdots$，x_n 的平均数为 $\bar{x}$，则该组数据标准差的计算公式为

$$S=\sqrt{S^2}=\sqrt{\frac{1}{n}\left[(x_1-\bar{x})^2+(x_2-\bar{x})^2+\cdots+(x_n-\bar{x})^2\right]}，也可记为 \sqrt{D(x)}.$$

标准差也是反映数据波动的量. 标准差越大,数据的波动越大;标准差越小,数据的波动越小.

3. 方差和标准差的性质

设一组数据 x_1, x_2, x_3, $\cdots$, x_n 的平均数为 $\bar{x}$, 方差为 $D(x)$ 或 S^2, 标准差为 $\sqrt{D(x)}$ 或 S, 则

(1) $D(ax+b)=a^2 D(x)$ $(a\neq 0$, $b\neq 0)$, 即在该组数据中的每个数字都乘以一个非零的数字 a, 方差变为原来的 a^2 倍, 标准差变为原来的 a 倍; 在该组数据中的每个数字都加上一个非零的数字 b, 方差不变.

(2) 方差的简化公式: $S^2 = \dfrac{1}{n}[(x_1^2 + x_2^2 + \cdots + x_n^2) - n\bar{x}^2]$.

(3) $\dfrac{1}{n}[(x_1-k)^2 + (x_2-k)^2 + \cdots + (x_n-k)^2] \geqslant S^2$, 当且仅当 $k=\bar{x}$ 时等号成立.

二、 老吕讲题型

题型 1.20 算术平均值、几何平均值的定义

老吕施法

(1) 算术平均值: $\bar{x} = \dfrac{x_1+x_2+x_3+\cdots+x_n}{n}$.

(2) 几何平均值: $G = \sqrt[n]{x_1 \cdot x_2 \cdot x_3 \cdot \cdots \cdot x_n}$ $(x_i > 0)$.

【注意】只有正数才有几何平均值.

典型例题

例 68 设变量 x_1, x_2, $\cdots$, x_{10} 的算术平均值为 $\bar{x}$. 若 $\bar{x}$ 为定值, 则 $x_i (i=1, 2, \cdots, 10)$ 中可以任意取值的变量有(   ).

(A) 10 个   (B) 9 个   (C) 2 个   (D) 1 个   (E) 0 个

【解析】$\bar{x} = \dfrac{x_1+x_2+\cdots+x_{10}}{10}$, $\bar{x}$ 为定值, 则其中 9 个数值可以任意取, 最后一个数值自然确定.

【答案】(B)

例 69 若 a, b, c 的算术平均值是 $\dfrac{14}{3}$, 则几何平均值是 4.

(1) a, b, c 是满足 $a > b > c > 1$ 的三个整数, $b=4$;

(2) a, b, c 是满足 $a > b > c > 1$ 的三个整数, $b=2$.

【解析】条件(1): $b=4$, a, b, c 的算术平均值是 $\dfrac{14}{3}$, 则 $a+c=10$.

$a > b > c > 1$ 且为整数, 则 $a=7$, $c=3$ 或 $a=8$, $c=2$, 所以 a, b, c 的几何平均值是 4 或 $\sqrt[3]{84}$, 条件(1)不充分.

条件(2): 明显不充分, c 无取值. 两个条件无法联立.

【注意】本题有大量考生错选(A), 是因为错把结论当成了条件, 去推条件(1)和条件(2), 会推出条件(1)有解. 要注意条件充分性判断这种题型, 是从条件(1)和条件(2)推题干中的结论.

【答案】(E)

例 70 如果 x_1, x_2, x_3 三个数的算术平均值为 5, 则 x_1+2, x_2-3, x_3+6 与 8 的算术平均

值为( ).

(A)$3\frac{1}{4}$ (B)$6\frac{1}{2}$ (C)7   (D)$7\frac{1}{2}$ (E)$9\frac{1}{5}$

【解析】由已知$\frac{x_1+x_2+x_3}{3}=5$，即$x_1+x_2+x_3=15$，因此

$$\frac{(x_1+2)+(x_2-3)+(x_3+6)+8}{4}=\frac{x_1+x_2+x_3+13}{4}=\frac{28}{4}=7.$$

【答案】(C)

例 71 已知x，y均为正整数，若它们的算术平均值为 2，几何平均值也为 2，则x，y分别等于( ).

(A)1，3   (B)2，2   (C)3，1

(D)1，3 或 2，2   (E)3，1 或 2，2

【解析】由$\frac{x+y}{2}=2$及$\sqrt{xy}=2$，可分别得到$x=4-y$及$xy=4$，代入$4y-y^2=4$，解得$y=2$，所以$x=2$.

【快速得分法】只有当两数相等时，算术平均值等于几何平均值，故$x=y=2$.

【答案】(B)

例 72 已知a，b，c是正数，而且a，b，c的几何平均值是 3，那么a，b，c，48 的几何平均值为( ).

(A)3   (B)6   (C)12   (D)4

(E)以上选项均不正确

【解析】$\sqrt[3]{abc}=3\Rightarrow abc=27$，所以$\sqrt[4]{abc\times48}=\sqrt[4]{27\times48}=6$.

【答案】(B)

题型 1.21 方差和标准差的定义及性质

老吕施法

方差问题因为计算量很大，到目前为止真题只考过 2 道．如果再考一定是考方差的公式和性质，考生记住公式即可．

典型例题

例 73 已知一个样本 1，3，2，k，5 的标准差为$\sqrt{2}$，则这个样本的平均数为( ).

(A)1.5   (B)2.5   (C)3   (D)3.5

(E)以上选项均不正确

【解析】$S^2=\frac{1}{n}\left[(x_1^2+x_2^2+\cdots+x_n^2)-n\bar{x}^2\right]$

$$=\frac{1}{5}\times\left[(1^2+3^2+2^2+k^2+5^2)-5\times\left(\frac{1+3+2+k+5}{5}\right)^2\right]=(\sqrt{2})^2,$$

整理得$2k^2-11k+12=0$，解得$k=4$或$\frac{3}{2}$，所以$\bar{x}=\frac{1+3+2+k+5}{5}=3$或$\frac{5}{2}$.

【答案】(E)

例 74 为选拔奥运会射击运动员，举行一次选拔赛，甲、乙、丙各打 10 发子弹，命中的环数如下：

甲：10，10，9，10，9，9，9，9，9，9；

乙：10，10，10，9，10，8，8，10，10，8；

丙：10，9，8，10，8，9，10，9，9，9.

根据这次成绩应该选拔(　　)去参加比赛.

(A)甲　　　　　　(B)乙　　　　　　(C)丙　　　　　　(D)甲和乙　　　　　　(E)甲和丙

【解析】$\bar{x}_甲=9.3$，$\bar{x}_乙=9.3$，$\bar{x}_丙=9.1$，丙应淘汰；

$s_甲^2=\dfrac{1}{10}\times[(10-9.3)^2+(10-9.3)^2+\cdots+(9-9.3)^2]=0.21$；

$s_乙^2=\dfrac{1}{10}\times[(10-9.3)^2+(10-9.3)^2+\cdots+(8-9.3)^2]=0.81$.

由于 $s_甲^2<s_乙^2$，说明甲的成绩更稳定，应选甲参加比赛.

【答案】(A)

例75 某科研小组研制了一种水稻良种，第一年 5 块实验田的亩产分别为 1 000kg，900kg，1 100kg，1 050kg 和 1 150kg. 第二年由于改进了种子质量，5 块实验田亩产分别为 1 050kg，1 150kg，950kg，1 100kg 和 1 200kg. 则这两年的产量(　　).

(A)平均值增加了，方差也增加了

(B)平均值增加了，方差减小了

(C)平均值增加了，方差不变

(D)平均值不变，方差也不变

(E)平均值减小了，方差不变

【解析】由平均值的定义可知，平均值增加了 50kg.

由方差的性质可知，在每个数据上均加 50，方差不变.

【答案】(C)

微模考一(上)·基础篇

(共 25 题，每题 3 分，限时 60 分钟)

一、问题求解：第 1～15 小题，每小题 3 分，共 45 分．下列每题给出的 (A)、(B)、(C)、(D)、(E) 五个选项中，只有一项是符合试题要求的，请在答题卡上将所选项的字母涂黑．

1. 有一个正的既约分数，如果其分子加上 24、分母加上 54 后，其分数值不变，那么，此既约分数的分子与分母的乘积等于(　　)．

   (A) 24　　　　(B) 30　　　　(C) 32　　　　(D) 36　　　　(E) 48

2. 已知 x 为正整数，且 $6x^2-19x-7$ 的值为质数，则这个质数为(　　)．

   (A) 2　　　　(B) 7　　　　(C) 11　　　　(D) 13　　　　(E) 17

3. A，B，C 为三个不相同的小于 20 的质数，已知 $3A+2B+C=20$，则 $A+B+C=$(　　)．

   (A) 12　　　　(B) 13　　　　(C) 14　　　　(D) 15　　　　(E) 16

4. 已知 $\dfrac{|x+y|}{x-y}=2$，则 $\dfrac{x}{y}$ 等于(　　)．

   (A) $\dfrac{1}{2}$　　(B) 3　　(C) $\dfrac{1}{3}$ 或 3　　(D) $\dfrac{1}{2}$ 或 $\dfrac{1}{3}$　　(E) 3 或 $\dfrac{1}{2}$

5. 已知 $|x-a|\leqslant 1$，$|y-x|\leqslant 1$，则有(　　)．

   (A) $|y-a|\leqslant 2$　　　　(B) $|y-a|\leqslant 1$　　　　(C) $|y+a|\leqslant 2$

   (D) $|y+a|\leqslant 1$　　　　(E) 以上选项均不正确

6. 已知实数 $2+\sqrt{3}$ 的整数部分为 x，小数部分为 y，则 $\dfrac{x+2y}{x-2y}=$(　　)．

   (A) $\dfrac{17+12\sqrt{3}}{13}$　(B) $\dfrac{17+12\sqrt{3}}{12}$　(C) $\dfrac{17+9\sqrt{3}}{13}$　(D) $\dfrac{17+6\sqrt{3}}{13}$　(E) $\dfrac{17+\sqrt{3}}{13}$

7. 已知 $(x-2y+1)^2+\sqrt{x-1}+|2x-y+z|=0$，则 x^{y+z} 为(　　)．

   (A) 1　　　　(B) 2　　　　(C) 3　　　　(D) 4　　　　(E) 5

8. 如果 $(2+\sqrt{2})^2=a+b\sqrt{2}$（$a$，$b$ 为有理数），那么 $a+b$ 等于(　　)．

   (A) 4　　　　(B) 5　　　　(C) 6　　　　(D) 10　　　　(E) 8

9. 已知 $|a-1|=3$，$|b|=4$，$b>ab$，则 $|a-1-b|=$(　　)．

   (A) 1　　　　(B) 7　　　　(C) 5　　　　(D) 16　　　　(E) 以上选项均不正确

10. 已知 a，b，c 都是有理数，且满足 $\dfrac{|a|}{a}+\dfrac{|b|}{b}+\dfrac{|c|}{c}=1$，则 $\dfrac{abc}{|abc|}=$(　　)．

    (A) 0　　　　(B) 1　　　　(C) -1　　　　(D) 2　　　　(E) 以上选项均不正确

11. 当 $|x|\leqslant 4$ 时，函数 $y=|x-1|+|x-2|+|x-3|$ 的最大值与最小值之差是(　　)．

    (A) 4　　　　(B) 6　　　　(C) 16　　　　(D) 20　　　　(E) 14

12. 已知 $\sqrt{x^3+2x^2}=-x\sqrt{2+x}$，则 x 的取值范围是(　　)．

    (A) $x<0$　　(B) $x\geqslant-2$　　(C) $-2\leqslant x\leqslant 0$　　(D) $-2<x<0$　　(E) 以上选项均不正确

13. $\left(\dfrac{1}{2}+\dfrac{1}{6}+\dfrac{1}{12}+\cdots+\dfrac{1}{2\,009\times2\,010}+\dfrac{1}{2\,010\times2\,011}\right)\times2\,011=($).

(A)2 007 　(B)2 008 　(C)2 009 　(D)2 010 　(E)2 011

14. $\dfrac{2\times3}{1\times4}+\dfrac{5\times6}{4\times7}+\dfrac{8\times9}{7\times10}+\dfrac{11\times12}{10\times13}+\dfrac{14\times15}{13\times16}=($).

(A)$4\dfrac{3}{4}$ 　(B)$4\dfrac{3}{8}$ 　(C)4 　(D)$5\dfrac{3}{4}$ 　(E)$5\dfrac{5}{8}$

15. 设 $a>0>b>c$，$a+b+c=1$，$M=\dfrac{b+c}{a}$，$N=\dfrac{a+c}{b}$，$P=\dfrac{a+b}{c}$，则 M，N，P 之间的关系是( ).

(A)$P>M>N$ 　　(B)$M>N>P$ 　　(C)$N>P>M$

(D)$M>P>N$ 　　(E)以上选项均不正确

二、条件充分性判断：第16～25小题，每小题3分，共30分．要求判断每题给出的条件(1)和条件(2)能否充分支持题干所陈述的结论．(A)、(B)、(C)、(D)、(E)五个选项为判断结果，请选择一项符合试题要求的判断，在答题卡上将所选项的字母涂黑．

(A)条件(1)充分，但条件(2)不充分．

(B)条件(2)充分，但条件(1)不充分．

(C)条件(1)和条件(2)单独都不充分，但条件(1)和条件(2)联合起来充分．

(D)条件(1)充分，条件(2)也充分．

(E)条件(1)和条件(2)单独都不充分，条件(1)和条件(2)联合起来也不充分．

16. $x=8$.

(1)$|x-3|=5$；

(2)$|x-2|=6$.

17. 已知 $1\leqslant x\leqslant2$，则不等式 $1\leqslant|2x-a|\leqslant3$ 成立．

(1)$a=-1$；

(2)$a=1$.

18. 如果 a，b，c 是三个连续的奇数整数，有 $a+b=32$.

(1)$10<a<b<c<20$；

(2)b 和 c 为质数．

19. $8x^2+10xy-3y^2$ 是 49 的倍数．

(1)x，y 都是整数；

(2)$4x-y$ 是 7 的倍数．

20. 某公司得到一笔贷款共68万元，用于下属三个工厂的设备改造，结果甲、乙、丙三个车间按比例分别得到 36 万元、24 万元和 8 万元．

(1)甲、乙、丙三个工厂按 $\dfrac{1}{2}:\dfrac{1}{3}:\dfrac{1}{9}$ 的比例分配贷款；

(2)甲、乙、丙三个工厂按 9：6：2 的比例分配贷款．

21. $|a|+|b|+|c|-|a+b|+|b-c|-|c-a|=a+b-c$.

(1)a，b，c 在数轴上的位置如图 1-8 所示．

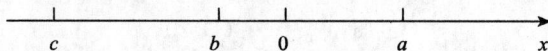

图 1-8

(2)a，b，c 在数轴上的位置如图 1-9 所示.

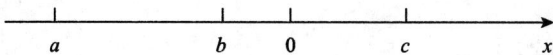

$$a \qquad b \quad 0 \qquad c \qquad x$$

图 1-9

22. 可以确定 $\dfrac{|x+y|}{x-y}=2$.

    (1)$\dfrac{x}{y}=3$；

    (2)$\dfrac{x}{y}=\dfrac{1}{3}$.

23. 不等式 $|1-x|+|1+x|>a$ 对于任意的 x 成立.

    (1)$a\in(-\infty,\ 2)$；

    (2)$a=2$.

24. 16，$2n-1$，$4n$ 的算术平均数为 a，能确定 $18<a\leqslant21$.

    (1)$6\leqslant n\leqslant8$；

    (2)$7\leqslant n\leqslant21$.

25. $\dfrac{a}{|a|}+\dfrac{b}{|b|}+\dfrac{c}{|c|}+\dfrac{abc}{|abc|}=0$.

    (1)a，b，c 为非零实数，且 $a+b+c=0$；

    (2)a，b，c 为非零实数，且 $a^2+b^2+c^2-ab-ac-bc=0$.

微模考一（下）· 强化篇

（共 25 题，每题 3 分，限时 60 分钟）

一、问题求解：第 1～15 小题，每小题 3 分，共 45 分．下列每题给出的 (A)、(B)、(C)、(D)、(E)五个选项中，只有一项是符合试题要求的，请在答题卡上将所选项的字母涂黑．

1. 已知 p，q 均为质数，且满足 $5p^2+3q=59$，则以 $p+3$，$1-p+q$，$2p+q-4$ 为边长的三角形是（ ）．

   (A)锐角三角形   (B)直角三角形   (C)全等三角形

   (D)钝角三角形   (E)等腰三角形

2. 已知两个正整数的和是 50，它们的最大公约数是 5，这两个自然数的乘积一定能够被（ ）整除．

   (A)7   (B)9   (C)18   (D)45   (E)75

3. 化简 $\dfrac{1}{x^2+3x+2}+\dfrac{1}{x^2+5x+6}+\dfrac{1}{x^2+7x+12}+\cdots+\dfrac{1}{x^2+201x+10\,100}$ 得（ ）．

   (A)$\dfrac{100}{(x-1)(x-101)}$ (B)$\dfrac{100}{(x+1)(x-101)}$ (C)$\dfrac{100}{(x+1)(x+101)}$

   (D)$\dfrac{100}{(x-1)(x+101)}$ (E)以上选项均不正确

4. 已知 a，b，c，d 均为正数，且 $\dfrac{a}{b}=\dfrac{c}{d}$，则 $\dfrac{\sqrt{a^2+b^2}}{\sqrt{c^2+d^2}}$ 的值为（ ）．

   (A)$\dfrac{a^2}{d^2}$ (B)$\dfrac{c^2}{b^2}$ (C)$\dfrac{a+b}{c+d}$ (D)$\dfrac{d}{b}$ (E)$\dfrac{c}{a}$

5. 纯循环小数 $0.\dot{a}b\dot{c}$ 写成最简分数时，分子与分母之和为 58，这个循环小数是（ ）．

   (A)$0.\dot{5}6\dot{7}$ (B)$0.\dot{5}3\dot{7}$ (C)$0.\dot{5}1\dot{7}$ (D)$0.\dot{5}6\dot{9}$ (E)$0.\dot{5}6\dot{2}$

6. $\dfrac{\dfrac{1}{1\times 2}+\dfrac{1}{2\times 3}+\cdots+\dfrac{1}{2\,010\times 2\,011}}{\left(1-\dfrac{1}{2}\right)\left(1-\dfrac{1}{3}\right)\left(1-\dfrac{1}{4}\right)\left(1-\dfrac{1}{5}\right)\cdots\left(1-\dfrac{1}{2\,011}\right)}=$（ ）．

   (A)2 009   (B)2 010   (C)2 011   (D)$\dfrac{2\,010}{2\,011}$ (E)$\dfrac{2\,009}{2\,011}$

7. $a=\sqrt{5+2\sqrt{6}}$ 的小数部分为 b，则 $\dfrac{1}{a}+b=$（ ）．

   (A)$2\sqrt{3}-3$ (B)$2\sqrt{3}+3$ (C)$\sqrt{3}+3$

   (D)$\sqrt{2}-3$ (E)以上结论均不正确

8. 函数 $y=|x+1|+|x+2|+|x+3|$，当 $x=$（ ）时，y 有最小值．

   (A)-1 (B)0   (C)1   (D)-2 (E)-3

9. 某个七位数 $2\,013abc$ 能够同时被 2，3，4，5，6，7，8，9 整除，那么它的最后三位数依次是（ ）．

(A)360　　　　(B)400　　　　(C)440　　　　(D)480　　　　(E)520

10. 有一个正整数，它加上 100 后是一个完全平方数，加上 168 后也是一个完全平方数．这个正整数是(　　)．

(A)21　　　　(B)69　　　　(C)121　　　　(D)156　　　　(E)193

11. n 除以 2 余 1，除以 3 余 2，除以 4 余 3，$\cdots$，除以 9 余 8．则 n 的最小值是(　　)．

(A)419　　　　(B)629　　　　(C)839　　　　(D)2 519　　　　(E)2 520

12. 某次聚餐，每一位男宾付 130 元，每一位女宾付 100 元，每带 1 个孩子就多付 60 元，现在有 $\frac{1}{3}$ 的成人各带一个孩子，总共收了 2 160 元，则参加活动的人数是(　　)．

(A)16　　　　(B)17 或 18　　　　(C)20　　　　(D)18 或 20　　　　(E)20 或 24

13. 若 a，b，c 为整数，且 $|a-b|^{19}+|c-a|^{99}=1$，则 $|b-a|+|c-a|+|b-c|=$(　　)．

(A)0　　　　(B)1　　　　(C)2　　　　(D)3　　　　(E)4

14. 若 $(x-2)^5=a_5x^5+a_4x^4+a_3x^3+a_2x^2+a_1x+a_0$，则 $a_5+a_4+a_3+a_2+a_1=$(　　)．

(A)-31　　　　(B)-32　　　　(C)31　　　　(D)32　　　　(E)-21

15. 不等式 $(1+x)(1-|x|)>0$ 的解集是(　　)．

(A)$\{x\mid 0\leqslant x<1\}$　　　　(B)$\{x\mid x<0,\ x\neq-1\}$　　　　(C)$\{x\mid -1<x<1\}$

(D)$\{x\mid x<1,\ x\neq-1\}$　　　　(E)以上选项均不正确

二、条件充分性判断：第 16～25 小题，每小题 3 分，共 30 分．要求判断每题给出的条件(1)和条件(2)能否充分支持题干所陈述的结论．(A)、(B)、(C)、(D)、(E)五个选项为判断结果，请选择一项符合试题要求的判断，在答题卡上将所选项的字母涂黑．

(A)条件(1)充分，但条件(2)不充分．

(B)条件(2)充分，但条件(1)不充分．

(C)条件(1)和条件(2)单独都不充分，但条件(1)和条件(2)联合起来充分．

(D)条件(1)充分，条件(2)也充分．

(E)条件(1)和条件(2)单独都不充分，条件(1)和条件(2)联合起来也不充分．

16. x 和 y 的算术平均值为 5，且 $\sqrt{x}$ 和 $\sqrt{y}$ 的几何平均值为 2．

(1)$x=4$，$y=6$；

(2)$x=2$，$y=8$．

17. 正整数 n 是一个完全平方数．

(1)对于每一个质数 p，若 p 是 n 的一个因子，则 p^2 也是 n 的一个因子；

(2)$\sqrt{n}$ 是一个整数．

18. $a+b+c+d$ 是 4 的倍数．

(1)a，b，c，d 为互不相等的整数；

(2)整数 x 满足 $(x-a)(x-b)(x-c)(x-d)-9=0$．

19. 若 x，y 是质数，则 $8x+666y=2\ 014$．

(1)$3x+4y$ 是偶数；

(2)$3x-4y$ 是 6 的倍数．

20. $\dfrac{|a+b|}{1+|a+b|}>\dfrac{|a|+|b|}{1+|a|+|b|}$．

(1)$a>0$；

(2)$b<0$.

21. 设 m，n 都是自然数，则 $m=2$.

    (1)$n\neq 2$，$m+n$ 都为奇数；

    (2)m，n 都是质数．

22. 能确定 $\dfrac{2n}{5}$ 是整数．

    (1)n 为整数，且 $\dfrac{13n}{10}$ 是整数；

    (2)$m=2+\sqrt{5}$，$m+\dfrac{1}{m}$ 的整数部分是 n．

23. 已知 $|x+2|+|1-x|=9-|y-5|-|1+y|$，则 $m+n=2$.

    (1)$x+y$ 的最大值为 m；

    (2)$x+y$ 的最小值为 n．

24. $a=b=0$.

    (1)$|a|=a$，$|b|=b$，$\left(\dfrac{1}{2}\right)^{a+b}=1$；

    (2)设 a，b 为有理数，m 是无理数，且 $a+bm=0$．

25. 方程的整数解有 5 个．

    (1)方程为 $|x+1|+|x-3|=4$；

    (2)方程为 $|x+1|-|x-3|=4$．

微模考一（上）· 基础篇参考答案

一、问题求解

1. （D）

【解析】根据等比定理有 $\dfrac{n}{m}=\dfrac{n+24}{m+54}=\dfrac{24}{54}=\dfrac{4}{9}$，所以 $mn=36$.

2. （D）

【解析】由于 $6x^2-19x-7=(3x+1)(2x-7)$，故 $3x+1$ 和 $2x-7$ 的值必有一个为1，另一个为质数；又已知 x 为正整数，则 $2x-7=1$，解得 $x=4$.

所以，$6x^2-19x-7=13$.

3. （A）

【解析】由穷举法，得 $A=3$，$B=2$，$C=7$，则 $A+B+C=12$.

4. （C）

【解析】若 $x+y<0$，则方程可化为 $-x-y=2x-2y$，解得 $\dfrac{x}{y}=\dfrac{1}{3}$.

若 $x+y>0$，则方程可化为 $x+y=2x-2y$，解得 $\dfrac{x}{y}=3$.

5. （A）

【解析】$|y-a|=|(y-x)+(x-a)|\leqslant|y-x|+|x-a|$. 由已知 $|y-x|\leqslant1$，$|x-a|\leqslant1$，所以 $|y-a|\leqslant2$.

6. （A）

【解析】因为 $1<\sqrt{3}<2$，所以 $3<2+\sqrt{3}<4$，故 $x=3$，$y=2+\sqrt{3}-3=\sqrt{3}-1$，从而

$$\frac{x+2y}{x-2y}=\frac{3+2(\sqrt{3}-1)}{3-2(\sqrt{3}-1)}=\frac{1+2\sqrt{3}}{5-2\sqrt{3}}=\frac{(1+2\sqrt{3})(5+2\sqrt{3})}{(5-2\sqrt{3})(5+2\sqrt{3})}=\frac{17+12\sqrt{3}}{13}.$$

7. （A）

【解析】根据非负性得 $\begin{cases}x-2y+1=0,\\x-1=0,\\2x-y+z=0\end{cases}\Rightarrow\begin{cases}x=1,\\y=1,\\z=-1,\end{cases}$ 所以 $x^{y+z}=1^0=1$.

8. （D）

【解析】$(2+\sqrt{2})^2=6+4\sqrt{2}=a+b\sqrt{2}$，所以 $a=6$，$b=4$，$a+b=10$.

9. （B）

【解析】由 $|a-1|=3$ 可得 $a=4$ 或 -2；由 $|b|=4$ 可得 $b=\pm4$；

又因为 $b>ab$，即 $b(1-a)>0$，即 $\begin{cases}b>0,\\1-a>0,\end{cases}$ 或 $\begin{cases}b<0,\\1-a<0,\end{cases}$ 故可得 $\begin{cases}b=4,\\a=-2,\end{cases}$ 或 $\begin{cases}b=-4,\\a=4,\end{cases}$

因此，$|a-1-b|=|-2-1-4|=7$ 或 $|a-1-b|=|4-1+4|=7$.

10. (C)

【解析】因为 $\dfrac{|a|}{a} + \dfrac{|b|}{b} + \dfrac{|c|}{c} = 1$，所以 a，b，c 为两正一负．故 abc 为负数，$\dfrac{abc}{|abc|} = \dfrac{abc}{-abc} = -1$.

11. (C)

【解析】因为 $-4 \leqslant x \leqslant 4$，所以

$$
y = \begin{cases} 6 - 3x, & -4 \leqslant x < 1, \\ 4 - x, & 1 \leqslant x < 2, \\ x, & 2 \leqslant x < 3, \\ 3x - 6, & 3 \leqslant x \leqslant 4. \end{cases}
$$

当 $x = -4$ 时，y 取最大值 18；当 $x = 2$ 时，y 取最小值 2.

则最大值与最小值之差为 16.

12. (C)

【解析】所给即 $|x| \sqrt{x+2} = -x \sqrt{2+x}$，即 $|x| = -x$，又由 $x + 2 \geqslant 0$，故 $-2 \leqslant x \leqslant 0$.

13. (D)

【解析】$\left(\dfrac{1}{2} + \dfrac{1}{6} + \dfrac{1}{12} + \cdots + \dfrac{1}{2\,009 \times 2\,010} + \dfrac{1}{2\,010 \times 2\,011} \right) \times 2\,011$

$= \left(1 - \dfrac{1}{2} + \dfrac{1}{2} - \dfrac{1}{3} + \dfrac{1}{3} - \dfrac{1}{4} + \cdots + \dfrac{1}{2\,009} - \dfrac{1}{2\,010} + \dfrac{1}{2\,010} - \dfrac{1}{2\,011} \right) \times 2\,011$

$= \dfrac{2\,011 - 1}{2\,011} \times 2\,011$

$= 2\,010.$

14. (E)

【解析】$\dfrac{2 \times 3}{1 \times 4} + \dfrac{5 \times 6}{4 \times 7} + \dfrac{8 \times 9}{7 \times 10} + \dfrac{11 \times 12}{10 \times 13} + \dfrac{14 \times 15}{13 \times 16}$

$= 1 + \dfrac{2}{1 \times 4} + 1 + \dfrac{2}{4 \times 7} + 1 + \dfrac{2}{7 \times 10} + 1 + \dfrac{2}{10 \times 13} + 1 + \dfrac{2}{13 \times 16}$

$= 5 + \dfrac{2}{3} \times \left(1 - \dfrac{1}{4} + \dfrac{1}{4} - \dfrac{1}{7} + \dfrac{1}{7} - \dfrac{1}{10} + \dfrac{1}{10} - \dfrac{1}{13} + \dfrac{1}{13} - \dfrac{1}{16} \right)$

$= 5 + \dfrac{2}{3} \times \dfrac{15}{16} = 5 \dfrac{5}{8}.$

15. (D)

【解析】由 $M = \dfrac{b+c}{a}$，$N = \dfrac{a+c}{b}$，$P = \dfrac{a+b}{c}$，可得

$$M + 1 = \dfrac{b+c+a}{a} = \dfrac{1}{a}, \quad N + 1 = \dfrac{a+c+b}{b} = \dfrac{1}{b}, \quad P + 1 = \dfrac{a+b+c}{c} = \dfrac{1}{c}.$$

因为 $a > 0 > b > c$，则 $N + 1 < P + 1 < M + 1$，$N < P < M$.

【注意】此题也可以用特殊值法判断.

二、条件充分性判断

16. (C)

【解析】条件(1)：$|x - 3| = 5$，即 $x - 3 = 5$ 或 $x - 3 = -5$，解得 $x = 8$ 或 $x = -2$，所以条件(1)不充分.

条件(2)：$|x-2|=6$，即 $x-2=6$ 或 $x-2=-6$，解得 $x=8$ 或 $x=-4$，所以条件(2) 不充分．

条件(1)和条件(2)联合，可以推出 $x=8$．

17. (B)

【解析】条件(1)：$a=-1$，则 $|2x-a|=|2x+1|$，又由 $1\leqslant x\leqslant 2$，可知 $3\leqslant|2x+1|\leqslant 5$，不充分．

条件(2)：$a=1$，则 $|2x-a|=|2x-1|$，又由 $1\leqslant x\leqslant 2$，可知 $1\leqslant|2x-1|\leqslant 3$，充分．

18. (C)

【解析】条件(1)和(2)单独显然不充分，联立两个条件：由 $10<a<b<c<20$，b 和 c 为质数，10 到 20 之间的质数为 11，13，17，19．故 $a=15$，$b=17$，$c=19$，$a+b=32$，联立起来充分．

19. (C)

【解析】只有在整数范围内，$8x^2+10xy-3y^2$ 是某个整数的倍数才有意义，因此，本题答案只能是(C)或(E)，由于

$$
\begin{array}{r}
2x+3y \\
4x-y\overline{\smash{\big)}8x^2+10xy-3y^2} \\
\underline{8x^2-2xy} \\
12xy-3y^2 \\
\underline{12xy-3y^2} \\
0
\end{array}
$$

因此 $8x^2+10xy-3y^2=(4x-y)(2x+3y)$．

由于 $2(2x+3y)=4x+6y=4x-y+7y$ 是 7 的倍数，因此，当 y 是大于等于 1 的整数时，$2x+3y$ 能被 7 整除，即 $8x^2+10xy-3y^2=(4x-y)(2x+3y)$ 是 49 的倍数．故联立起来充分．

20. (D)

【解析】由条件(1) $\frac{1}{2}:\frac{1}{3}:\frac{1}{9}=9:6:2$，所以条件(1)与条件(2)等价．

设比例系数为 k，则依题意有 $9k+6k+2k=68$，解得 $k=4$．

甲：$9\times 4=36$（万元）；

乙：$6\times 4=24$（万元）；

丙：$2\times 4=8$（万元）．

所以条件(1)和条件(2)都充分．

21. (E)

【解析】条件(1)：由 a，b，c 在数轴上位置关系得

$|a|+|b|+|c|-|a+b|+|b-c|-|c-a|=a-b-c-a-b+b-c-a+c=-a-b-c$，

所以条件(1)不充分．

条件(2)：由 a，b，c 在数轴上位置关系得

$|a|+|b|+|c|-|a+b|+|b-c|-|c-a|=-a-b+c+a+b-b+c+a-c=a-b+c$，

所以条件(2)不充分．

22. (E)

【解析】条件(1)：$\frac{x}{y}=3$，即 $x=3y$，代入 $\frac{|x+y|}{x-y}=2$，得 $\frac{|3y+y|}{3y-y}=\frac{|4y|}{2y}$．

故当 $y>0$ 时，$\frac{|x+y|}{x-y}=2$；当 $y<0$ 时，$\frac{|x+y|}{x-y}=-2$．条件(1)不充分．

同理可知,条件(2)也不充分,两个条件无法联立.

23. (A)

【解析】$|1-x|+|1+x|>a$,由绝对值的最值问题类型1,可得$|1-x|+|x+1|$最小值为2.

当$a<2$时,$|1-x|+|1+x|>2$恒成立,故条件(1)充分,条件(2)不充分.

24. (C)

【解析】$18<\dfrac{16+2n-1+4n}{3}\leqslant 21\Rightarrow 54<6n+15\leqslant 63\Rightarrow 39<6n\leqslant 48\Rightarrow \dfrac{39}{6}<n\leqslant 8$,故条件(1)和条件(2)联合起来充分.

25. (A)

【解析】条件(1):a,b,c为2正1负或1正2负,代入可知,两种情况都为0,条件(1)充分.

条件(2):$a^2+b^2+c^2-ab-ac-bc=\dfrac{1}{2}\left[(a-b)^2+(a-c)^2+(b-c)^2\right]=0$,故有$a=b=c=0$,显然不充分.

微模考一（下）·强化篇参考答案

一、问题求解

1. (B)

【解析】质数、合数问题，用特殊数字突破法．

由 $5p^2+3q=59$ 知 p，q 必为一奇一偶；又 p，q 均为质数，故必有一个是 2；

若 $q=2$，p 不是整数，不合题意；若 $p=2$，则 $q=13$；

三边分别为 $p+3=5$，$1-p+q=12$，$2p+q-4=13$，

因为 $5^2+12^2=13^2$，故该三角形为直角三角形．

2. (E)

【解析】约数倍数问题．

设这两个正整数分别为 a 和 b，且 $a<b$，其最大公约数为 5，设 $a=5m$，$b=5n$，且 $m<n$，

$(m，n)=1$，由 $a+b=5m+5n=50 \Rightarrow m+n=10$，满足条件 $m<n$，$(m，n)=1$ 的解有 $\begin{cases} m=1, \\ n=9 \end{cases}$

或 $\begin{cases} m=3, \\ n=7 \end{cases} \Rightarrow \begin{cases} a=5, \\ b=45 \end{cases}$ 或 $\begin{cases} a=15, \\ b=35, \end{cases}$ 无论哪种情况，$a \times b$ 都能被 75 整除．

3. (C)

【解析】实数的运算技巧问题，多分数相加，用裂项求和法．

$$\frac{1}{x^2+3x+2}+\frac{1}{x^2+5x+6}+\frac{1}{x^2+7x+12}+\cdots+\frac{1}{x^2+201x+10\ 100}$$

$$=\frac{1}{(x+1)(x+2)}+\frac{1}{(x+2)(x+3)}+\frac{1}{(x+3)(x+4)}+\cdots+\frac{1}{(x+100)(x+101)}$$

$$=\frac{1}{x+1}-\frac{1}{x+2}+\frac{1}{x+2}-\frac{1}{x+3}+\cdots+\frac{1}{x+100}-\frac{1}{x+101}$$

$$=\frac{1}{x+1}-\frac{1}{x+101}$$

$$=\frac{100}{(x+1)(x+101)}.$$

4. (C)

【解析】合比定理的应用．

由 $\frac{a}{b}=\frac{c}{d}$ 可得 $\frac{a^2}{b^2}=\frac{c^2}{d^2}$，则 $\frac{a^2+b^2}{b^2}=\frac{c^2+d^2}{d^2}$．

由此可知，$\frac{a^2+b^2}{c^2+d^2}=\frac{b^2}{d^2}$，故 $\frac{\sqrt{a^2+b^2}}{\sqrt{c^2+d^2}}=\frac{b}{d}=\frac{a}{c}=\frac{a+b}{c+d}$．

【快速得分法】使用特殊值法验证可快速得解．

5. （A）

【解析】无限循环小数化分数．

先将 $0.\dot{a}b\dot{c}$ 化为分数可得 $\dfrac{abc}{999}$，当化为最简分数时，然后进行约分；

因为分母大于分子，所以分母大于 $58 \div 2 = 29$，即分母是大于 29 的两位数；

又 999 的约数中，大于 29 的只有 37，故分母是 37，分子是 $58 - 37 = 21$；

因为 $\dfrac{21}{37} = \dfrac{21 \times 27}{37 \times 27} = \dfrac{567}{999}$，所以这个循环小数是 $0.\dot{5}6\dot{7}$.

【**快速得分法**】使用选项代入法可快速得解.

6. (B)

【**解析**】实数的运算技巧.

分子为多分数相加，使用裂项相消法，故

$$\text{分子} = \frac{1}{1} - \frac{1}{2} + \frac{1}{2} - \frac{1}{3} + \cdots + \frac{1}{2\,010} - \frac{1}{2\,011} = \frac{2\,010}{2\,011}.$$

分母为多括号相乘，化为多分数相乘，故

$$\text{分母} = \left(1 - \frac{1}{2}\right) \times \left(1 - \frac{1}{3}\right) \times \left(1 - \frac{1}{4}\right) \times \left(1 - \frac{1}{5}\right) \times \cdots \times \left(1 - \frac{1}{2011}\right)$$

$$= \frac{1}{2} \times \frac{2}{3} \times \frac{3}{4} \times \frac{4}{5} \times \cdots \times \frac{2\,010}{2\,011} = \frac{1}{2\,011}.$$

故原式 $= 2\,010$.

7. (A)

【**解析**】整数部分与小数部分问题.

因为

$$\sqrt{5 + 2\sqrt{6}} = \sqrt{2 + 2\sqrt{6} + 3} = \sqrt{(\sqrt{2} + \sqrt{3})^2} = \sqrt{2} + \sqrt{3} \approx 3.1;$$

故 $b = \sqrt{2} + \sqrt{3} - 3$，所以 $\dfrac{1}{a} + b = \dfrac{1}{\sqrt{2} + \sqrt{3}} + (\sqrt{2} + \sqrt{3} - 3) = 2\sqrt{3} - 3$.

8. (D)

【**解析**】绝对值的最值问题.

根据"描点看边取拐点法"可知，当 $x = -2$ 时，y 有最小值 2.

9. (D)

【**解析**】整除问题.

该七位数被 2，3，4，5，6，7，8，9 整除，必然也被其最小公倍数，即 $2\,520$ 整除.

而 $2\,013\,999 \div 2\,520 = 799 \cdots\cdots 519$. 故 $2\,013\,999 - 519 = 2\,013\,480$ 能同时被这些数整除.

【**快速得分法**】使用选项代入法可快速得解.

10. (D)

【**解析**】不定方程问题.

设这个数为 x，加上 100 后为 a^2，加上 168 后为 b^2. 则

$$\begin{cases} x + 100 = a^2, \\ x + 168 = b^2, \end{cases}$$

两式相减，得 $(b + a)(b - a) = 68 = 2 \times 2 \times 17$；

又 $b + a$ 与 $b - a$ 奇偶性相同，故 $b - a = 2$，$b + a = 34$，解得 $a = 16$，$b = 18$.

则 $x = b^2 - 168 = 156$.

【**快速得分法**】使用选项代入法可快速得解.

11. (D)

【解析】 $n+1$ 能被 2，3，4，5，6，7，8，9 整除，故可以被这些数的最小公倍数整除．

2，3，4，5，6，7，8，9 的最小公倍数为 $[2,3,4,\cdots,9]=2^3\times3^2\times5\times7=2\,520$．

故 n 的最小值为 2 519．

12. (E)

【解析】 不定方程问题．

设参加的男宾 x 人，女宾 y 人，则有 $130x+100y+\dfrac{1}{3}(x+y)\times60=2\,160$，化简可得

$5x+4y=72$，解得四组解：$\begin{cases}x=4,\\y=13,\end{cases}\begin{cases}x=8,\\y=8,\end{cases}\begin{cases}x=12,\\y=3,\end{cases}\begin{cases}x=0,\\y=18.\end{cases}$

但所带孩子为 $\dfrac{1}{3}(x+y)$ 应为整数，经检验，仅后两组解满足．故总人数为

$$12+3+\frac{1}{3}(12+3)=20 \text{ 或 } 18+\frac{1}{3}\times18=24.$$

13. (C)

【解析】 定整问题．

因为 a，b，c 均为整数，所以 $|a-b|$，$|c-a|$ 也应为整数．

而 $|a-b|^{19}$，$|c-a|^{99}$ 为两个非负整数且和为 1，故有

$$\begin{cases}|a-b|^{19}=0,\\|c-a|^{99}=1\end{cases} \text{或} \begin{cases}|a-b|^{19}=1,\\|c-a|^{99}=0.\end{cases}$$

由前者可得 $a=b$ 且 $c=a\pm1$，则 $|b-c|=|c-a|=1$．故

$$|b-a|+|c-a|+|b-c|=2.$$

第二种情况也可得出原式等于 2．

14. (C)

【解析】 赋值法求展开式系数．

令 $x=1$，得 $a_5+a_4+a_3+a_2+a_1+a_0=-1$；

令 $x=0$，得 $a_0=-32$．

故 $a_5+a_4+a_3+a_2+a_1=-1-(-32)=31$．

15. (D)

【解析】 绝对值不等式问题．

显然分两类进行讨论：

① 当 $x\geqslant0$ 时，原式化为 $(1+x)(1-x)>0$，解得 $-1<x<1$，即 $0\leqslant x<1$；

② 当 $x<0$ 时，原式化为 $(1+x)^2>0$，显然 $x\neq-1$．

综上所述，$x<1$ 且 $x\neq-1$，选 (D)．

二、条件充分性判断

16. (B)

【解析】 平均值问题．

条件 (1)：几何平均值 $\sqrt{\sqrt{x}\sqrt{y}}=\sqrt{\sqrt{4}\sqrt{6}}=\sqrt{2\sqrt{6}}\neq2$，不充分．

条件 (2)：算术平均值 $\dfrac{x+y}{2}=5$，几何平均值 $\sqrt{\sqrt{x}\sqrt{y}}=\sqrt{\sqrt{2}\sqrt{8}}=\sqrt{4}=2$，充分．

17. (B)

【解析】质数与整数问题.

条件(1):令 $p=2$, $n=8$,则 p^2 也是 n 的一个因子,但 n 不是完全平方数,不充分.

条件(2):$\sqrt{n}$ 是一个整数,则 n 是一个完全平方数,充分.

18. (C)

【解析】整数不定方程.

条件(1)、(2)单独显然不充分,联立之:

由条件(1)知,a,b,c,d 为互不相等的整数,将条件(2)分解因数,可得

$$(x-a)(x-b)(x-c)(x-d)=9=1\times(-1)\times3\times(-3),$$

故 $x-a$, $x-b$, $x-c$, $x-d$ 分别等于 1,-1,3,-3.

四式相加,可得 $4x-(a+b+c+d)=1-1+3-3=0$.

故 $a+b+c+d=4x$ 是 4 的倍数.

19. (B)

【解析】质数问题.

条件(1):令 $x=2$, $y=5$,则 $8\times2+666\times5=3\,346\neq2\,014$,不充分.

条件(2):设 $3x-4y=6k$,因为 $4y$ 是偶数,故 $3x$ 是偶数,则 x 是偶数,又因为 x 是质数,故 $x=2$,即 $3x=6$,所以,$4y$ 是 6 的倍数且 y 是质数,故 $y=3$.

故 $8x+666y=2\,014$,充分.

20. (E)

【解析】证明绝对值不等式.

由条件(1)、(2)知 a,b 均不为零,故不等式 $\dfrac{|a+b|}{1+|a+b|}>\dfrac{|a|+|b|}{1+|a|+|b|}$ 中每一项均为正;

根据三角不等式有 $|a+b|\leqslant|a|+|b|$,且均为正,故有 $\dfrac{1}{|a+b|}\geqslant\dfrac{1}{|a|+|b|}$,

左右两边同加 1,得 $\dfrac{1+|a+b|}{|a+b|}\geqslant\dfrac{1+|a|+|b|}{|a|+|b|}$;取倒数,得 $\dfrac{|a+b|}{1+|a+b|}\leqslant\dfrac{|a|+|b|}{1+|a|+|b|}$.

故题干恒不成立,选(E).

【快速得分法】使用特殊值法举反例可迅速得解.

21. (C)

【解析】质数问题.

条件(1):$m+n$ 为奇数,所以 m 与 n 必有一个是偶数,另一个为奇数,推不出结论.

条件(2):m,n 可以取任意质数,也不充分.

考虑联合,两条件联合可知,n 必然为奇数,则 m 为偶数,故 $m=2$,充分.

22. (A)

【解析】整除问题+整数与小数部分问题.

条件(1):由 $\dfrac{13n}{10}$ 是整数可知,n 为 10 的倍数,故 $\dfrac{2n}{5}$ 是整数,条件(1)充分.

条件(2):$m+\dfrac{1}{m}=2+\sqrt{5}+\dfrac{1}{2+\sqrt{5}}=2+\sqrt{5}+\sqrt{5}-2=2\sqrt{5}\approx4.8$,故整数部分 $n=4$,$\dfrac{2n}{5}=\dfrac{8}{5}$ 不是整数,条件(2)不充分.

23. (E)

【解析】绝对值的最值问题.

两个条件显然单独不充分,联立之.

原式等价于 $|x+2|+|1-x|+|y-5|+|1+y|=9$.

根据线性和的最值问题知:当 $-2\leqslant x\leqslant 1$ 时,$|x+2|+|1-x|=x+2+1-x=3$;

同理,当 $-1\leqslant y\leqslant 5$ 时,$|y-5|+|1+y|=5-y+1+y=6$.

故 $x+y$ 的最大值和最小值分别为 6,-3,即 $m+n=3$.

故两个条件联立也不充分,选(E).

24. (D)

【解析】乘方运算与无理数的运算.

条件(1):由 $|a|=a$,$|b|=b$ 可知,$a\geqslant 0$,$b\geqslant 0$,又 $\left(\dfrac{1}{2}\right)^{a+b}=1$,故 $a+b=0$,

即 $a=b=0$,充分.

条件(2):因为 a,b 为有理数,m 是无理数,则必有 $a=b=0$,充分.

25. (A)

【解析】绝对值的最值问题.

条件(1):根据绝对值的线性和的最值可知,当 $-1\leqslant x\leqslant 3$ 时,$|x+1|+|x-3|=4$,故整数解为 -1,0,1,2,3,恰为 5 个,充分.

条件(2):根据绝对值的线性差的最值可知,当 $x\geqslant 3$ 时,$|x+1|-|x-3|=4$,故有无数个整数解,不充分.

第二部分 代数

大纲要求

1. 整式
   - (1)整式及其运算
   - (2)整式的因式与因式分解
2. 分式及其运算
3. 函数
   - (1)集合
   - (2)一元二次函数及其图像
   - (3)指数函数、对数函数
4. 代数方程
   - (1)一元一次方程
   - (2)一元二次方程
   - (3)二元一次方程组
5. 不等式
   - (1)不等式的性质
   - (2)均值不等式
   - (3)不等式求解
   - 一元一次不等式(组),一元二次不等式,简单绝对值不等式,简单分式不等式
6. 数列、等差数列、等比数列

第二章　整式与分式

一　历年真题考查点

真题出现次数	考点
5次或以上	求代数式的最值、余式定理
3~4次	求展开式的系数、三角形形状判断、齐次分式求值、$x+\dfrac{1}{x}$的问题、其他分式的化简求值
1~2次	因式分解问题、双十字相乘法、整式化简求值
0次	形如$\dfrac{1}{a}+\dfrac{1}{b}+\dfrac{1}{c}=0$的问题

二　命题趋势预测

　　本章一般考2道左右，但2016年本章没有单独命题，这是非常少见的．代数式的最值问题、余式定理问题是本章的重点，考试频次在3次以上的，也很重要．注意，因式分解是解所有代数问题的基础，每年都能考到相关的知识点，但很少单独命题．

　　另外，在解整式和分式的化简求值问题时，一定要优先使用特殊值法．

三 本章知识网

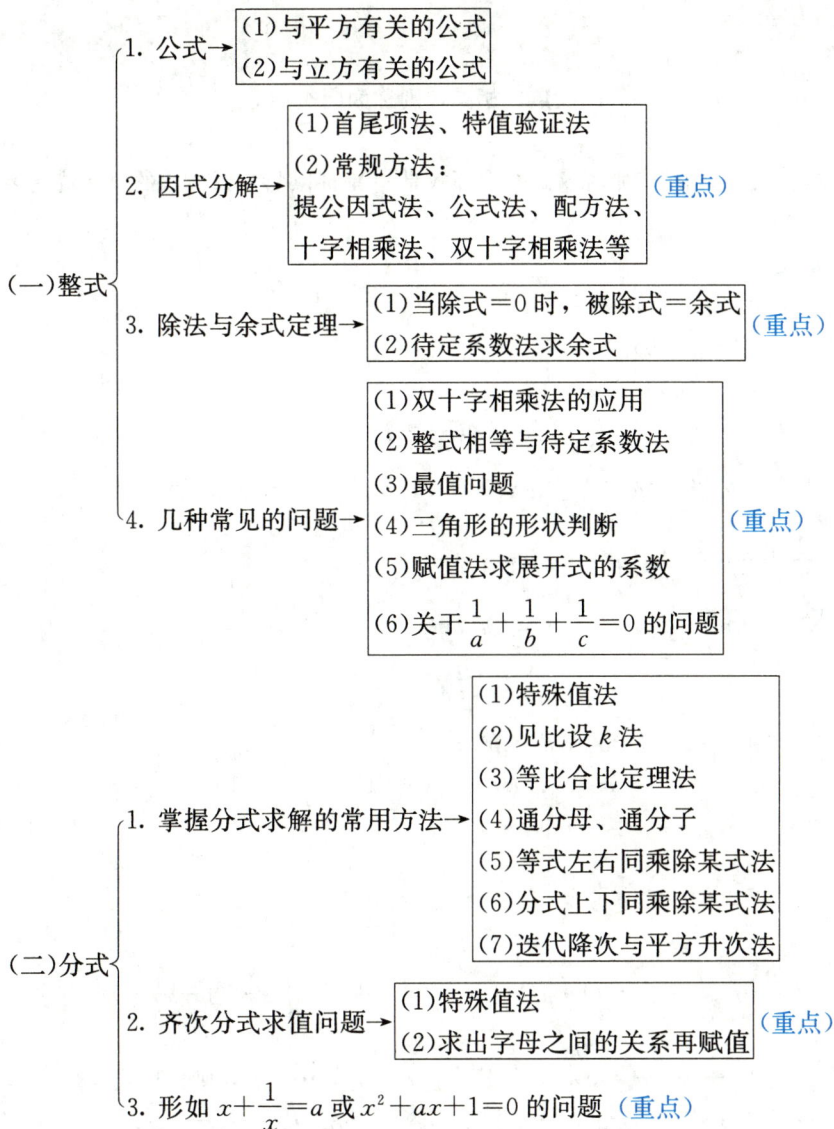

(一)整式

1. 公式 →
- (1)与平方有关的公式
- (2)与立方有关的公式

2. 因式分解 →
- (1)首尾项法、特值验证法
- (2)常规方法：
  提公因式法、公式法、配方法、
  十字相乘法、双十字相乘法等 **(重点)**

3. 除法与余式定理 →
- (1)当除式＝0时，被除式＝余式
- (2)待定系数法求余式 **(重点)**

4. 几种常见的问题 →
- (1)双十字相乘法的应用
- (2)整式相等与待定系数法
- (3)最值问题
- (4)三角形的形状判断 **(重点)**
- (5)赋值法求展开式的系数
- (6)关于 $\dfrac{1}{a}+\dfrac{1}{b}+\dfrac{1}{c}=0$ 的问题

(二)分式

1. 掌握分式求解的常用方法 →
- (1)特殊值法
- (2)见比设 k 法
- (3)等比合比定理法
- (4)通分母、通分子
- (5)等式左右同乘除某式法
- (6)分式上下同乘除某式法
- (7)迭代降次与平方升次法

2. 齐次分式求值问题 →
- (1)特殊值法
- (2)求出字母之间的关系再赋值 **(重点)**

3. 形如 $x+\dfrac{1}{x}=a$ 或 $x^2+ax+1=0$ 的问题 **(重点)**

第一节 整式

一、 老吕讲考点

(一)整式相关概念

1. 单项式

有限个数字与字母的乘积叫作单项式.

2. 多项式

有限个单项式的和是多项式.

3. 整式

单项式和多项式统称为整式.

4. 同类项

若单项式所含字母相同,并且相同字母的次数也相同,则称为同类项.

5. 多项式相等

若两个多项式的对应项系数均相等,则称这两个多项式是相等的.(特定系数法的原理就是多项式相等的定义)

(二) 整式的运算公式

1. 与平方有关的公式

平方差公式:$a^2-b^2=(a+b)(a-b)$.

完全平方公式:$(a\pm b)^2=a^2\pm 2ab+b^2$.

三个数和的平方:$(a+b+c)^2=a^2+b^2+c^2+2ab+2bc+2ac$.

重要结论一:$a^2+b^2+c^2\pm ab\pm bc\pm ac=\dfrac{1}{2}\left[(a\pm b)^2+(a\pm c)^2+(b\pm c)^2\right]$.

重要结论二:若 $\dfrac{1}{a}+\dfrac{1}{b}+\dfrac{1}{c}=0$,则$(a+b+c)^2=a^2+b^2+c^2$.

2. 与立方有关的公式

立方和公式:$a^3+b^3=(a+b)(a^2-ab+b^2)$.

立方差公式:$a^3-b^3=(a-b)(a^2+ab+b^2)$.

和与差的立方公式:$(a\pm b)^3=a^3\pm 3a^2b+3ab^2\pm b^3$.

常把 1 看作 1^3:$x^3+1=(x+1)(x^2-x+1)$;$x^3-1=(x-1)(x^2+x+1)$.

(三) 因式分解

1. 提公因式法

例:$x^2-x=x(x-1)$.

2. 公式法

例:$x^2-y^2=(x+y)(x-y)$,$1-x^4=(1+x^2)(1-x^2)=(1+x^2)(1+x)(1-x)$.

3. 求根法(重要)

若方程 $a_0x^n+a_1x^{n-1}+a_2x^{n-2}+\cdots+a_n=0$ 有 n 个根 x_1,x_2,x_3,$\cdots$,x_n,则多项式

$$a_0x^n+a_1x^{n-1}+a_2x^{n-2}+\cdots+a_n=a_0(x-x_1)(x-x_2)(x-x_3)\cdot\cdots\cdot(x-x_n).$$

例:$x^3+6x-7=0$ 有根 $x=1$,故 $x-1$ 是 x^3+6x-7 的因式.

4. 十字相乘法

例:将 $2x^2+11x-6$ 分解因式

$$
\begin{array}{cc}
2 & \diagdown\ -1 \\
1 & \diagup\ 6
\end{array}
$$

故 $2x^2+11x-6=(2x-1)(x+6)$.

(四) 整式的除法

例:计算 $\dfrac{x^3+5x^2+2x+10}{x-1}$.

【解析】

$$
\begin{array}{r}
x^2+6x+8 \\
x-1{\overline{\smash{\big)}\,x^3+5x^2+2x+10}} \\
\underline{x^3-x^2} \\
6x^2+2x \\
\underline{6x^2-6x} \\
8x+10 \\
\underline{8x-8} \\
18
\end{array}
$$

故 $x^3+5x^2+2x+10=(x-1)(x^2+6x+8)+18$.

(五)余式定理

若 $F(x)$ 除以 $f(x)$，得到的商式是 $g(x)$，余式是 $R(x)$，则 $F(x)=f(x)g(x)+R(x)$，其中 $R(x)$ 的次数小于 $f(x)$ 的次数. 则

(1)若有 $x=a$ 使 $f(a)=0$，则 $F(a)=R(a)$.

(2) $F(x)$ 除以 $(x-a)$ 的余式为 $F(a)$，$F(x)$ 除以 $(ax-b)$ 的余式为 $F\left(\dfrac{b}{a}\right)$.

(3)对于 $F(x)$，若 $x=a$ 时，$F(a)=0$，则 $x-a$ 是 $F(x)$ 的一个因式；若 $x-a$ 是 $F(x)$ 的一个因式，则 $f(a)=0$，也将此结论称为因式定理.

二、 老吕讲题型

题型 2.1　因式分解问题

老吕施法

(1)如果是选择题，首先使用首尾项检验法和特值检验法.

①首尾项检验法.

原式的最高次项系数，一定等于各因式的最高次项系数之积；原式的常数项，一定等于各因式常数项之积；利用此规律排除选项即可.

②特值检验法.

原式等于各因式之积是恒成立的，故可令 x 等于 0、1、-1 等特殊值，排除各选项即可.

(2)常规方法.

如：提公因式法、公式法、配方法、十字相乘法、双十字相乘法、待定系数法、分组分解法、换元法等.

(3)用整式的除法也可以解决因式分解问题.

典型例题

例 1　将 x^3+6x-7 因式分解为(　　).

(A)$(x-1)(x^2+x+7)$　　(B)$(x+1)(x^2+x+7)$　　(C)$(x-1)(x^2+x-7)$

(D)$(x-1)(x^2-x+7)$　　(E)$(x-1)(x^2-x-7)$

【解析】原式$=x^3-1+6x-6$

$$=(x-1)(x^2+x+1)+6(x-1)$$
$$=(x-1)(x^2+x+7)$$

【答案】(A)

例2 在实数的范围内,将$(x+1)(x+2)(x+3)(x+4)-120$分解因式为(   ).

(A)$(x+1)(x+6)(x^2+5x+16)$ (B)$(x-1)(x+6)(x^2+5x+16)$

(C)$(x-1)(x-6)(x^2+5x+16)$ (D)$(x+2)(x-3)(x^2+5x+16)$

(E)$(x-1)(x+6)(x^2+5x-16)$

【解析】分组分解法.

$$(x+1)(x+2)(x+3)(x+4)-120=[(x+1)(x+4)][(x+2)(x+3)]-120$$
$$=(x^2+5x+4)(x^2+5x+6)-120$$
$$=(x^2+5x)^2+10(x^2+5x)+24-120$$
$$=(x^2+5x)^2+10(x^2+5x)-96$$
$$=(x^2+5x+16)(x^2+5x-6)$$
$$=(x-1)(x+6)(x^2+5x+16).$$

【快速得分法】特值检验法、首尾项法.

原式的常数项为-96,可排除(A),(C),(E)项;

令$x=-2$,原式$=-120$,(D)项$=0$,可排除(D)项.故应选(B).

【答案】(B)

例3 将多项式$2x^4-x^3-6x^2-x+2$因式分解为$(2x-1)q(x)$,则$q(x)$等于(   ).

(A)$(x+2)(2x-1)^2$ (B)$(x-2)(x+1)^2$ (C)$(2x+1)(x^2-2)$

(D)$(2x-1)(x+2)^2$ (E)$(2x+1)^2(x-2)$

【解析】添项拆项法.

$$2x^4-x^3-6x^2-x+2=x^3(2x-1)-3x(2x-1)-2(2x-1)$$
$$=(2x-1)(x^3-3x-2)$$
$$=(2x-1)[(x^3+1)-3(x+1)]$$
$$=(2x-1)[(x+1)(x^2-x+1)-3(x+1)]$$
$$=(2x-1)(x+1)(x^2-x-2)$$
$$=(2x-1)(x+1)^2(x-2).$$

【快速得分法】首尾项法.

原式的最高次项系数为2,故$q(x)$的最高次项系数必为1,排除(A),(C),(D),(E),故应选(B).

【答案】(B)

题型2.2 双十字相乘法的应用

老吕施法

双十字相乘法可以解决两类问题:

(1)形如$ax^2+bxy+cy^2+dx+ey+f$的因式分解.

例:将$4x^2-4xy-3y^2-4x+10y-3$分解因式.

【解析】分解x^2项,y^2项和常数项,去凑xy项、x项和y项的系数;所以原式中的系数可以分解为

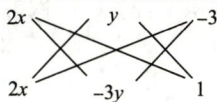

$$2x \quad\quad y \quad\quad -3$$
$$2x \quad\quad -3y \quad\quad 1$$

即
$$2x \cdot (-3y) + 2x \cdot y = -4xy,$$
$$y \cdot 1 + (-3y) \cdot (-3) = 10y,$$
$$2x \cdot 1 + 2x \cdot (-3) = -4x,$$

故 $4x^2 - 4xy - 3y^2 - 4x + 10y - 3 = (2x + y - 3)(2x - 3y + 1)$.

(2)形如 $(a_1x^2 + b_1x + c_1)(a_2x^2 + b_2x + c_2)$ 的展开式.

例如：求 $(x^2 + x + 1)(x^2 + 2x + 1)$ 的展开式.

【解析】根据双十字相乘法，有

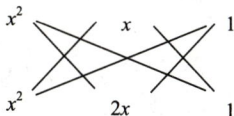

$$x^2 \quad\quad x \quad\quad 1$$
$$x^2 \quad\quad 2x \quad\quad 1$$

即 4 次方项为 $x^2 \cdot x^2 = x^4$；

3 次方项为 $x^2 \cdot 2x + x^2 \cdot x = 3x^3$（左十字）；

2 次方项为 $x \cdot 2x + x^2 \cdot 1 + x^2 \cdot 1 = 4x^2$（中间项之积＋大十字）；

1 次方项为 $x \cdot 1 + 2x \cdot 1 = 3x$；

常数项为：$1 \times 1 = 1$；

故 $(x^2 + x + 1)(x^2 + 2x + 1) = x^4 + 3x^3 + 4x^2 + 3x + 1$.

典型例题

例 4 $x^2 + mxy + 6y^2 - 10y - 4 = 0$ 的图形是两条直线.

(1) $m = 7$；

(2) $m = -7$.

【解析】类型 1.

条件(1)：将 $m = 7$ 代入原方程，用双十字相乘法可得

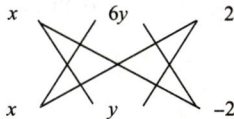

$$x \quad\quad 6y \quad\quad 2$$
$$x \quad\quad y \quad\quad -2$$

故有 $x^2 + 7xy + 6y^2 - 10y - 4 = (x + 6y + 2)(x + y - 2) = 0$，即 $x + 6y + 2 = 0$ 或 $x + y - 2 = 0$，是两条直线，条件(1)充分.

条件(2)：将 $m = -7$ 代入原方程，用双十字相乘法可得

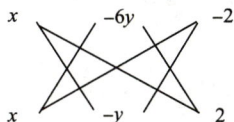

$$x \quad\quad -6y \quad\quad -2$$
$$x \quad\quad -y \quad\quad 2$$

故有 $x^2 - 7xy + 6y^2 - 10y - 4 = (x - 6y - 2)(x - y + 2) = 0$，即 $x - 6y - 2 = 0$ 或 $x - y + 2 = 0$，是两条直线，条件(2)充分.

【答案】(D)

例 5 ax^2+bx+1 与 $3x^2-4x+5$ 的积不含 x 的一次方项和三次方项.

(1)$a:b=3:4$;

(2)$a=\dfrac{3}{5}$，$b=\dfrac{4}{5}$.

【解析】 类型 2.

方法一：利用多项式相等的定义，得

$$(ax^2+bx+1)(3x^2-4x+5)=3ax^4+(3b-4a)x^3+(5a+3-4b)x^2+(5b-4)x+5.$$

由题意可知，需要有 $\begin{cases}3b-4a=0,\\5b-4=0,\end{cases}$ 得 $a=\dfrac{3}{5}$，$b=\dfrac{4}{5}$.

所以条件(1)不充分，条件(2)充分.

方法二：将两式的积写为双十字相乘的形式如下：

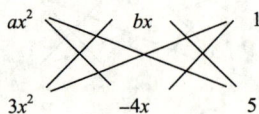

右十字用十字相乘，得一次项，故 $5bx-4x=0$，$b=\dfrac{4}{5}$；

左十字用十字相乘，得三次项，故 $3bx-4ax=0$，$a=\dfrac{3}{5}$；

所以条件(1)不充分，条件(2)充分.

【答案】(B)

例 6 已知 $6x^2+7xy-3y^2-8x+10y+c$ 是两个关于 x，y 的一次多项式的乘积，则常数 $c=$ (   ).

(A)-8　　　　(B)8　　　　(C)6　　　　(D)-6　　　　(E)10

【解析】 类型 1.

用双十字相乘法，设 c 可分解为 $m\times\dfrac{c}{m}$，则有

大十字为 x 的一次项，即 $3\cdot\dfrac{c}{m}x+2mx=-8x$；

右十字为 y 的一次项，即 $(-1)\cdot\dfrac{c}{m}y+3my=10y$；

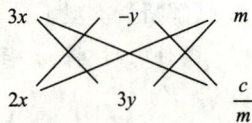

解得 $c=-8$，$m=2$.

【答案】(A)

题型 2.3　多项式相等与待定系数法

老吕施法

待定系数法的思想来源于多项式相等的定义，基本思想是利用展开式与原式的对应项系数相等求未知数.

典型例题

例 7 若 $mx^2+kx+9=(2x-3)^2$，则 m，k 的值分别是(   ).

(A)$m=2$，$k=6$　　　　　　(B)$m=2$，$k=12$　　　　　　(C)$m=-4$，$k=-12$

(D)$m=4$，$k=-12$　　　　　(E)以上选项均不正确

【解析】多项式相等，则对应项系数均相等，即
$$(2x-3)^2=4x^2-12x+9=mx^2+kx+9,$$
故 $m=4$，$k=-12$.

【答案】(D)

例 8 已知 $x^4-6x^3+ax^2+bx+4$ 是一个二次三项式的完全平方式，$ab<0$，则 a 和 b 的值分别为（　　）.

(A)$a=6$，$b=1$ 　　 (B)$a=-5$，$b=4$ 　　 (C)$a=-12$，$b=8$

(D)$a=13$，$b=-12$ 　　 (E)$a=-13$，$b=8$

【解析】方法一：待定系数法.
$$x^4-6x^3+ax^2+bx+4=(x^2+mx+2)^2 或 (x^2+mx-2)^2,$$
即
$$x^4-6x^3+ax^2+bx+4=(x^2+mx+2)^2$$
$$=x^4+m^2x^2+4+2mx^3+4x^2+4mx$$
$$=x^4+2mx^3+(m^2+4)x^2+4mx+4,$$

故有 $\begin{cases}-6=2m,\\a=m^2+4,\\b=4m,\end{cases}$ 解得 $a=13$，$b=-12$.

同理，当 $x^4-6x^3+ax^2+bx+4=(x^2+mx-2)^2$ 时，$a=5$，$b=12$（$ab>0$，舍去）.

方法二：双十字相乘法.

$x^4-6x^3+ax^2+bx+4=(x^2+mx+2)^2$ 或 $(x^2+mx-2)^2$，对第二种情况使用双十字相乘，即

左十字：$2mx^3=-6x^3$，得 $m=-3$；

右十字：$-4mx=bx$，得 $b=12$；

大十字加中间两项的积：$-4x^2+m^2x^2=ax^2$，得 $a=5$；

故 $a=5$，$b=12$（$ab>0$，舍去）.

同理，可得 $x^4-6x^3+ax^2+bx+4=(x^2+mx+2)^2$ 时，$a=13$，$b=-12$. 故应选(D).

【答案】(D)

例 9 多项式 $f(x)=2x-7$ 与 $g(x)=a(x-1)^2+b(x+2)+c(x^2+x-2)$ 相等，则 a、b、c 分别等于（　　）.

(A)$a=\dfrac{11}{3}$，$b=\dfrac{5}{3}$，$c=-\dfrac{11}{3}$ 　　　　 (B)$a=-11$，$b=15$，$c=11$

(C)$a=\dfrac{11}{9}$，$b=-\dfrac{5}{3}$，$c=-\dfrac{11}{9}$ 　　　　 (D)$a=11$，$b=-15$，$c=-11$

(E)$a=-\dfrac{11}{9}$，$b=-\dfrac{5}{3}$，$c=\dfrac{11}{9}$

【解析】方法一，利用多项式相等.
$$g(x)=a(x-1)^2+b(x+2)+c(x^2+x-2)$$
$$=(a+c)x^2+(c-2a+b)x+a+2b-2c$$
$$=2x-7$$

所以 $\begin{cases} a+c=0 \\ c-2a+b=2 \\ a+2b-2c=-7 \end{cases}$ ，解得：$a=-\dfrac{11}{9}$，$b=-\dfrac{5}{3}$，$c=\dfrac{11}{9}$．

【快速得分法】赋值法．

$a(x-1)^2+b(x+2)+c(x^2+x-2)=2x-7$ 对于任意 x 值成立，故

令 $x=1$，得：$3b=-5$，$b=-\dfrac{5}{3}$；

令 $x=-2$，得 $9a=-11$，$a=-\dfrac{11}{9}$．

观察选项，可知选(E)．当然，再令 x 等于某特殊值，即可求出 c 的值来．

【答案】(E)

题型 2.4　代数式的最值问题

老吕施法

求代数式的最值问题，常用三种方法：

(1)配方法，将代数式化为形如 $a\pm f^2(x)$ 的形式．

(2)均值不等式法，见题型 3.3．

(3)一元二次函数求最值法，见题型 3.5．

典型例题

例 10　设实数 x，y 满足等式 $x^2-4xy+4y^2+\sqrt{3}x+\sqrt{3}y-6=0$，则 $x+y$ 的最大值为(　　)．

(A)2　　　　(B)3　　　　(C)$2\sqrt{3}$　　　　(D)$3\sqrt{2}$　　　　(E)$3\sqrt{3}$

【解析】类型 1．

原式可化为 $(x-2y)^2+\sqrt{3}(x+y)-6=0$，整理，得 $\sqrt{3}(x+y)=6-(x-2y)^2\leqslant6$，故

$$x+y\leqslant\dfrac{6}{\sqrt{3}}=2\sqrt{3}.$$

【答案】(C)

例 11　若实数 a，b，c 满足 $a^2+b^2+c^2=9$，则代数式 $(a-b)^2+(b-c)^2+(c-a)^2$ 的最大值是(　　)．

(A)21　　　　(B)27　　　　(C)29　　　　(D)32　　　　(E)39

【解析】类型 1．

$$\begin{aligned}(a-b)^2+(b-c)^2+(c-a)^2&=2(a^2+b^2+c^2)-2(ab+bc+ac)\\&=3(a^2+b^2+c^2)-(a+b+c)^2\\&=27-(a+b+c)^2\leqslant27.\end{aligned}$$

当 $a+b+c=0$ 时，所求代数式取得的最大值为 27．

【答案】(B)

例 12　设实数 x，y 满足 $x+2y=3$，则 x^2+y^2+2y 的最小值为(　　)．

(A) 4　　　　(B)5　　　　(C)6　　　　(D)$\sqrt{5}-1$　　　　(E)$\sqrt{5}+1$

【解析】化为一元二次函数求最值．

由题干条件 $x+2y=3$，整理，得 $x=3-2y$；代入 x^2+y^2+2y，得

$$(3-2y)^2+y^2+2y=5y^2-10y+9.$$

根据一元二次函数的顶点坐标公式，得最小值为

$$\frac{4ac-b^2}{4a}=\frac{4\times5\times9-100}{4\times5}=4.$$

【注意】此题可用几何意义求解，请考生在学完解析几何后，自行求解．

【答案】(A)

题型 2.5 整式的除法

老吕施法

(1)整式的除法很少单独出题，但它是一种万能方法，思路简单，必须掌握．

(2)因式定理与余式定理问题大多可用整式的除法求解，但是运算量偏大，推荐使用定理．

典型例题

例 13 $\dfrac{x^3+5x^2+2x+10}{x+1}$ 的余式为(　　)．

(A)0　　　　(B)12　　　　(C)1　　　　(D)2　　　　(E)-1

【解析】

$$
\begin{array}{r}
x^2+4x-2 \\
x+1\overline{\smash{\big)}\,x^3+5x^2+2x+10} \\
\underline{x^3+x^2} \\
4x^2+2x \\
\underline{4x^2+4x} \\
-2x+10 \\
\underline{-2x-2} \\
12
\end{array}
$$

【答案】(B)

例 14 设 ax^3+bx^2+cx+d 能被 x^2+h^2 $(h\neq0)$ 整除，则 a，b，c，d 间的关系为(　　)．

(A)$ab=cd$　　　　　　(B)$ac=bd$　　　　　　(C)$ad=bc$

(D)$a+b=cd$　　　　(E)以上选项均不正确

【解析】使用整式的除法．

$$
\begin{array}{r}
ax+b \\
x^2+h^2\overline{\smash{\big)}\,ax^3+bx^2+cx+d} \\
\underline{ax^3+ah^2x} \\
bx^2+(c-ah^2)x+d \\
\underline{bx^2+bh^2} \\
(c-ah^2)x+(d-bh^2)
\end{array}
$$

因为 ax^3+bx^2+cx+d 能被 $x^2+h^2(h\neq0)$ 整除，故 $(c-ah^2)x+(d-bh^2)=0$，必有

$$\begin{cases}c-ah^2=0,\\ d-bh^2=0,\end{cases}得\ \frac{c}{a}=\frac{d}{b}，即\ ad=bc.$$

【答案】(C)

题型 2.6 因式定理与余式定理问题

老吕施法

因式定理与余式定理问题,最常见以下四类命题方式:

(1) $f(x)$ 除以 $ax-b$,当除式 $ax-b=0$ 时,被除式等于余式,即 $f\left(\dfrac{b}{a}\right)=$ 余式.

(2) $f(x)$ 除以 ax^2+bx+c,令除式 $ax^2+bx+c=0$,解得两个根 x_1,x_2,则有:余式 $=f(x_1)=f(x_2)$.

(3) 求 $f(x)$ 除以 ax^2+bx+c 的余式,用待定系数法,设余式为 $mx+n$,再用余式定理即可.

(4) 已知 $f(x)$ 除以 ax^2+bx+c 的余式为 $px+q$,又知 $f(x)$ 除以 $mx-n$ 的余式为 r,求 $f(x)$ 除以 $(ax^2+bx+c)(mx-n)$ 的余式,解法如下:

设 $f(x)=(ax^2+bx+c)(mx-n)g(x)+k(ax^2+bx+c)+px+q$,再用余式定理即可.

典型例题

例 15 若多项式 $f(x)=x^3+a^2x^2+x-3a$ 能被 $x-1$ 整除,则实数 $a=($ $)$.

(A)0   (B)1   (C)0 或 1   (D)2 或 −1   (E)2 或 1

【解析】 类型 1,令除式 $=0$,使被除式 $=$ 余式,即可.

令除式 $x-1=0$,得 $x=1$. 所以 $f(1)=1^3+a^2 1^2+1-3a=a^2-3a+2=0$,解得 $a=2$ 或 1.

【答案】 (E)

例 16 二次三项式 x^2+x-6 是多项式 $2x^4+x^3-ax^2+bx+a+b-1$ 的一个因式.

(1)$a=16$;   (2)$b=2$.

【解析】 类型 2,令除式 $=0$,再用因式定理即可.

条件(1)和(2)单独显然不充分,假设联立两个条件可以充分,得

$$f(x)=2x^4+x^3-ax^2+bx+a+b-1$$
$$=2x^4+x^3-16x^2+2x+17$$
$$=(x^2+x-6)g(x).$$

根据因式定理,令 $x^2+x-6=0$,得 $x=2$ 或 -3,应该有

$$\begin{cases} f(2)=0, \\ f(-3)=0, \end{cases}$$

经计算可知 $f(2)=2\times2^4+2^3-16\times2^2+2\times2+17$,显然是奇数,不可能为 0.

故两个条件联立起来也不充分.

【答案】 (E)

例 17 已知多项式 $f(x)$ 除以 $x+2$ 所得余数为 1,除以 $x+3$ 所得余数为 -1,则多项式 $f(x)$ 除以 $(x+2)(x+3)$ 所得余式是($ $).

(A)$2x-5$ (B)$2x+5$ (C)$x-1$ (D)$x+1$ (E)$2x-1$

【解析】 类型 3,用待定系数法.

设 $f(x)=(x+2)(x+3)q(x)+ax+b$,所以

$$f(-2)=-2a+b=1, \quad f(-3)=-3a+b=-1,$$

解得 $a=2$,$b=5$,即余式为 $2x+5$.

【快速得分法】 选项代入法.

将选项分别除以 $x+2$ 和 $x+3$，检验余数是否是 1 和 -1，可得(B)项为正确答案.

【答案】(B)

例 18 已知多项式 $f(x)$ 除以 $x-1$ 所得余数为 2，除以 x^2-2x+3 所得余式为 $4x+6$，则多项式 $f(x)$ 除以 $(x-1)(x^2-2x+3)$ 所得余式是(   ).

(A)$-2x^2+6x-3$ (B)$2x^2+6x-3$ (C)$-4x^2+12x-6$

(D)$x+4$ (E)$2x-1$

【解析】类型 4，用待定系数法.

设 $f(x)=(x^2-2x+3)(x-1)g(x)+k(x^2-2x+3)+4x+6$.

可知 $k(x^2-2x+3)+4x+6$ 除以 $x-1$ 所得余数为 2，根据余式定理，

$$k(1^2-2+3)+4+6=2,$$

解得 $k=-4$，余式为

$$k(x^2-2x+3)+4x+6=-4x^2+12x-6.$$

【快速得分法】选项代入法，同上例.

【答案】(C)

例 19 多项式 $f(x)$ 除以 x^2+x+1 所得的余式为 $x+3$.

(1)多项式 $f(x)$ 除以 x^4+x^2+1 所得的余式为 x^3+2x^2+3x+4；

(2)多项式 $f(x)$ 除以 x^4+x^2+1 所得的余式为 x^3+x+2.

【解析】条件(1)：设 $f(x)=g(x)(x^4+x^2+1)+x^3+2x^2+3x+4$.

因为 $x^4+x^2+1=(x^2+x+1)(x^2-x+1)$，故

$$f(x)=g(x)(x^2+x+1)(x^2-x+1)+x^3+2x^2+3x+4.$$

所以只需证明 x^3+2x^2+3x+4 除以 x^2+x+1 所得的余式为 $x+3$ 即可.

用整式的除法，可知

$$
\begin{array}{r}
x\ +1 \\
x^2+x+1\overline{\smash{\big)}\ x^3+2x^2+3x+4} \\
\underline{x^3+\ x^2+\ x} \\
x^2+2x+4 \\
\underline{x^2+\ x+1} \\
x+3
\end{array}
$$

故条件(1)充分；同理，条件(2)也充分.

【答案】(D)

题型 2.7 三角形的形状判断问题

老吕施法

(1)判断三角形的形状时，此三角形必为特殊三角形，即等边三角形、等腰三角形、等腰直角三角形、直角三角形.

(2)常考公式 $a^2+b^2+c^2-ab-bc-ac=\dfrac{1}{2}\big[(a-b)^2+(b-c)^2+(a-c)^2\big]$，若此式等于 0，则 $a=b=c$.

(3)等腰直角三角形为既是等腰又是直角(等腰并且直角)的三角形，而不是等腰或者直角三角形.

典型例题

例 20 若 $\triangle ABC$ 的三边为 a，b，c，满足 $a^2+b^2+c^2=ab+ac+bc$，则 $\triangle ABC$ 为（ ）.

(A)等腰三角形   (B)直角三角形   (C)等边三角形

(D)等腰直角三角形   (E)以上选项均不正确

【解析】 原式可化为 $\frac{1}{2}\times\left[(a-b)^2+(b-c)^2+(a-c)^2\right]=0$，所以 $a=b=c$，是等边三角形.

【答案】（C）

例 21 已知 a，b，c 是 $\triangle ABC$ 的三条边长，并且 $a=c=1$，若 $(b-x)^2-4(a-x)\cdot(c-x)=0$ 有两个相同实根，则 $\triangle ABC$ 为（ ）.

(A)等边三角形   (B)等腰三角形   (C)直角三角形

(D)钝角三角形   (E)锐角三角形

【解析】 $a=c=1$，故原方程为 $(b-x)^2-4(1-x)^2=0$.

整理，得 $(3x-b-2)(x+b-2)=0$，两根相等，即 $\frac{b+2}{3}=2-b$，解得 $b=1$.

故三角形是等边三角形.

【答案】（A）

例 22 方程 $3x^2+\left[2b-4(a+c)\right]x+(4ac-b^2)=0$ 有相等的实根.

(1) a，b，c 是等边三角形的三条边；

(2) a，b，c 是等腰三角形的三条边.

【解析】 有两相等的实根，即 $\Delta=\left[2b-4(a+c)\right]^2-4\times3\times(4ac-b^2)=0$.

条件(1)：$a=b=c$，$\Delta=(2b-8b)^2-4\times3\times(4b^2-b^2)=0$，充分.

条件(2)：可令 $a=c=1$，$b=\sqrt{2}$，代入可得 $\Delta\neq0$，不充分.

【答案】（A）

题型 2.8 赋值法求多项式的系数之和

老吕施法

求多项式 $f(x)=a_0x^n+a_1x^{n-1}+\cdots+a_{n-1}x+a_n$ 的系数之和，必用赋值法：

(1)求常数项，则 $a_n=f(0)$.

(2)求各项系数和，则 $a_0+a_1+\cdots+a_{n-1}+a_n=f(1)$.

(3)求奇次项系数和，则 $a_1+a_3+\cdots=\dfrac{f(1)-f(-1)}{2}$.

(4)求偶次项系数和，则 $a_0+a_2+a_4+\cdots=\dfrac{f(1)+f(-1)}{2}$.

典型例题

例 23 $(1+x)+(1+x)^2+\cdots+(1+x)^n=a_1(x-1)+2a_2(x-1)^2+\cdots+na_n(x-1)^n$，则 $a_1+2a_2+3a_3+\cdots+na_n=$（ ）.

(A)$\dfrac{3^n-1}{2}$ (B)$\dfrac{3^{n-1}-1}{2}$ (C)$\dfrac{3^{n+1}-3}{2}$ (D)$\dfrac{3^n-3}{2}$ (E)$\dfrac{3^n-3}{4}$

【解析】 令 $x=2$，则有 $a_1+2a_2+3a_3+\cdots+na_n=3+3^2+\cdots+3^n=\dfrac{3\times(1-3^n)}{1-3}=\dfrac{3^{n+1}-3}{2}$.

【答案】(C)

例24 $(1-3x)^7=a_7x^7+a_6x^6+\cdots+a_1x+a_0$，则 $a_0+a_2+a_4+a_6$ 的值为(   ).

(A)8 128　　　　(B)−8 128　　　　(C)16 384　　　　(D)−16 384　　　　(E)−128

【解析】$f(1)=a_7+a_6+\cdots+a_1+a_0=(1-3)^7=-128$，

$$f(-1)=-a_7+a_6-\cdots-a_1+a_0=(1+3)^7=16\ 384,$$

$$a_0+a_2+a_4+a_6=\frac{f(1)+f(-1)}{2}=8\ 128.$$

【答案】(A)

题型 2.9　关于 $\frac{1}{a}+\frac{1}{b}+\frac{1}{c}=0$ 的问题

老吕施法

> 若 $\frac{1}{a}+\frac{1}{b}+\frac{1}{c}=0$，则 $(a+b+c)^2=a^2+b^2+c^2$.
>
> 证明：
>
> $(a+b+c)^2=a^2+b^2+c^2+2ab+2ac+2bc$.
>
> 由于 $\frac{1}{a}+\frac{1}{b}+\frac{1}{c}=\frac{ab+ac+bc}{abc}=0$，故有 $ab+ac+bc=0$，
>
> 所以，$(a+b+c)^2=a^2+b^2+c^2$.

典型例题

例25 已知 $a+b+c=-3$，且 $\frac{1}{a+1}+\frac{1}{b+2}+\frac{1}{c+3}=0$，则 $(a+1)^2+(b+2)^2+(c+3)^2$ 的值为

(   ).

(A)9　　　　(B)16　　　　(C)4　　　　(D)25　　　　(E)36

【解析】利用上述公式，可得 $(a+1)^2+(b+2)^2+(c+3)^2=(a+1+b+2+c+3)^2=(6-3)^2=9$.

【答案】(A)

例26 $\frac{x^2}{a^2}+\frac{y^2}{b^2}+\frac{z^2}{c^2}=1$ 成立.

(1) $\frac{x}{a}+\frac{y}{b}+\frac{z}{c}=1$；　　　　　　(2) $\frac{a}{x}+\frac{b}{y}+\frac{c}{z}=0$.

【解析】设 $\frac{x}{a}=u$，$\frac{y}{b}=v$，$\frac{z}{c}=w$，因此可得

条件(1)：$u+v+w=1$ 不能推出 $u^2+v^2+w^2=1$，不充分.

条件(2)：$\frac{1}{u}+\frac{1}{v}+\frac{1}{w}=0$ 不能推出 $u^2+v^2+w^2=1$，不充分.

条件(1)、条件(2)联合

$$\frac{1}{u}+\frac{1}{v}+\frac{1}{w}=0\Rightarrow\frac{uv+vw+uw}{uvw}=0\Rightarrow uv+vw+uw=0,$$

$$u+v+w=1\Rightarrow u^2+v^2+w^2+2uv+2uw+2vw=1,$$

可得 $u^2+v^2+w^2=1$，所以条件(1)和(2)联合起来充分.

【快速得分法】利用上述公式.

由条件(2)，得 $\frac{a}{x}+\frac{b}{y}+\frac{c}{z}=0$，则 $\frac{x^2}{a^2}+\frac{y^2}{b^2}+\frac{z^2}{c^2}=\left(\frac{x}{a}+\frac{y}{b}+\frac{z}{c}\right)^2$.

由条件(1),得$\left(\dfrac{x}{a}+\dfrac{y}{b}+\dfrac{z}{c}\right)^2=1$,所以两个条件联立起来充分.

【答案】(C)

第二节　分式

一、 老吕讲考点

(一)定义

设 A 和 B 是两个整式,并且 B 中含有字母,则形如 $\dfrac{A}{B}$ (其中 $B\neq0$)的式子称为分式.

(二)分式的性质及运算

(1) $\dfrac{a}{b}=\dfrac{ak}{bk}$ $(k\neq0)$.

(2) $\dfrac{a}{b}\pm\dfrac{c}{d}=\dfrac{ad\pm bc}{bd}$.

(3) $\dfrac{a}{b}\cdot\dfrac{c}{d}=\dfrac{ac}{bd}$.

(4) $\dfrac{a}{b}\div\dfrac{c}{d}=\dfrac{ad}{bc}$.

(5) $\left(\dfrac{a}{b}\right)k=\dfrac{ak}{b}$ $(k\neq0)$.

【注意】上述所有公式均要求分母不为 0.

二、 老吕讲题型

题型 2.10　齐次分式求值

老吕施法

齐次分式是指分子和分母中的每个项的次数都相等的分式,注意以下三点:

　　(1)齐次分式求值必可用赋值法.

　　(2)若已知各字母的比例关系,则可直接用赋值法.

　　(3)若不能直接知道各字母的比例关系,则通过整理已知条件,求出各字母之间的关系,再用赋值法.

典型例题

例 27　若 $a:b=\dfrac{1}{3}:\dfrac{1}{4}$,则 $\dfrac{12a+16b}{12a-8b}=($ 　　 $)$.

(A) 2　　　　　(B) 3　　　　　(C) 4　　　　　(D) -3　　　　　(E) -2

【解析】设 $a=\dfrac{1}{3}k$,$b=\dfrac{1}{4}k$,则 $\dfrac{12a+16b}{12a-8b}=\dfrac{12\times\frac{1}{3}k+16\times\frac{1}{4}k}{12\times\frac{1}{3}k-8\times\frac{1}{4}k}=4$.

【快速得分法】赋值法（以后此类问题均用赋值法即可）.

令 $a=\dfrac{1}{3}$，$b=\dfrac{1}{4}$，代入可得，$\dfrac{12a+16b}{12a-8b}=4$.

【答案】(C)

例 28 已知 $4x-3y-6z=0$，$x+2y-7z=0$，则 $\dfrac{2x^2+3y^2+6z^2}{x^2+5y^2+7z^2}=($)。

(A) -1 (B) 2 (C) $\dfrac{1}{2}$ (D) $\dfrac{2}{3}$ (E) 1

【解析】联立两个已知条件，得 $\begin{cases} 4x-3y-6z=0, \\ 4x+8y-28z=0, \end{cases}$ 解得 $\begin{cases} y=2z, \\ x=3z. \end{cases}$

令 $x=3$，$y=2$，$z=1$，代入所求分式，可得

$$\frac{2x^2+3y^2+6z^2}{x^2+5y^2+7z^2}=\frac{2\times 3^2+3\times 2^2+6\times 1^2}{3^2+5\times 2^2+7\times 1^2}=1.$$

【答案】(E)

例 29 已知 $2x-3\sqrt{xy}-2y=0$，$(x>0$，$y>0)$，则 $\dfrac{x^2+4xy-16y^2}{2x^2+xy-9y^2}=($)。

(A) -1 (B) $\dfrac{2}{3}$ (C) $\dfrac{4}{9}$ (D) $\dfrac{16}{25}$ (E) $\dfrac{16}{27}$

【解析】因为 $x>0$，$y>0$，故有

$$2x-3\sqrt{xy}-2y=2(\sqrt{x})^2-3\sqrt{x}\cdot\sqrt{y}-2(\sqrt{y})^2=(2\sqrt{x}+\sqrt{y})(\sqrt{x}-2\sqrt{y})=0$$

解得：$2\sqrt{x}+\sqrt{y}=0$（舍去）或 $\sqrt{x}-2\sqrt{y}=0$，故有：$\sqrt{x}=2\sqrt{y}$.

令 $x=4$，$y=1$ 代入所求分式可得

$$\frac{x^2+4xy-16y^2}{2x^2+xy-9y^2}=\frac{16}{27}$$

【答案】(E)

题型 2.11   已知 $x+\dfrac{1}{x}=a$ 或 $x^2+ax+1=0$，求代数的值

老吕施法

此类题目的已知条件有两种：

① $x+\dfrac{1}{x}=a$；   ② $x^2+ax+1=0$.

类型 1   求整式 $f(x)$ 的值.

先将已知条件整理成②式的形式，然后：

解法 1：将已知条件进一步整理成 $x^2=-ax-1$ 的形式，代入所求整式，迭代降次即可.

解法 2：利用整式的除法，用 $f(x)$ 除以 $x^2+ax+1=0$，所得余数即为 $f(x)$ 的值.

类型 2   求形如 $x^3+\dfrac{1}{x^3}$，$x^4+\dfrac{1}{x^4}$ 等分式的值.

解法：先将已知条件整理成①式的形式，再将已知条件平方升次，或者将未知分式因式分解降次，即可求解.

【典型例题】

例30 已知 $x^2-3x-1=0$，则多项式 $3x^3-11x^2+3x+3$ 的值为(   ).

(A)−1   (B)0   (C)1   (D)2   (E)3

【解析】 类型1，迭代降次法.

$x^2-3x-1=0$，等价于 $x^2=3x+1$，代入所求多项式，得

$$3x^3-11x^2+3x+3=3x \cdot x^2-11x^2+3x+3$$
$$=3x \cdot (3x+1)-11x^2+3x+3$$
$$=-2x^2+6x+3$$
$$=-2 \cdot (3x+1)+6x+3=1.$$

【快速得分法】 整式的除法.

$$\begin{array}{r} 3x \quad -2 \\ x^2-3x-1 \overline{)3x^3-11x^2+3x+3} \\ \underline{3x^3- 9x^2-3x} \\ -2x^2+6x+3 \\ \underline{-2x^2+6x+2} \\ 1 \end{array}$$

故 $3x^3-11x^2+3x+3=(x^2-3x-1)(3x-2)+1$.

又因为 $x^2-3x-1=0$，可知 $3x^3-11x^2+3x+3=1$，即余数为所求式子的值.

【答案】 (C)

例31 已知 $x+\dfrac{1}{x}=3$，则 $x^2+\dfrac{1}{x^2}$，$x^3+\dfrac{1}{x^3}$，$x^4+\dfrac{1}{x^4}$，$x^6+\dfrac{1}{x^6}$ 的值分别为(   ).

(A)7、18、47、322   (B)7、18、47、324   (C)7、18、49、322

(D)7、16、47、322   (E)7、18、49、324

【解析】 类型2.

$$x^2+\frac{1}{x^2}=\left(x+\frac{1}{x}\right)^2-2x \cdot \frac{1}{x}=7,$$

$$x^3+\frac{1}{x^3}=\left(x+\frac{1}{x}\right)\left(x^2-1+\frac{1}{x^2}\right)=18,$$

$$x^4+\frac{1}{x^4}=\left(x^2+\frac{1}{x^2}\right)^2-2x^2 \cdot \frac{1}{x^2}=47,$$

$$x^6+\frac{1}{x^6}=\left(x^3+\frac{1}{x^3}\right)^2-2x^3 \cdot \frac{1}{x^3}=324-2=322.$$

【答案】 (A)

例32 若 $x+\dfrac{1}{x}=3$，则 $\dfrac{x^2}{x^4+x^2+1}=$(   ).

(A)$-\dfrac{1}{8}$ (B)$\dfrac{1}{6}$ (C)$\dfrac{1}{4}$ (D)$-\dfrac{1}{4}$ (E)$\dfrac{1}{8}$

【解析】 类型2.

$\left(x+\dfrac{1}{x}\right)^2=x^2+\dfrac{1}{x^2}+2=9$，所以 $x^2+\dfrac{1}{x^2}=7$，则

$$\frac{x^2}{x^4+x^2+1}=\frac{1}{x^2+1+\frac{1}{x^2}}=\frac{1}{8} \quad (分式上下同除以\ x^2).$$

【答案】(E)

例 33　$2a^2-5a+\dfrac{3}{a^2+1}=-1.$

(1)a 是方程 $x^2-3x+1=0$ 的根；　　　(2)$|a|=1.$

【解析】类型 1 和 2 的组合.

条件(1)：a 是方程 $x^2-3x+1=0$ 的根，代入可得 $a^2-3a+1=0$，则有 $a^2=3a-1$，$a+\dfrac{1}{a}=3$，

因此 $2a^2-5a+\dfrac{3}{a^2+1}=2(3a-1)-5a+\dfrac{3}{3a-1+1}=a-2+\dfrac{1}{a}=1$，故条件(1)不充分.

条件(2)：$|a|=1$，$a=\pm1$，则代入，得 $2a^2-5a+\dfrac{3}{a^2+1}=2\pm5+\dfrac{3}{1+1}=\dfrac{17}{2}$ 或 $-\dfrac{3}{2}$，故条件

(2)不充分.

两个条件无法联立.

【答案】(E)

题型 2.12　其他分式的化简求值问题

老吕施法

我们将分式化简求值的技巧总结如下：

(1)特殊值法.

首选方法，尤其适合解代数式求值以及条件充分性判断题；

其中，齐次分式求值必用特殊值法.

(2)见比设 k 法.

经典方法，见题型 1.11.

(3)等比合比定理法.

常用方法，使用合比定理的目标往往是使分子化为相同的项，见题型 1.12.

(4)通分母、通分子.

老吕将把分子化为相同的项，称为通分子，常用合比定理通分子，见题型 1.12.

(5)等式左右同乘或除以某式.

(6)分式上下同乘或除以某式.

(7)迭代降次与平方升次法，如题型 2.11.

典型例题

例 34　已知 $abc\neq0$ 且 $a+b+c=0$，则 $a\left(\dfrac{1}{b}+\dfrac{1}{c}\right)+b\left(\dfrac{1}{a}+\dfrac{1}{c}\right)+c\left(\dfrac{1}{a}+\dfrac{1}{b}\right)=(\qquad)$.

(A)-3　　　　(B)-2　　　　(C)2　　　　(D)3　　　　(E)1

【解析】$a\left(\dfrac{1}{b}+\dfrac{1}{c}\right)+b\left(\dfrac{1}{a}+\dfrac{1}{c}\right)+c\left(\dfrac{1}{a}+\dfrac{1}{b}\right)=\left(\dfrac{a}{b}+\dfrac{a}{c}\right)+\left(\dfrac{b}{a}+\dfrac{b}{c}\right)+\left(\dfrac{c}{a}+\dfrac{c}{b}\right)$

$$=\left(\dfrac{a}{b}+\dfrac{c}{b}\right)+\left(\dfrac{b}{c}+\dfrac{a}{c}\right)+\left(\dfrac{c}{a}+\dfrac{b}{a}\right)$$

$$=\frac{a+c}{b}+\frac{a+b}{c}+\frac{b+c}{a}$$

$$=\frac{-b}{b}+\frac{-c}{c}+\frac{-a}{a}=-3.$$

【快速得分法】特殊值法.

令 $a=1$，$b=1$，$c=-2$，则有

$$原式=1\times\left(\frac{1}{1}+\frac{1}{-2}\right)+1\times\left(\frac{1}{1}+\frac{1}{-2}\right)+(-2)\times\left(\frac{1}{1}+\frac{1}{1}\right)=\frac{1}{2}+\frac{1}{2}-4=-3.$$

【答案】(A)

例35 已知 $3a^2+ab-2b^2=0$（$a\neq0$，$b\neq0$），则 $\frac{a}{b}-\frac{b}{a}-\frac{a^2+b^2}{ab}$ 的值是( ).

(A)-3 (B)2 (C)-3 或 2 (D)3 (E)以上选项均不正确

【解析】等式左右同除以 b^2，得 $3a^2+ab-2b^2=0\Rightarrow3\left(\frac{a}{b}\right)^2+\left(\frac{a}{b}\right)-2=0$，

解得 $\frac{a}{b}=\frac{2}{3}$ 或 $\frac{a}{b}=-1$，代入所求式子，可得 $\frac{a}{b}-\frac{b}{a}-\frac{a^2+b^2}{ab}$ 的值为 -3 或 2.

【答案】(C)

例36 若 $abc=1$，那么 $\frac{a}{ab+a+1}+\frac{b}{bc+b+1}+\frac{c}{ca+c+1}=($).

(A)-1 (B)0 (C)1 (D)0 或 1 (E)±1

【解析】由 $abc=1$，得 $a=\frac{1}{bc}$，故

$$\frac{a}{ab+a+1}+\frac{b}{bc+b+1}+\frac{c}{ca+c+1}$$

$$=\frac{\frac{1}{bc}}{\frac{1}{bc}\cdot b+\frac{1}{bc}+1}+\frac{b}{bc+b+1}+\frac{c}{\frac{1}{bc}\cdot c+c+1}$$

$$=\frac{1}{bc+b+1}+\frac{b}{bc+b+1}+\frac{bc}{bc+b+1}$$

$$=1$$

【答案】(C)

例37 已知 x，y，z 都是实数，有 $x+y+z=0$.

$(1)\dfrac{x}{a+b}=\dfrac{y}{b+c}=\dfrac{z}{c+a}$； $(2)\dfrac{x}{a-b}=\dfrac{y}{b-c}=\dfrac{z}{c-a}$.

【解析】设 k 法.

条件(1)：设 $\dfrac{x}{a+b}=\dfrac{y}{b+c}=\dfrac{z}{c+a}=k$，故 $x=(a+b)k$，$y=(b+c)k$，$z=(c+a)k$，

故 $x+y+z=2(a+b+c)k$，不一定为 0，不充分.

条件(2)：设 $\dfrac{x}{a-b}=\dfrac{y}{b-c}=\dfrac{z}{c-a}=k$，故 $x=(a-b)k$，$y=(b-c)k$，$z=(c-a)k$，

故 $x+y+z=(a-b)k+(b-c)k+(c-a)k=0$，充分.

【答案】(B)

微模考二(上) · 基础篇

（共 25 题，每题 3 分，限时 60 分钟）

扫码并回复"微模考"
听老师串讲微模考

一、问题求解：第 1~15 小题，每小题 3 分，共 45 分．下列每题给出的 (A)、(B)、(C)、(D)、(E) 五个选项中，只有一项是符合试题要求的，请在答题卡上将所选项的字母涂黑．

1. 已知 $\dfrac{a}{2}=\dfrac{b}{3}=\dfrac{c}{4}$，则 $\dfrac{2a^2-3bc+b^2}{a^2-2ac-c^2}=($)．

   (A)$\dfrac{1}{2}$ (B)$\dfrac{2}{3}$ (C)$\dfrac{3}{5}$ (D)$\dfrac{19}{28}$ (E)$\dfrac{7}{22}$

2. 若 $x+y+z=a$，$xy+yz+zx=b$，则 $x^2+y^2+z^2$ 的值为(   )．
   (A)a^2-2b (B)b^2-2a (C)$a-2b^2$ (D)a^2-b^2 (E)以上选项均不正确

3. 设 $4x+y+10z=169$，$3x+y+7z=126$，则 $x+y+z$ 的值为(   )．
   (A)20   (B)30   (C)40   (D)50   (E)60

4. 若 $a^2+3a+1=0$，则代数式 $a^4+3a^3-a^2-5a+\dfrac{1}{a}-2$ 的值(   )．

   (A)0   (B)a (C)$3a$ (D)-3 (E)1

5. 已知 $(x+2y+2m)(2x-y+n)=2x^2+3xy-2y^2+5y-2$，则 m，n 分别为(   )．

   (A)$m=\dfrac{1}{2}$，$n=-2$ (B)$m=-\dfrac{1}{2}$，$n=2$ (C)$m=-\dfrac{1}{2}$，$n=-2$

   (D)$m=\dfrac{1}{2}$，$n=2$ (E)以上选项均不正确

6. 已知 $(m+n)^2=10$，$(m-n)^2=2$，则 m^4+n^4 的值(   )．
   (A)102   (B)104   (C)28   (D)22   (E)30

7. 若 $9x^2-12xy+m$ 是两数和的平方式，那么 m 的值是(   )．
   (A)$2y^2$ (B)$4y^2$ (C)$\pm 4y^2$ (D)$\pm 16y^2$ (E)0

8. $f(x)$ 为二次多项式，且 $f(2\,004)=1$，$f(2\,005)=2$，$f(2\,006)=7$，则 $f(2\,008)=($)．
   (A)29   (B)26   (C)28   (D)27   (E)39

9. 已知 $a+\dfrac{1}{b}=b+\dfrac{1}{c}=1$，则 $\dfrac{1}{a}+c$ 的值为(   )．

   (A)1   (B)2   (C)$\dfrac{1}{2}$ (D)$\dfrac{1}{3}$ (E)3

10. 设实数 a，b，c 是三角形的三个边长，且满足条件 $(x+a)(x+b)+(x+b)(x+c)+(x+c)(x+a)$ 是完全平方式，则这个三角形是(   )．
    (A)等边三角形   (B)等腰但非等边三角形   (C)直角三角形
    (D)直角三角形或等边三角形   (E)以上选项均不正确

11. 已知多项式 $3x^3+ax^2+bx+42$ 能被 x^2-5x+6 整除，那么 $a-b$ 的值是(   )．
    (A)-25 (B)-9 (C)9   (D)-31 (E)136

12. 若代数式 $(x-1)(x+3)(x-4)(x-8)+m$ 为完全平方式,则 m 的值为(　　).

　　(A)96　　　　　(B)100　　　　(C)196　　　　(D)0　　　　(E)64

13. 多项式 $(x+y-z)(x-y+z)-(y+z-x)(z-x-y)$ 的公因式是(　　).

　　(A)$x+y-z$　　　　　　　(B)$x-y+z$　　　　　　　(C)$y+z-x$

　　(D)$x+y+z$　　　　　　　(E)以上选项均不正确

14. 多项式 $f(x)=x^3+a^2x^2+ax-1$ 被 $x+1$ 除余 -2,则实数 a 等于(　　).

　　(A)1　　　　(B)1 或 0　　　(C)-1　　　(D)-1 或 0　　(E)1 或 -1

15. 设 $(1+x)^2(1-x)=a+bx+cx^2+dx^3$,则 $a+b+c+d=$(　　).

　　(A)0　　　　(B)1　　　　(C)2　　　　(D)3　　　　(E)4

二、条件充分性判断:第 16~25 小题,每小题 3 分,共 30 分.要求判断每题给出的条件(1)和条件(2)能否充分支持题干所陈述的结论.(A)、(B)、(C)、(D)、(E)五个选项为判断结果,请选择一项符合试题要求的判断,在答题卡上将所选项的字母涂黑.

　　(A)条件(1)充分,但条件(2)不充分.

　　(B)条件(2)充分,但条件(1)不充分.

　　(C)条件(1)和条件(2)单独都不充分,但条件(1)和条件(2)联合起来充分.

　　(D)条件(1)充分,条件(2)也充分.

　　(E)条件(1)和条件(2)单独都不充分,条件(1)和条件(2)联合起来也不充分.

16. $a^3+a^2c+b^2c-abc+b^3=0$.

　　(1)$abc=0$;

　　(2)$a+b+c=0$.

17. 实数 A,B,C 中至少有一个大于零.

　　(1)x,y,$z\in\mathbf{R}$,$A=x^2-2y+\dfrac{\pi}{2}$,$B=y^2-2z+\dfrac{\pi}{3}$,$C=z^2-2x+\dfrac{\pi}{6}$;

　　(2)$x\in\mathbf{R}$ 且 $|x|\neq1$,$A=x-1$,$B=x+1$,$C=x^2-1$.

18. $a^2-b^2-c^2-2bc<0$.

　　(1)a,b,c 是三角形的三边;

　　(2)$a+b+c^2=0$.

19. $x^2+y^2+z^2-xy-yz-zx=75$.

　　(1)$x-y=5$ 且 $z-y=10$;

　　(2)$x-y=10$ 且 $z-y=5$.

20. m^2-k^2 能够被 4 整除.

　　(1)$k=2n$,$m=2n+2$　$(n\in\mathbf{Z})$;

　　(2)$k=2n+2$,$m=2n+4$　$(n\in\mathbf{Z})$.

21. $\dfrac{a^2-b^2}{19a^2+96b^2}=\dfrac{1}{134}$.

　　(1)a,b 均为实数,且 $|a^2-2|+(a^2-b^2-1)^2=0$;

　　(2)a,b 均为实数,且 $\dfrac{a^2b^2}{a^4-2b^4}=1$.

22. $f(x)$ 被 $(x-1)(x-2)$ 除的余式为 $2x-1$.

　　(1)多项式 $f(x)$ 被 $x-1$ 除的余式为 5;

　　(2)多项式 $f(x)$ 被 $x-2$ 除的余式为 7.

23. $\triangle ABC$ 是等边三角形.

    (1) $\triangle ABC$ 的三边满足 $a^2+b^2+c^2=ab+bc+ac$；

    (2) $\triangle ABC$ 的三边满足 $a^3-a^2b+ab^2+ac^2-b^3-bc^2=0$.

24. 当 n 为自然数时，有 $x^{6n}+\dfrac{1}{x^{6n}}=2$.

    (1) $x+\dfrac{1}{x}=-1$；

    (2) $x+\dfrac{1}{x}=1$.

25. $\dfrac{x^4-33x^2-40x+244}{x^2-8x+15}=5$ 成立.

    (1) $x=\sqrt{19-8\sqrt{3}}$；

    (2) $x=\sqrt{19+8\sqrt{3}}$.

微模考二（下）· 强化篇

（共 25 题，每题 3 分，限时 60 分钟）

扫码并回复"微模考"
听老师串讲微模考

一、问题求解： 第 1～15 小题，每小题 3 分，共 45 分．下列每题给出的 (A)、(B)、(C)、(D)、(E) 五个选项中，只有一项是符合试题要求的，请在答题卡上将所选项的字母涂黑．

1. 若 $a+x^2=2\,003$，$b+x^2=2\,005$，$c+x^2=2\,004$，且 $abc=24$，则 $\dfrac{a}{bc}+\dfrac{b}{ac}+\dfrac{c}{ab}-\dfrac{1}{a}-\dfrac{1}{b}-\dfrac{1}{c}=($　　$)$．

   (A)$\dfrac{3}{8}$　　　(B)$\dfrac{1}{8}$　　　(C)$\dfrac{7}{12}$　　　(D)$\dfrac{5}{12}$　　　(E)1

2. 若 $\dfrac{1}{x}+x=-3$，那么 $x^5+\dfrac{1}{x^5}$ 等于 (　　)．

   (A)322　　　(B)-123　　　(C)123　　　(D)47　　　(E)-233

3. 在多项式 $(x^2+x+1)(x^2+x+2)-12$ 的分解式中，必有因式 (　　)．

   (A)x^2+x+5　　　　　(B)x^2-x+5　　　　　(C)x^2-x-5

   (D)x^2+x+3　　　　　(E)以上选项均不正确

4. 已知 a_1，a_2，a_3，$\cdots$，$a_{1\,996}$，$a_{1\,997}$ 均为正数，$M=(a_1+a_2+\cdots+a_{1\,996})(a_2+a_3+\cdots+a_{1\,997})$，$N=(a_1+a_2+\cdots+a_{1\,997})(a_2+a_3+\cdots+a_{1\,996})$，则 M 与 N 的大小关系是 (　　)．

   (A)$M=N$　　(B)$M<N$　　(C)$M>N$　　(D)$M\geqslant N$　　(E)$M\leqslant N$

5. 已知 $a=1\,999x+2\,000$，$b=1\,999x+2\,001$，$c=1\,999x+2\,002$，则多项式 $a^2+b^2+c^2-ac-bc-ab$ 的值为 (　　)．

   (A)1　　　(B)2　　　(C)4　　　(D)3　　　(E)0

6. 已知实数 a，b，c 满足 $a+b+c=-2$，则当 $x=-1$ 时，多项式 ax^5+bx^3+cx-1 的值是 (　　)．

   (A)1　　　(B)-1　　　(C)3　　　(D)-3　　　(E)0

7. x，y，z 是实数，满足 $x+y+z=5$，$xy+yz+zx=3$，则 z 的最大值是 (　　)．

   (A)4　　　(B)$\dfrac{13}{3}$　　　(C)$\dfrac{14}{3}$　　　(D)5　　　(E)$\dfrac{16}{3}$

8. 已知 $\dfrac{1}{a}-\dfrac{1}{b}=2$，则代数式 $\dfrac{-3a+4ab+3b}{2a-3ab-2b}$ 的值为 (　　)．

   (A)$-\dfrac{10}{7}$　　(B)$\dfrac{10}{7}$　　(C)$-\dfrac{10}{9}$　　(D)$\dfrac{10}{9}$　　(E)$-\dfrac{11}{9}$

9. 如果 $4x^3+9x^2+mx+n=0$ 能被 x^2+2x-3 整除，则 (　　)．

   (A)$m=10$，$n=3$　　　　(B)$m=-10$，$n=3$　　　　(C)$m=-10$，$n=-3$

   (D)$m=10$，$n=-3$　　　　(E)以上选项均不正确

10. 若 $x=-2$，$y=\dfrac{1}{2}$，则 $(x^2-xy)\div\dfrac{x^2-2xy+y^2}{y}\cdot\dfrac{x^2-y^2}{x^2}=($　　$)$．

   (A)$\dfrac{1}{8}$　　　(B)$\dfrac{3}{8}$　　　(C)$\dfrac{5}{8}$　　　(D)$\dfrac{1}{4}$　　　(E)$\dfrac{1}{2}$

11. 已知 $a^2+4a+1=0$ 且 $\dfrac{a^4+ma^2+1}{3a^3+ma^2+3a}=5$，则 $m=($ $)$.

   (A)$\dfrac{33}{2}$ (B)$\dfrac{35}{2}$ (C)$\dfrac{37}{2}$ (D)$\dfrac{39}{2}$ (E)$\dfrac{41}{2}$

12. $f(x)=x^4+x^3-3x^2-4x-1$ 和 $g(x)=x^3+x^2-x-1$ 的最大公因式是(   ).

   (A)$x+1$ (B)$x-1$ (C)$(x+1)(x-1)$

   (D)$(x+1)^2(x-1)$ (E)以上选项均不正确

13. 若 $x^2-3x+1=0$，那么 $x^4+\dfrac{1}{x^4}$ 等于(   ).

   (A)49   (B)7   (C)9   (D)47   (E)27

14. 设多项式 $f(x)$ 被 x^2-1 除后的余式为 $3x+4$，并且已知 $f(x)$ 有因式 x，若 $f(x)$ 被 $x(x^2-1)$ 除后的余式为 px^2+qx+r，则 $p^2-q^2+r^2=($).

   (A)1   (B)2   (C)6   (D)8   (E)7

15. 设 $a>0$，$c>b>0$，则(   ).

   (A)$\dfrac{a+b}{2a+b}>\dfrac{a+c}{2a+c}$ (B)$\dfrac{a+b}{2a+b}=\dfrac{a+c}{2a+c}$ (C)$\dfrac{a+b}{2a+b}<\dfrac{a+c}{2a+c}$

   (D)$\dfrac{a+b}{2a+b}\geqslant\dfrac{a+c}{2a+c}$ (E)以上选项均不正确

二、条件充分性判断：第 16～25 小题，每小题 3 分，共 30 分． 要求判断每题给出的条件(1)和条件(2)能否充分支持题干所陈述的结论.(A)、(B)、(C)、(D)、(E)五个选项为判断结果，请选择一项符合试题要求的判断，在答题卡上将所选项的字母涂黑．

   (A)条件(1)充分，但条件(2)不充分．

   (B)条件(2)充分，但条件(1)不充分．

   (C)条件(1)和条件(2)单独都不充分，但条件(1)和条件(2)联合起来充分．

   (D)条件(1)充分，条件(2)也充分．

   (E)条件(1)和条件(2)单独都不充分，条件(1)和条件(2)联合起来也不充分．

16. $\dfrac{x^2}{a^2}+\dfrac{y^2}{b^2}+\dfrac{z^2}{c^2}=1$.

   (1)$\dfrac{x}{a}+\dfrac{y}{b}+\dfrac{z}{c}=1$；

   (2)$\dfrac{a}{x}+\dfrac{b}{y}+\dfrac{c}{z}=0$.

17. 设 $f(x)$ 是三次多项式，则 $f(0)=-13$.

   (1)$f(2)=f(-1)=f(4)=3$；

   (2)$f(1)=-9$.

18. $M+N=4abc$.

   (1)$M=a(b+c-a)^2+b(a+c-b)^2+c(b+a-c)^2$；

   (2)$N=(b+c-a)(c+a-b)(a+b-c)$.

19. $a+b=2$.

   (1)多项式 $f(x)=x^3+a^2x^2+ax-1$ 被 $x+1$ 除余 -2，且 $a\neq0$；

   (2)$b=x^2y^2z^2$，x，y，z 为互不相等的三个实数，且满足 $x+\dfrac{1}{y}=y+\dfrac{1}{z}=z+\dfrac{1}{x}$.

20. $\dfrac{(a+b)(c+b)(a+c)}{abc}=8.$

(1) $abc\neq0$，且 $\dfrac{a+b-c}{c}=\dfrac{a-b+c}{b}=\dfrac{-a+b+c}{a}$；

(2) $abc\neq0$，$\dfrac{a}{2}=\dfrac{b}{3}=\dfrac{c}{4}$.

21. 多项式 $f(x)=x-5$ 与 $g(x)=a(x-2)^2+b(x+1)+c(x^2-x+2)$ 相等．

(1) $a=-\dfrac{6}{5}$，$b=-\dfrac{13}{5}$，$c=\dfrac{6}{5}$；

(2) $a=-6$，$b=-13$，$c=6$.

22. 已知 a，b，c 均为非零实数，有 $a\left(\dfrac{1}{b}+\dfrac{1}{c}\right)+b\left(\dfrac{1}{a}+\dfrac{1}{c}\right)+c\left(\dfrac{1}{b}+\dfrac{1}{a}\right)=-3.$

(1) $a+b+c=0$；

(2) $a+b+c=1$.

23. $x^3+y^3+z^3+mxyz$ 能被 $x+y+z$ 整除．$(xyz\neq0$，$x+y+z\neq0)$

(1) $m=-2$；

(2) $y+z=0$.

24. $\dfrac{b+c+d}{|a|}+\dfrac{|b|}{a+c+d}+\dfrac{a+b+d}{|c|}+\dfrac{|d|}{a+b+c}=-2.$

(1) $a+b+c+d=0$；

(2) $abcd<0$.

25. 已知 $a+b+c=2$，则 $a^2+b^2+c^2=4.$

(1) b 是 a，c 的等差中项；

(2) $\dfrac{bc}{a}+b+c=0$，$abc\neq0$.

微模考二（上）·基础篇参考答案

一、问题求解

1. （D）

【解析】由 $\dfrac{a}{2}=\dfrac{b}{3}=\dfrac{c}{4}$，可得 $\begin{cases}a=\dfrac{2}{3}b,\\[2mm]c=\dfrac{4}{3}b,\end{cases}$ 代入，得 $\dfrac{2a^2-3bc+b^2}{a^2-2ac-c^2}=\dfrac{19}{28}$.

2. （A）

【解析】$x^2+y^2+z^2=(x+y+z)^2-2(xy+yz+zx)=a^2-2b$.

3. （C）

【解析】$\begin{cases}4x+y+10z=169,\\3x+y+7z=126\end{cases}\Rightarrow x+3z=43$，代入第二个等式可以得到

$$x+y+z+2(x+3z)=126\Rightarrow x+y+z=126-86=40.$$

4. （D）

【解析】$a^2+3a+1=0\Rightarrow a+3+\dfrac{1}{a}=0\Rightarrow a+\dfrac{1}{a}=-3$.

$$a^4+3a^3-a^2-5a+\dfrac{1}{a}-2=a^2(a^2+3a+1)-2(a^2+3a+1)+a+\dfrac{1}{a}=a+\dfrac{1}{a}=-3.$$

5. （B）

【解析】待定系数法．令 $x=0$，左右两侧应该也相等，因此

$$(2y+2m)(-y+n)=-2y^2+5y-2.$$

即 $\begin{cases}2mn=-2,\\2n-2m=5\end{cases}\Rightarrow\begin{cases}m=-\dfrac{1}{2},\\[2mm]n=2.\end{cases}$

6. （C）

【解析】$(m+n)^2=10$，$(m-n)^2=2\Rightarrow 4mn=8$. 因此

$$m^4+n^4=(m^2+n^2)^2-2(mn)^2=[(m+n)^2-2mn]^2-2(mn)^2=36-8=28.$$

7. （B）

【解析】$9x^2-12xy+m=(3x)^2-2\times 3x\times 2y+m$，又 $9x^2-12xy+m$ 是两数和的平方式，则 $m=4y^2$.

8. （A）

【解析】根据余式定理，可知 $f(x)$ 除以 $2\,004$，$2\,005$，$2\,006$ 的余数分别为 1，2，7.

设 $f(x)=a(x-2\,004)(x-2\,005)+b(x-2\,004)+1$，则

$$f(2\,005)=b+1=2\Rightarrow b=1,\ f(2\,006)=2a+2b+1=7\Rightarrow a=2.$$

故 $f(x)=2(x-2\,004)(x-2\,005)+(x-2\,004)+1$，所以 $f(2\,008)=29$.

9. （A）

【解析】$a=1-\dfrac{1}{b}=\dfrac{b-1}{b}$，$c=\dfrac{1}{1-b}$，所以 $\dfrac{1}{a}+c=\dfrac{b}{b-1}+\dfrac{1}{1-b}=\dfrac{b-1}{b-1}=1$.

10.（A）

【解析】已知式子可以化为二次三项式 $3x^2+2(a+b+c)x+(ab+bc+ca)$.

因为该式是完全平方式，所以它的判别式的值为 0，即

$$\Delta=4(a+b+c)^2-12(ab+bc+ca)=0,$$

整理，得 $a^2+b^2+c^2-ab-bc-ca=0$. 左边配方，得

$$(a-b)^2+(b-c)^2+(c-a)^2=0.$$

因为 a，b，c 均为实数，所以有 $a-b=0$，$b-c=0$，$c-a=0$，故 $a=b=c$.

11.（C）

【解析】方法一：余式定理.

因为 $x^2-5x+6=(x-2)(x-3)$，即 $f(x)=0$ 有根 $x=2$ 和 $x=3$，即

$$\begin{cases} f(2)=4a+2b+66=0, \\ f(3)=9a+3b+123=0, \end{cases}$$

解得 $a=-8$，$b=-17$，所以 $a-b=9$.

方法二：待定系数法.

由 $3x^3+ax^2+bx+42=(x^2-5x+6)(cx+d)$，可得 $c=3$，$6d=42$，即 $d=7$，

$$3x^3+ax^2+bx+42=(x^2-5x+6)(3x+7)=3x^2-8x^2-17x+42.$$

即 $a=-8$，$b=-17$，所以 $a-b=9$.

12.（C）

【解析】原式 $=[(x-1)(x-4)][(x+3)(x-8)]+m$

$=(x^2-5x+4)(x^2-5x-24)+m$

$=(x^2-5x)^2-20(x^2-5x)+m-96$，

有 $m-96=\left(\dfrac{20}{2}\right)^2=100$，故 $m=196$.

13.（A）

【解析】$(x+y-z)(x-y+z)-(y+z-x)(z-x-y)$

$=(x+y-z)(x-y+z)+(y+z-x)(x+y-z)$

$=(x+y-z)(x-y+z+y+z-x)=(x+y-z)\cdot 2z$，

故公因式是 $x+y-z$.

14.（B）

【解析】$f(x)=(x+1)g(x)-2$，根据余式定理，得 $f(-1)=-2$，即 $-1+a^2-a-1=-2$，

解得 $a=0$ 或 $a=1$.

15.（A）

【解析】当 $x=1$ 时，有 $(1+1)^2(1-1)=a+b+c+d$，所以 $a+b+c+d=0$.

二、条件充分性判断

16.（B）

【解析】条件(1)：令 $a=0$，$b=1$，$c=1$，$a^3+a^2c+b^2c-abc+b^3=2\neq0$，条件(1)不充分.

条件(2)：$a^3+a^2c+b^2c-abc+b^3=a^2(a+c)+b^2(b+c)-abc$，   ①

由 $a+b+c=0$，可得 $a+c=-b$，$b+c=-a$.

所以，①式 $=-a^2b-b^2a-abc=-(a+b+c)ab=0$，条件(2)充分.

17. (D)

【解析】条件(1)：$A+B+C=(x-1)^2+(y-1)^2+(z-1)^2+(\pi-3)>0$，所以 A，B，C 中至少有一个大于零，条件(1)充分．

条件(2)：$ABC=(x-1)(x+1)(x^2-1)=(x^2-1)^2$，又因为 $|x|\neq 1$，所以 $ABC>0$，A，B，C 的符号为 1 正 2 负或者 3 正，所以条件(2)充分．

18. (A)

【解析】条件(1)：三角形有 $a<b+c$，因此有 $a^2<(b+c)^2\Rightarrow a^2-b^2-c^2-2bc<0$，条件(1)充分．

条件(2)：令 $a=b=c=0$，显然不充分．

19. (D)

【解析】$x^2+y^2+z^2-xy-yz-zx=\dfrac{1}{2}\left[(x-y)^2+(y-z)^2+(z-x)^2\right]$．

条件(1)：$x-y=5$，$z-y=10$，可得 $z-x=5$，所以 $\dfrac{1}{2}\left[(x-y)^2+(y-z)^2+(z-x)^2\right]=75$，条件(1)充分．

条件(2)：同理，也充分．

20. (D)

【解析】条件(1)：$m^2-k^2=(m-k)(m+k)=2(4n+2)=4(2n+1)$，能被 4 整除，条件(1)充分．

条件(2)：$m^2-k^2=(m-k)(m+k)=2(4n+6)=4(2n+3)$，也能被 4 整除，条件(2)也充分．

21. (D)

【解析】条件(1)：$a^2=2$，$a^2-b^2-1=0$，$b^2=1$，$\dfrac{a^2-b^2}{19a^2+96b^2}=\dfrac{2-1}{19\times 2+96\times 1}=\dfrac{1}{134}$，条件(1)充分．

条件(2)：$\dfrac{a^2b^2}{a^4-2b^4}=1$，整理，得 $a^2b^2=a^4-2b^4$，即 $a^2b^2+b^4=a^4-b^4$，

进一步整理，得 $b^2(a^2+b^2)=(a^2+b^2)(a^2-b^2)$，因此 $2b^2=a^2$．

令 $a^2=2$，$b^2=1$，则条件(2)的值与条件(1)相同，故条件(2)也充分．

22. (E)

【解析】显然条件(1)和(2)单独都不能使结论成立，联立之．

设 $f(x)=(x-1)(x-2)g(x)+ax+b$，

由条件(1)，得 $f(1)=5$；由条件(2)，得 $f(2)=7$，即 $\begin{cases}a+b=5,\\2a+b=7\end{cases}\Rightarrow a=2$，$b=3$，故余式为 $2x+3$，联立起来也不充分．

23. (A)

【解析】条件(1)：$a^2+b^2+c^2-ab-bc-ac=0$，整理，得

$$\dfrac{1}{2}\left[(a-b)^2+(b-c)^2+(a-c)^2\right]=0,$$

解得 $a=b=c$，条件(1)充分．

条件(2)：

$$a^3-a^2b+ab^2+ac^2-b^3-bc^2=a^3-b^3-(a^2b-ab^2)+ac^2-bc^2$$
$$=(a-b)(a^2+ab+b^2)-ab(a-b)+c^2(a-b)$$
$$=(a-b)(a^2+b^2+c^2)=0,$$

得 $a=b$ 或 $a=b=c=0$，所以条件(2)不充分．

24.(D)

【解析】条件(1)：可得 $x^2+x+1=0$，方程两边同乘 $(x-1)$，即 $(x-1)(x^2+x+1)=0$，得

$$x^3-1=0,\ x^3=1,$$

因此 $x^{6n}+\dfrac{1}{x^{6n}}=(x^3)^{2n}+\dfrac{1}{(x^3)^{2n}}=1+1=2$ 成立，条件(1)充分．

条件(2)：可得 $x^2-x+1=0$，所以 $(x+1)(x^2-x+1)=0$，即 $x^3+1=0$，因此，$x^3=-1$，即

$x^{6n}+\dfrac{1}{x^{6n}}=(x^3)^{2n}+\dfrac{1}{(x^3)^{2n}}=1+1=2$ 成立，条件(2)也充分．

25.(D)

【解析】方法一：

条件(1)：$x^2=19-8\sqrt{3}$，$x^2-19=-8\sqrt{3}$，两边平方得 $x^4-38x^2+169=0$，

即 $x^4=38x^2-169$，代入原式 $\dfrac{38x^2-169-33x^2-40x+244}{x^2-8x+15}=5$ 成立，所以条件(1)充分．

条件(2)：同理，也充分．

方法二：$\dfrac{x^4-33x^2-40x+244}{x^2-8x+15}=5$，即 $x^4-33x^2-40x+244=5(x^2-8x+15)$，整理得

$$x^4-38x^2+169=0.$$

条件(1)：$x^2=19-8\sqrt{3}$，$x^2-19=-8\sqrt{3}$，两边平方得 $x^4-38x^2+169=0$，所以条件(1)充分．

条件(2)：同理，也充分．

微模考二（下）·强化篇参考答案

一、问题求解

1. (B)

【解析】分式化简求值，用特殊值法．

令 $a=2$，$b=4$，$c=3$，则满足 $abc=24$；

令 $x^2=2\,001$，则满足 $a+x^2=2\,003$，$b+x^2=2\,005$，$c+x^2=2\,004$；

将 $a=2$，$b=4$，$c=3$ 代入原式，可得 $\dfrac{a}{bc}+\dfrac{b}{ac}+\dfrac{c}{ab}-\dfrac{1}{a}-\dfrac{1}{b}-\dfrac{1}{c}=\dfrac{1}{8}$．

2. (B)

【解析】形如 $\dfrac{1}{x}+x=a$ 的问题．

由 $\dfrac{1}{x}+x=-3$ 两边同时平方，可得 $\dfrac{1}{x^2}+x^2=\left(\dfrac{1}{x}+x\right)^2-2=7$．

由立方和公式可，得 $\dfrac{1}{x^3}+x^3=\left(\dfrac{1}{x}+x\right)\left(\dfrac{1}{x^2}-1+x^2\right)=-3\times(7-1)=-18$．故

$$x^5+\frac{1}{x^5}=\left(x^2+\frac{1}{x^2}\right)\left(x^3+\frac{1}{x^3}\right)-\left(x+\frac{1}{x}\right)=7\times(-18)+3=-123.$$

3. (A)

【解析】因式分解问题，出现公共部分，使用换元法．

令 $x^2+x=t$，则 $(x^2+x+1)(x^2+x+2)-12=t^2+3t-10=(t+5)(t-2)$，

故必有因式 x^2+x+5，选(A)．

4. (C)

【解析】比较大小用比差法，出现公共部分使用换元法．

令 $t=a_2+\cdots+a_{1\,996}$，则 $M=(a_1+t)(t+a_{1\,997})$，$N=(a_1+t+a_{1\,997})t$，故

$$M-N=(a_1+t)(t+a_{1\,997})-(a_1+t+a_{1\,997})t=a_1a_{1\,997}>0,$$

即 $M>N$．

5. (D)

【解析】多项式求值问题．

方法一：因为 $a^2+b^2+c^2-ac-bc-ab=\dfrac{1}{2}\left[(a-b)^2+(b-c)^2+(c-a)^2\right]$，

根据题干有 $a-b=-1$，$b-c=-1$，$c-a=2$，所以原式 $=\dfrac{1}{2}\left[(-1)^2+(-1)^2+2^2\right]=3$．

方法二：特殊值法．

令 $1\,999x=-2\,000$，则 $a=0$，$b=1$，$c=2$，直接代入快速得到答案．

6. (A)

【解析】多项式求值．

将 $x=-1$ 代入，可得 $ax^5+bx^3+cx-1=(-1)^5a+(-1)^3b+(-1)c-1=-(a+b+c)-1$；

又由 $a+b+c=-2$，得原式 $=-(-2)-1=2-1=1$.

7. (B)

【解析】最值问题.

由 $x+y+z=5$，可得 $x=5-z-y$，将其代入 $xy+yz+zx=3$ 中，可得

$$(5-z-y)y+zy+z(5-z-y)=3, \quad \text{即} \quad y^2+(z-5)y+(z^2-5z+3)=0.$$

将 y 当作未知数可知，该方程有解等价于判别式为非负，即

$$\Delta=(z-5)^2-4\times1\times(z^2-5z+3)=-3z^2+10z+13=(z+1)(-3z+13)\geqslant0,$$

解得 $\begin{cases} z\geqslant-1, \\ z\leqslant\dfrac{13}{3}, \end{cases}$ 即得 $-1\leqslant z\leqslant\dfrac{13}{3}$，故 z 的最大值为 $\dfrac{13}{3}$.

8. (A)

【解析】分式求值问题.

由题干可得 $\dfrac{b-a}{ab}=2$，即 $b-a=2ab$，故 $\dfrac{-3a+4ab+3b}{2a-3ab-2b}=\dfrac{-3(a-b)+4ab}{2(a-b)-3ab}=-\dfrac{10}{7}$.

9. (C)

【解析】余式定理问题.

因为 $x^2+2x-3=(x+3)(x-1)$，故 $x=-3$ 或 1 时，$4x^3+9x^2+mx+n=0$，

即 $\begin{cases} -27\times4+9\times9-3m+n=0, \\ 4+9+m+n=0, \end{cases}$ 解得 $\begin{cases} m=-10, \\ n=-3. \end{cases}$

10. (B)

【解析】代数式求值问题.

先将原式化简，可得

$$(x^2-xy)\div\dfrac{x^2-2xy+y^2}{y}\cdot\dfrac{x^2-y^2}{x^2}$$

$$=x(x-y)\cdot\dfrac{y}{(x-y)^2}\cdot\dfrac{(x+y)(x-y)}{x^2}$$

$$=\dfrac{y(x+y)}{x}.$$

将 $x=-2$，$y=\dfrac{1}{2}$ 代入，得原式 $=\dfrac{\dfrac{1}{2}\left(-2+\dfrac{1}{2}\right)}{-2}=\dfrac{3}{8}$.

11. (C)

【解析】形如 $\dfrac{1}{x}+x=a$ 的问题.

$$a^2+4a+1=0\Rightarrow a+\dfrac{1}{a}=-4\Rightarrow a^2+\dfrac{1}{a^2}=\left(a+\dfrac{1}{a}\right)^2-2=14,$$

第二方程左边化为 $\dfrac{a^4+ma^2+1}{3a^3+ma^2+3a}=\dfrac{a^2+m+\dfrac{1}{a^2}}{3a+m+\dfrac{3}{a}}=\dfrac{14+m}{-12+m}=5\Rightarrow m=\dfrac{37}{2}$.

12. (A)

【解析】因式分解问题.

方法一：

$$f(x)=x^4+x^3-3x^2-3x-x-1$$
$$=x^3(x+1)-3x(x+1)-(x+1)$$
$$=(x^3-3x-1)(x+1).$$

同理，可得 $g(x)=(x+1)^2(x-1)$. 故最大公因式为 $x+1$.

方法二：

观察答案将 $x=1$ 和 $x=-1$ 分别代入 $f(x)$，$g(x)$ 不难得出 $f(-1)=g(-1)=0$，

而 $f(1)\neq 0$，$g(1)=0$，故 $x+1$ 是 $f(x)$ 和 $g(x)$ 的因式，$x-1$ 仅是 $g(x)$ 的因式，

结合答案可知，$f(x)$ 和 $g(x)$ 的最大公因式是 $x+1$.

13. (D)

【解析】$x^2-3x+1=0\Rightarrow x+\dfrac{1}{x}=3$；

两边平方，得 $\left(x+\dfrac{1}{x}\right)^2=x^2+\dfrac{1}{x^2}+2=9$，故 $x^2+\dfrac{1}{x^2}=7$；

再次两边平方，得 $\left(x^2+\dfrac{1}{x^2}\right)^2=x^4+\dfrac{1}{x^4}+2=49$，故 $x^4+\dfrac{1}{x^4}=47$.

14. (E)

【解析】余式定理问题.

多项式 $f(x)$ 被 $x(x^2-1)$ 除后的余式为 px^2+qx+r，故 $f(x)=x(x^2-1)g(x)+px^2+qx+r$.

多项式 $f(x)$ 被 x^2-1 除后的余式为 $3x+4$，故当 $x^2-1=0$，即 $x=1$ 或 -1 时，

$$f(1)=p+q+r=7, \quad f(-1)=p-q+r=1;$$

又由 $f(x)$ 有因式 x，则 $f(0)=r=0$；

解得 $p=4$，$q=3$，$r=0$，故 $p^2-q^2+r^2=7$.

15. (C)

【解析】不等式的性质.

(C)项：$\dfrac{1}{2}=\dfrac{a}{2a}$，因为 $c>b$，所以 $\dfrac{a+b}{2a+b}<\dfrac{a+c}{2a+c}$.

【快速得分法】使用特殊值法排除各选项即可.

二、条件充分性判断

16. (C)

【解析】形如 $\dfrac{1}{a}+\dfrac{1}{b}+\dfrac{1}{c}=0$ 的问题.

条件(1)和条件(2)单独显然不充分，联立之：

令 $\dfrac{x}{a}=A$，$\dfrac{y}{b}=B$，$\dfrac{z}{c}=C$，则题目化简为 $\begin{cases}A+B+C=1,\\ \dfrac{1}{A}+\dfrac{1}{B}+\dfrac{1}{C}=\dfrac{AB+BC+AC}{ABC}=0.\end{cases}$

所以 $AB+BC+AC=0$，则 $(A+B+C)^2=A^2+B^2+C^2+2(AB+BC+AC)$，所以

$$A^2+B^2+C^2=(A+B+C)^2=1.$$

17. (C)

【解析】余式定理问题.

条件(1)：设 $f(x)=a(x-2)(x+1)(x-4)+3$，无法确定 a 的值，不充分.

条件(2)：单独显然不充分.

联立两个条件: 将 $f(1)=-9$ 代入 $f(x)=a(x-2)(x+1)(x-4)+3$, 解得 $a=-2$, 故 $f(0)=-13$, 联立起来充分, 选(C).

18. (C)

【解析】整式的化简.

方法一: 条件(1)和条件(2)单独显然不充分, 联立之:

令 $a=0$, 得
$$M+N=b(c-b)^2+c(b-c)^2+(b+c)(c-b)(b-c)=0,$$
故 $M+N$ 含有因式 a, 同理可得 b, c 亦为该式因式.

又因为 $M+N$ 的最高次数为 3, 故 $M+N$ 可表示成 $kabc$ 的形式, 其中 k 为待定系数,

令 $a=b=c=1$, 代入条件(1)和条件(2), 可得 $M=3$, $N=1$, 代入 $M+N=kabc$, 得 $M+N=k$, 即 $k=4$, 可知 $M+N=4abc$, 故两条件联合起来充分.

方法二: 直接计算亦可得结论.

19. (C)

【解析】余式定理问题+代数式的化简求值.

两条件单独显然不充分, 联立之:

由条件(1): 令 $x=-1$, 代入, 可得 $f(-1)=-2$, 即 $-1+a^2-a-1=-2$, 解得 $a=0$ 或 1, 又因为 $a\neq 0$, 则 $a=1$.

由条件(2): 因为 $x+\dfrac{1}{y}=y+\dfrac{1}{z}=z+\dfrac{1}{x}$, 所以

$$x+\frac{1}{y}=y+\frac{1}{z}\Rightarrow x-y=\frac{y-z}{yz};$$
$$x+\frac{1}{y}=z+\frac{1}{x}\Rightarrow x-z=\frac{y-x}{xy};$$
$$y+\frac{1}{z}=z+\frac{1}{x}\Rightarrow y-z=\frac{z-x}{zx}.$$

将三式相乘, 得到 $1=\dfrac{1}{x^2y^2z^2}$, 所以 $b=x^2y^2z^2=1$, 故 $a+b=2$, 两条件联合起来充分.

20. (E)

【解析】分式化简求值.

条件(1): 令 $\dfrac{a+b-c}{c}=\dfrac{a-b+c}{b}=\dfrac{-a+b+c}{a}=k$, 则

$$a+b-c=ck, \quad a-b+c=bk, \quad -a+b+c=ak,$$

三式相加, 得 $(a+b+c)k=a+b+c$.

①$a+b+c=0$, 则 $\dfrac{(a+b)(c+b)(a+c)}{abc}=\dfrac{-c\times(-a)\times(-b)}{abc}=\dfrac{-abc}{abc}=-1$;

②若 $a+b+c\neq 0$, 则 $k=1$, 得 $a=b=c$, 故 $\dfrac{(a+b)(c+b)(a+c)}{abc}=\dfrac{2a\cdot 2b\cdot 2c}{abc}=8$.

所以条件(1)不充分.

条件(2): $a=2k$, $b=3k$, $c=4k$, 则原式$=\dfrac{5k}{2k}\cdot\dfrac{7k}{3k}\cdot\dfrac{6k}{4k}\neq 8$, 也不充分.

两个条件显然不能联立, 故选(E).

21. (A)

【解析】多项式相等, 对应项系数均相等.

条件(1)：因为 $a=-\dfrac{6}{5}$，$b=-\dfrac{13}{5}$，$c=\dfrac{6}{5}$，即

$$g(x)=-\frac{6}{5}(x-2)^2-\frac{13}{5}(x+1)+\frac{6}{5}(x^2-x+2)=x-5=f(x)，$$

故条件(1)充分．

条件(2)：$a=-6$，$b=-13$，$c=6$，即

$$g(x)=-6(x-2)^2-13(x+1)+6(x^2-x+2)=5x-25\neq f(x)=x-5，$$

故条件(2)不充分．

22. (A)

【解析】分式的化简求值．

$$a\left(\frac{1}{b}+\frac{1}{c}\right)+b\left(\frac{1}{a}+\frac{1}{c}\right)+c\left(\frac{1}{b}+\frac{1}{a}\right)=\frac{a+c}{b}+\frac{b+c}{a}+\frac{a+b}{c}.$$

条件(1)：因为 $a+b+c=0$，可知 $a+b=-c$，$b+c=-a$，$c+a=-b$，代入可知充分．

条件(2)：令 $a=1$，$b=1$，$c=-1$，代入可知不充分．

23. (B)

【解析】余式定理问题．

若能整除，则当 $x+y+z=0$ 时，$x^3+y^3+z^3+mxyz$ 应该也为 0．

当 $x+y+z=0$ 时，将 $x=-(y+z)$ 代入原式，得

$$-(y+z)^3+y^3+z^3-myz(y+z)=-yz(y+z)(m+3).$$

条件(1)：代入后可得 $x^3+y^3+z^3+mxyz\neq0$，故不充分．

条件(2)：代入后可得 $x^3+y^3+z^3+mxyz=0$，故充分．

24. (E)

【解析】分式化简求值＋绝对值的自比性问题．

条件(1)：令 $a=b=c=d=0$，显然不充分．

条件(2)：$a=b=c=1$，$d=-1$，代入原式可知不充分．

联立两条件：

由条件(1)可得 $\dfrac{b+c+d}{|a|}+\dfrac{|b|}{a+c+d}+\dfrac{a+b+d}{|c|}+\dfrac{|d|}{a+b+c}=-\dfrac{a}{|a|}-\dfrac{|b|}{b}-\dfrac{c}{|c|}-\dfrac{|d|}{d}$，

由条件(2)可知 a，b，c，d 必然 3 负 1 正，或者 1 负 3 正．

①若为 3 负 1 正，不妨设 $a>0$，则 $-\dfrac{a}{|a|}-\dfrac{|b|}{b}-\dfrac{c}{|c|}-\dfrac{|d|}{d}=-1+1+1+1=2$；

②若为 3 正 1 负，不妨设 $a<0$，则 $-\dfrac{a}{|a|}-\dfrac{|b|}{b}-\dfrac{c}{|c|}-\dfrac{|d|}{d}=1-1-1-1=-2$；

故联合仍不充分．

25. (B)

【解析】整式化简求值．

条件(1)：令 $a=b=c=\dfrac{2}{3}$，显然不充分．

条件(2)：由 $\dfrac{bc}{a}+b+c=0$ 可得 $bc+ab+ac=0$，而

$$(a+b+c)^2=a^2+b^2+c^2+2ab+2bc+2ac，$$

故 $a^2+b^2+c^2=(a+b+c)^2=4$，故条件(2)充分．

第三章 集合、函数、方程、不等式

一 历年真题考查点

真题出现次数	考点
5次或以上	不等式的性质、证明不等式、根的判别式、韦达定理、一元二次函数的最值、根的分布、一元二次不等式的恒成立问题
3~4次	指数与对数、分式方程及其增根、穿线法
1~2次	根式方程、根式不等式
0次	无

注: 与本章有关的应用题是考试重点,统计在第四章内,故不在本表统计范围.

二 命题趋势预测

　　本章每年考 3~4 道题,并且,与本章知识相关的应用题考得特别多(题量在应用题一章统计).

　　考试重点为一元二次方程和与不等式有关的问题,其中,韦达定理和根的判别式几乎年年考到,一元二次方程根的分布、一元二次函数的最值、一元二次不等式的恒成立也是考试重点.

　　要学会 6 类特殊的方程和不等式的求解,即指数方程与不等式、对数方程与不等式、高次方程与不等式、分式方程与不等式、绝对值方程与不等式、根式方程与不等式.

三 本章知识网

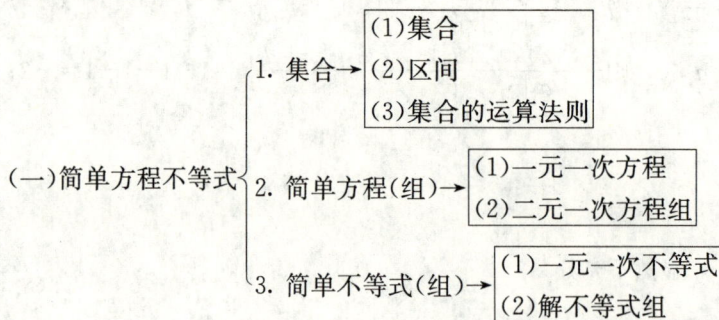

$$
\text{(一)简单方程不等式}
\begin{cases}
1.\ 集合 \rightarrow
\begin{cases}
(1)集合 \\
(2)区间 \\
(3)集合的运算法则
\end{cases} \\
2.\ 简单方程(组) \rightarrow
\begin{cases}
(1)一元一次方程 \\
(2)二元一次方程组
\end{cases} \\
3.\ 简单不等式(组) \rightarrow
\begin{cases}
(1)一元一次不等式 \\
(2)解不等式组
\end{cases}
\end{cases}
$$

扫码并回复"**要点精编**"
听数学第三章视频讲解

(二)不等式的性质
- 1. 不等式的性质 → 特殊值法，常用 0 (重点)
- 2. 基本不等式 →
  - (1)均值不等式求最值
  - (2)证明不等式 (必考)
  - (3)三角不等式

(三)一元二次函数方程不等式
- 1. 一元二次函数 →
  - (1)3 种表达式
  - (2)图像
  - (3)求最值(重点)
- 2. 一元二次方程 →
  - (1)求根公式
  - (2)根的判别式(重点)
  - (3)韦达定理(重点)
  - (4)根的分布(重点)
- 3. 一元二次不等式 →
  - (1)解一元二次不等式
  - (2)恒成立问题(重点)

(四)特殊函数、方程、不等式
- 1. 指数 →
  - (1)指数函数
  - (2)指数方程
  - (3)指数不等式
- 2. 对数 →
  - (1)对数函数
  - (2)对数方程
  - (3)对数不等式
- 3. 分式 →
  - (1)分式方程及其增根
  - (2)穿线法解分式不等式 (重点)
- 4. 高次 →
  - (1)高次方程
  - (2)穿线法解高次不等式
- 5. 无理 →
  - (1)无理方程
  - (2)无理不等式的三种形式
- 6. 绝对值 →
  - (1)绝对值方程
  - (2)绝对值不等式

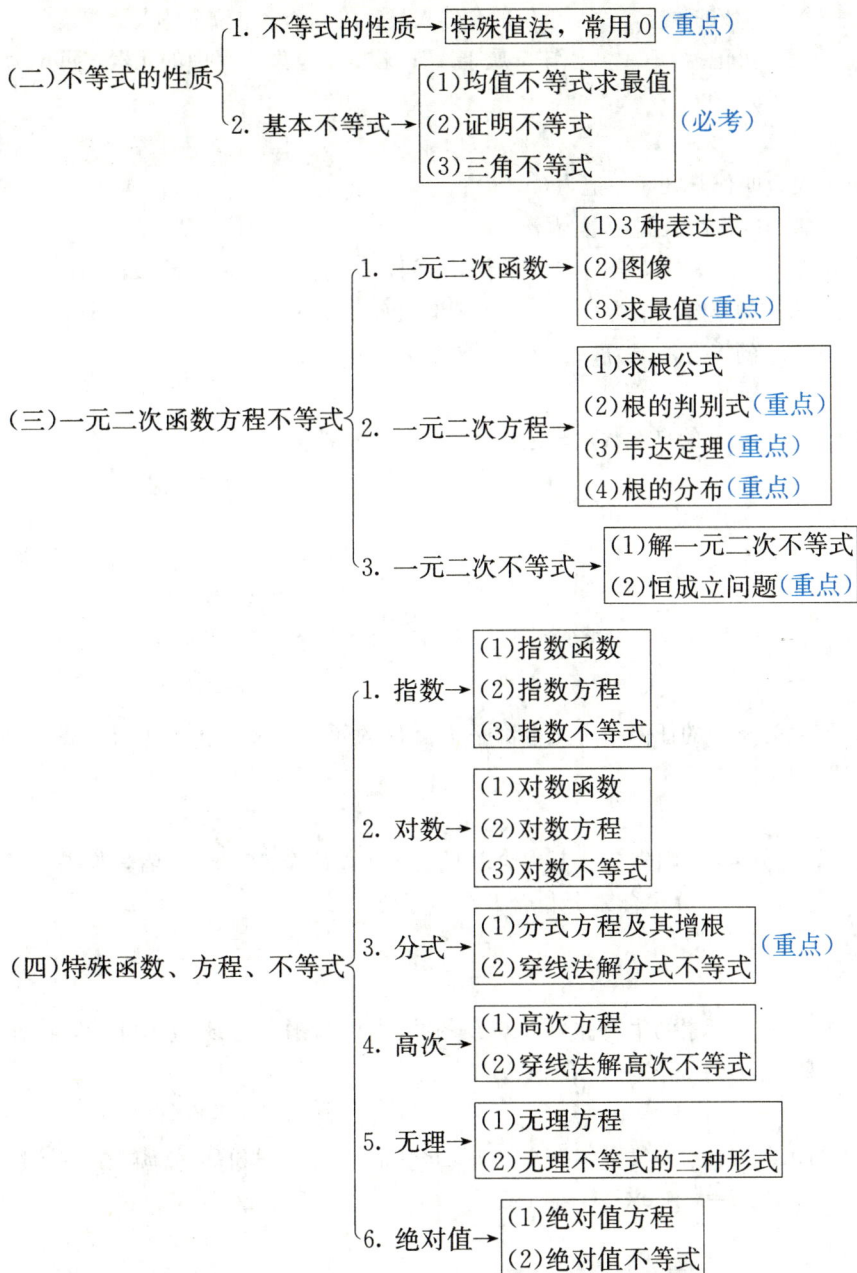

第一节 集合、简单方程(组)、不等式(组)

一、 老吕讲考点

(一)集合

1. 定义

集合是具有某种特定性质的事物的总体，简称"集".

如全部自然数就成一个自然数的集合，一个单位的全体人员就成一个该单位全体人员的集合．

若 x 是集合 A 中的元素，可记为 $x \in A$，读作"x 属于 A"；若 x 不是集合 A 中的元素，可记为 $x \notin A$，读作"x 不属于 A".

2. 区间

满足 $a < x < b$ 的 x 的集合叫作开区间，记为 (a, b)；

满足 $a \leqslant x \leqslant b$ 的 x 的集合叫作闭区间，记为 $[a, b]$；

满足 $a \leqslant x < b$ 或者 $a < x \leqslant b$ 的 x 的集合叫作半开半闭区间，记为 $[a, b)$，或者 $(a, b]$；

满足 $x < a$ 或者 $x \leqslant a$ 的 x 的集合，记为 $(-\infty, a)$ 或者 $(-\infty, a]$；

满足 $x > a$ 或者 $x \geqslant a$ 的 x 的集合，记为 $(a, +\infty)$ 或者 $[a, +\infty)$.

3. 常用数集的符号

(1)自然数集记作 $\mathbf{N}$；不包括 0 的自然数集，记作 $\mathbf{N}^*$.

(2)整数集记作 $\mathbf{Z}$.

(3)有理数集记作 $\mathbf{Q}$.

(4)实数集记作 $\mathbf{R}$.

(5)空集记作 ϕ.

4. 集合的关系与运算

(1)子集．

两个集合 A 和 B，如果集合 A 的任何一个元素都是集合 B 的元素，那么集合 A 叫作集合 B 的子集．记作 $A \subseteq B$，读作"A 包含于 B".

(2)真子集．

真子集：如果 $A \subseteq B$，且 $A \neq B$，则集合 A 是集合 B 的真子集，记作 $A \subset B$；或者，如果 $A \subseteq B$，且存在元素 $x \in B$，且 $x \notin A$，则称集合 A 是集合 B 的真子集．

空集是任何非空集合的真子集．

(3)并集．

以属于 A 或属于 B 的元素为元素的集合称为 A 与 B 的并(集)，记作 $A \cup B$(或 $B \cup A$)，读作"A 并 B"(或"B 并 A")，即 $A \cup B = \{x \mid x \in A$ 或 $x \in B\}$.

(4)交集．

以属于 A 且属于 B 的元素为元素的集合称为 A 与 B 的交(集)，记作 $A \cap B$(或 $B \cap A$)，读作"A 交 B"(或"B 交 A")，即 $A \cap B = \{x \mid x \in A$，且 $x \in B\}$.

(5)德摩根定律．

$$\overline{A \cup B} = \overline{A} \cap \overline{B}, \quad \overline{A \cap B} = \overline{A} \cup \overline{B}.$$

(二)简单方程(组)和简单不等式(组)

1. 一元一次方程

$$\text{若 } ax = b, \text{ 则} \begin{cases} a \neq 0, & x = \dfrac{b}{a}, \\ a = 0, \ b \neq 0, & \text{无解}, \\ a = 0, \ b = 0, & x \in \mathbf{R}. \end{cases}$$

2. 二元一次方程组

形如 $\begin{cases} a_1 x + b_1 y = c_1 \\ a_2 x + b_2 y = c_2 \end{cases}$ 的方程组为二元一次方程组，解法如下：

方法一：加减消元法.

$$\begin{cases} a_1x+b_1y=c_1, & \text{①} \\ a_2x+b_2y=c_2, & \text{②} \end{cases}$$

①×b_2－②×b_1得

$$(a_1b_2-a_2b_1)x=b_2c_1-b_1c_2,$$

解出 x，再将 x 的值代入①或②，求出 y 的值，从而得出方程组的解.

方法二：代入消元法.

由①式可得

$$y=\frac{c_1-a_1x}{b_1}\ (b_1\neq0),$$

将其代入②，消去 y，得出关于 x 的一元一次方程，解之可得 x.

再将 x 的值代入①或②，求出 y 的值，从而得出方程组的解.

3. 不等式(组)的解法

分别求出组成不等式组的每个不等式的解集后，再求这些解集的交集.

二、 老吕讲题型

题型3.1　简单方程(组)和不等式(组)

老吕施法

　　此知识点很少单独出题，即使出题也很简单，但是解简单方程(组)和不等式(组)是解其他问题的基础，要熟练求解.

典型例题

例1　某学生在解方程 $\dfrac{ax+1}{3}-\dfrac{x+1}{2}=1$ 时，误将式中的 $x+1$ 看成 $x-1$，得出的解为 $x=1$，那么 a 的值和原方程的解应是(　　).

(A)$a=1$，$x=7$　　　　　　　　(B)$a=2$，$x=5$　　　　　　　　(C)$a=2$，$x=7$

(D)$a=5$，$x=2$　　　　　　　　(E)$a=5$，$x=\dfrac{1}{7}$

【解析】将 $x=1$ 代入方程 $\dfrac{ax+1}{3}-\dfrac{x-1}{2}=1$，解得 $a=2$.

将 $a=2$ 代入 $\dfrac{ax+1}{3}-\dfrac{x+1}{2}=1$，得 $\dfrac{2x+1}{3}-\dfrac{x+1}{2}=1$，解得 $x=7$.

【答案】(C)

例2　若关于 x，y 的二元一次方程组 $\begin{cases} x+y=5k, \\ x-y=9k, \end{cases}$ 的解也是二元一次方程 $2x+3y=6$ 的解，则 k 的值为(　　).

(A)$-\dfrac{3}{4}$　　　　　(B)$\dfrac{3}{4}$　　　　　(C)$\dfrac{4}{3}$　　　　　(D)$-\dfrac{4}{3}$　　　　　(E)1

【解析】解方程组得 $x=7k$，$y=-2k$，代入 $2x+3y=6$，得 $14k-6k=6$，解得 $k=\dfrac{3}{4}$.

【答案】(B)

例3　能确定 $2m-n=4$.

(1) $\begin{cases} x=2 \\ y=1 \end{cases}$ 是二元一次方程组 $\begin{cases} mx+ny=8, \\ nx-my=1 \end{cases}$ 的解.

(2) m, n 满足 $\begin{cases} 2m+n=16, \\ m+2n=17. \end{cases}$

【解析】 条件(1)：将 $x=2$，$y=1$ 代入方程组，得：

$$\begin{cases} 2m+n=8 \\ 2n-m=1 \end{cases}$$

解得 $\begin{cases} m=3 \\ n=2 \end{cases}$，则 $2m-n=4$，条件(1)充分.

条件(2)：直接求解可得 $\begin{cases} m=5 \\ n=6 \end{cases}$，故 $2m-n=4$，条件(2)也充分.

【答案】(D)

例 4 下列命题中正确的是( ).

(A)方程组 $\begin{cases} 2x+y=2, \\ 4x+2y=6 \end{cases}$ 有一组解

(B) $x=-1$，$y=2$ 是方程组 $\begin{cases} x-3y=-7, \\ 2x+y=0 \end{cases}$ 唯一的一组解

(C) $x=1$，$y=0$ 是方程组 $\begin{cases} 2x+3y=2, \\ 4x+6y=4 \end{cases}$ 唯一的一组解

(D) $x=1$，$y=1$ 是方程组 $\begin{cases} 3x-2y=1, \\ \sqrt{2x}+\sqrt{3y}=\sqrt{6} \end{cases}$ 的一组解

(E)以上选项均不正确

【解析】 (A)项中第一个方程乘 2 与第二个方程矛盾，所以没有解.

(B)项中 $a_1b_2-a_2b_1\neq0$，有唯一的一组解.

(C)项中第一个方程乘 2 就是第二个方程，有无穷多组解.

(D)项中 $x=1$，$y=1$ 不满足第二个方程.

【答案】(B)

第二节　不等式的性质和基本不等式

一、 老吕讲考点

(一)不等式的基本性质(重点)

(1)若 $a>b$，$b>c$，则 $a>c$.

(2)若 $a>b$，则 $a+c>b+c$.

(3)若 $a>b$，$c>0$，则 $ac>bc$；若 $a>b$，$c<0$，则 $ac<bc$.

(4)若 $a>b>0$，$c>d>0$，则 $ac>bd$.

(5)若 $a>b>0$，则 $a^n>b^n$ $(n\in\mathbf{Z}^+)$.

(6)若 $a>b>0$，则 $\sqrt[n]{a}>\sqrt[n]{b}$ $(n\in\mathbf{Z}^+)$.

(二)基本不等式(重点)

1. 均值不等式

n 个正数 x_1，x_2，x_3，$\cdots$，x_n 的算术平均值大于等于它们的几何平均值，即

$$\frac{x_1+x_2+x_3+\cdots+x_n}{n} \geqslant \sqrt[n]{x_1 \cdot x_2 \cdot x_3 \cdot \cdots \cdot x_n}.$$

当且仅当 $x_1=x_2=x_3=\cdots=x_n$ 时，等号成立.

几个基本的不等式：

(1) $a+b \geqslant 2\sqrt{ab}$（a，b，c 均为正数，$a=b$ 时等号成立）.

(2) $a+b+c \geqslant 3\sqrt[3]{abc}$（$a$，$b$，$c$ 均为正数，$a=b=c$ 时等号成立）.

(3) $a^2+b^2 \geqslant 2ab$（此不等式恒成立，$a=b$ 时等号成立）.

2. 三角不等式

$$||a|-|b|| \leqslant |a \pm b| \leqslant |a|+|b|,$$
$$-|a| \leqslant a \leqslant |a|.$$

二、 老吕讲题型

题型 3.2　不等式的性质

老吕施法

(1)证明不等式问题常见 4 种思路：特殊值法、不等式性质、均值不等式、三角不等式.

(2)解此类问题首选特殊值法.

(3)使用特殊值法时，一般优先考虑 0，再考虑 -1，再考虑 1. 这是因为考生出错往往是因为忘掉 0 的存在，命题人喜欢在考生易错点上出题. 对于条件充分性判断问题，则优先找反例.

典型例题

例 5　$x > y$.

(1)若 x 和 y 都是正整数，且 $x^2 < y$；

(2)若 x 和 y 都是正整数，且 $\sqrt{x} < y$.

【解析】令 $x=1$，$y=2$，显然条件(1)和(2)都不充分，联立起来也不充分.

【答案】(E)

例 6　$a < -1 < 1 < -a$.

(1)a 为实数，$a+1 < 0$；

(2)a 为实数，$|a| < 1$.

【解析】条件(1)：$a+1 < 0$，即 $a < -1$，左右两边同乘以 -1，得 $-a > 1$，条件(1)充分.

条件(2)：$|a| < 1$，得 $-1 < a < 1$，条件(2)不充分.

【答案】(A)

例 7　$ab^2 < cb^2$.

(1)实数 a，b，c，满足 $a+b+c=0$；

(2)实数 a，b，c，满足 $a < b < c$.

【解析】条件(1)：令 $a=b=c=0$，显然 $ab^2=cb^2$，故条件(1)不充分.

条件(2)：令 $b=0$，显然 $ab^2=cb^2$，故条件(2)不充分.

令 $b=0$，则两个条件联立也不充分.

【答案】(E)

例8 $a>b$.

(1) a，b 为实数，且 $a^2>b^2$；

(2) a，b 为实数，且 $\left(\dfrac{1}{2}\right)^a<\left(\dfrac{1}{2}\right)^b$.

【解析】条件(1)：令 $a=-2$，$b=1$，显然条件(1)不充分.

条件(2)：函数 $y=\left(\dfrac{1}{2}\right)^x$ 为减函数，且 $\left(\dfrac{1}{2}\right)^a<\left(\dfrac{1}{2}\right)^b$，所以 $a>b$，故条件(2)充分.

【答案】(B)

题型 3.3　均值不等式求最值或证明不等式

老吕施法

(1)均值不等式有两个作用：求最值、证明不等式.

(2)均值不等式的口诀：

一"正"二"定"三"相等"；

"正"是使用均值不等式的前提；

"定"是使用均值不等式的目标；

"相等"是最值取到时的条件.

(3)使用均值不等式求最值时，目标是求出"定值".

求定值时，常用拆项法(一般是比较分子、分母的自变量次数谁小，谁的次数小拆谁).

(4)和为定值积最大，积为定值和最小.

(5)使用均值不等式证明不等式时，常常证明"="号不成立.

(6)对勾函数.

函数 $y=x+\dfrac{1}{x}$ $\left(\text{或} \ y=ax+\dfrac{b}{x}，a\neq 0，b\neq 0\right)$ 的图像形如两个"对勾"，因此将这个函数称为对勾函数. 当 $x>0$ 时，此函数有最小值2；当 $x<0$ 时，此函数有最大值 -2. 故此函数的值域为 $(-\infty，-2]\cup[2，+\infty)$.

图像如图 3-1 所示：

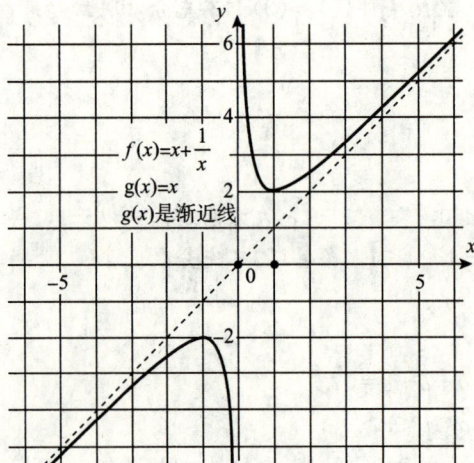

图 3-1

典型例题

例 9 函数 $y=x+\dfrac{1}{x}$ $\left(\dfrac{1}{2}\leqslant x\leqslant 3\right)$ 的最大值为( ).

(A)2　　　　(B)$\dfrac{5}{2}$　　　　(C)-2　　　　(D)$\dfrac{10}{3}$　　　　(E)没有最大值

【解析】对勾函数.

根据对勾函数的图像,可知当 $x=3$ 时,y 的最大值为 $\dfrac{10}{3}$.

【答案】(D)

例 10 函数 $y=x+\dfrac{4}{x^2}$ $(x>0)$ 的最小值为( ).

(A)5　　　　(B)$\dfrac{3\sqrt[3]{6}}{2}$　　　　(C)3　　　　(D)1　　　　(E)没有最小值

【解析】拆项法.

使用均值不等式时,看到 x 和 $\dfrac{4}{x^2}$ 的分母的次数不一样,将次数较低的拆成相等的项,即将 x 拆为 $\dfrac{x}{2}+\dfrac{x}{2}$,故有

$$y=x+\frac{4}{x^2}=\frac{x}{2}+\frac{x}{2}+\frac{4}{x^2}\geqslant 3\sqrt[3]{\frac{x}{2}\cdot\frac{x}{2}\cdot\frac{4}{x^2}}=3.$$

【答案】(C)

例 11 直角边之和为 12 的直角三角形面积最大值等于( ).

(A)16　　　　(B)18　　　　(C)20　　　　(D)22　　　　(E)以上选项均不正确

【解析】设两条直角边分别为 a,b,则 $a+b=12$.

因为 $2ab\leqslant a^2+b^2$,故 $4ab\leqslant a^2+b^2+2ab=(a+b)^2$,所以 $ab\leqslant\dfrac{(a+b)^2}{4}$.

$S=\dfrac{1}{2}ab\leqslant\dfrac{(a+b)^2}{8}=18$,故面积的最大值为 18.

【快速得分法】根据均值不等式成立的条件为 $a=b$,直接令 $a=b=6$,求得面积即可.

【答案】(B)

例 12 $\dfrac{1}{a}+\dfrac{1}{b}+\dfrac{1}{c}>\sqrt{a}+\sqrt{b}+\sqrt{c}$.

(1)$abc=1$;

(2)a,b,c 为不全相等的正数.

【解析】用均值不等式证明不等式.

条件(1):令 $a=b=c=1$,显然条件(1)不充分.

条件(2):令 $a=1$,$b=1$,$c=4$,显然条件(2)不充分.

联立两个条件:

$$\frac{1}{a}+\frac{1}{b}+\frac{1}{c}=\frac{abc}{a}+\frac{abc}{b}+\frac{abc}{c}=bc+ac+ab=\frac{bc+ac}{2}+\frac{ab+ac}{2}+\frac{ab+bc}{2}$$
$$\geqslant\sqrt{abc^2}+\sqrt{a^2bc}+\sqrt{ab^2c}=\sqrt{c}+\sqrt{a}+\sqrt{b}.$$

因为 a,b,c 不全相等,所以 $\dfrac{1}{a}+\dfrac{1}{b}+\dfrac{1}{c}>\sqrt{a}+\sqrt{b}+\sqrt{c}$,即条件(1)和条件(2)联合起来充分.

【**快速得分法**】特殊值法.

令 $a=1$，$b=1$，$c=1$，显然不充分；令 $a=1$，$b=\frac{1}{4}$，$c=4$，充分，猜测答案是(C).

【**答案**】(C)

例 13 $\frac{1}{m}+\frac{2}{n}$ 的最小值为 $3+2\sqrt{2}$.

(1)函数 $y=a^{x+1}-2(a>0,a\neq 1)$ 的图像恒过定点 A，点 A 在直线 $mx+ny+1=0$ 上.

(2)m，$n>0$.

【**解析**】条件(1)：由 $y=a^{x+1}-2(a>0,a\neq 1)$ 恒过定点，可知 A 点坐标为 $(-1,-1)$；

将 A 点坐标代入直线方程得：$m+n=1$.

故 $\frac{1}{m}+\frac{2}{n}=\frac{m+n}{m}+\frac{2(m+n)}{n}=3+\frac{n}{m}+\frac{2m}{n}$.

由条件(2)知 m，$n>0$，可用均值不等式：$\frac{1}{m}+\frac{2}{n}=3+\frac{n}{m}+\frac{2m}{n}\geqslant 3+2\sqrt{2}$.

故两个条件联立起来充分.

【**答案**】(C)

第三节　一元二次函数、方程、不等式

一、 老吕讲考点

(一)一元二次函数

1. 定义

一元二次函数是指只有一个未知数，且未知数的最高次数为二次的多项式函数．一元二次函数可以表示为：

一般式：$y=ax^2+bx+c$ $(a\neq 0)$；

顶点式：$y=a\left(x+\frac{b}{2a}\right)^2+\frac{4ac-b^2}{4a}$ $(a\neq 0)$；

两根式：$y=a(x-x_1)(x-x_2)$ $(a\neq 0)$.

2. 一元二次函数的图像和性质

(1)图像.

一元二次函数的图像是一条抛物线，图像的顶点坐标为 $\left(-\frac{b}{2a},\frac{4ac-b^2}{4a}\right)$，对称轴是直线 $x=-\frac{b}{2a}$.

(2)最值.

① 当 $a>0$，函数图像开口向上，y 有最小值，$y_{\min}=\frac{4ac-b^2}{4a}$，无最大值.

② 当 $a<0$，函数图像开口向下，y 有最大值，$y_{\max}=\frac{4ac-b^2}{4a}$，无最小值.

(3)单调性.

当 $a>0$，函数在区间 $\left(-\infty,\ -\dfrac{b}{2a}\right)$ 上是减函数，在 $\left(-\dfrac{b}{2a},\ +\infty\right)$ 上是增函数．

当 $a<0$，函数在区间 $\left(-\infty,\ -\dfrac{b}{2a}\right)$ 上是增函数，在 $\left(-\dfrac{b}{2a},\ +\infty\right)$ 上是减函数．

3. 一元二次函数的图像与 x 轴的交点

当 $\Delta=b^2-4ac>0$ 时，函数图像与 x 轴有两个交点．

当 $\Delta=b^2-4ac=0$ 时，函数图像与 x 轴有一个交点．

当 $\Delta=b^2-4ac<0$ 时，函数图像与 x 轴没有交点．

（二）一元二次方程

1. 一元二次方程的概念

形如 $ax^2+bx+c=0$（a，b，c 均为常数，且 $a\neq0$）的方程叫作一元二次方程．

2. 求根公式

$$x=\frac{-b\pm\sqrt{b^2-4ac}}{2a}\ (b^2-4ac\geqslant0).$$

3. 根的判别式

$$\Delta=b^2-4ac.$$

当 $\Delta=b^2-4ac>0$ 时，方程有两个不相等的实根；

当 $\Delta=b^2-4ac=0$ 时，方程有两个相等的实根；

当 $\Delta=b^2-4ac<0$ 时，方程没有实根．

4. 韦达定理

若 x_1，x_2 为方程 $ax^2+bx+c=0$（$a\neq0$ 且 $\Delta=b^2-4ac\geqslant0$）的两个实根，则

$$x_1+x_2=-\frac{b}{a},\ x_1x_2=\frac{c}{a},\ |x_1-x_2|=\frac{\sqrt{b^2-4ac}}{|a|}.$$

（三）一元二次不等式

含有一个未知数且未知数的最高次数为 2 的不等式叫作一元二次不等式．它的一般形式是

$$ax^2+bx+c>0\ \text{或}\ ax^2+bx+c<0\ (a\neq0).$$

（四）二次三项式、一元二次函数、方程、不等式的对照表

	$\Delta>0$	$\Delta=0$	$\Delta<0$
二次三项式 ax^2+bx+c	可因式分解为 $a(x-x_1)(x-x_2)$	可因式分解为 $a\left(x+\dfrac{b}{2a}\right)^2$	不能因式分解
二次函数 $y=ax^2+bx+c$ （$a>0$）的图像			

	$\Delta > 0$	$\Delta = 0$	$\Delta < 0$
一元二次方程 $ax^2+bx+c=0$, 其中 $a \neq 0$	有两个相异实根 $x_{1,2}=\dfrac{-b \pm \sqrt{\Delta}}{2a}$ (设 $x_1 < x_2$)	有两个相等实根 $x_1=x_2=-\dfrac{b}{2a}$	没有实根
不等式 $ax^2+bx+c>0$, 其中 $a>0$	$x<x_1$ 或者 $x>x_2$ (设 $x_1 < x_2$)	$x \neq -\dfrac{b}{2a}$	实数集 $(-\infty, +\infty)$
不等式 $ax^2+bx+c<0$, 其中 $a>0$	$x_1<x<x_2$ (设 $x_1 < x_2$)	无解	无解

二、 老吕讲题型

题型 3.4 一元二次函数、方程和不等式的基本题型

老吕施法

一元二次函数、方程和不等式的基本题型包括:

(1)解一元二次方程.

(2)解一元二次不等式.

(3)一元二次函数的图像.

典型例题

例 14 满足不等式 $(x+4)(x+6)+3>0$ 的所有实数 x 的集合是(　　).

(A)$[4, +\infty)$　　　　　　(B)$(4, +\infty)$　　　　　　(C)$(-\infty, -2)$

(D)$(-\infty, -1)$　　　　　　(E)$(-\infty, +\infty)$

【解析】$(x+4)(x+6)+3=x^2+10x+27=(x+5)^2+2$ 恒大于 0, 故 x 的取值范围是所有实数.

【答案】(E)

例 15 一元二次不等式 $3x^2-4ax+a^2<0$ $(a<0)$ 的解集是(　　).

(A)$\dfrac{a}{3}<x<a$　　　　　　(B)$x>a$ 或 $x<\dfrac{a}{3}$　　　　　　(C)$a<x<\dfrac{a}{3}$

(D)$x>\dfrac{a}{3}$ 或 $x<a$　　　　　　(E)$a<x<3a$

【解析】由 $3x^2-4ax+a^2<0$, 得 $(3x-a)(x-a)<0$, 又 $a<0$, 故解集为 $a<x<\dfrac{a}{3}$.

【答案】(C)

例 16 关于 x 的方程 $a^2x^2-(3a^2-8a)x+2a^2-13a+15=0$ 至少有一个整数根.

(1)$a=3$;

(2)$a=5$.

【解析】条件(1)：将 $a=3$ 代入原方程，可得 $9x^2-3x-6=0$，解得 $x_1=1$ 或 $x_2=-\dfrac{2}{3}$，条件(1)充分.

条件(2)：将 $a=5$ 代入原方程，可得 $25x^2-35x=0$，解得 $x_1=0$ 或 $x_2=\dfrac{7}{5}$，条件(2)充分.

【答案】(D)

例 17 一元二次函数 $y=ax^2+bx+c$ 的图像如图 3-2 所示，则 a，b，c 满足(   ).

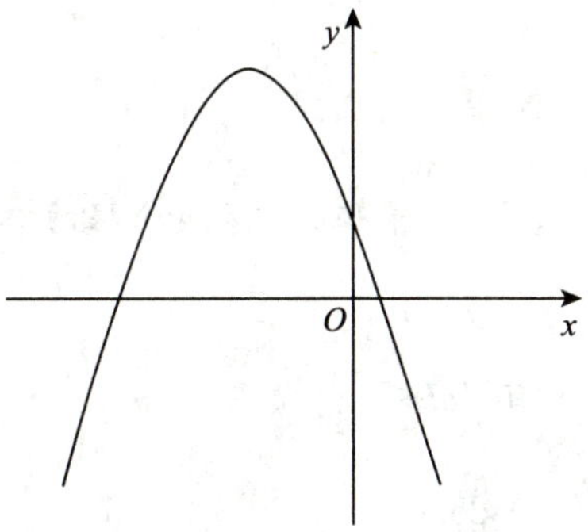

图 3-2

(A)$a<0$，$b<0$，$c>0$ (B)$a<0$，$b<0$，$c<0$ (C)$a<0$，$b>0$，$c>0$

(D)$a>0$，$b<0$，$c>0$ (E)$a>0$，$b>0$，$c>0$

【解析】图像开口向下，故 $a<0$；图像与 y 轴的交点在正半轴，故 $c>0$；

对称轴在 y 轴左侧，故 $-\dfrac{b}{2a}<0$，又因 $a<0$，故 $b<0$.

【答案】(A)

题型 3.5 一元二次函数的最值

老吕施法

重点题型，一元二次函数 $y=ax^2+bx+c\,(a\neq0)$ 的最值如下：

(1)当 $x\in\mathbf{R}$ 时，若 $a>0$，函数图像开口向上，y 有最小值，$y_{\min}=\dfrac{4ac-b^2}{4a}$，无最大值.

(2)当 $x\in\mathbf{R}$ 时，若 $a<0$，函数图像开口向下，y 有最大值，$y_{\max}=\dfrac{4ac-b^2}{4a}$，无最小值.

(3)若已知方程 $ax^2+bx+c=0$ 的两根为 x_1，x_2，且 $x\in\mathbf{R}$，则 $y=ax^2+bx+c$ $(a\neq0)$的最值为 $f\left(\dfrac{x_1+x_2}{2}\right)$.

(4)若 x 的定义域不是全体实数，则需要画图像，根据图像的最高点和最低点求解最大值和最小值.

典型例题

例 18 一元二次函数 $y=x(1-x)$ 的最大值为(   ).

(A)0.05   (B)0.10   (C)0.15   (D)0.20   (E)0.25

【解析】此题很简单,但是建议大家把四种方法都掌握,这是巩固基础知识的好题目.

方法一:图像法.

$$y=x(1-x)=-x^2+x,$$

其图像开口向下,顶点纵坐标即为最大值,根据顶点坐标公式,有

$$y_{max}=\frac{4ac-b^2}{4a}=\frac{-1}{-4}=\frac{1}{4}.$$

方法二:配方法.

$$y=x(1-x)=-x^2+x=-\left(x-\frac{1}{2}\right)^2+\frac{1}{4},$$

当 $x=\frac{1}{2}$ 时,$y_{max}=\frac{1}{4}$.

方法三:双根式.

可知 $x(1-x)=0$,有两个根 0 和 1,最值必取在两个根的中点 0.5 处,代入得 $y_{max}=\frac{1}{4}$.

方法四:均值不等式.

几何平均值≤算术平均值,故有 $\sqrt{ab}\leqslant\frac{a+b}{2}$,即有 $ab\leqslant\left(\frac{a+b}{2}\right)^2$.

所以 $x(1-x)\leqslant\left(\frac{x+1-x}{2}\right)^2=0.25.$

【答案】(E)

例 19 已知二次方程 $x^2-2ax+10x+2a^2-4a-2=0$ 有实根,则其两根之积的最小值是( ).

(A) -4 (B) -3 (C) -2 (D) -1 (E) -6

【解析】方程有实根,则

$\Delta=(-2a+10)^2-4(2a^2-4a-2)=4(-a^2-6a+27)\geqslant0,$
即 $a^2+6a-27\leqslant0$,解得 $-9\leqslant a\leqslant3$.

根据韦达定理,得 $x_1x_2=2a^2-4a-2$,画图像如图 3-3
所示:

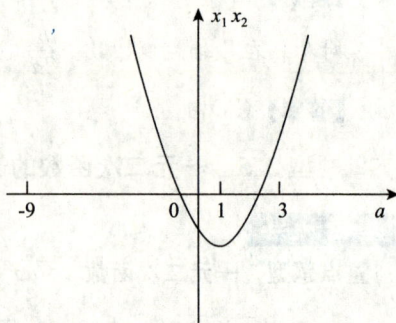

可见,最小值取在 $a=1$ 的点上,最大值取在 $a=-9$ 的
点上,两根之积的最小值为 -4.

【答案】(A)

题型 3.6　根的判别式问题

图 3-3

老吕施法

根的判别式问题,有以下四种命题方式:

(1)已知二次三项式 ax^2+bx+c $(a\neq0)$ 是一个完全平方式,则 $\Delta=b^2-4ac=0$.

(2)已知方程 $ax^2+bx+c=0$ 的根的情况.

①有两个不相等的实根,则

$$\begin{cases}a\neq0,\\ \Delta=b^2-4ac>0.\end{cases}$$

②有两个相等的实根,则

$$\begin{cases}a\neq0,\\ \Delta=b^2-4ac=0.\end{cases}$$

③没有实根，则

$$\begin{cases} a\neq0, \\ \Delta=b^2-4ac<0 \end{cases} \text{或} \begin{cases} a=b=0, \\ c\neq0. \end{cases}$$

(3)已知函数 $y=ax^2+bx+c$ 与 x 轴交点的个数.

①与 x 轴有 2 个交点，则

$$\begin{cases} a\neq0, \\ \Delta=b^2-4ac>0. \end{cases}$$

②与 x 轴有 1 个交点，则抛物线与 x 轴相切或图像是一条直线，即

$$\begin{cases} a\neq0, \\ \Delta=b^2-4ac=0 \end{cases} \text{或} \begin{cases} a=0, \\ b\neq0. \end{cases}$$

③与 x 轴没有交点，则

$$\begin{cases} a\neq0, \\ \Delta=b^2-4ac<0 \end{cases} \text{或} \begin{cases} a=b=0, \\ c\neq0. \end{cases}$$

【易错点】此类题易忘掉一元二次函数(方程、不等式)的二次项系数不能为 0. 要使用 $\Delta=b^2-4ac$，必先看二次项系数是否为 0.

(4)判断形如 $a|x|^2+b|x|+c=0(a\neq0)$ 的方程的根的个数(相等的 x 根算作 1 个).

令 $t=|x|$，则原式化为 $at^2+bt+c=0(a\neq0)$，则有

x 有 4 个不等实根 $\Leftrightarrow t$ 有 2 个不等正根；

x 有 3 个不等实根 $\Leftrightarrow t$ 有 1 个根是 0，另外 1 个根是正数；

x 有 2 个不等实根 $\Leftrightarrow t$ 有 2 个相等正根，或者有 1 正根 1 负根；

x 有 1 个实根 $\Leftrightarrow t$ 的根为 0 或者 t 有 1 个根是 0，另外 1 个根是负数；

x 无实根 $\Leftrightarrow t$ 无实根，或者根为负值.

(5)形如 $ax^4+bx^2+c=0$ 的根的个数. 令 $x^2=t$，其余分析同(4).

这样，就将根的判别问题，转化成了根的分布问题，第一轮复习的同学可以在学完题型 3.10 后，再回来看此类题目.

典型例题

例 20 已知 $x^2-x+a-3$ 是一个完全平方式，求 $a=(\quad)$.

(A)$3\frac{1}{4}$ (B)$2\frac{1}{4}$ (C)$1\frac{1}{4}$ (D)$3\frac{3}{4}$ (E)$2\frac{3}{4}$

【解析】 $x^2-x+a-3$ 是一个完全平方式，故 $\Delta=(-1)^2-4(a-3)=0$，解得 $a=3\frac{1}{4}$.

【答案】（A）

例 21 已知关于 x 的一元二次方程 $k^2x^2-(2k+1)x+1=0$ 有两个相异实根，则 k 的取值范围为(　　).

(A)$k>\frac{1}{4}$ (B)$k\geqslant\frac{1}{4}$ (C)$k>-\frac{1}{4}$ 且 $k\neq0$

(D)$k\geqslant-\frac{1}{4}$ 且 $k\neq0$ (E)以上选项均不正确

【解析】 由题意知，$\begin{cases} k\neq0, \\ \Delta=(2k+1)^2-4k^2>0, \end{cases}$ 解得 $k>-\frac{1}{4}$ 且 $k\neq0$.

【答案】(C)

例22 x_1，x_2是方程 $x^2-2(k+1)x+k^2+2=0$ 的两个实根．

(1)$k>\dfrac{1}{2}$；

(2)$k=\dfrac{1}{2}$．

【解析】 方程有两个实根，说明 $\Delta \geqslant 0$，即

$$\Delta=b^2-4ac=4(k+1)^2-4(k^2+2)=8k-4\geqslant 0,$$

解得 $k\geqslant\dfrac{1}{2}$，所以条件(1)和条件(2)都充分．

【答案】(D)

例23 a，b，c是一个三角形的三边长，则方程 $x^2+2(a+b)x+c^2=0$ 的根的情况为(　　)．

(A)有两个不等实根 　　　　(B)有两个相等实根 　　　　(C)只有一个实根

(D)没有实根 　　　　(E)无法断定

【解析】 $\Delta=4(a+b)^2-4c^2=4[(a+b)^2-c^2]$，因为三角形两边之和大于第三边，故有 $a+b>c$，即 $(a+b)^2>c^2$，故有 $\Delta=4[(a+b)^2-c^2]>0$，方程有两个不相等的实根．

【答案】(A)

例24 一元二次方程 $x^2+2(m+1)x+(3m^2+4mn+4n^2+2)=0$ 有实根，则 m，n 的值为(　　)．

(A)$m=-1$，$n=\dfrac{1}{2}$ 　　　　(B)$m=\dfrac{1}{2}$，$n=-1$ 　　　　(C)$m=-\dfrac{1}{2}$，$n=1$

(D)$m=1$，$n=-\dfrac{1}{2}$ 　　　　(E)以上选项均不正确

【解析】 方程有实根，故 $\Delta \geqslant 0$，即

$$4(m+1)^2-4\times(3m^2+4mn+4n^2+2)\geqslant 0 \Rightarrow m^2+2m+1-3m^2-4mn-4n^2-2\geqslant 0$$

$$\Rightarrow m^2-2m+1+m^2+4mn+4n^2\leqslant 0$$

$$\Rightarrow (m-1)^2+(m+2n)^2\leqslant 0$$

又因为 $(m-1)^2+(m+2n)^2\geqslant 0$，所以 $(m-1)^2+(m+2n)^2=0$，即 $m-1=0$ 且 $m+2n=0$，

解得：$m=1$，$n=-\dfrac{1}{2}$．

【答案】(D)

例25 已知关于 x 的方程 $x^2-6x+(a-2)|x-3|+9-2a=0$ 有两个不等的实根，则系数 a 的取值范围是(　　)．

(A)$a=2$ 或 $a>0$ 　　　　(B)$a<0$ 　　　　(C)$a>0$ 或 $a=-2$

(D)$a=-2$ 　　　　(E)以上选项均不正确

【解析】 类型4，使用换元法．

原方程即为 $|x-3|^2+(a-2)|x-3|-2a=0$．

设 $t=|x-3|$，即要求 $t^2+(a-2)t-2a=0$ 有两个相同正根或有一正、一负两实根．

当 $\Delta=(a-2)^2+8a=(a+2)^2=0$ 时，$a=-2$．

此时对称轴 $t=-\dfrac{a-2}{2}=2>0$，所以 t 有两相等的正根．

当 $a\neq -2$ 时，$\Delta>0$，只要 $x_1x_2=-2a<0$，即 $a>0$，y 有一正、一负两实根．

【答案】(C)

题型 3.7　一元二次不等式的恒成立问题

老吕施法

一元二次不等式的恒成立问题，有以下五种命题方式：

类型 1　恒成立.

一元二次不等式 $ax^2+bx+c>0$ $(a\neq0)$ 恒成立，则 $\begin{cases}a>0,\\\Delta=b^2-4ac<0;\end{cases}$

一元二次不等式 $ax^2+bx+c<0$ $(a\neq0)$ 恒成立，则 $\begin{cases}a<0,\\\Delta=b^2-4ac<0.\end{cases}$

类型 2　无解.

一元二次不等式 $ax^2+bx+c>0$ $(a\neq0)$ 无解，则 $\begin{cases}a<0,\\\Delta=b^2-4ac\leqslant0;\end{cases}$

一元二次不等式 $ax^2+bx+c<0$ $(a\neq0)$ 无解，则 $\begin{cases}a>0,\\\Delta=b^2-4ac\leqslant0.\end{cases}$

类型 3　图像.

函数 $y=ax^2+bx+c$ $(a\neq0)$ 的图像始终位于 x 轴上方，则 $\begin{cases}a>0,\\\Delta=b^2-4ac<0;\end{cases}$

函数 $y=ax^2+bx+c$ $(a\neq0)$ 的图像始终位于 x 轴下方，则 $\begin{cases}a<0,\\\Delta=b^2-4ac<0.\end{cases}$

类型 4　自变量有范围求参数的范围.

一元二次不等式 $ax^2+bx+c>0$ 或 $ax^2+bx+c<0$ $(a\neq0)$，在 x 属于某一区间时恒成立，求某个参数的取值范围.

解法：根据图像分类讨论法、解出参数法.

类型 5　参数有范围求自变量的范围.

一元二次不等式 $ax^2+bx+c>0$ 或 $ax^2+bx+c<0$ $(a\neq0)$，在某个参数属于某区间时恒成立，求 x 的取值范围.

解法：解出参数法.

【易错点】在使用解出参数法时，要特别注意解集的区间是开区间还是闭区间.

典型例题

例 26　不等式 $(k+3)x^2-2(k+3)x+k-1<0$，对 x 的任意数值都成立.

(1) $k=0$.

(2) $k=-3$.

【解析】恒成立问题，首先考虑二次项系数是否为 0.

① 二次项系数 $k+3=0$，$k=-3$ 时，代入原式得 $-4<0$，恒成立；

② 二次项系数不等于 0 时，有

$$\begin{cases}k+3<0,\\\Delta=4(k+3)^2-4(k+3)(k-1)<0,\end{cases}$$

解得 $k<-3$；

两种情况取并集，可知 $k\leqslant-3$；故条件 (1) 不充分，条件 (2) 充分.

【答案】(B)

例 27 $x \in \mathbf{R}$,不等式 $\dfrac{3x^2+2x+2}{x^2+x+1}>k$ 恒成立,则实数 k 的取值范围为(   )

(A)$1<k<2$ (B)$k<2$ (C)$k>2$

(D)$k<2$ 或 $k>2$ (E)$0<k<2$

【解析】因为 $x^2+x+1=\left(x+\dfrac{1}{2}\right)^2+\dfrac{3}{4}>0$,故可将原不等式左右两边乘以 x^2+x+1,得

$3x^2+2x+2>k(x^2+x+1)$,整理,得 $(3-k)x^2+(2-k)x+(2-k)>0$,此式恒成立,需要满足条件

$$\begin{cases} 3-k>0, \\ \Delta=(2-k)^2-4(3-k)(2-k)<0, \end{cases}$$

解得 $k<2$.

【答案】(B)

例 28 若 $y^2-2\left(\sqrt{x}+\dfrac{1}{\sqrt{x}}\right)y+3<0$ 对一切实数 x 恒成立,则 y 的取值范围是(   ).

(A)$1<y<3$ (B)$2<y<4$ (C)$1<y<4$ (D)$3<y<5$ (E)$2<y<5$

【解析】类型 5,解出参数法.

令 $t=\sqrt{x}+\dfrac{1}{\sqrt{x}}$,由均值不等式可知 $t \geqslant 2$. 原式可化为 $\dfrac{y^2+3}{2y}<t$,故有 $\dfrac{y^2+3}{2y}<2$,解得 $1<y<3$.

【答案】(A)

例 29 若不等式 $x^2+ax+1 \geqslant 0$ 对任何实数 $x \in \left(0, \dfrac{1}{2}\right)$ 都成立,则实数 a 的取值范围为(   ).

(A)$(-\infty, -1)$ (B)$\left(-\dfrac{5}{2}, +\infty\right)$ (C)$\left[-\dfrac{5}{2}, +\infty\right)$

(D)$(-1, +\infty)$ (E)$[-1, +\infty)$

【解析】类型 4.

方法一:图像讨论法.

函数 $y=x^2+ax+1$ 的图像的对称轴为 $x=-\dfrac{a}{2}$.

当 $x \in \left(0, \dfrac{1}{2}\right)$ 时,$x^2+ax+1 \geqslant 0$ 成立,画图像可知有图 3-4 所示三种情况:

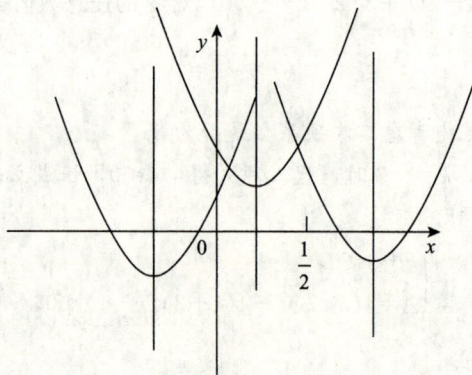

图 3-4

① 当对称轴位于 y 轴左侧时：$\begin{cases} -\dfrac{a}{2}<0, \\ f(0)\geqslant 0 \end{cases} \Rightarrow a>0$；

② 当对称轴位于 $\left[0, \dfrac{1}{2}\right]$ 时：$\begin{cases} 0\leqslant -\dfrac{a}{2}\leqslant \dfrac{1}{2}, \\ \Delta=a^2-4\leqslant 0 \end{cases} \Rightarrow -1\leqslant a\leqslant 0$；

③ 当对称轴位于 $\left(\dfrac{1}{2}, +\infty\right)$ 时：$\begin{cases} -\dfrac{a}{2}>\dfrac{1}{2}, \\ f\left(\dfrac{1}{2}\right)\geqslant 0 \end{cases} \Rightarrow -\dfrac{5}{2}\leqslant a<-1$；

三种情况取并集，故 a 的取值范围为 $\left[-\dfrac{5}{2}, +\infty\right)$.

方法二：解出参数法.

$x^2+ax+1\geqslant 0$，因为 $x\in\left(0, \dfrac{1}{2}\right)$，不等式两边同除以 x，不等式不变号，有

$$-a\leqslant x+\dfrac{1}{x},$$

根据对勾函数，知 $x+\dfrac{1}{x}$ 在 $x\in\left(0, \dfrac{1}{2}\right)$ 的最小值为 $\dfrac{5}{2}$. 故有

$$-a\leqslant \dfrac{5}{2}, \quad a\geqslant -\dfrac{5}{2}.$$

【答案】(C)

例30 已知 $t\in(2, 3)$，则一元二次不等式 $x^2-tx+1<0$ 在 x 取（　　）时成立.

(A) 1　　　　(B)(0, 2)　　　(C)[0, 2)　　　(D)(0, 2]　　　(E) 2

【解析】类型 5，解出参数法.

$x^2-tx+1<0$，等价于 $x^2+1<tx$，左侧恒大于 0，右侧 $t>0$，故必有 $x>0$；

左右两侧同除以 x，得 $x+\dfrac{1}{x}<t$，又因为 $t\in(2, 3)$，则必有 $x+\dfrac{1}{x}\leqslant 2$.

整理，得 $x^2-2x+1\leqslant 0$，故 $x=1$.

【答案】(A)

题型 3.8　韦达定理问题

老吕施法

常见以下命题方式

类型 1　韦达定理的变形.

(1) $\dfrac{1}{x_1}+\dfrac{1}{x_2}=\dfrac{x_1+x_2}{x_1 x_2}=-\dfrac{b}{c}$.

(2) $\dfrac{1}{{x_1}^2}+\dfrac{1}{{x_2}^2}=\dfrac{(x_1+x_2)^2-2x_1 x_2}{(x_1 x_2)^2}$.

(3) $|x_1-x_2|=\sqrt{(x_1-x_2)^2}=\sqrt{(x_1+x_2)^2-4x_1 x_2}$.

(4) ${x_1}^2+{x_2}^2=(x_1+x_2)^2-2x_1 x_2$.

(5) ${x_1}^2-{x_2}^2=(x_1+x_2)(x_1-x_2)=(x_1+x_2)\sqrt{(x_1-x_2)^2}=(x_1+x_2)\sqrt{(x_1+x_2)^2-4x_1 x_2}$

（其中 $x_1>x_2$）.

(6)$x_1^3+x_2^3=(x_1+x_2)(x_1^2-x_1x_2+x_2^2)=(x_1+x_2)[(x_1+x_2)^2-3x_1x_2]$.

(7)$x_1^4+x_2^4=(x_1^2+x_2^2)^2-2(x_1x_2)^2$.

类型2 两个一元二次方程通过根建立联系,求系数:对两个方程分别用韦达定理即可.

类型3 一元三次方程已知一个根,求另外两个根的情况:通过因式分解转化为一元二次方程求解.

类型4 $ax^2+bx+c=0$ 与 $cx^2+bx+a=0$ 的根互为倒数(其中 $a\neq0$,$c\neq0$).

类型5 韦达定理与等差数列、等比数列综合题.

典型例题

例31 若 x_1,x_2 是方程 $x^2-4x+1=0$ 的两个根,求下列各式的值:

(1)$|x_1-x_2|$;

(2)$x_1^2+x_2^2$;

(3)$\dfrac{x_1}{x_2}+\dfrac{x_2}{x_1}$;

(4)$x_1^3+x_2^3$.

【解析】 类型1.

由韦达定理,得 $\begin{cases} x_1+x_2=4, \\ x_1x_2=1. \end{cases}$

(1)$|x_1-x_2|=\sqrt{(x_1-x_2)^2}=\sqrt{(x_1+x_2)^2-4x_1x_2}=\sqrt{16-4}=2\sqrt{3}$.

(2)$x_1^2+x_2^2=(x_1+x_2)^2-2x_1x_2=16-2=14$.

(3)$\dfrac{x_1}{x_2}+\dfrac{x_2}{x_1}=\dfrac{x_1^2+x_2^2}{x_1x_2}=14$.

(4)$x_1^3+x_2^3=(x_1+x_2)[(x_1+x_2)^2-3x_1x_2]=4\times(4^2-3\times1)=52$.

例32 一元二次方程 $x^2+bx+c=0$ 的两个根之差的绝对值为4.

(1)$b=4$,$c=0$;

(2)$b^2-4c=16$.

【解析】 类型1.

条件(1):将 $b=4$,$c=0$ 代入方程,可得 $x^2+4x=0$,解得 $x_1=0$,$x_2=-4$,所以条件(1)充分.

条件(2):$(x_1-x_2)^2=(x_1+x_2)^2-4x_1x_2=b^2-4c=16$,解得 $x_1-x_2=4$ 或 -4,所以条件(2)也充分.

【快速得分法】 $|x_1-x_2|=\dfrac{\sqrt{b^2-4ac}}{|a|}$,可迅速得解.

【答案】 (D)

例33 已知方程 $3x^2-5x+1=0$ 的两个根为 α 和 β,则 $\sqrt{\dfrac{\beta}{\alpha}}+\sqrt{\dfrac{\alpha}{\beta}}=($).

(A)$-\dfrac{5\sqrt{3}}{3}$ 　　(B)$\dfrac{5\sqrt{3}}{3}$ 　　(C)$\dfrac{\sqrt{3}}{5}$ 　　(D)$-\dfrac{\sqrt{3}}{5}$ 　　(E)1

【解析】 类型1.

由韦达定理,得 $\alpha+\beta=\dfrac{5}{3}$,$\alpha\beta=\dfrac{1}{3}$,所以

$$\left(\sqrt{\dfrac{\beta}{\alpha}}+\sqrt{\dfrac{\alpha}{\beta}}\right)^2=\dfrac{\beta}{\alpha}+2+\dfrac{\alpha}{\beta}=\dfrac{(\alpha+\beta)^2-2\alpha\beta}{\alpha\beta}+2=\dfrac{25}{3},$$

因此，$\sqrt{\dfrac{\beta}{\alpha}}+\sqrt{\dfrac{\alpha}{\beta}}=\sqrt{\dfrac{25}{3}}=\dfrac{5\sqrt{3}}{3}$.

【快速得分法】$\sqrt{\dfrac{\beta}{\alpha}}+\sqrt{\dfrac{\alpha}{\beta}}$ 一定为正值，且一定大于 1，故选(B).

【答案】(B)

例 34 若 a，b 分别满足 $19a^2+99a+1=0$，$b^2+99b+19=0$，且 $ab\neq1$，则 $\dfrac{ab+4a+1}{b}$ 的值为( ).

(A) 1　　　　(B) -1　　　　(C) 5　　　　(D) -5　　　　(E) $-\dfrac{5}{19}$

【解析】类型 4，可知两个方程的根互为倒数；

设 $19a^2+99a+1=0$ 的两个根为 a_1，a_2，必有 $b^2+99b+19=0$ 的两个根为 $\dfrac{1}{a_1}$，$\dfrac{1}{a_2}$；

a，b 分别是两个方程的根，且 $ab\neq1$，不妨设 $a=a_1$，必有 $b=\dfrac{1}{a_2}$，则

$$\frac{ab+4a+1}{b}=\frac{a_1\cdot\dfrac{1}{a_2}+4a_1+1}{\dfrac{1}{a_2}}=a_1+a_2+4a_1a_2,$$

由韦达定理，得 $a_1+a_2=-\dfrac{99}{19}$，$a_1a_2=\dfrac{1}{19}$，代入，可知 $\dfrac{ab+4a+1}{b}=-5$.

【答案】(D)

例 35 若方程 $x^2+px+q=0$ 的一个根是另一个根的 2 倍，则 p 和 q 应满足( ).

(A) $p^2=4q$　　(B) $2p^2=9q$　　(C) $4p=9q^2$　　(D) $2p=3q^2$　　(E) 以上选项均不正确

【解析】设两个根为 $x_1=a$ 和 $x_2=2a$，根据韦达定理，有

$$x_1+x_2=-p=3a,\quad x_1x_2=q=2a^2,$$

整理，得 $2p^2=9q$.

【快速得分法】特殊值法.

设两个根分别为 1 和 2，则 $p=-3$，$q=2$，显然(B)选项正确.

【答案】(B)

例 36 $3x^2+bx+c=0$ ($c\neq0$)的两个根为 α，β，如果又以 $\alpha+\beta$，$\alpha\beta$ 为根的一元二次方程是 $3x^2-bx+c=0$，则 b 和 c 分别为( ).

(A) 2，6　　(B) 3，4　　(C) -2，-6　　(D) -3，-6　　(E) 以上选项均不正确

【解析】类型 2.

根据韦达定理，可知

$$\begin{cases}\alpha+\beta=-\dfrac{b}{3},\\[2mm]\alpha\beta=\dfrac{c}{3},\end{cases}\quad\text{且}\quad\begin{cases}(\alpha+\beta)+\alpha\beta=\dfrac{b}{3},\\[2mm](\alpha+\beta)\alpha\beta=\dfrac{c}{3},\end{cases}$$

解得 $b=-3$，$c=-6$.

【答案】(D)

例 37 方程 $x^3+2x^2-5x-6=0$ 的根为 $x_1=-1$，x_2，x_3，则 $\dfrac{1}{x_2}+\dfrac{1}{x_3}=($).

(A)$\dfrac{1}{6}$　　　　(B)$\dfrac{1}{5}$　　　　(C)$\dfrac{1}{4}$　　　　(D)$\dfrac{1}{3}$　　　　(E)1

【解析】类型 3.

将原式分解因式如下:

$$x^3+2x^2-5x-6=x^3+x^2+x^2-5x-6$$
$$=x^2(x+1)+(x+1)(x-6)$$
$$=(x+1)(x^2+x-6)=0.$$

故 x_2,x_3 是方程 $x^2+x-6=0$ 的两个根,根据韦达定理,得

$$\frac{1}{x_2}+\frac{1}{x_3}=\frac{x_2+x_3}{x_2x_3}=\frac{-1}{-6}=\frac{1}{6}.$$

【答案】(A)

例 38 若三次方程 $ax^3+bx^2+cx+d=0$ 的三个不同实根 x_1,x_2,x_3 满足 $x_1+x_2+x_3=0$,$x_1x_2x_3=0$,则下列关系式中恒成立的是(　　).

(A)$ac=0$　　　(B)$ac<0$　　　(C)$ac>0$　　　(D)$a+c<0$　　　(E)$a+c>0$

【解析】类型 3.

因为 $x_1x_2x_3=0$,所以必有一根为 0,不妨设 $x_3=0$,代入方程可得 $d=0$.

原方程化为 $ax^3+bx^2+cx=0$,即 $x=0$ 或 $ax^2+bx+c=0$.

又因为 $x_1+x_2+x_3=0$,说明 $x_1+x_2=0$,x_1,x_2,x_3 为方程的不同实根,所以 x_1,x_2 互为相反数,且 x_1,x_2 为方程 $ax^2+bx+c=0$ 的两个根,由韦达定理,可得 $x_1x_2=\dfrac{c}{a}<0$,所以 $ac<0$.

【快速得分法】特殊值法.

令 $x_1=1$,$x_2=-1$,$x_3=0$,则有 $ax^3+bx^2+cx+d=x(x+1)(x-1)=x^3-x=0$,所以 $a=1$,$c=-1$,$ac<0$.

【答案】(B)

例 39 已知方程 $3x^2+px+5=0$ 的两个根 x_1,x_2,满足 $\dfrac{1}{x_1}+\dfrac{1}{x_2}=2$,则 $p=$(　　).

(A)10　　　　(B)-6　　　　(C)6　　　　(D)-10　　　　(E) 10 或 -10

【解析】类型 1.

根据韦达定理,可知 $x_1+x_2=-\dfrac{p}{3}$,$x_1x_2=\dfrac{5}{3}$,则 $\dfrac{1}{x_1}+\dfrac{1}{x_2}=\dfrac{x_1+x_2}{x_1x_2}=-\dfrac{p}{5}=2$,解得 $p=-10$.

【答案】(D)

题型 3.9　已知 α 与 β 是一元二次方程的根的处理方式

老吕施法

若题干中出现 α 与 β 是一元二次方程 $ax^2+bx+c=0$ 的根,需要考虑以下四个方面:

　　(1)首先想到 $a\neq0$,这是方程是一元二次方程的前提,也是使用 Δ 和韦达定理的前提;

　　(2)然后想到 $\Delta\geqslant0$,$\Delta\geqslant0$ 与 $a\neq0$ 共同构成使用韦达定理的前提;

　　(3)韦达定理;

　　(4)可以将根代入方程.

典型例题

例 40　$\alpha^2+\beta^2$ 的最小值是 $\dfrac{1}{2}$.

(1)α 与 β 是方程 $x^2-2ax+(a^2+2a+1)=0$ 的两个实根；

(2)$\alpha\beta=\dfrac{1}{4}$.

【解析】根的判别式，韦达定理.

条件(1)：$\Delta=4a^2-4(a^2+2a+1)=4(-2a-1)\geqslant0\Rightarrow a\leqslant-\dfrac{1}{2}$；

根据韦达定理，得 $\alpha+\beta=2a$，$\alpha\beta=a^2+2a+1$，故 $\alpha^2+\beta^2=(\alpha+\beta)^2-2\alpha\beta=2(a^2-2a-1)$，所以当 $a=-\dfrac{1}{2}$ 时，$\alpha^2+\beta^2$ 最小，其最小值为 $\dfrac{1}{2}$，条件(1)充分.

条件(2)：$\alpha^2+\beta^2\geqslant2\alpha\beta=\dfrac{1}{2}$，条件(2)充分.

【答案】(D)

例 41　不等式 $(k+3)x^2-2(k+3)x+k-1<0$，对 x 的任意数值都成立.

(1)$k=0$；　　　　　　　　　　(2)$k=-3$.

【解析】恒成立问题，首先考虑二次项系数是否为 0；

当二次项系数 $k+3=0$，$k=-3$ 时，代入原式得 $-4<0$，恒成立.

当二次项系数不等于 0 时，有

$$\begin{cases}k+3<0,\\ \Delta=4(k+3)^2-4(k+3)(k-1)<0,\end{cases}\text{解得 }k<-3.$$

两种情况取并集，可知 $k\leqslant-3$；故条件(1)不充分，条件(2)充分.

【答案】(B)

例 42　已知 α 与 β 是方程 $x^2-x-1=0$ 的两个根，则 $\alpha^4+3\beta$ 的值为(　　).

(A)1　　　　　(B)2　　　　　(C)5　　　　　(D)$5\sqrt{2}$　　　　　(E)$6\sqrt{2}$

【解析】韦达定理，根代入方程.

α 是方程的根，代入方程，得 $\alpha^2-\alpha-1=0$，$\alpha^2=\alpha+1$，则

$$\alpha^4=(\alpha^2)^2=(\alpha+1)^2=\alpha^2+2\alpha+1=(\alpha+1)+2\alpha+1=3\alpha+2,$$

故 $\alpha^4+3\beta=3(\alpha+\beta)+2=5$.

【答案】(C)

题型 3.10　根的分布问题

老吕施法

一元二次方程 $ax^2+bx+c=0$ $(a\neq0)$**的根的分布问题分为四种类型：**

类型 1　正负根.

(1) 方程有两个不等正根 $\Leftrightarrow\begin{cases}\Delta>0,\\ x_1+x_2>0,\\ x_1x_2>0.\end{cases}$

(2)方程有两个不等负根 $\Leftrightarrow$ $\begin{cases} \Delta > 0, \\ x_1 + x_2 < 0, \\ x_1 x_2 > 0. \end{cases}$

(3)方程有一正根一负根 $\Leftrightarrow x_1 x_2 < 0 \Leftrightarrow ac < 0$.

(4)方程有一正根一负根，且正根的绝对值大 $\Leftrightarrow ac < 0$ 且 $x_1 + x_2 > 0$.

(5)方程有一正根一负根，且负根的绝对值大 $\Leftrightarrow ac < 0$ 且 $x_1 + x_2 < 0$.

类型 2 区间根.

区间根问题，使用"两点式"解题法，即看顶点(横坐标相当于看对称轴，纵坐标相当于看 Δ)、看端点(根所分布区间的端点).

为了讨论方便，我们只讨论 $a > 0$ 的情况，考试时，如果 a 的符号不定，则需要先讨论开口方向.

(1)若 $a > 0$，方程的一根大于 1，另外一根小于 1，则
$$f(1) < 0. (看端点)$$

(2)若 $a > 0$，方程的根 x_1 位于区间(1，2)上，x_2 位于区间(3，4)，$x_1 < x_2$，则
$$\begin{cases} f(1) > 0, \\ f(2) < 0, \\ f(3) < 0, \\ f(4) > 0. \end{cases} (看端点)$$

(3)若 $a > 0$，方程的根 x_1 和 x_2 均位于区间(1，2)上，则
$$\begin{cases} f(1) > 0, \\ f(2) > 0, \\ 1 < -\dfrac{b}{2a} < 2, \\ \Delta \geqslant 0. \end{cases} (看端点、看顶点)$$

(4)若 $a > 0$，方程的根 $x_2 > x_1 > 1$，则
$$\begin{cases} f(1) > 0, \\ -\dfrac{b}{2a} > 1, \\ \Delta > 0. \end{cases} (看端点、看顶点)$$

类型 3 有理根.

若一元二次方程 $ax^2 + bx + c = 0\ (a \neq 0)$ 的系数 a，b，c 均为有理数，方程的根为有理数，则 Δ 可以开方.

类型 4 整数根.

若一元二次方程 $ax^2 + bx + c = 0\ (a \neq 0)$ 的系数 a，b，c 均为整数，方程的根为整数，则
$$\left. \begin{cases} \Delta 为完全平方数, \\ x_1 + x_2 = -\dfrac{b}{a} \in \mathbf{Z}, \\ x_1 x_2 = \dfrac{c}{a} \in \mathbf{Z}, \end{cases} \right\} 即\ a\ 是\ b，c\ 的公约数.$$

典型例题

例 43　方程 $4x^2+(a-2)x+a-5=0$ 有两个不等的负实根.

(1)$a<6$；

(2)$a>5$.

【解析】正、负根问题，有两个不相等的负根，则

$$\begin{cases} \Delta=(a-2)^2-16(a-5)>0, \\ x_1+x_2=\dfrac{2-a}{4}<0, \\ x_1x_2=\dfrac{a-5}{4}>0, \end{cases}$$

解得 $5<a<6$ 或 $a>14$. 所以，条件(1)和条件(2)联立起来充分.

【答案】(C)

例 44　方程 $2ax^2-2x-3a+5=0$ 的一个根大于 1，另一个根小于 1.

(1)$a>3$；

(2)$a<0$.

【解析】区间根问题，a 的符号不定，要分情况讨论：

当 $a>0$ 时，图像开口向上，只需 $f(1)<0$ 即可，即 $2a-2-3a+5<0$，解得 $a>3$；

当 $a<0$ 时，图像开口向下，只需 $f(1)>0$ 即可，即 $2a-2-3a+5>0$，解得 $a<3$，所以 $a<0$. 故条件(1)和条件(2)单独都充分.

【答案】(D)

例 45　若关于 x 的二次方程 $mx^2-(m-1)x+m-5=0$ 有两个实根 α，β，且满足 $-1<\alpha<0$ 和 $0<\beta<1$，则 m 的取值范围是(　　).

(A)$3<m<4$　　　　　　　(B)$4<m<5$　　　　　　　(C)$5<m<6$

(D)$m>6$ 或 $m<5$　　　　(E)$m>5$ 或 $m<4$

【解析】区间根问题，根据题意可知，$m\neq0$，则

(1)当 $m>0$ 时，$y=mx^2-(m-1)x+m-5$ 的图像开口向上，如图 3-5 所示，可知

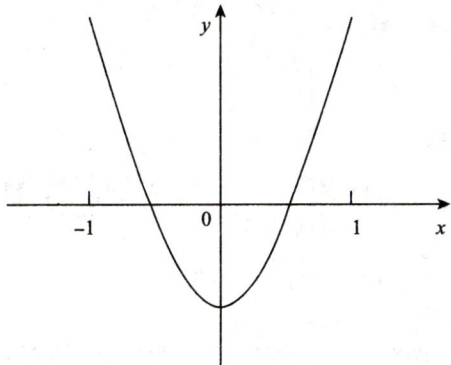

图 3-5

$$\begin{cases} f(-1)>0, \\ f(0)<0, \\ f(1)>0, \end{cases} \text{即} \begin{cases} m+m-1+m-5>0, \\ m-5<0, \\ m-m+1+m-5>0, \end{cases}$$

解得 $4<m<5$.

(2)当 $m<0$ 时,$y=mx^2-(m-1)x+m-5$ 的图像开口向下,如图3-6所示,可知

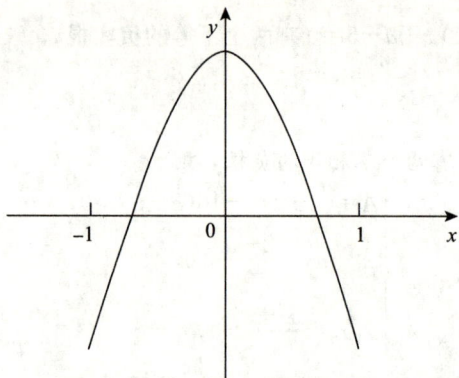

图3-6

$$\begin{cases} f(-1)<0, \\ f(0)>0, \\ f(1)<0, \end{cases} 即 \begin{cases} m+m-1+m-5<0, \\ m-5>0, \\ m-m+1+m-5<0, \end{cases}$$

不等式组无解.

【快速得分法】由 $m\neq0$ 排除(D)、(E)两项,观察(A)、(B)、(C)三项,可知 $m>0$,只可算第一种情况.

【答案】(B)

例46 关于 x 的方程 $x^2+(a-1)x+1=0$ 有两相异实根,且两根均在区间 $[0,2]$ 上,则实数 a 的取值范围( ).

(A)$-1\leqslant a<1$ (B)$-\dfrac{3}{2}\leqslant a<-1$ (C)$-\dfrac{3}{2}\leqslant a<1$

(D)$-\dfrac{3}{2}\leqslant a<0$ (E)以上选项均不正确

【解析】区间根问题,根据题意,知 $\begin{cases} \Delta=(a-1)^2-4>0, \\ 0<-\dfrac{a-1}{2}<2, \\ f(0)\geqslant0, \\ f(2)\geqslant0, \end{cases}$ 解得 $-\dfrac{3}{2}\leqslant a<-1$.

【答案】(B)

例47 已知关于 x 的方程 $x^2-(n+1)x+2n-1=0$ 的两根为整数,则整数 n 是( ).

(A)1或3   (B)1或5   (C)3或5

(D)1或2   (E)2或5

【解析】整数根问题,可知

$$\begin{cases} \Delta=(n+1)^2-4(2n-1) 为完全平方数, & ① \\ x_1+x_2=n+1 为整数, & ② \\ x_1x_2=2n-1 为整数. & ③ \end{cases}$$

当 n 是整数时,条件②③显然满足,故只需要再满足①即可.

方法一:设 $\Delta=(n+1)^2-4(2n-1)=k^2$($k$ 为非负整数),整理得 $(n-3)^2-k^2=4$,

即 $(n-3+k)(n-3-k)=4$,故有以下几种情况:

$$\begin{cases} n-3+k=4, \\ n-3-k=1, \end{cases} 或 \begin{cases} n-3+k=-1, \\ n-3-k=-4, \end{cases} 或 \begin{cases} n-3+k=2, \\ n-3-k=2, \end{cases} 或 \begin{cases} n-3+k=-2, \\ n-3-k=-2. \end{cases}$$

上下两式相加，即可解得 $n=1$ 或 5.

方法二：$\Delta=(n+1)^2-4(2n-1)=n^2-6n+5=(n-1)(n-5)=k^2$，

只可能是 $n-1=0$ 或者 $n-5=0$，得 $n=1$ 或 5.

【快速得分法】选项代入法，将各选项的值代入①式，易知选(B).

【答案】(B)

第四节　特殊函数、方程和不等式

一、　老吕讲考点

(一) 指数

1. 指数函数的定义

形如 $y=a^x (a>0$ 且 $a\neq 1)(x\in \mathbf{R})$ 的函数叫作指数函数.

2. 指数函数的图像和性质

	$a>1$	$0<a<1$
图像		
性质	①定义域：全体实数 **R**	①定义域：全体实数 **R**
	②值域：$(0,+\infty)$	②值域：$(0,+\infty)$
	③过定点：过点$(0,1)$，即 $x=0$ 时 $y=1$	③过定点：过点$(0,1)$，即 $x=0$ 时 $y=1$
	④单调性：增函数	④单调性：减函数

(二) 对数

1. 对数函数的定义

形如 $y=\log_a x$ $(a>0$ 且 $a\neq 1)$ 的函数叫作对数函数，其中 x 是自变量，函数的定义域是 $(0,+\infty)$.

2. 对数的运算法则

如果 $a>0$ 且 $a\neq 1$，$M>0$，$N>0$，那么

(1) $\log_a MN=\log_a M+\log_a N$.

(2) $\log_a \dfrac{M}{N}=\log_a M-\log_a N$.

(3) $\log_a M^n=n\log_a M$.

(4) $\log_{a^k} M^n=\dfrac{n}{k}\log_a M$.

(5)换底公式：$\log_a M = \dfrac{\lg M}{\lg a} = \dfrac{\ln M}{\ln a}$

【易错点】 对数公式其实并不是恒成立的，成立的前提是等号左右两边都满足对数的定义域，所以在使用对数公式时，应该先考虑定义域问题.

3. 对数函数的图像和性质

	$a>1$	$0<a<1$
图像		
性质	①定义域：$(0,+\infty)$	①定义域：$(0,+\infty)$
	②值域：$\mathbf{R}$	②值域：$\mathbf{R}$
	③过定点：过点$(1,0)$，即 $x=1$ 时 $y=0$	③过定点：过点$(1,0)$，即 $x=1$ 时 $y=0$
	④单调性：在$(0,+\infty)$上是增函数	④单调性：在$(0,+\infty)$上是减函数

(三)分式方程及不等式

1. 分式方程的解法

分式方程：等号两边至少有一个分母含有未知数的有理方程叫作分式方程.

分式方程的解法如下：

(1)去分母.

方程两边同时乘以最简公分母，将分式方程化为整式方程.

(2)按解整式方程的步骤解方程.

(3)验根.

2. 分式不等式的解法

形如 $\dfrac{f(x)}{g(x)}>a$，$\dfrac{f(x)}{g(x)}\geqslant a$，$\dfrac{f(x)}{g(x)}<a$，$\dfrac{f(x)}{g(x)}\leqslant a$ 的不等式称为分式不等式，其中，a 可以等于 0，也可以不等于 0.

分式不等式的解法如下：

(1)移项.

将 $\dfrac{f(x)}{g(x)}>a$ 化为 $\dfrac{f(x)}{g(x)}-a>0$.

(2)通分.

将 $\dfrac{f(x)}{g(x)}-a>0$ 化为 $\dfrac{f(x)-a\cdot g(x)}{g(x)}>0$.

(3)将分子分母因式分解，化简.

(4)用穿线法求出解集(见题型 3.14).

(四)高次方程和高次不等式

1. 高次方程

高次方程求解，一般需要降次，常用的降次方法有：因式分解、换元.

2. 高次不等式

高次不等式求解，一般只需要因式分解，再用穿线法即可(见题型 3.15).

（五）无理方程及不等式

1. 无理方程

根式方程就是根号内含有未知数的方程．根式方程又叫无理方程．

2. 无理方程的解法

(1)直接平方法，将根号去掉从而转换成有理方程，注意验根．

(2)换元法，将根式部分设为某个字母．

3. 无理不等式的类型

$$(1)\ \sqrt{f(x)} \geqslant g(x) \Leftrightarrow \begin{cases} f(x) \geqslant 0, \\ g(x) \geqslant 0, \\ f(x) \geqslant g^2(x) \end{cases} \quad 或 \begin{cases} f(x) \geqslant 0, \\ g(x) < 0. \end{cases}$$

$$(2)\ \sqrt{f(x)} \leqslant g(x) \Leftrightarrow \begin{cases} f(x) \geqslant 0, \\ g(x) \geqslant 0, \\ f(x) \leqslant g^2(x). \end{cases}$$

$$(3)\ \sqrt{f(x)} > \sqrt{g(x)} \Leftrightarrow \begin{cases} f(x) \geqslant 0, \\ g(x) \geqslant 0, \\ f(x) > g(x). \end{cases}$$

（六）绝对值方程及不等式

绝对值问题的解法如下：

(1)$|f(x)| < a \Leftrightarrow -a < f(x) < a$，其中 $a > 0$.

$\quad |f(x)| > a \Leftrightarrow f(x) < -a$ 或 $f(x) > a$，其中 $a > 0$.

(2)$|f(x)|^2 = [f(x)]^2$.

(3)$|f(x)| = \begin{cases} f(x), & f(x) \geqslant 0, \\ -f(x), & f(x) < 0. \end{cases}$

(4)$|a| - |b| \leqslant |a \pm b| \leqslant |a| + |b|$.

二、 老吕讲题型

题型 3.11　指数方程和指数不等式

老吕施法

(1)指数方程的解法．

常规解法：化同底、换元、解方程；

特殊方法：等式两边取对数、图像法，在管理类联考中几乎不考查．

(2)指数不等式的解法．

四步解题法：化同底、判断指数函数的单调性、构造新不等式、解不等式．

典型例题

例 48　解方程 $4^{x-\frac{1}{2}} + 2^x = 1$，则（　　）.

(A)方程有两个正实根　　　　(B)方程只有一个正实根　　　　(C)方程只有一个负实根

(D)方程有一正一负两个实根　　(E)方程有两个负实根

【解析】 采用以下三步解题：

①化同底：$4^{x-\frac{1}{2}}+2^x=1$，$4^x\times4^{-\frac{1}{2}}+2^x=1$，$\frac{1}{2}\times(2^x)^2+2^x=1$.

②换元：令 $t=2^x(t>0)$，则有 $\frac{1}{2}t^2+t=1\Rightarrow t^2+2t-2=0$.

③解方程：解得 $t=\sqrt{3}-1$ 或 $t=-\sqrt{3}-1$(舍去).

故 $2^x=\sqrt{3}-1$，$x=\log_2(\sqrt{3}-1)$，因为 $\sqrt{3}-1<1$，所以 $x<0$.

【答案】(C)

例49 不等式 $\left(\frac{1}{3}\right)^{x^2-8}>3^{-2x}$ 的解集为(   ).

(A)$0<x<2$　　　　　(B)$-2<x<4$　　　　　(C)$-2<x<3$

(D)$-2<x<0$　　　　　(E)$-1<x<3$

【解析】化同底，得 $3^{8-x^2}>3^{-2x}$. 因底数 $3>1$，函数 $y=3^x$ 是增函数，原方程等价于 $8-x^2>-2x$，化简得 $x^2-2x-8<0$，解得 $-2<x<4$.

【答案】(B)

题型 3.12　对数方程和对数不等式

老吕施法

(1)对数方程的解法.

四步解题法：化同底、换元、解方程、验根.

(2)对数不等式的解法.

五步解题法：化同底、判断单调性、构造不等式、解不等式、与定义域求交集.

【易错点】忘掉定义域.

典型例题

例50 方程 $2\log_2x-3\log_x2-5=0$ 的根为(   ).

(A)2　　　(B)8　　　(C)8 或 $\frac{\sqrt{2}}{2}$　　　(D)2 或 8　　　(E)$\frac{\sqrt{2}}{2}$

【解析】原式可化为 $2\log_2x-\dfrac{3}{\log_2x}-5=0$.

令 $\log_2x=t$，$t\neq0$，原式化为 $2t-\dfrac{3}{t}-5=0$，解得 $t_1=3$ 或 $t_2=-\dfrac{1}{2}$，即 $\begin{cases}\log_2x=3\text{ 或 }\log_2x=-\dfrac{1}{2},\\ x>0,\\ x\neq1,\end{cases}$

解得 $x=8$ 或 $\dfrac{\sqrt{2}}{2}$，经验证，两个根都有意义.

【答案】(C)

例51 若 $a>1$，解不等式 $\log_a(4+3x-x^2)-\log_a(2x-1)>\log_a2$，则(   ).

(A)$0<x<2$　　　　　(B)$\frac{1}{2}<x<2$　　　　　(C)$-2<x<3$

(D)$-2<x<0$　　　　　(E)$\frac{1}{2}<x<3$

【解析】对数式有意义，有 $4+3x-x^2>0$，$2x-1>0$. 原不等式可化为
$$\log_a(4+3x-x^2)>\log_a 2(2x-1).$$

当 $a>1$ 时，$y=\log_a x$ 是增函数，所以原式化为不等式组 $\begin{cases} 4+3x-x^2>0, \\ 2x-1>0, \\ 4+3x-x^2>2(2x-1), \end{cases}$

解得 $\dfrac{1}{2}<x<2$.

【答案】(B)

例 52 若 $\log_a(x^2+2x+5)>\log_a 3$，则 a 的取值范围是( ).

(A)$(1，+\infty)$ (B)$(0，1)$ (C)$(0，+\infty)$

(D)$(-\infty，0)$ (E)以上选项均不正确

【解析】底数 a 要满足 $a>0$，$a\neq 1$，先排除(C)，(D)．$x^2+2x+5=(x+1)^2+4>3$，$a>1$ 时，$y=\log_a x$ 为增函数，故应选(A)．

【答案】(A)

例 53 $|\log_a x|>1$.

(1)$x\in[2，4]$，$\dfrac{1}{2}<a<1$；   (2)$x\in[4，6]$，$1<a<2$.

【解析】$|\log_a x|>1$，等价于 $\log_a x>1$ 或 $\log_a x<-1$.

条件(1)：$\dfrac{1}{2}<a<1$，故 $1<\dfrac{1}{a}<2$. 因为 $x\in[2，4]$，所以 $x>\dfrac{1}{a}$. 因为 $y=\log_a x$ 是减函数，所以 $\log_a x<\log_a\dfrac{1}{a}=-1$，条件(1)充分．

条件(2)：$1<a<2$，有 $x>a$，$y=\log_a x$ 是增函数，故 $\log_a x>\log_a a=1$，条件(2)也充分．

【答案】(D)

题型 3.13 分式方程的增根问题

(1)解分式方程采用以下步骤：

①通分．

移项，通分，将原分式方程转化为标准形式：$\dfrac{f(x)}{g(x)}=0$.

②去分母．

去分母，使 $f(x)=0$，解出 $x=x_0$.

③验根．

将 $x=x_0$ 代入 $g(x)$，若 $g(x_0)=0$，则 $x=x_0$ 为增根，舍去；若 $g(x_0)\neq 0$，则 $x=x_0$ 为有效根．

(2)若 $\dfrac{f(x)}{g(x)}=0$ 有实根，则 $f(x)=0$ 有根，且至少一个根不是增根．

(3)若 $\dfrac{f(x)}{g(x)}=0$ 无实根，则 $f(x)=0$ 无实根，或者 $f(x)=0$ 有实根但均为增根．

典型例题

例 54 方程 $\dfrac{a}{x^2-1}+\dfrac{1}{x+1}+\dfrac{1}{x-1}=0$ 有实根．

(1)实数 $a\neq2$;　　　　　　　　　(2)实数 $a\neq-2$.

【解析】 $\dfrac{a}{x^2-1}+\dfrac{1}{x+1}+\dfrac{1}{x-1}=0$,通分得 $\dfrac{a+2x}{x^2-1}=0$,即 $\begin{cases}x=-\dfrac{a}{2},\\ x\neq\pm1,\end{cases}$ 所以 $a\neq\pm2$.

条件(1)和条件(2)联立起来充分.

【答案】(C)

例 55 关于 x 的方程 $\dfrac{1}{x-2}+3=\dfrac{1-x}{2-x}$ 与 $\dfrac{x+1}{x-|a|}=2-\dfrac{3}{|a|-x}$ 有相同的增根.

(1) $a=2$;　　　　　　　　　(2) $a=-2$.

【解析】 对于分式方程来说,令分母等于 0 的根为增根,可知 $x=2$ 是 $\dfrac{1}{x-2}+3=\dfrac{1-x}{2-x}$ 的增根.

条件(1): $\dfrac{x+1}{x-|a|}=2-\dfrac{3}{|a|-x}$ 化为 $\dfrac{x+1}{x-2}=2-\dfrac{3}{2-x}$,通分得 $\dfrac{x+1}{x-2}=\dfrac{2x-1}{x-2}$,得 $x=2$ 是此方程的增根,条件(1)充分.

条件(2): 将 $a=-2$ 代入方程 $\dfrac{x+1}{x-|a|}=2-\dfrac{3}{|a|-x}$,同理可得条件(2)也充分.

【答案】(D)

例 56 已知关于 x 的方程 $\dfrac{1}{x^2-x}+\dfrac{k-5}{x^2+x}=\dfrac{k-1}{x^2-1}$ 无解,那么 $k=$ (　　).

(A)3 或 6　　　(B)6 或 9　　　(C)3 或 9　　　(D)3、6 或 9　　　(E)1 或 3

【解析】 通分得 $\dfrac{x+1+(k-5)(x-1)-x(k-1)}{x(x+1)(x-1)}=0$.

去分母得 $(x+1)+(k-5)(x-1)-x(k-1)=0$,解得 $x=\dfrac{6-k}{3}$.

原方程的增根可能是 $0,1,-1$,故有

当 $x=0$ 时, $\dfrac{6-k}{3}=0$,则 $k=6$;

当 $x=1$ 时, $\dfrac{6-k}{3}=1$,则 $k=3$;

当 $x=-1$ 时, $\dfrac{6-k}{3}=-1$,则 $k=9$;

所以,当 $k=3,6,9$ 时,方程无解.

【答案】(D)

题型 3.14　穿线法解分式不等式

老吕施法

穿线法解分式不等式的步骤:

　　(1)移项,使等式一侧为 0.

　　(2)因式分解,并使每个因式的最高次项均为正数.

　　(3)令每个因式等于零,得到零点,并标注在数轴上.

　　(4)如果有恒大于 0 的项,对不等式没有影响,直接删掉.

（5）穿线：从数轴的右上方开始穿线，依次去穿每个点，遇到奇次零点则穿过，遇到偶次零点则穿而不过．

（6）凡是位于数轴上方的曲线所代表的区间，就是令不等式大于 0 的区间；数轴下方的，则令不等式小于 0；数轴上的点，令不等式等于 0，但是要注意这些零点是否能够取到．

典型例题

例 57 求不等式 $\dfrac{(x+1)(x+2)^2}{(x^2+x+1)(1-x)(x-3)^3}\geqslant 0$ 的解集．

【解析】分如下步骤：

(1)将每个因式的最高次项化简为正数，得

$$\dfrac{(x+1)(x+2)^2}{(x^2+x+1)(x-1)(x-3)^3}\leqslant 0.$$

(2)恒大于零的项 (x^2+x+1) 对不等式的解没有影响，可以删去，得

$$\dfrac{(x+1)(x+2)^2}{(x-1)(x-3)^3}\leqslant 0.$$

(3)令每个因式等于 0，得到四个零点为 -2，-1，1，3，画在数轴上

(4)穿线，从右上方去穿每个零点，奇过偶不过，得

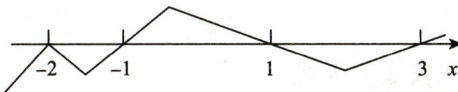

(5)观察零点是否能取到，可知 -2，-1 点可以取；1，3 点使分式的分母为 0，不能取；小于 0 的区间为数轴下方的部分，所以解集为 $(-\infty,\ -1]\bigcup(1,\ 3)$．

例 58 设 $0<x<1$，则不等式 $\dfrac{3x^2-2}{x^2-1}>1$ 的解是（　　　）．

(A)$0<x<\dfrac{1}{\sqrt{2}}$ (B)$\dfrac{1}{\sqrt{2}}<x<1$ (C)$0<x<\sqrt{\dfrac{2}{3}}$

(D)$\sqrt{\dfrac{2}{3}}<x<1$ (E)以上选项均不正确

【解析】方法一：$\dfrac{3x^2-2}{x^2-1}>1$，因为 $0<x<1$，所以 $x^2-1<0$．不等式可化为 $3x^2-2<x^2-1$，即 $2x^2<1$，解得 $-\dfrac{1}{\sqrt{2}}<x<\dfrac{1}{\sqrt{2}}$．又因为 $0<x<1$，所以 $0<x<\dfrac{1}{\sqrt{2}}$．

方法二：$\dfrac{3x^2-2}{x^2-1}>1\Leftrightarrow\dfrac{3x^2-2}{x^2-1}-1>0$，即 $\dfrac{(\sqrt{2}x+1)(\sqrt{2}x-1)}{(x+1)(x-1)}>0$．由穿线法解得 $(-\infty,\ -1)\bigcup\left(-\dfrac{1}{\sqrt{2}},\ \dfrac{1}{\sqrt{2}}\right)\bigcup(1,\ +\infty)$，又因为 $0<x<1$，所以解集为 $0<x<\dfrac{1}{\sqrt{2}}$．

【答案】(A)

题型 3.15　穿线法解高次不等式

老吕施法

高次不等式的解题步骤:

(1)因式分解降次.

(2)穿线法.

典型例题

例 59　$(2x^2+x+3)(-x^2+2x+3)<0$.

(1)$x\in[-3, -2]$;　　　(2)$x\in(4, 5)$.

【解析】令 $y=2x^2+x+3$,$\Delta=1-4\times2\times3<0$,故 $y=2x^2+x+3$ 恒大于 0.

原不等式等价于 $-x^2+2x+3<0$,解得 $x>3$ 或 $x<-1$.

小集合可以推大集合,故条件(1)和条件(2)单独都充分.

【答案】(D)

例 60　$(x^2-2x-8)(2-x)(2x-2x^2-6)>0$.

(1)$x\in(-3, -2)$;　　　(2)$x\in[2, 3]$.

【解析】原式等价于 $(x^2-2x-8)(x-2)(2x^2-2x+6)>0$.

由于 $2x^2-2x+6>0$ 恒成立,可删去,则有 $(x+2)(x-2)(x-4)>0$,根据穿线法可得 $-2<x<2$ 或 $x>4$.

所以,条件(1)、条件(2)单独不充分,联合起来也不充分.

【答案】(E)

题型 3.16　根式方程和根式不等式

老吕施法

(1)根式方程.

①去根号的方法:平方法、配方法、换元法.

②根式方程的隐含定义域.

$$\sqrt{f(x)}=g(x)\Leftrightarrow\begin{cases}f(x)=g^2(x),\\f(x)\geqslant0,\\g(x)\geqslant0.\end{cases}$$

(2)无理不等式

$$①\sqrt{f(x)}\geqslant g(x)\Leftrightarrow\begin{cases}f(x)\geqslant0,\\g(x)\geqslant0,\\f(x)\geqslant g^2(x)\end{cases}\quad或\begin{cases}f(x)\geqslant0,\\g(x)<0.\end{cases}$$

$$②\sqrt{f(x)}\leqslant g(x)\Leftrightarrow\begin{cases}f(x)\geqslant0,\\g(x)\geqslant0,\\f(x)\leqslant g^2(x).\end{cases}$$

$$③\sqrt{f(x)}>\sqrt{g(x)}\Leftrightarrow\begin{cases}f(x)\geqslant0,\\g(x)\geqslant0,\\f(x)>g(x).\end{cases}$$

典型例题

例 61 $f(x)=\sqrt{x-x^2}$ 的定义域是(　　).

(A) $(-\infty,1]$　　　　(B) $(-\infty,0)\bigcup(1,+\infty)$　　　(C) $(0,1)$

(D) $(-\infty,0]\bigcup[1,+\infty)$　　(E) $[0,1]$

【解析】定义域为 $x-x^2=x(1-x)\geqslant0$，解不等式得 $0\leqslant x\leqslant1$.

【答案】(E)

例 62 方程 $\sqrt{x-p}=x$ 有两个不相等的正根.

(1)$p\geqslant0$；

(2)$p<\dfrac{1}{4}$.

【解析】方程为 $x-p=x^2$，得 $x^2-x+p=0$，有两不相等正根，即 $\begin{cases}\Delta=1-4p>0,\\ x_1x_2=p>0,\end{cases}$ 得 $0<p<$

$\dfrac{1}{4}$. 条件(1)和(2)单独均不充分，联合也不充分.

【快速得分法】特殊值法.

令 $p=0$，则方程化为 $\sqrt{x}=x$，明显有根 $x=0$，不充分. 条件(1)、(2)单独或联合均不能排除 $p=0$，故应选(E).

【答案】(E)

例 63 $\sqrt{1-x^2}<x+1$.

(1)$x\in[-1,0)$；

(2)$x\in\left(0,\dfrac{1}{2}\right]$.

【解析】根式不等式的第 2 种形式，原不等式等价于 $\begin{cases}1-x^2\geqslant0,\\ x+1\geqslant0,\\ 1-x^2<(x+1)^2,\end{cases}$　解得 $0<x\leqslant1$.

显然条件(1)不充分，条件(2)充分.

【答案】(B)

微模考三（上）· 基础篇

（共25题，每题3分，限时60分钟）

扫码并回复"微模考"
听老师串讲微模考

一、问题求解：第 1～15 小题，每小题 3 分，共 45 分．下列每题给出的 (A)、(B)、(C)、(D)、(E) 五个选项中，只有一项是符合试题要求的，请在答题卡上将所选项的字母涂黑．

1. 已知一元二次不等式 $ax^2+bx+10<0$ 的解为 $x<-2$ 或 $x>5$，则 b^a 的值为（　　）.

　　(A)3　　　　　(B)-3　　　　　(C)-1　　　　　(D)$\dfrac{1}{3}$　　　　　(E)$-\dfrac{1}{3}$

2. 设方程 $3x^2-8x+a=0$ 的两个根为 x_1 和 x_2，若 $\dfrac{1}{x_1}$ 和 $\dfrac{1}{x_2}$ 的算术平均值为 2，则 a 的值是（　　）.

　　(A)-2　　　　　(B)-1　　　　　(C)1　　　　　(D)$\dfrac{1}{2}$　　　　　(E)2

3. $|9x^2-6x|>1$ 的解集是（　　）.

　　(A)$\left(-\infty,\ \dfrac{1+\sqrt{2}}{3}\right)\cup\left(\dfrac{1+\sqrt{2}}{3},\ +\infty\right)$　　　　　(B)$(-\infty,\ +\infty)$

　　(C)$\left(-\infty,\ \dfrac{1-\sqrt{2}}{3}\right)\cup\left(\dfrac{1+\sqrt{2}}{3},\ +\infty\right)$　　　　　(D)$(1,\ 3)$

　　(E)以上选项均不正确

4. 已知方程 $ax^2+bx+c=0$ 的两个根是 -2 和 3，且函数 $y=ax^2+bx+c$ 的最小值是 $-\dfrac{25}{4}$，则 a，b，c 分别为（　　）.

　　(A)-1，1，6　　　　　(B)-2，2，3　　　　　(C)1，-1，-6

　　(D)2，-2，-3　　　　　(E)以上选项均不正确

5. 若方程 $2x^2-(a+1)x+a+3=0$ 两根之差为 1，则 a 的值是（　　）.

　　(A)9 或 -3　　　　　(B)9 或 3　　　　　(C)-9 或 3

　　(D)-9 或 -3　　　　　(E)9 或 -2

6. 若方程 $x^2+px+37=0$ 恰有两个正整数解 x_1，x_2，则 $\dfrac{(x_1+1)(x_2+1)}{p}$ 的值是（　　）.

　　(A)-2　　　　　(B)-1　　　　　(C)0　　　　　(D)1　　　　　(E)2

7. 已知关于 x 的方程 $x^2+2mx-n^2+2=0$ 无实根，m，$n\in R$，则 $m+n$ 的取值范围是（　　）.

　　(A)$(-2,\ 0)$　　(B)$(-2,\ 2)$　　(C)$(-1,\ 0)$　　(D)(0.2)　　(E)$(-4,\ 4)$

8. 当 $m<-1$ 时，方程 $(m^3+1)x^2+(m^2+1)x=m+1$ 的根的情况为（　　）.

　　(A) 两负根　　　　　(B) 两根异号且负根绝对值大　　(C) 无实根

　　(D) 两根异号且正根绝对值大　　(E) 以上选项均不正确

9. 若方程 $2x^2+3x+5m=0$ 的一个根大于 1，另一个小于 1，则 m 的取值范围是（　　）.

　　(A)$m<-1$　　(B)$|m|<1$　　(C)$0<m<1$　　(D)$m\leqslant1$　　(E)以上选项均不正确

10. 已知不等式 $ax^2+bx+a>0$ 的解集是 $\left(-2,\ -\dfrac{1}{2}\right)$，则 a，b 应满足(   ).

(A)$a>0$，$b>0$，$2a=5b$ (B)$a<0$，$b<0$，$2a=5b$ (C)$a>0$，$b>0$，$5a=2b$

(D)$a<0$，$b<0$，$5a=2b$ (E) 以上选项均不正确

11. 已知 m，n 是方程 $x^2-3x+1=0$ 的两个实根，则 $2m^2+4n^2-6n$ 的值为(   ).

(A)4   (B)12   (C)15   (D)17   (E)18

12. 已知方程 $x^2+ax+b=0$ 的两实根之比为 $3:4$，判断式 $\Delta=2$，则其两个实根之差的绝对值为(   ).

(A)$\sqrt{2}$ (B)$3\sqrt{2}$ (C)$5\sqrt{2}$ (D)$7\sqrt{2}$ (E)$9\sqrt{2}$

13. 若使函数 $f(x)=\dfrac{\lg(2x^2+5x-12)}{\sqrt{x^2-3}}$ 有意义，则 x 的取值范围包括(   )个正整数.

(A)0   (B)1   (C)2   (D)3   (E)无数个

14. 使关于 x 的方程 $x^2+2(m-1)x+2m+6=0$ 有两个实根 α，β，且满足 $0<\alpha<1<\beta<4$，则实数 m 的范围是(   ).

(A)$-\dfrac{7}{5}<m<-\dfrac{5}{4}$ (B)$-\dfrac{7}{5}<m\leqslant-\dfrac{5}{4}$ (C)$-\dfrac{7}{5}\leqslant m<-\dfrac{5}{4}$

(D)$-\dfrac{7}{5}\leqslant m\leqslant-\dfrac{5}{4}$ (E)以上选项均不正确

15. 若不等式 $\dfrac{(x-a)^2+(x+a)^2}{x}>4$ 对 $x\in(0,\ +\infty)$ 恒成立，则常数 a 的取值范围是(   ).

(A)$(-\infty,\ -1)$ (B)$(1,\ +\infty)$ (C)$(-1,\ 1)$

(D)$(-1,\ +\infty)$ (E)$(-\infty,\ -1)\bigcup(1,\ +\infty)$

二、条件充分性判断：第 16～25 小题，每小题 3 分，共 30 分．要求判断每题给出的条件(1)和条件(2)能否充分支持题干所陈述的结论．(A)、(B)、(C)、(D)、(E)五个选项为判断结果，请选择一项符合试题要求的判断，在答题卡上将所选项的字母涂黑．

(A)条件(1)充分，但条件(2)不充分．

(B)条件(2)充分，但条件(1)不充分．

(C)条件(1)和条件(2)单独都不充分，但条件(1)和条件(2)联合起来充分．

(D)条件(1)充分，条件(2)也充分．

(E)条件(1)和条件(2)单独都不充分，条件(1)和条件(2)联合起来也不充分．

16. 要使得 $1\leqslant k<2$ 成立．

(1) 关于 x 的方程 $x^2-2(k-1)x+(k-1)=0$ 无实根；

(2) 不等式组 $\begin{cases}2x^2+x-10<0,\\2x^2+(5+2k)x+5k<0\end{cases}$ 的整数解仅有一个，为 -2．

17. 方程 $x^2-2x+c=0$ 的两根之差的平方等于 16．

(1)$c=3$；

(2)$c=-3$．

18. $\alpha\beta=2$．

(1)$(\alpha-1)(\beta-2)=0$；

(2)α，β 是方程 $x^2+\dfrac{4}{x^2}=3\left(x+\dfrac{2}{x}\right)$ 的两个实根．

19. 实数 a，b 之间满足 $a=2b$.

(1) 关于 x 的一元二次方程 $ax^2+3x-2b=0$ 的两根的倒数是方程 $3x^2-ax+2b=0$ 的两根；

(2) 关于 x 的方程 $x^2-ax+b^2=0$ 有两个相等实根.

20. $|x-2|-|2x+1|>1$.

(1) $-1\leqslant x\leqslant 1$；

(2) $-2\leqslant x\leqslant 0$.

21. $\sqrt{a^2b}=-a\sqrt{b}$.

(1) $a>0$，$b<0$；

(2) $a<0$，$b>0$.

22. 设 a，b 为非负实数，则 $a+b\leqslant \dfrac{5}{4}$.

(1) $ab\leqslant \dfrac{1}{16}$；

(2) $a^2+b^2\leqslant 1$.

23. $4x^2-4x<3$.

(1) $x\in\left(-\dfrac{1}{4},\ \dfrac{1}{2}\right)$；

(2) $x\in(-1,\ 0)$.

24. 实数 k 的取值范围是 $(-\infty,\ 2)\bigcup(5,\ +\infty)$.

(1) 关于 x 的方程 $kx+2=5x+k$ 的根为非负实数；

(2) 抛物线 $y=x^2-2kx+(7k-10)$ 位于 x 轴上方.

25. 方程 $4x^2-4(m-1)x+m^2=7$ 的两根之差的绝对值大于 2.

(1) $1<m<2$；

(2) $-5<m<-2$.

微模考三（下）·强化篇

（共 25 题，每题 3 分，限时 60 分钟）

一、问题求解：第 1～15 小题，每小题 3 分，共 45 分．下列每题给出的 (A)、(B)、(C)、(D)、(E)五个选项中，只有一项是符合试题要求的，请在答题卡上将所选项的字母涂黑．

1. 若 x，y 满足约束条件 $\begin{cases} x \leqslant 2, \\ y \leqslant 2, \\ x+y \geqslant 2, \end{cases}$ 则 $z=x+2y$ 的取值范围是（　　）．

   (A) $[2, 6]$　　　　　　　　(B) $[2, 5]$　　　　　　　　(C) $[3, 6]$

   (D) $(3, 5]$　　　　　　　　(E) $[4, 7]$

2. 函数 $y=\sqrt{x^2-6x+13}+\sqrt{x^2+4x+5}$ 的值域为（　　）．

   (A) $(0, \sqrt{34}]$　　　　　(B) $(0, \sqrt{34})$　　　　　(C) $[3\sqrt{3}, +\infty)$

   (D) $[\sqrt{34}, +\infty)$　　　　(E) $[2\sqrt{11}, +\infty)$

3. 为使关于 x 的不等式 $|x-1|+|x-2| \leqslant a^2+a+1 (a \in \mathbf{R})$ 的解集在 $\mathbf{R}$ 上为空集，则 a 的取值范围是（　　）．

   (A) $(0, 1)$　　　　　　　　(B) $(-1, 0)$　　　　　　　(C) $(1, 2)$

   (D) $(-\infty, -1)$　　　　　(E) $(1, +\infty)$

4. $\dfrac{10x+2}{x^2+3x+2} \geqslant x+1$ 的解集中包含（　　）个非负整数．

   (A) 1　　　　　(B) 2　　　　　(C) 3　　　　　(D) 0　　　　　(E) 无数个

5. 若关于 x 的一元二次方程 $(m-2)^2x^2+(2m+1)x+1=0$ 有两个不相等的实根，则 m 的取值范围是（　　）．

   (A) $m < \dfrac{3}{4}$　　　　　　(B) $m \leqslant \dfrac{3}{4}$　　　　　　(C) $m > \dfrac{3}{4}$ 且 $m \neq 2$

   (D) $m \geqslant \dfrac{3}{4}$ 且 $m \neq 2$　　(E) $m > \dfrac{3}{4}$

6. 已知方程 $(m-1)x^2+3x-1=0$ 的两根都是正数，则 m 的取值范围是（　　）．

   (A) $-\dfrac{5}{4} < m < 1$　　　　　(B) $-\dfrac{5}{4} \leqslant m < 1$　　　　　(C) $-\dfrac{5}{4} < m \leqslant 1$

   (D) $m \leqslant -\dfrac{5}{4}$ 或 $m > 1$　　　(E) 以上选项均不正确

7. 如果 a，b 都是质数，且 $a^2-13a+m=0$，$b^2-13b+m=0$，那么 $\dfrac{b}{a}+\dfrac{a}{b}$ 的值为（　　）．

   (A) $\dfrac{123}{22}$　　　(B) $\dfrac{125}{22}$ 或 2　　　(C) $\dfrac{125}{22}$　　　(D) $\dfrac{123}{22}$ 或 2　　　(E) 2

8. 若关于 x 的方程 $4^x+a \cdot 2^x+a+1=0$ 有实数解，则实数 a 的取值范围为（　　）．

   (A) $(-\infty, 2-\sqrt{2}]$　　　　(B) $(-\infty, 2-\sqrt{2})$　　　　(C) $[2-\sqrt{2}, +\infty)$

(D)$(2-\sqrt{2}, +\infty)$ (E)以上选项均不正确

9. 若方程$(x-1)(x^2-2x+m)=0$的三根是一个三角形三边的长，则实数m的取值范围是( )．

  (A)$0 \leqslant m \leqslant 1$ (B)$m \geqslant \dfrac{3}{4}$ (C)$\dfrac{3}{4} < m \leqslant 1$ (D)$\dfrac{3}{4} < m < 1$ (E)$m > 1$

10. 已知三个不等式：(1)$x^2-4x+3<0$，(2)$x^2-6x+8<0$，(3)$2x^2-9x+m<0$，要是同时满足(1)和(2)的所有x满足(3)，则实数m的取值范围是( )．

  (A)$m>9$ (B)$m<9$ (C)$m \leqslant 9$ (D)$m \geqslant 9$ (E)$m=9$

11. 若关于x的方程$x^2+(a-1)x+1=0$有两个相异实根，且两根均在区间$[0,2]$上，则实数a的取值范围是( )．

  (A)$-1 \leqslant a < 1$ (B)$-\dfrac{3}{2} \leqslant a < -1$ (C)$-\dfrac{3}{2} \leqslant a < 1$

  (D)$-\dfrac{3}{2} \leqslant a < 0$ (E)以上选项均不正确

12. 设x_1，x_2是关于x的一元二次方程$x^2+ax+a=2$的两个实数根，则$(x_1-2x_2)(x_2-2x_1)$的最大值为( )．

  (A)$\dfrac{63}{8}$ (B)$-\dfrac{63}{8}$ (C)$\dfrac{215}{8}$ (D)$-\dfrac{215}{8}$ (E)$\dfrac{37}{8}$

13. x_1，x_2是方程$6x^2-7x+a=0$的两个实数根，若$\dfrac{x_1}{x_2^2}$，$\dfrac{x_2}{x_1^2}$的几何平均值是$\sqrt{3}$，则a的值是( )．

  (A)-1 (B)0 (C)1 (D)2 (E)3

14. 设正实数x，y，z满足$x^2-3xy+4y^2-z=0$，则当$\dfrac{z}{xy}$取得最小值时，$x+2y-z$的最大值为( )．

  (A)0 (B)$\dfrac{9}{8}$ (C)2 (D)$\dfrac{9}{4}$ (E)$\dfrac{9}{2}$

15. 图3-7是指数函数(1)$y=a^x$，(2)$y=b^x$，(3)$y=c^x$，(4)$y=d^x$的图像，则a，b，c，d与1的大小关系是( )．

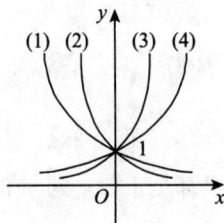

图3-7

  (A)$a<b<1<c<d$ (B)$b<a<1<d<c$ (C)$1<a<b<c<d$

  (D)$a<b<1<d<c$ (E)以上选项均不正确

二、条件充分性判断：第16～25小题，每小题3分，共30分．要求判断每题给出的条件(1)和条件(2)能否充分支持题干所陈述的结论．(A)、(B)、(C)、(D)、(E)五个选项为判断结果，请选择一项符合试题要求的判断，在答题卡上将所选项的字母涂黑．

  (A)条件(1)充分，但条件(2)不充分．

(B)条件(2)充分，但条件(1)不充分．

(C)条件(1)和条件(2)单独都不充分，但条件(1)和条件(2)联合起来充分．

(D)条件(1)充分，条件(2)也充分．

(E)条件(1)和条件(2)单独都不充分，条件(1)和条件(2)联合起来也不充分．

16. $|5-3x|-|3x-2|=3$ 的解是空集．

(1)$x>\dfrac{5}{3}$；

(2)$\dfrac{7}{6}<x<\dfrac{5}{3}$．

17. 方程 $|a|x=|a+1|-x$ 的解为 1．

(1)$a>-1$；

(2)$a<1$．

18. $2<x\leqslant3$．

(1)已知集合 $A=\{x\mid x^2-5x+6\leqslant0\}$，$B=\{x\mid|2x-1|>3\}$，则集合 $A\cap B$；

(2)不等式 $ax^2-x+6>0$ 的解集是 $\{x\mid-3<x<2\}$，则不等式 $6x^2-x+a>0$ 的解集．

19. 关于 x 的方程 $(m^2-4)x^2+2(m+1)x+1=0$ 有实根．

(1)$m=\pm2$；

(2)$m\geqslant-\dfrac{5}{2}$．

20. $1<x+y<\dfrac{4}{3}$．

(1)$x>0$，$y>0$，$x\neq y$；

(2)$x+y=x^2+y^2+xy$．

21. 若不等式 $ax^2+bx+c<0$ 的解为 $-2<x<3$，则 $cx^2+bx+a<0$．

(1)$x<-\dfrac{1}{2}$ 或 $x>\dfrac{1}{3}$；

(2)$-\dfrac{1}{2}<x<-\dfrac{1}{3}$．

22. 若 $a,b\in\mathbf{R}$，则 $|a-b|+|a+b|<2$ 成立．

(1)$|a|\leqslant1$；

(2)$|b|\leqslant1$．

23. 若 $xy=-6$，那么 $xy(x+y)$ 的值可以唯一确定．

(1)$x-y=5$；

(2)$xy^2=18$．

24. 方程 $ax^2+bx+c=0$ 没有整数解．

(1)若 a,b,c 为偶数；

(2)若 a,b,c 为奇数．

25. $kx^2-(k-8)x+1$ 对一切实数 x 均为正值．（其中 $k\in\mathbf{R}$ 且 $k\neq0$）

(1)$k=5$；

(2)$4<k<8$．

微模考三(上)·基础篇参考答案

一、问题求解

1. (D)

【解析】由题干可知一元二次方程的两根为 -2 和 5，由韦达定理，得 $\begin{cases} -\dfrac{b}{a}=-2+5, \\ \dfrac{10}{a}=-2\times5, \end{cases}$ 解得

$\begin{cases} a=-1, \\ b=3, \end{cases}$ 所以 $b^a=3^{-1}=\dfrac{1}{3}$.

2. (E)

【解析】根据韦达定理，可得 $\begin{cases} x_1+x_2=\dfrac{8}{3}, \\ x_1x_2=\dfrac{a}{3}, \end{cases}$ 则 $\dfrac{1}{x_1}+\dfrac{1}{x_2}=\dfrac{x_1+x_2}{x_1x_2}=\dfrac{\frac{8}{3}}{\frac{a}{3}}=4$，即 $a=2$.

3. (C)

【解析】$|9x^2-6x|>1\Rightarrow 9x^2-6x>1$ 或 $9x^2-6x<-1$.

当 $9x^2-6x>1$ 时，解得 $x>\dfrac{1+\sqrt{2}}{3}$ 或 $x<\dfrac{1-\sqrt{2}}{3}$；当 $9x^2-6x<-1$ 时，无解.

所以，解集为 $x>\dfrac{1+\sqrt{2}}{3}$ 或 $x<\dfrac{1-\sqrt{2}}{3}$.

4. (C)

【解析】由根与系数的关系及二次函数最小值的条件，可列出方程组

$$\begin{cases} -2+3=-\dfrac{b}{a}, \\ (-2)\times3=\dfrac{c}{a}, \\ \dfrac{4ac-b^2}{4a}=-\dfrac{25}{4}, \end{cases}$$

解得 $a=1$，$b=-1$，$c=-6$.

5. (A)

【解析】$|x_1-x_2|=\left|\dfrac{\sqrt{\Delta}}{2}\right|=\left|\dfrac{\sqrt{(a+1)^2-4\times2(a+3)}}{2}\right|=1$.

所以 $(a+1)^2-8(a+3)=4\Rightarrow a^2-6a-27=0$，因此得到 $a=9$ 或 $a=-3$.

6. (A)

【解析】$x_1x_2=37$ 且均为正整数，只有 x_1，x_2 分别是 1 和 37，$p=-(x_1+x_2)=-38$，所求为 $\dfrac{2\times38}{-38}=-2$.

7. (B)

【解析】 由一元二次方程根的判别式 $\Delta=4m^2+4(n^2-2)<0$，化简得 $m^2+n^2<2$；

由于 $(m-n)^2\geqslant0$，即 $m^2+n^2\geqslant2mn$，两边同加 m^2+n^2 可得

$2m^2+2n^2\geqslant2mn+m^2+n^2$，即 $2(m^2+n^2)\geqslant(m+n)^2$，

又 $m^2+n^2<2$，故 $(m+n)^2<4$.

所以，$m+n$ 的取值范围是 $(-2，2)$.

8. (D)

【解析】 $m<-1$ 时，$x_1x_2=-\dfrac{m+1}{m^3+1}<0$，可知有两个实根，且两根异

号；$x_1+x_2=-\dfrac{m^2+1}{m^3+1}>0$，正根绝对值大．

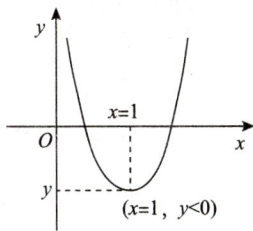

9. （A）

【解析】 如图 3-8 所示，只需 $f(1)<0$ 即可，所以 $f(1)=2\times1^2+3\times$
$1+5m=5m+5<0$，得 $m<-1$.

10. (D)

【解析】 原不等式解集为 $\left(-2，-\dfrac{1}{2}\right)$，应有 $a<0$，排除 (A)，(C).

方程 $ax^2+bx+a=0$ 的两个根是 -2 和 $-\dfrac{1}{2}$，由韦达定理，得 $-\dfrac{b}{a}=-2-\dfrac{1}{2}$，$\dfrac{a}{b}=\dfrac{2}{5}$.

11. (B)

【解析】 由韦达定理，可得 $m+n=3$，$mn=1$，得 $m=3-n$，则
$$2m^2+4n^2-6n=2m^2+2n^2+2n^2-6n=2(m^2+n^2)+2n(n-3)$$
$$=2(m^2+n^2)-2mn=2(m+n)^2-6mn=18-6=12.$$

12. （A）

【解析】 设两实根为 $x_1=3k$，$x_2=4k$，根据韦达定理，得 $3k+4k=-a$，$3k\times4k=b$，$\Delta=a^2-4b=2$，

代入可得 $k=\pm\sqrt{2}$，又因为 $x_1=3k$，$x_2=4k$，所以，$|x_1-x_2|=|k|=\sqrt{2}$.

13. (E)

【解析】 根据定义域可知：

$\begin{cases}2x^2+5x-12>0，\\ x^2-3>0\end{cases}$，解得，$x>\sqrt{3}$ 或 $x<-4$.

故正整数有无穷个．

14. (A)

【解析】 依题意有 $\begin{cases}f(0)=2m+6>0，\\ f(1)=4m+5<0，\\ f(4)=10m+14>0，\end{cases}$ 解得 $-\dfrac{7}{5}<m<-\dfrac{5}{4}$.

15. (E)

【解析】 原式可整理为 $\dfrac{2x^2+2a^2}{x}>4$.

因为 $x\in(0，+\infty)$，故不等式两边同乘以 x，不等号方向不变，整理，得 $x^2-2x+a^2>0$，对

$x\in(0，+\infty)$ 恒成立．对称轴为 $x=-\dfrac{b}{2a}=1$，故只需 $\Delta=4-4a^2<0$ 即可，解得 $a>1$ 或 $a<-1$.

二、条件充分性判断

16. (D)

【解析】条件(1): $x^2-2(k-1)x+(k-1)=0$ 无实根，则 $\Delta=[2(k-1)]^2-4(k-1)<0$，化简为 $(k-1)(k-2)<0$，解得 $1<k<2$. 所以 $1\leqslant k<2$ 成立，条件(1)充分.

条件(2): $\begin{cases} 2x^2+x-10<0, \\ 2x^2+(5+2k)x+5k<0, \end{cases}$ 整理得 $\begin{cases} -\dfrac{5}{2}<x<2, \\ (2x+5)(x+k)<0. \end{cases}$

分情况讨论:

当 $k>\dfrac{5}{2}$ 时，则 $(2x+5)(x+k)<0\Rightarrow -k<x<-\dfrac{5}{2}$，此时不等式组无解;

当 $k=\dfrac{5}{2}$ 时，不等式 $(2x+5)\left(x+\dfrac{5}{2}\right)<0$，无解;

当 $k<\dfrac{5}{2}$ 时，$(2x+5)(x+k)<0\Rightarrow -\dfrac{5}{2}<x<-k$，不等式组只有整数解 -2.

等价于 $-2<-k\leqslant -1\Rightarrow 1\leqslant k<2$，所以条件(2)充分.

17. (B)

【解析】设 x_1 和 x_2 为 $x^2-2x+c=0$ 的两个根，则

$$(x_1-x_2)^2=16\Leftrightarrow(x_1+x_2)^2-4x_1x_2=16\Leftrightarrow 4-4c=16.$$

故 $c=-3$. 所以条件(1)不充分，条件(2)充分.

18. (B)

【解析】条件(1): $\alpha=1$ 或 $\beta=2$，但无法确定 α,β 的值，所以条件(1)不充分.

条件(2): 令 $t=x+\dfrac{2}{x}$，则 $t^2=x^2+\dfrac{4}{x^2}+4$.

原方程化为 $t^2-4=3t$，$t^2-3t-4=0$，所以 $t=4$ 或 $t=-1$.

当 $t=4$ 时，即 $x+\dfrac{2}{x}=4$，$x^2-4x+2=0$，所以 $\alpha\beta=2$.

当 $t=-1$ 时，即 $x+\dfrac{2}{x}=-1$，$x^2+x+2=0$，由于 $\Delta<0$，此方程无实根.

所以条件(2)充分.

19. (A)

【解析】条件(1): $x_1+x_2=-\dfrac{3}{a}$，$x_1x_2=-\dfrac{2b}{a}$，$\dfrac{1}{x_1}+\dfrac{1}{x_2}=\dfrac{a}{3}$，$\dfrac{1}{x_1x_2}=\dfrac{2b}{3}$. 所以有

$$\dfrac{1}{x_1}+\dfrac{1}{x_2}=\dfrac{x_1+x_2}{x_1x_2}=\dfrac{-\dfrac{3}{a}}{-\dfrac{2b}{a}}=\dfrac{a}{3}\Rightarrow\dfrac{3}{2b}=\dfrac{a}{3}, \qquad ①$$

$$\dfrac{3}{2b}=-\dfrac{2b}{a}\Rightarrow -3a=4b^2, \qquad ②$$

联合①②可得，$a=-3$，$b=-\dfrac{3}{2}$，所以 $a=2b$ 成立，条件(1)充分.

条件(2): $a^2-4b^2=0\Rightarrow a=\pm 2b$，条件(2)不充分.

20. (E)

【解析】分情况讨论 $|x-2|-|2x+1|>1$.

(1)当 $x>2$ 时，有 $|x-2|-|2x+1|=x-2-(2x+1)>1$，解得 $x<-4$，此时无解;

(2)当$-\dfrac{1}{2}<x\leqslant 2$时，有$|x-2|-|2x+1|=2-x-(2x+1)>1$，解得$x<0$，此时解集为$x\in\left(-\dfrac{1}{2},0\right)$；

(3)当$x\leqslant -\dfrac{1}{2}$时，有$|x-2|-|2x+1|=2-x+(2x+1)>1$，解得$x>-2$，此时解集为$x\in\left(-2,-\dfrac{1}{2}\right]$.

所以，此不等式的解集为$(-2,0)$.

条件(1)和条件(2)单独均不充分，联立之，得$-1\leqslant x\leqslant 0$，也不充分.

21. (B)

【解析】条件(1)：$b<0$，$\sqrt{a^2b}$无意义，显然不充分.

条件(2)：$a<0$，$b>0$，$\sqrt{a^2b}=-a\sqrt{b}$等式成立，条件(2)充分.

22. (C)

【解析】条件(1)：令$a=2$，$b=0$，显然$a+b>\dfrac{5}{4}$，不充分.

条件(2)：令$a=\dfrac{\sqrt{2}}{2}$，$b=\dfrac{\sqrt{2}}{2}$，显然$a+b=\sqrt{2}>\dfrac{5}{4}$，不充分.

联立条件(1)和(2)：$a^2+b^2=(a+b)^2-2ab\leqslant 1$. 所以$(a+b)^2\leqslant 1+2ab\leqslant 1+2\times\dfrac{1}{16}=\dfrac{9}{8}$.

因为a，b为非负实数，可知$0\leqslant a+b\leqslant\sqrt{\dfrac{9}{8}}<\dfrac{5}{4}$，故联立两个条件充分.

23. (A)

【解析】$4x^2-4x<3$，即$4x^2-4x-3<0$，解得$-\dfrac{1}{2}<x<\dfrac{3}{2}$. 所以条件(1)充分，条件(2)不充分.

24. (E)

【解析】条件(1)：$kx+2=5x+k$，可化为$(k-5)x=k-2$，又因$x\geqslant 0$，所以$\begin{cases}k\neq 5,\\ \dfrac{k-2}{k-5}\geqslant 0,\end{cases}$解得$k>5$或$k\leqslant 2$. 所以，条件(1)不充分.

条件(2)：抛物线开口向上，且位于x轴上方，则$\Delta=b^2-4ac<0$. 即$4k^2-4(7k-10)<0$，解得$2<k<5$. 所以，条件(2)不充分.

联立条件(1)和条件(2)：k无实数解，所以不充分.

25. (D)

【解析】设两根为x_1，x_2，由韦达定理，可得$x_1+x_2=m-1$，$x_1x_2=\dfrac{m^2-7}{4}$，

$$|x_1-x_2|=\sqrt{(x_1-x_2)^2}=\sqrt{(x_1+x_2)^2-4x_1x_2}=\sqrt{(m-1)^2-4\times\dfrac{m^2-7}{4}}=\sqrt{8-2m}.$$

条件(1)：$1<m<2\Rightarrow 4<8-2m<6\Rightarrow 2<\sqrt{8-2m}<\sqrt{6}$，所以，条件(1)充分.

条件(2)：$-5<m<-2\Rightarrow 12<8-2m<18\Rightarrow 2\sqrt{3}<\sqrt{8-2m}<3\sqrt{2}$，所以，条件(2)也充分.

微模考三(下)·强化篇参考答案

一、问题求解

1. (A)

【解析】线性规划问题.

如图 3-9 所示,做出可行域.作直线 l:$x+2y=0$,将直线向右上方平移过点 $A(2,0)$ 时,有最小值 2;过点 $B(2,2)$ 时,有最大值 6.

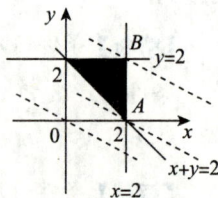

2. (D)

【解析】根式函数.

原函数可变形为 $y=\sqrt{(x-3)^2+(0-2)^2}+\sqrt{(x+2)^2+(0+1)^2}$,

上式可看成 x 轴上的点 $P(x,0)$ 到两定点 $A(3,2)$,$B(-2,-1)$ 的距离之和,由图 3-10,可知当点 P 为线段与 x 轴的交点时,得最小值,即

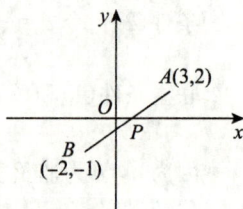

$$y_{\min}=|AB|=\sqrt{(3+2)^2+(2+1)^2}=\sqrt{34},$$

故所求函数的值域为 $[\sqrt{34},+\infty)$.

3. (B)

【解析】绝对值不等式.

方法一:由三角不等式,得 $|x-1|+|x-2|\geqslant|(x-1)-(x-2)|=1$.

故当 $a^2+a+1<1$ 时,原不等式解集为空,解得 $-1<a<0$.

方法二:描点看边取拐点法,可得 $|x-1|+|x-2|\geqslant1$,故解得 $-1<a<0$.

4. (B)

【解析】穿线法解分式不等式.

$\dfrac{10x+2}{x^2+3x+2}\geqslant x+1\Leftrightarrow\dfrac{x(x+5)(x-1)}{(x+1)(x+2)}\leqslant0$ 等价于 $x(x+1)(x+2)(x+5)(x-1)\leqslant0$,且 $x\neq-1,-2$.

由穿线法可得(见图 3-11),原不等式的解集为

$$\{x\mid x\leqslant-5\text{ 或 }-2<x<-1\text{ 或 }0\leqslant x\leqslant1\}.$$

故非负整数解为 0,1.

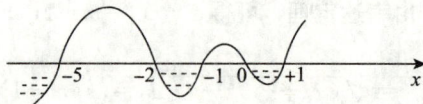

图 3-11

5. (C)

【解析】根的判别问题.

由一元二次方程定义可知,$m\neq2$.由原方程有 2 个不等的实根,可得

$$\Delta=(2m+1)^2-4(m-2)^2=20m-15>0,\text{ 即 }m>\frac{3}{4},$$

综上，$m>\dfrac{3}{4}$ 且 $m\neq2$.

6. (B)

【解析】根的分布问题.

设两根为 x_1，x_2. 若两根均为正数，则必须满足

$$\begin{cases} m-1\neq0, \\ \Delta=9+4(m-1)\geqslant0, \\ x_1+x_2=-\dfrac{3}{m-1}>0, \\ x_1x_2=\dfrac{-1}{m-1}>0, \end{cases}$$

解得 $-\dfrac{5}{4}\leqslant m<1$.

7. (C)

【解析】韦达定理问题.

显然 a，b 均可视作方程 $x^2-13x+m=0$ 的根，由韦达定理，得 $a+b=13$，又 a，b 均为质数，由穷举法可知

$$\begin{cases} a=2, \\ b=11 \end{cases} \text{或} \begin{cases} a=11, \\ b=2, \end{cases} \text{即} \dfrac{b}{a}+\dfrac{a}{b}=\dfrac{125}{22},$$

综上所述，选(C).

8. (E)

【解析】根的分布问题.

方法一：

设 $t=2^x$，因为 $2^x>0$，所以 $t>0$，原题转换为求方程
$$t^2+a\cdot t+a+1=0$$

在 $(0，+\infty)$ 上有解，共有两种情况：

①有两个正根；

②只有一个正根.

如图 3-12 所示，由二次函数的图像，得方程 $t^2+at+a+1=0$ 在 $(0，+\infty)$ 上有实数解的充要条件为

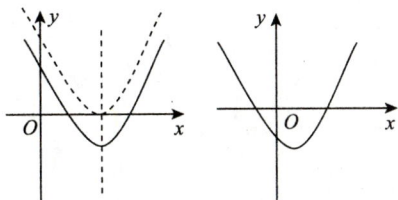

图 3-12

$$\begin{cases} \Delta=a^2-4(a+1)\geqslant0, \\ -\dfrac{a}{2}>0, \\ f(0)=a+1>0 \end{cases} \text{或} \begin{cases} \Delta=a^2-4(a+1)>0, \\ f(0)=a+1\leqslant0, \end{cases}$$

解得 $-1<a\leqslant2-2\sqrt{2}$ 或 $a\leqslant-1$，即 $a\leqslant2-2\sqrt{2}$.

所以 a 的取值范围是 $(-\infty，2-2\sqrt{2}]$.

方法二：由方程 $t^2+at+a+1=0$，解得 $a=-\dfrac{1+t^2}{1+t}(t>0)$；

则函数 $f(t)=-\dfrac{1+t^2}{1+t}(t>0)$ 的值域就是 a 的取值范围.

$$f(t) = -\frac{1+t^2}{1+t} = -\frac{(t^2-1)+2}{1+t} = -\frac{(t+1)(t-1)}{1+t} - \frac{2}{1+t}$$

$$= -(t-1) - \frac{2}{1+t} = -\left[(t+1) + \frac{2}{1+t}\right] + 2,$$

由均值不等式可知 $(t+1) + \dfrac{2}{1+t}$ 取值范围为 $(-\infty, -2\sqrt{2}] \cup [2\sqrt{2}, +\infty)$，

又 $t > 0$，故 $(t+1) + \dfrac{2}{t+1} \geqslant 2\sqrt{2}$，$f(t) \leqslant -2\sqrt{2} + 2$，即 a 的取值范围是 $(-\infty, 2-2\sqrt{2}]$.

9. (C)

【解析】根的分布问题.

令 $x_1 = 1$，x_2，x_3 分别为 $x^2 - 2x + m = 0$ 的两正根，由根的分布可知 $\begin{cases} \Delta = 4 - 4m \geqslant 0, \\ x_2 + x_3 > 0, \\ x_2 x_3 > 0, \end{cases}$

又由三角形的两边之差小于第三边，两边之和大于第三边，可知 $\begin{cases} x_2 + x_3 > 1, \\ |x_2 - x_3| < 1, \end{cases}$

由韦达定理，得 $x_2 + x_3 = 2$，$x_2 x_3 = m$，解上述两个不等式组，可得 $\dfrac{3}{4} < m \leqslant 1$.

10. (C)

【解析】一元二次不等式.

由 $x^2 - 4x + 3 < 0$，得 $1 < x < 3$；由 $x^2 - 6x + 8 < 0$，得 $2 < x < 4$；

二者求交集，得 $2 < x < 3$.

令 $y = 2x^2 - 9x + m$. 显然只需要满足当 $x = 2$ 和 $x = 3$ 时，$y \leqslant 0$ 即可.

解得 $m \leqslant 9$.

11. (B)

【解析】根的分布问题.

令 $f(x) = x^2 + (a-1)x + 1$，两相异实根均在区间 $[0, 2]$，故有

$$\begin{cases} \Delta = (a-1)^2 - 4 > 0, \\ 0 < -\dfrac{a-1}{2} < 2, \\ f(0) \geqslant 0, \\ f(2) \geqslant 0, \end{cases}$$

解得 $-\dfrac{3}{2} \leqslant a < -1$.

12. (B)

【解析】一元二次函数的最值＋韦达定理.

原方程有两个实根，则 $\Delta = a^2 - 4(a-2) = a^2 - 4a + 8 = (a-2)^2 + 4 > 0$，故 a 可取任意实数.

由韦达定理，得 $x_1 + x_2 = -a$，$x_1 x_2 = a - 2$；故

$$(x_1 - 2x_2)(x_2 - 2x_1) = -2(x_1 + x_2)^2 + 9x_1 x_2 = -2a^2 + 9a - 18 = -2\left(a - \frac{9}{4}\right)^2 - \frac{63}{8}.$$

当 $a = \dfrac{9}{4}$ 时，原式有最大值 $-\dfrac{63}{8}$.

13. (D)

【解析】韦达定理问题.

由韦达定理可得 $x_1+x_2=\dfrac{7}{6}$，$x_1 \cdot x_2=\dfrac{a}{6}$；$\dfrac{x_1}{x_2^2}$，$\dfrac{x_2}{x_1^2}$ 的几何平均值为 $\sqrt{\dfrac{x_1}{x_2^2} \cdot \dfrac{x_2}{x_1^2}}=\dfrac{1}{\sqrt{x_1 x_2}}=$

$\sqrt{3}$，则有 $x_1 \cdot x_2=\dfrac{1}{3}=\dfrac{a}{6}$，所以 $a=2$.

14. (C)

【解析】均值不等式＋一元二次函数求最值.

由 $x^2-3xy+4y^2-z=0$，可得 $z=x^2-3xy+4y^2$；又 x，y，z 为正实数，可得

$$\dfrac{z}{xy}=\dfrac{x}{y}+\dfrac{4y}{x}-3 \geqslant 2\sqrt{\dfrac{x}{y} \cdot \dfrac{4y}{x}}-3=1；$$

当 $\dfrac{x}{y}=\dfrac{4y}{x}$ 时，即 $x=2y$ 时取得"＝"，故

$$x+2y-z=2y+2y-(x^2-3xy+4y^2)=4y-2y^2=-2(y-1)^2+2 \leqslant 2.$$

因此 $x+2y-z$ 的最大值为 2.

15. (B)

【解析】指数函数的图像.

可先分两类，即(3)、(4)的底数一定大于 1，(1)、(2)的底数小于 1，然后再从(3)、(4)中比较 c，d 的大小，从(1)、(2)中比较 a，b 的大小.

当指数函数底数大于 1 时，图像上升，且当底数越大，图像向上越靠近于 y 轴；

当底数大于 0 小于 1 时，图像下降，底数越小，图像向右越靠近于 x 轴.

故得 $b<a<1<d<c$.

【快速得分法】令 $x=1$，由图 3-7 知 $c^1>d^1>a^1>b^1$，故 $b<a<1<d<c$.

二、条件充分性判断

16. (D)

【解析】绝对值方程.

方法一：分类讨论. 先考虑 $|5-3x|-|3x-2|=3$ 的解集(见图 3-13).

①当 $x<\dfrac{2}{3}$ 时，$5-3x-(2-3x)=3$ 恒成立，故 $x \in \mathbf{R}$，所以 $x<\dfrac{2}{3}$；

②当 $\dfrac{2}{3} \leqslant x \leqslant \dfrac{5}{3}$ 时，$5-3x-(3x-2)=3$，解得 $x=\dfrac{2}{3}$；

③当 $x>\dfrac{5}{3}$ 时，$3x-5-(3x-2)=3$，x 不存在.

所以方程的解集为 $x \leqslant \dfrac{2}{3}$，又方程的解是空集，故

$x>\dfrac{2}{3}$.

条件(1)、条件(2)都在这个范围内，均充分，应选

(D).

方法二：绝对值的几何意义.

$|5-3x|-|3x-2|=3$ 等价于 $\left|x-\dfrac{5}{3}\right|-\left|x-\dfrac{2}{3}\right|=1$，

即在数轴上到 $\dfrac{5}{3}$ 和到 $\dfrac{2}{3}$ 的距离之差为 1. 显然可以发现 $x>\dfrac{2}{3}$ 时为空集. 故条件(1)、(2)均充分.

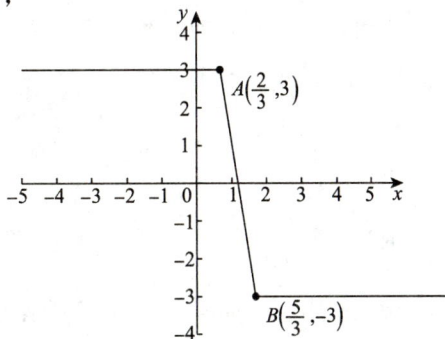

图 3-13

方法三：描点看边取拐点法．

不难发现，若要 $|5-3x|-|3x-2|=3$ 解为空集，令 $x>\dfrac{2}{3}$ 即可．

17. (E)

【解析】方程 $|a|x=|a+1|-x$ 的解为 1，即 $|a|=|a+1|-1$．

方法一：分类讨论．

①当 $a<-1$ 时，去绝对值，可得 $-a=-1-a-1$，所以 a 不存在；

②当 $-1\leqslant a\leqslant 0$ 时，去绝对值，可得 $-a=1+a-1$，所以 $a=0$；

③当 $a>0$ 时，则 $a=1+a-1$ 恒成立，所以 $a>0$．

综上，$a\geqslant 0$. 故条件(1)、(2)均不充分，联立起来也不充分．

方法二：$|a|=|a+1|-1$ 等价于 $|a|+1=|a+1|$，根据三角不等式，得 $|a+1|\leqslant|a|+1$.

当 $a\times 1\geqslant 0$ 时取等号，即 $a\geqslant 0$．

故条件(1)、(2)均不充分，联立起来也不充分．

18. (A)

【解析】一元二次不等式．

条件(1)：已知集合

$A=\{x\mid x^2-5x+6\leqslant 0\}=\{x\mid 2\leqslant x\leqslant 3\}$，$B=\{x\mid |2x-1|>3\}=\{x\mid x<-1\ 或\ x>2\}$，

故集合 $A\cap B=\{x\mid 2<x\leqslant 3\}$，条件(1)充分．

条件(2)：可知 $x=2$，$x=-3$ 是方程 $ax^2-x+6=0$ 的两根；

由韦达定理，可得 $2\times(-3)=\dfrac{6}{a}$，则 $a=-1$；

则将 $a=-1$ 代入不等式 $6x^2-x+a>0$，可得 $6x^2-x-1>0$，解得 $x>\dfrac{1}{2}$ 或 $x<-\dfrac{1}{3}$．

条件(2)不充分．

19. (D)

【解析】根的判断问题．

条件(1)：当 $m=\pm 2$ 时，原方程为一元一次方程，且系数不为 0，必有实根，故充分．

条件(2)：应分两种情形讨论．

①当 $m^2-4=0$，即 $m=\pm 2$ 时，与条件(1)等价，充分．

②当 $m^2-4\neq 0$，即 $m\neq\pm 2$ 时，方程为一元二次方程，有根的条件是

$$\Delta=[2(m+1)]^2-4(m^2-4)=8m+20\geqslant 0,$$

解得 $m\geqslant-\dfrac{5}{2}$．

故当 $m\geqslant-\dfrac{5}{2}$ 且 $m\neq\pm 2$ 时，方程有实根．

综上所述：当 $m\geqslant-\dfrac{5}{2}$ 时，方程有实根，故条件(2)充分．

20. (C)

【解析】均值不等式问题．

条件(1)：显然不充分．

条件(2)：令 $x=0$，$y=0$，可知也不充分．

联立两个条件：

由条件(2)：$x+y=(x+y)^2-xy$，即 $xy=(x+y)^2-(x+y)$；

因为 $x\neq y$，根据均值不等式有 $xy<\left(\dfrac{x+y}{2}\right)^2$，故 $\left(\dfrac{x+y}{2}\right)^2>(x+y)^2-(x+y)$，解得 $0<x+y<\dfrac{4}{3}$；又因为 $x>0$，$y>0$，则 $(x+y)^2-(x+y)=xy>0$，解得 $x+y>1$.

综上所述 $1<x+y<\dfrac{4}{3}$，即两条件联合起来充分.

21. (A)

【解析】一元二次不等式.

由题意得知，解为 $-2<x<3$ 的不等式可以是 $(x+2)(x-3)<0$，即 $x^2-x-6<0$，

可令 $a=1$，$b=-1$，$c=-6$，代入 $cx^2+bx+a<0$，解得 $x<-\dfrac{1}{2}$ 或 $x>\dfrac{1}{3}$.

故条件(1)充分，条件(2)不充分.

22. (E)

【解析】绝对值不等式的证明.

条件(1)和条件(2)单独显然不充分，联立之.

取 $a=1$，$b=1$，$|a-b|+|a+b|=|1-1|+|1+1|=2$，原不等式仍然不成立.

23. (B)

【解析】多项式求值.

条件(1)：联立 $x-y=5$ 和 $xy=-6$，显然可得到的方程有两组解，不充分.

条件(2)：将 $xy=-6$ 代入 $xy^2=18$ 可得，$-6y=18$，解出 $y=-3$，$x=2$，故充分.

24. (B)

【解析】整数根问题.

条件(1)：令 $a=0$，$b=2$，$c=4$ 时，原方程有整数解，条件(1)不充分.

条件(2)：假设方程存在一个整数解 x_0，可分类讨论：

①若 x_0 偶数，显然 $ax_0{}^2+bx_0$ 也为偶数，则 c 必须为偶数，等式才可成立，矛盾.

②若 x_0 为奇数，则 $ax_0{}^2+c$ 为偶数，则 bx_0 为偶数，因为 b 为奇数，故 x_0 为偶数，矛盾，方程无整数解，故条件(2)充分.

25. (D)

【解析】恒成立问题.

当 $k=0$ 时，$kx^2-(k-8)x+1=8x+1$，不成立；

当 $k\neq0$ 时，$kx^2-(k-8)x+1>0$ 恒成立，需要满足

$$\begin{cases} k>0, \\ \Delta=(k-8)^2-4k<0, \end{cases}$$

解得 $4<k<16$.

故条件(1)和条件(2)都充分，选(D).

第四章 数列

一 历年真题考查点

真题出现次数	考点
5 次或以上	等差数列的基本运算、等比数列的基本运算、数列综合题、递推公式问题
3～4 次	等差数列与等比数列的判定
1～2 次	两等差数列相同的奇数项和之比、等长片段和、等差数列 S_n 的最值、无穷等式数列
0 次	奇数项和偶数项的关系

二 命题趋势预测

本章内容基本每年考 2 道，另外，可能会考到与数列有关的应用题．本章题目的难度一般不大，主要考查等差数列和等比数列的公式、性质、定理的应用，数列综合题以及递推公式问题．

扫码并回复"要点精编"
听数学第四章视频讲解

三 本章知识网

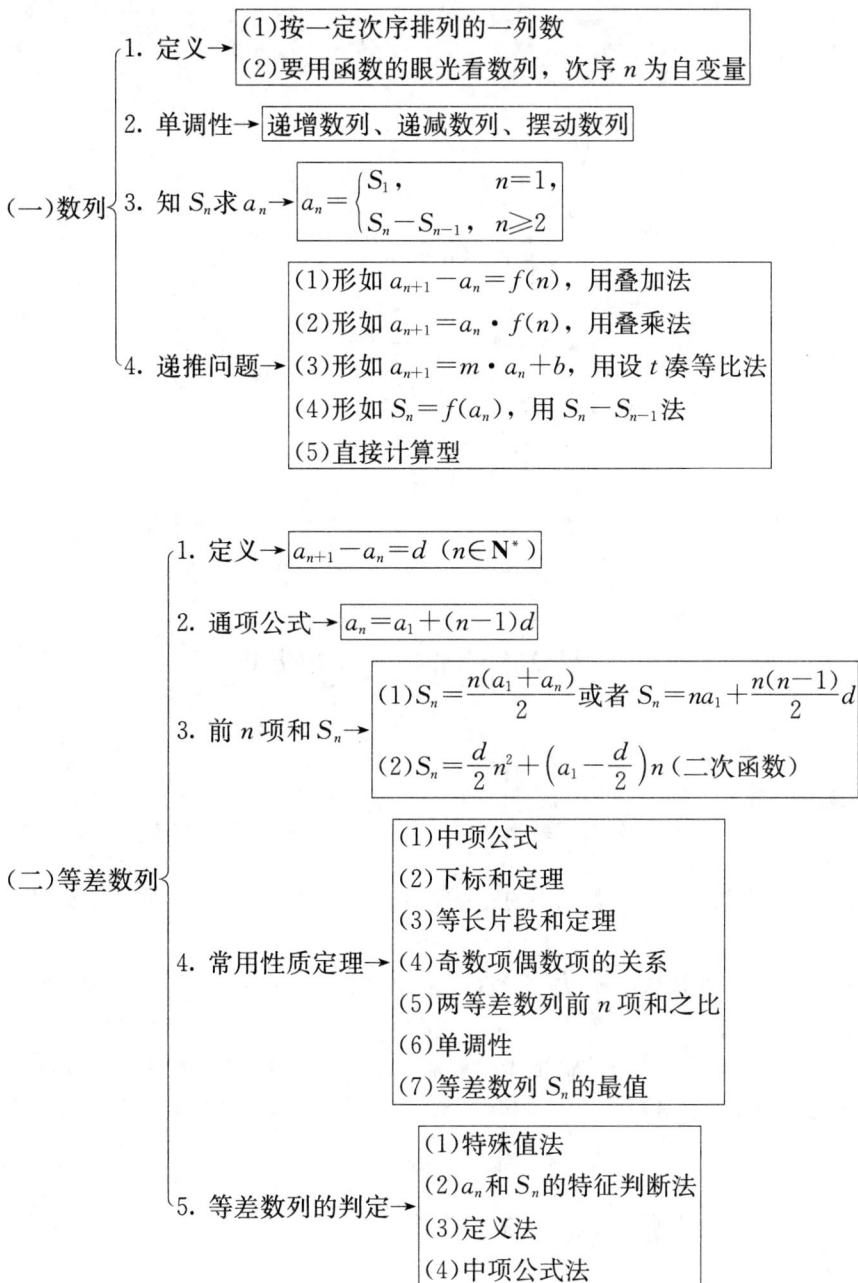

$$(一)数列
\begin{cases}
1. 定义 \rightarrow
\begin{cases}
(1)按一定次序排列的一列数 \\
(2)要用函数的眼光看数列，次序 n 为自变量
\end{cases} \\
2. 单调性 \rightarrow \boxed{递增数列、递减数列、摆动数列} \\
3. 知 S_n 求 a_n \rightarrow \boxed{a_n=\begin{cases} S_1, & n=1, \\ S_n-S_{n-1}, & n\geq 2 \end{cases}} \\
4. 递推问题 \rightarrow
\begin{cases}
(1)形如 a_{n+1}-a_n=f(n)，用叠加法 \\
(2)形如 a_{n+1}=a_n \cdot f(n)，用叠乘法 \\
(3)形如 a_{n+1}=m \cdot a_n+b，用设 t 凑等比法 \\
(4)形如 S_n=f(a_n)，用 S_n-S_{n-1} 法 \\
(5)直接计算型
\end{cases}
\end{cases}$$

$$(二)等差数列
\begin{cases}
1. 定义 \rightarrow \boxed{a_{n+1}-a_n=d \ (n\in \mathbf{N}^*)} \\
2. 通项公式 \rightarrow \boxed{a_n=a_1+(n-1)d} \\
3. 前 n 项和 S_n \rightarrow
\begin{cases}
(1)S_n=\dfrac{n(a_1+a_n)}{2} 或者 S_n=na_1+\dfrac{n(n-1)}{2}d \\
(2)S_n=\dfrac{d}{2}n^2+\left(a_1-\dfrac{d}{2}\right)n (二次函数)
\end{cases} \\
4. 常用性质定理 \rightarrow
\begin{cases}
(1)中项公式 \\
(2)下标和定理 \\
(3)等长片段和定理 \\
(4)奇数项偶数项的关系 \\
(5)两等差数列前 n 项和之比 \\
(6)单调性 \\
(7)等差数列 S_n 的最值
\end{cases} \\
5. 等差数列的判定 \rightarrow
\begin{cases}
(1)特殊值法 \\
(2)a_n 和 S_n 的特征判断法 \\
(3)定义法 \\
(4)中项公式法
\end{cases}
\end{cases}$$

1. 定义 → $\dfrac{a_{n+1}}{a_n}=q,\ q\neq0$

2. 通项公式 → $a_n=a_1q^{n-1}$

3. 前 n 项和 S_n → $S_n=\begin{cases} n\cdot a_1, & q=1, \\ \dfrac{a_1(1-q^n)}{1-q}, & q\neq1 \end{cases}$

(三)等比数列

4. 常用性质定理 →
(1)中项公式
(2)下标和定理
(3)等长片段和定理
(4)单调性

5. 等比数列的判定 →
(1)特殊值法
(2)a_n 和 S_n 的特征判断法
(3)定义法
(4)中项公式法

6. 特殊数列求和

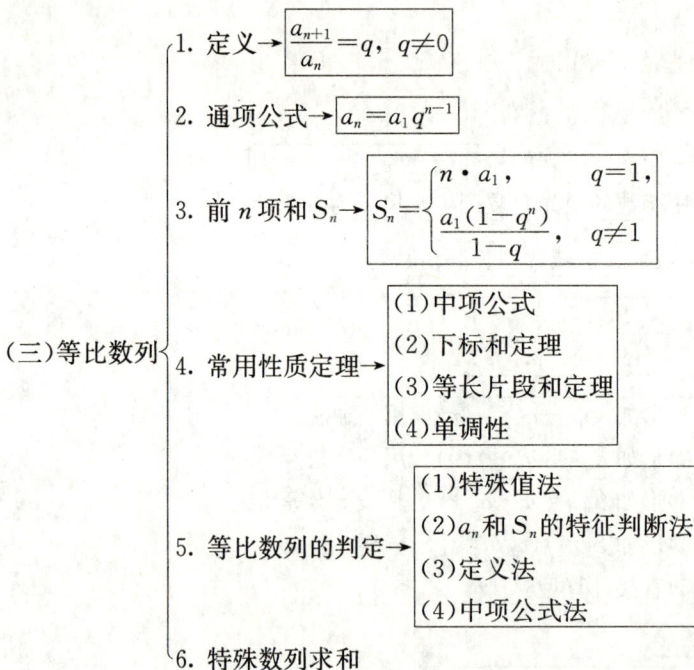

第一节　数列的概念与性质

一、 老吕讲考点

(一)数列的概念

数列是按一定次序排列的一列数. 数列中的每一个数都叫作这个数列的项. 第 1 项, 第 2 项, 第 3 项, …, 第 n 项, …, 分别记为 a_1, a_2, …, a_n, ….

在函数意义下, 数列是一个以次序 n 为自变量, 以项 a_n 为函数值的函数. 定义域是正整数集.

(二)数列的通项公式

如果一个数列 $\{a_n\}$ 的第 n 项 a_n 与 n 之间的函数关系可以用一个关于 n 的解析式 $f(n)$ 表达, 则称 $a_n=f(n)$ 为数列 $\{a_n\}$ 的通项公式.

例如: 数列: 1, $\dfrac{1}{2}$, $\dfrac{1}{4}$, $\dfrac{1}{8}$, …的一个通项公式为 $a_n=\dfrac{1}{2^{n-1}}$ ($n=1$, 2, 3, 4, …).

【注意】数列并不一定都有通项公式. 一个数列的通项公式也不一定只有一个.

(三)数列的前 n 项和

数列 $\{a_n\}$ 的前 n 项的和记作 S_n, 对于数列 $\{a_n\}$ 显然有 $S_n=a_1+a_2+a_3+\cdots+a_n$.

(四)数列单调性

1. 数列按单调性分类

递增数列: 若数列 $\{a_n\}$ 中, $a_{n+1}>a_n$, 即从第二项开始每一项都比前一项大, 则称此数列为单调递增数列.

递减数列: 若数列 $\{a_n\}$ 中, $a_{n+1}<a_n$, 即从第二项开始每一项都比前一项小, 则称此数列为

单调递减数列.

摆动数列：若一个数列，相邻的两项总是一正一负，则此数列为摆动数列.

常数列：若一个数列，每个项的值均为同一个常数，则此数列为常数列.

2. 数列单调性的判定

判断一个数列单调性的常用方法有：比差法、比商法.

比差法：若数列 $\{a_n\}$ 中，$a_{n+1}-a_n>0$，则为递增数列；若 $a_{n+1}-a_n<0$，则为递减数列.

比商法：若数列 $\{a_n\}$ 中，

若 $a_n>0$，$\dfrac{a_{n+1}}{a_n}>1$，则数列为递增数列；

若 $a_n>0$，$\dfrac{a_{n+1}}{a_n}<1$，则数列为递减数列；

若 $a_n<0$，$\dfrac{a_{n+1}}{a_n}>1$，则数列为递减数列；

若 $a_n<0$，$\dfrac{a_{n+1}}{a_n}<1$，则数列为递增数列.

二、 老吕讲题型

题型 4.1 知 S_n 求 a_n 的问题

老吕施法

(1)若已知数列 $\{a_n\}$ 的前 n 项和 S_n，求数列的通项公式 a_n，则

$$a_n=\begin{cases} S_1, & n=1, \\ S_n-S_{n-1}, & n\geq 2. \end{cases}$$

(2)按此公式求得通项公式 a_n 后，需要验证，当 $n=1$ 时，a_1 是否满足 $S_n-S_{n-1}=a_n$ 推出的 a_n，若满足此式，则需要合写，若不满足此式，则需要分段表示.

(3)因为真题全是选择题，遇到此类问题可令 $n=1$，2，3，求出 a_1，a_2，a_3 即可验证选项.

典型例题

例 1 若数列 $\{a_n\}$ 的前 n 项和 $S_n=4n^2+n-2$，则它的通项公式是( ).

(A) $a_n=8n-3$ (B) $a_n=8n+5$ (C) $a_n=\begin{cases} 3, & n=1, \\ 8n-3, & n\geq 2 \end{cases}$

(D) $a_n=\begin{cases} 3, & n=1, \\ 8n+5, & n\geq 2 \end{cases}$ (E)以上选项均不正确

【解析】 分以下几步：

(1)当 $n=1$ 时，$a_1=S_1=3$；

(2)当 $n\geq 2$ 时，$a_n=S_n-S_{n-1}=4n^2+n-2-4(n-1)^2-(n-1)+2=8n-3$；

(3)将 $a_1=3$ 代入 $a_n=8n-3$，不成立. 故需要写成分段数列

$$a_n=\begin{cases} 3, & n=1, \\ 8n-3, & n\geq 2. \end{cases}$$

【快速得分法】 可以令 $n=1$，2，3，分别求出 a_1，a_2，a_3，代入选项验证，可迅速得到答案.

【答案】 (C)

例2 数列 $\{a_n\}$ 的前 n 项和 $S_n = n^2 + 3n + 2$，则 $a_{n+1} + a_{n+2} + a_{n+3} = ($　　$)$.

(A)$6n+18$　　　(B)$3n+6$　　　(C)$6n$　　　(D)18　　　(E)$6n-18$

【解析】 $a_{n+1} + a_{n+2} + a_{n+3} = S_{n+3} - S_n = (n+3)^2 + 3(n+3) + 2 - n^2 - 3n - 2$

$\qquad\qquad = n^2 + 6n + 9 + 3n + 9 + 2 - n^2 - 3n - 2 = 6n + 18.$

【答案】 (A)

第二节　等差数列

一、 老吕讲考点

(一)等差数列的概念

若数列 $\{a_n\}$ 中，从第 2 项起，每一项与它的前一项的差等于同一个常数，则称此数列为等差数列，称此常数为等差数列的公差，公差通常用字母 d 表示.

等差数列定义的表达式为：

$$a_{n+1} - a_n = d \quad (n \in \mathbf{N}^*).$$

(二)等差数列的通项公式 a_n

1. 等差数列 $\{a_n\}$ 的通项公式

$$a_n = a_1 + (n-1)d \quad (n \in \mathbf{N}^*).$$

2. 等差数列通项公式的图像

通项公式 $a_n = a_1 + (n-1)d$，可整理为 $a_n = nd + (a_1 - d)$，则

(1)若 $d = 0$，数列 $\{a_n\}$ 为常数列.

(2)若 $d \neq 0$，a_n 是 n 的一次函数，一次项系数为公差，系数之和为首项；其图像是直线 $y = dx + (a_1 - d)$ 上的均匀排开的一群孤立的点，直线的斜率为公差.

例：$a_n = 3n - 5$，可知该数列为等差数列，公差为 3，首项为 -2.

(三)等差数列的前 n 项和 S_n

1. 等差数列 $\{a_n\}$ 的前 n 项和公式

$$S_n = \frac{n(a_1 + a_n)}{2} \text{ 或 } S_n = na_1 + \frac{n(n-1)}{2}d \quad (n \in \mathbf{N}^*).$$

2. 等差数列的前 n 项和公式的图像

前 n 项和 $S_n = na_1 + \frac{n(n-1)}{2}d$，可整理为 $S_n = \frac{d}{2}n^2 + \left(a_1 - \frac{d}{2}\right)n$；

此式形如 $S_n = An^2 + Bn$.

因此，当 $d \neq 0$ 时，S_n 是关于 n 的一元二次函数，且没有常数项；二次项的系数是半公差，系数之和就是首项；等差数列的前 n 项和 S_n 的图像为抛物线 $y = Ax^2 + Bx$ 上的一群孤立的点.

例：$S_n = 3n^2 - 5n$，则此数列一定是等差数列，且公差是 6，首项是 -2.

(四)等差中项

若三个数 a，b，c 满足 $2b = a + c$，则称 b 为 a 和 c 的等差中项. $b = \frac{a+c}{2}$ 是 a，b，c 成等差数列的充要条件. 在等差数列 $\{a_n\}$ 中，$2a_{n+1} = a_n + a_{n+2}$ $(n \in \mathbf{N}^*)$.

（五）等差数列的性质

(1)单调性.

若公差 $d>0$，则等差数列为递增数列；

若公差 $d<0$，则等差数列为递减数列；

若公差 $d=0$，则等差数列为常数列.

(2)下标和定理.

在等差数列中，若 $m+n=p+q$（m，n，p，$q\in\mathbf{N}^*$），则 $a_m+a_n=a_p+a_q$.

【注意】 该性质可以推广到 3 项或者多项，但是等式两边的项数必须一样.

若总项数为奇数，则 $a_1+a_n=a_2+a_{n-1}=a_3+a_{n-2}=\cdots=2a_{中}$.

(3)连续等长片段和定理.

若 $\{a_n\}$ 成等差数列，公差为 d，S_n 为前 n 项的和，则 S_m，$S_{2m}-S_m$，$S_{3m}-S_{2m}$，$\cdots$ 成等差数列，新公差为 m^2d.

(4)在等差数列中，每隔相同数量的项抽出来的项按照原来顺序排列，构成的新数列仍然是等差数列，但剩下的项按原顺序构成的数列不一定是等差数列.

(5)等差数列 $\{a_n\}$ 和 $\{b_n\}$ 的前 $2k-1$ 项和分别用 S_{2k-1} 和 T_{2k-1} 表示，则 $\dfrac{a_k}{b_k}=\dfrac{S_{2k-1}}{T_{2k-1}}$.

(6)若数列 $\{a_n\}$ 与 $\{b_n\}$ 均为等差数列，则 $\{ma_n+kb_n\}$ 仍为等差数列，其中 m，k 均为常数.

二、 老吕讲题型

题型 4.2　等差数列基本问题及方法总结

老吕施法

解等差数列和等比数列问题，有以下三类方法：

(1)特殊方法.

①$n=1$，2，3 法(最佳方法).

②特殊数列法：用于条件充分性判断猜测答案.

(2)性质定理法.

①中项公式.

②下标和定理.

③等长片段和定理.

④两个等差数列前 n 项和之比.

⑤奇数项与偶数项的关系.

要注意的是，在等差和等比数列中所有性质和定理，都有一个共同之处，即下标之间有规律，所以，遇到等差和等比数列问题，应该首先看下标，看看有无规律，若有规律，用性质定理，若无规律，用万能方法.

(3)万能方法.

①等差数列问题，将所有项用 a_1，d，n 表示，必然能求解.

②等比数列问题，将所有项用 a_1，q，n 表示，必然能求解.

典型例题

例 3 已知等差数列 $\{a_n\}$ 中，$a_2+a_3+a_{10}+a_{11}=64$，则 $S_{12}=($　　$)$.

(A)64 　　　　(B)81 　　　　(C)128 　　　　(D)192 　　　　(E)188

【解析】下标和定理的应用.

$$a_2+a_3+a_{10}+a_{11}=(a_2+a_{11})+(a_3+a_{10})=2(a_2+a_{11})=64,$$

$$S_{12}=\frac{12(a_1+a_{12})}{2}=6(a_2+a_{11})=192.$$

【答案】(D)

例 4 等差数列$\{a_n\}$的前 18 项和$S_{18}=\frac{19}{2}$.

(1)$a_3=\frac{1}{6}$,$a_6=\frac{1}{3}$; 　　　　　　　　(2)$a_3=\frac{1}{4}$,$a_6=\frac{1}{2}$.

【解析】**万能方法**.

条件(1):公差$d=\frac{a_6-a_3}{3}=\frac{1}{18}$,首项$a_1=a_3-2d=\frac{1}{6}-\frac{1}{9}=\frac{1}{18}$,

则 $S_{18}=18a_1+\frac{18\times(18-1)}{2}\cdot d=\frac{19}{2}$,条件(1)充分.

条件(2):同理,可知公差$d=\frac{a_6-a_3}{3}=\frac{1}{12}$,首项$a_1=a_3-2d=\frac{1}{12}$,

则 $S_{18}=18a_1+\frac{18\times(18-1)}{2}\cdot d=\frac{57}{2}\neq\frac{19}{2}$,条件(2)不充分.

【答案】(A)

例 5 $a_1a_8<a_4a_5$.

(1)$\{a_n\}$为等差数列,且$a_1>0$;

(2)$\{a_n\}$为等差数列,且公差$d\neq0$.

【解析】**特殊数列法+万能方法**.

条件(1):设这个数列是一个常数列,则$a_1a_8=a_4a_5$,条件(1)不充分.

条件(2):$a_1a_8=a_1(a_1+7d)=a_1^2+7a_1d$,$a_4a_5=(a_1+3d)(a_1+4d)=a_1^2+7a_1d+12d^2$.

$d\neq0$,所以$a_1a_8<a_4a_5$,条件(2)充分.

【答案】(B)

例 6 已知$\{a_n\}$是等差数列,$a_2+a_5+a_8=18$,$a_3+a_6+a_9=12$,则$a_4+a_7+a_{10}=($　　$)$.

(A)6 　　　　(B)10 　　　　(C)13 　　　　(D)16 　　　　(E)20

【解析】因为$\{a_n\}$是等差数列,故$a_2+a_5+a_8$,$a_3+a_6+a_9$,$a_4+a_7+a_{10}$也成等差数列;由 $2\times12=18+(a_4+a_7+a_{10})$,得$a_4+a_7+a_{10}=6$.

【答案】(A)

例 7 等差数列$\{a_n\}$的前 13 项和$S_{13}=52$.

(1)$a_4+a_{10}=8$. 　　　　　　　　(2)$a_2+2a_8-a_4=8$.

【解析】条件(1):$S_{13}=\frac{13(a_1+a_{13})}{2}=\frac{13(a_4+a_{10})}{2}=52$,充分.

条件(2):$a_1+d+2(a_1+7d)-(a_1+3d)=8$,即$2a_1+12d=8$,$a_1+a_{13}=8$,

故 $S_{13}=\frac{13(a_1+a_{13})}{2}=52$,充分.

【答案】(D)

例 8 已知等差数列$\{a_n\}$中$a_m+a_{m+10}=a$,$a_{m+50}+a_{m+60}=b(a\neq b)$,$m$ 为常数,且$m\in\mathbf{N}$,则

$a_{m+100}+a_{m+110}=($　　$)$.

(A)1　　　　　　　　　　(B)$\dfrac{b-a}{2}$　　　　　　　　　(C)$\dfrac{5b-3a}{2}$

(D)$3b-2a$　　　　　　　(E)$2b-a$

【解析】根据题意，得

$$\begin{cases} a_m+a_{m+10}=a, \\ a_{m+50}+a_{m+60}=b, \end{cases} \Rightarrow \begin{cases} 2a_m+10d=a, \\ 2a_m+110d=b, \end{cases}$$

解得 $a_m=\dfrac{11a-b}{20}$, $d=\dfrac{b-a}{100}$；故

$$a_{m+100}+a_{m+110}=2a_m+210d=\dfrac{11a-b}{10}+\dfrac{21b-21a}{10}=\dfrac{20b-10a}{10}=2b-a.$$

【答案】(E)

例 9 首项为-72的等差数列，从第 10 项开始为正数，则公差 d 的取值范围是(　　).

(A)$d>8$　　　　　　　(B)$d<9$　　　　　　　　(C)$8\leqslant d<9$

(D)$8<d\leqslant 9$　　　　　(E)$8<d<9$

【解析】根据题意，得

$$\begin{cases} a_{10}=-72+(10-1)d=-72+9d>0, \\ a_9=-72+(9-1)d=-72+8d\leqslant 0, \end{cases}$$

解得：$8<d\leqslant 9$.

【答案】(D)

题型 4.3　等差数列 S_n 的最值问题

老吕施法

(1)等差数列 S_n 有最值的条件.

①若 $a_1<0$, $d>0$ 时，S_n 有最小值.

②若 $a_1>0$, $d<0$ 时，S_n 有最大值.

(2)求等差数列 S_n 的方法.

①一元二次函数法.

等差数列的前 n 项和可以整理成一元二次函数的形式 $S_n=\dfrac{d}{2}n^2+\left(a_1-\dfrac{d}{2}\right)n$，对称轴为

$n=-\dfrac{a_1-\dfrac{d}{2}}{2\times\dfrac{d}{2}}=\dfrac{1}{2}-\dfrac{a_1}{d}$，最值取在最靠近对称轴的整数处.

②$a_n=0$ 法.

因为 S_n 的最值一定在"变号"时取得，可令 $a_n=0$，若解得 n 为整数 m，则 $S_m=S_{m-1}$ 均为最值. 例如，若解得 $n=6$，则 $S_6=S_5$ 为其最值. 若解得的 n 值带小数，则当 n 取其整数部分时，S_n 取到最值. 例如，若解得 $n=6.9$，则 S_6 为其最值.

典型例题

例 10　一个等差数列的首项为 21，公差为-3，则前 n 项和 S_n 的最大值为(　　).

(A)70　　　　(B)75　　　　(C)80　　　　(D)84　　　　(E)90

【解析】方法一：一元二次函数法.

$$S_n = \frac{d}{2}n^2 + \left(a_1 - \frac{d}{2}\right)n = -\frac{3}{2}n^2 + \left(21 + \frac{3}{2}\right)n,$$

对称轴 $n = \frac{1}{2} - \frac{a_1}{d} = 7.5$,故离对称轴最近的整数有两个:7 和 8.

所以 S_n 的最大值为 $S_7 = S_8 = -\frac{3}{2} \times 7^2 + \left(21 + \frac{3}{2}\right) \times 7 = 84.$

方法二:$a_n = 0$ 法.

令 $a_n = 0$,即 $a_n = a_1 + (n-1)d = -3n + 24 = 0$,解得 $n = 8$,故 $S_7 = S_8$ 均为 S_n 的最大值.

所以 S_n 的最大值为 $S_7 = S_8 = -\frac{3}{2} \times 7^2 + \left(21 + \frac{3}{2}\right) \times 7 = 84.$

【答案】(D)

例 11 一个等差数列中,首项为 13,$S_3 = S_{11}$,则 n 项和 S_n 的最大值为( ).

(A)42　　　　(B)49　　　　(C)50　　　　(D)133　　　　(E)149

【解析】一元二次函数法.

由 $S_3 = S_{11}$,中间项为 a_7,可知对称轴为 $n = \frac{1}{2} - \frac{a_1}{d} = 7$,得 $d = -2$.

S_n 的最大值为 $S_7 = \frac{-2}{2} \times 7^2 + \left(13 - \frac{-2}{2}\right) \times 7$ 的最大值为 49.

【答案】(B)

题型 4.4　连续等长片段和问题

老吕施法

(1)等差数列 $\{a_n\}$ 中,S_m,$S_{2m} - S_m$,$S_{3m} - S_{2m}$ 仍然成等差数列,新公差为 $m^2 d$.

(2)要注意 S_m,S_{2m},S_{3m} 不是等长片段,S_m 是前 m 项和,S_{2m} 是前 $2m$ 项和,S_{3m} 是前 $3m$ 项和,项数不相同.

(3)此类题也可以令 $m = 1$,即可简化成前三项的关系.

典型例题

例 12 若在等差数列中前 5 项和为 20,紧接在后面的 5 项和为 40,则接下来紧接在后面的 5 项和为( ).

(A)40　　　　(B)45　　　　(C)50　　　　(D)55　　　　(E)60

【解析】由连续等长片段和定理,可知 S_5,$S_{10} - S_5$,$S_{15} - S_{10}$ 成等差数列 $d = 40 - 20 = 20$,所以接下来紧接在后面的 5 项和为 $S_{15} - S_{10} = 40 + 20 = 60.$

【答案】(E)

例 13 等差数列 $\{a_n\}$ 的前 m 项和 30,前 $2m$ 项和为 100,则它的前 $3m$ 项和为( ).

(A)130　　　　(B) 170　　　　(C) 210　　　　(D) 260　　　　(E) 320

【解析】方法一:等长片段和成等差.

$$2(S_{2m} - S_m) = S_{3m} - S_{2m} + S_m,$$
$$2 \times (100 - 30) = S_{3m} - 100 + 30,$$

故 $S_{3m} = 210.$

方法二:万能方法.

由题意得方程组 $\begin{cases} ma_1 + \dfrac{m(m-1)}{2}d = 30, \\ 2ma_1 + \dfrac{2m(2m-1)}{2}d = 100, \end{cases}$ 解得 $d = \dfrac{40}{m^2}$，$a_1 = \dfrac{10(m+2)}{m^2}$.

所以

$$S_{3m} = 3ma_1 + \frac{3ma_1(3m-1)}{2}d = 3m\frac{10(m+2)}{m^2} + \frac{3m(3m-1)}{2}\frac{40}{m^2} = 210.$$

方法三：特殊值法.

令 $m=1$，可得 $a_1 = 30$，$a_1 + a_2 = 100$，故 $a_2 = 70$，$d = 40$. 故 $a_3 = 110$，所以

$$S_3 = a_1 + a_2 + a_3 = 30 + 70 + 110 = 210.$$

【答案】(C)

题型 4.5 奇数项偶数项问题

老吕施法

推论 1 若等差数列一共有 $2n$ 项，则 $S_奇 - S_偶 = -nd$，$\dfrac{S_奇}{S_偶} = \dfrac{a_n}{a_{n+1}}$.

推论 2 若等差数列一共有 $2n+1$ 项，则 $S_奇 - S_偶 = a_{n+1} = a_中$，$\dfrac{S_奇}{S_偶} = \dfrac{n+1}{n}$.

典型例题

例 14 在等差数列 $\{a_n\}$ 中，已知公差 $d = \dfrac{1}{2}$，且 $a_1 + a_3 + \cdots + a_{99} = 60$，则 $a_1 + a_2 + \cdots + a_{100}$ 的值为（　　）.

(A) 120　　　　(B) 85　　　　(C) 145　　　　(D) -145　　　　(E) -85

【解析】由推论 1，得

$$S_偶 - S_奇 = a_2 + a_4 + \cdots + a_{100} - (a_1 + a_3 + \cdots + a_{99})$$
$$= (a_2 - a_1) + (a_4 - a_3) + \cdots + (a_{100} - a_{99}) = 50d = 25.$$

故 $S_偶 = S_奇 + 50d = 60 + 25 = 85$，$a_1 + a_2 + a_3 + \cdots + a_{100} = 60 + 85 = 145$.

【答案】(C)

例 15 等差数列 $\{a_n\}$ 一共有奇数项，且此数列中奇数项之和为 77，偶数项之和为 66，$a_1 = 1$，则其项数为（　　）.

(A) 11　　　　(B) 13　　　　(C) 17　　　　(D) 19　　　　(E) 21

【解析】由推论 2，得

$$\frac{S_奇}{S_偶} = \frac{n+1}{n} = \frac{77}{66} = \frac{7}{6},$$

故总项数为 $2n+1 = 7+6 = 13$.

【答案】(B)

题型 4.6 两个等差数列的 S_n 之比

老吕施法

等差数列 $\{a_n\}$ 和 $\{b_n\}$ 的前 $2k-1$ 项和分别用 S_{2k-1} 和 T_{2k-1} 表示，则 $\dfrac{a_k}{b_k} = \dfrac{S_{2k-1}}{T_{2k-1}}$.

典型例题

例 16 $\{a_n\}$ 的前 n 项和 S_n 与 $\{b_n\}$ 的前 n 项和 T_n 满足 $S_{19}:T_{19}=3:2$.

(1)$\{a_n\}$ 和 $\{b_n\}$ 是等差数列；

(2)$a_{10}:b_{10}=3:2$.

【解析】 显然两个条件单独不充分，联合两个条件.

根据定理，等差数列 $\{a_n\}$ 的前 n 项和 S_n 与等差数列 $\{b_n\}$ 的前 n 项和 T_n 满足 $\dfrac{a_n}{b_b}=\dfrac{S_{2n-1}}{T_{2n-1}}$，故

$\dfrac{S_{19}}{T_{19}}=\dfrac{a_{10}}{b_{10}}=\dfrac{3}{2}$，所以两个条件联合起来充分.

【答案】(C)

题型 4.7 等差数列的判定

老吕施法

判断一个数列是否为等差数列，有以下三类方法：

(1)特殊值法.

令 $n=1$，2，3，如果前 3 项为等差数列，此数列必为等差(虽然不是准确的证明，但对于选择题来说足以得到答案).

(2)特征判断法.

①通项公式的特征形如一个一元一次函数：$a_n=An+B$ （A，B 为常数)$\Leftrightarrow\{a_n\}$ 是等差数列.

②前 n 项和 S_n 的特征形如一个没有常数项的一元二次函数：

$S_n=An^2+Bn$ （A，B 为常数)$\Leftrightarrow\{a_n\}$ 是等差数列.

(3)递推法.

①定义法：$a_{n+1}-a_n=d\Leftrightarrow\{a_n\}$ 是等差数列.

②中项公式法：$2a_{n+1}=a_n+a_{n+2}\Leftrightarrow\{a_n\}$ 是等差数列.

典型例题

例 17 下列通项公式表示的数列为等差数列的是( ).

(A)$a_n=\dfrac{n}{n-1}$ (B)$a_n=n^2-1$ (C)$a_n=5n+(-1)^n$

(D)$a_n=3n-1$ (E)$a_n=\sqrt{n}-\sqrt[3]{n}$

【解析】 方法一：根据特征判断法，等差数列的通项公式形如 $a_n=An+B$，可知(D)项为正确答案.

方法二：令 $n=1$，2，3，求出 a_1，a_2，a_3，验证即可.

【答案】(D)

例 18 数列 $\{a_n\}$ 是等差数列.

(1)点 $P_n(n,a_n)$ 都在直线 $y=2x+1$ 上；

(2)点 $Q_n(n,S_n)$ 都在抛物线 $y=x^2+1$ 上.

【解析】 特征判断法.

条件(1)：点 $P_n(n,a_n)$ 都在直线上，即 $a_n=2n+1$，所以 $\{a_n\}$ 是等差数列，充分.

条件(2)：点 $Q_n(n,S_n)$ 都在抛物线 $y=x^2+1$ 上，此抛物线的方程有常数项，所以此数列不

是等差数列，条件(2)不充分．

【答案】(A)

例 19 数列 $\{a_n\}$ 前 n 项和 $S_n = n^2 + 2n$，则使 $100 < a_n < 200$ 的所有各项之和为( )．

(A)7 000　　　(B)7 500　　　(C)8 000　　　(D)8 500　　　(E)9 000

【解析】根据数列前 n 项和的特点可知此数列为等差数列，$a_1 = S_1 = 3$，$d = 2$，所以

$$a_n = a_1 + (n-1)d = 3 + (n-1) \times 2 = 2n + 1,$$

令 $100 < 2n + 1 < 200$，可得 $49.5 < n < 99.5$，$S_{50 \sim 99} = \dfrac{50 \times (101 + 199)}{2} = 7\ 500$．

【答案】(B)

例 20 已知数列 $\{a_n\}$ 的前 n 项和 S_n 是 n 的二次函数，且它的前三项 $a_1 = -2$，$a_2 = 2$，$a_3 = 6$，则 a_{100} 等于( )．

(A) 393　　　(B) 394　　　(C) 395　　　(D) 396　　　(E) 400

【解析】特征判断法．

显然 a_1，a_2，a_3 是以公差为 4 的等差数列．又由于 S_n 为 n 的二次函数，满足等差数列的特点，所以 a_n 为等差数列，即 $a_{100} = a_1 + 99d = -2 + 4 \times 99 = 394$．

【答案】(B)

第三节　等比数列

一、 老吕讲考点

(一)等比数列的概念

若数列 $\{a_n\}$ 中，从第 2 项起，每一项与它的前一项的比等于同一个常数，则称此数列为等比数列，称此常数为等比数列的公比，公比通常用字母 $q(q \neq 0)$ 表示．

等比数列定义的表达式为：

$$\frac{a_{n+1}}{a_n} = q \quad (n \in \mathbf{N}^*，q \neq 0).$$

(二)等比数列的通项公式 a_n

1. 等比数列 $\{a_n\}$ 的通项公式

$$a_n = a_1 q^{n-1} \quad (q \neq 0，n \in \mathbf{N}^*).$$

2. 等比数列通项公式的特征

通项公式 $a_n = a_1 q^{n-1}$，可整理为 $a_n = \left(\dfrac{a_1}{q}\right)q^n$，形如 $y = Aq^x$．

(三)等比数列的前 n 项和 S_n

1. 等比数列 $\{a_n\}$ 的前 n 项和公式 S_n

当 $q \neq 1$ 时，$S_n = \dfrac{a_1(1 - q^n)}{1 - q} = \dfrac{a_1(q^n - 1)}{q - 1}$ $(q \neq 0，n \in \mathbf{N}^*)$；

当 $q = 1$ 时，$S_n = na_1$；

当 $n \to +\infty$，且 $0 < |q| < 1$ 时，$S = \lim\limits_{n \to \infty} \dfrac{a_1(1 - q^n)}{1 - q} = \dfrac{a_1}{1 - q}$．

【易错点】等比数列的求和公式，当不能确定"q"的值时，应分 $q = 1$，$q \neq 1$ 两种情况来讨论．

2. 等比数列的前 n 项和公式的特征

当 $q \neq 1$ 时，前 n 项和 $S_n = \dfrac{a_1(1-q^n)}{1-q}$，可整理为 $S_n = \dfrac{a_1}{q-1}q^n - \dfrac{a_1}{q-1}$，形如

$$S_n = kq^n - k = k(q^n - 1).$$

（四）等比中项

若三个非零实数 a，b，c 满足 $b^2 = ac$，则称 b 为 a 和 c 的等比中项．$b = \pm\sqrt{ac}$ 是 a，b，c 成等比数列的充要条件．

在等比数列 $\{a_n\}$ 中，${a_{n+1}}^2 = a_n \cdot a_{n+2} (n \in \mathbf{N}^*)$．

（五）等比数列的性质

(1)等比数列的单调性．

若首项 $a_1 > 0$，公比 $q > 1$，则等比数列为递增数列；

若首项 $a_1 > 0$，公比 $0 < q < 1$，则等比数列为递减数列；

若首项 $a_1 < 0$，公比 $q > 1$，则等比数列为递减数列；

若首项 $a_1 < 0$，公比 $0 < q < 1$，则等比数列为递增数列；

若公比 $q = 1$，则等比数列为常数列；

若公比 $q < 0$，则等比数列为摆动数列．

(2)下标和定理．

①在等比数列中，若 $m+n = p+q$（m，n，p，$q \in \mathbf{N}^*$），则 $a_m \cdot a_n = a_p \cdot a_q$．

【注意】该性质可以推广到 3 项或者多项，但是等式两边的项数必须一样．

②若等比数列的总项数为奇数，则

$$a_1 a_n = a_2 a_{n-1} = a_3 a_{n-2} = \cdots = a_{\frac{1+n}{2}}^2.$$

(3)连续等长片段和定理．

若 $\{a_n\}$ 成等比数列，公比为 q，若 S_n 为前 n 项的和，则 S_m，$S_{2m} - S_m$，$S_{3m} - S_{2m}$，…成等比数列，新公比为 q^m．

(4)在等比数列中，每隔相同的项抽出来的项按照原来顺序排列，构成的新数列仍然是等比数列，但剩下的项按原顺序构成的数列不一定是等比数列．

一个等比数列的奇数项，仍组成一个等比数列，新公比是原公比的平方．

一个等比数列的偶数项，也组成一个等比数列，新公比是原公比的平方．

(5)若 $\{a_n\}$，$\{b_n\}$ 为等比数列，则 $\{\lambda a_n\}$（$\lambda \neq 0$），$\{|a_n|\}$，$\left\{\dfrac{1}{a_n}\right\}$，$\{a_n^2\}$，$\{m a_n b_n\}$（$m \neq 0$）

仍为等比数列．

二、 老吕讲题型

题型 4.8　等比数列基本公式的应用

老吕施法

看到一个等比数列问题，思路依据以下步骤：

(1)首先考虑特殊值法，令 $n = 1$，2，3．

(2)然后观察下标有无规律，若有规律必能用各种性质定理．

(3)若下标无规律，用万能方法，即将题干中的量全部化为 a_1，q，必然能求解．

可参见题型 4.2．

典型例题

例 21　$S_2+S_5=2S_8$.

(1)等比数列前 n 项的和为 S_n 且公比 $q=-\dfrac{\sqrt[3]{4}}{2}$；

(2)等比数列前 n 项的和为 S_n 且公比 $q=\dfrac{1}{\sqrt[3]{2}}$.

【解析】万能方法.

在等比数列中，$S_2+S_5=2S_8$，即

$$\frac{a_1(1-q^2)}{1-q}+\frac{a_1(1-q^5)}{1-q}=2\frac{a_1(1-q^8)}{1-q},$$

$$1-q^2+1-q^5=2-2q^8,$$

$$2q^8-q^5-q^2=0,$$

$$2q^6-q^3-1=0,$$

解得 $q=1$(含去)或 $q=-\dfrac{\sqrt[3]{4}}{2}$. 所以，条件(1)充分，条件(2)不充分.

【快速得分法】$S_2+S_5=2S_8$，两边减去 $2S_5$，得

$$S_2-S_5=2(S_8-S_5),$$

$$\Leftrightarrow-(a_3+a_4+a_5)=2(a_6+a_7+a_8),$$

$$\Leftrightarrow-(a_3+a_4+a_5)=2(a_3+a_4+a_5)\times q^3,$$

解得 $q^3=-\dfrac{1}{2}$，$q=-\dfrac{\sqrt[3]{4}}{2}$.

【答案】(A)

例 22　等比数列 $\{a_n\}$ 中，$a_5+a_1=34$，$a_5-a_1=30$，那么 $a_3=($ 　　).

(A)± 8 　　　　(B)-8 　　　　(C)± 5 　　　　(D)-5 　　　　(E)8

【解析】$\begin{cases}a_5+a_1=34,\\ a_5-a_1=30,\end{cases}\Rightarrow\begin{cases}a_1=2,\\ a_5=32.\end{cases}$ 由 ${a_3}^2=a_1\cdot a_5=64$，解得 $a_3=\pm 8$. 因为 a_1，a_3，a_5 同号，

所以 $a_3=-8$(含去).

【答案】(E)

【易错点】在等比数列中，所有奇数项都是同号的，所有偶数项也都是同号的，但是相邻两项可能同号也可能异号.

例 23　正项等比数列 $\{a_n\}$ 的前 n 项的和为 S_n，若 $a_1=3$，$a_2a_4=144$，则 S_{10} 的值是($\quad$).

(A)511 　　　　(B)1 023 　　　　(C)1 533 　　　　(D)3 069 　　　　(E)3 648

【解析】$a_2a_4=a_3^2=144$，$a_3=\pm 12$，因为 $\{a_n\}$ 是正项等比数列，则 $a_3=12$，$a_3=a_1\cdot q^2$，所以

$q=2$，$S_{10}=\dfrac{a_1(1-q^{10})}{1-q}=3\times(2^{10}-1)=3\ 069$.

【答案】(D)

例 24　在等比数列 $\{a_n\}$ 中，$a_7\cdot a_{11}=6$，$a_4+a_{14}=5$，则 $\dfrac{a_{20}}{a_{10}}=($ 　　).

(A)$\dfrac{2}{3}$ 　　　　　　　　(B)$\dfrac{3}{2}$ 　　　　　　　　(C)$\dfrac{2}{3}$ 或 $\dfrac{3}{2}$

(D)$-\dfrac{2}{3}$ 或 $-\dfrac{3}{2}$　　　　　　　　　　(E)以上选项均不正确

【解析】$a_7 \cdot a_{11} = a_4 \cdot a_{14} = 6$，$a_4 + a_{14} = 5$，解得 $\begin{cases} a_4 = 2 \\ a_{14} = 3 \end{cases}$ 或 $\begin{cases} a_4 = 3 \\ a_{14} = 2 \end{cases}$，则 $\dfrac{a_{20}}{a_{10}} = \dfrac{a_{14}}{a_4} = \dfrac{2}{3}$ 或 $\dfrac{3}{2}$.

【答案】(C)

例 25　在等比数列 $\{a_n\}$ 中，$a_2 + a_8$ 的值能确定.

(1)$a_1 a_2 a_3 + a_7 a_8 a_9 + 3a_1 a_9 (a_2 + a_8) = 27$；

(2)$a_3 a_7 = 2$.

【解析】条件(1)：化简可得

$$a_1 a_2 a_3 + a_7 a_8 a_9 + 3a_1 a_9 (a_2 + a_8)$$
$$= a_2{}^3 + a_8{}^3 + 3a_2 a_8 (a_2 + a_8)$$
$$= a_2{}^3 + a_8{}^3 + 3a_2{}^2 a_8 + 3a_2 a_8{}^2$$
$$= (a_2 + a_8)^3 = 27$$

故 $a_2 + a_8 = 3$，条件(1)充分.

条件(2)：$a_2 a_8 = a_3 a_7 = 2$，但 $a_2 + a_8$ 的值无法确定，故条件(2)不充分.

【答案】(A)

题型 4.9　连续等长片段和问题

> **老吕施法**
>
> (1)等比数列 $\{a_n\}$ 中，S_m，$S_{2m} - S_m$，$S_{3m} - S_{2m}$ 仍然成等比数列，新公比为 q^m.
>
> (2)要注意 S_m，S_{2m}，S_{3m} 不是等长片段，S_m 是前 m 项和，S_{2m} 是前 $2m$ 项和，S_{3m} 是前 $3m$ 项和，项数不相同.
>
> (3)常令 $m = 1$.

典型例题

例 26　已知等比数列的公比为 2，且前 4 项之和等于 1，那么其前 8 项之和等于(　　).

(A)15　　　　(B)17　　　　(C)19　　　　(D)21　　　　(E)23

【解析】方法一：等长片段和定理.

等长片段和仍然成等比，新公比为 q^m，所以 $\dfrac{S_8 - S_4}{S_4} = q^4 = 2^4 = 16$，解得 $S_8 = 17$.

方法二：万能方法.

$S_4 = \dfrac{a_1(2^4 - 1)}{2 - 1} = 15a_1 = 1$，解得 $a_1 = \dfrac{1}{15}$，则 $S_8 = \dfrac{a_1(2^8 - 1)}{2 - 1} = \dfrac{1}{15} \times 255 = 17$.

【答案】(B)

例 27　设等比数列 $\{a_n\}$ 的前 n 项和为 S_n，若 $\dfrac{S_6}{S_3} = \dfrac{1}{2}$，则 $\dfrac{S_9}{S_3} = ($　　$)$.

(A)$\dfrac{1}{2}$　　　　(B)$\dfrac{2}{3}$　　　　(C)$\dfrac{3}{4}$　　　　(D)$\dfrac{1}{3}$　　　　(E)1

【解析】$(S_9 - S_6)S_3 = (S_6 - S_3)^2$，由 $\dfrac{S_6}{S_3} = \dfrac{1}{2}$，得 $S_3 = 2S_6$，代入上式，可得 $\dfrac{S_9}{S_3} = \dfrac{3}{4}$.

【答案】(C)

题型 4.10　无穷递缩等比数列的问题

老吕施法

(1)无穷递缩等比数列所有项的和:

当 $n \rightarrow +\infty$,且 $|q| < 1$ 时,$S = \lim\limits_{n \to \infty} \dfrac{a_1(1-q^n)}{1-q} = \dfrac{a_1}{1-q}$.

(2)有时候虽然 n 并没有趋近于正无穷,但只要 n 足够大,也可以用这个公式进行估算.

典型例题

例 28　一个球从 100 米高处自由落下,每次着地后又跳回前一次高度的一半再落下.当它第 10 次着地时,共经过的路程是( )米.(精确到 1 米且不计任何阻力)

(A) 300 　　　(B) 250 　　　(C) 200 　　　(D) 150 　　　(E) 100

【解析】从高处下落时,路程为 100 米;

第一次着地弹起,到第二次着地的路程为 $50+50=100$;

第二次着地弹起,到第三次着地的路程为 $25+25=50$.

即从第一次着地到第 10 次着地的路程是一个首项为 100,公比为 $\dfrac{1}{2}$ 的等比数列,故到第 10

次落地时,一共经过的路程为 $S = 100 + S_9 = 100 + \dfrac{100 \times \left[1 - \left(\dfrac{1}{2}\right)^9\right]}{1 - \dfrac{1}{2}} \approx 300$(米).

【快速得分法】

从高处下落时,路程为 100 米;

第一次着地弹起,到第二次着地的路程为 $50+50=100$;

第二次着地弹起,到第三次着地的路程为 $25+25=50$.

可知总路程一定大于 250 米,只有(A)选项满足此条件.

【答案】(A)

例 29　一个无穷等比数列所有奇数项之和为 45,所有偶数项之和为 -30,则其首项等于( ).

(A)24 　　　(B)25 　　　(C)26 　　　(D)27 　　　(E)28

【解析】设此数列的首项为 a_1,公比为 q,则奇数项组成首项为 a_1,公比为 q^2 的等比数列,其

和为 $S = \dfrac{a_1}{1-q^2} = 45$.

偶数项组成首项为 $a_1 q$,公比为 q^2 的等比数列其和为 $S = \dfrac{a_1 q}{1-q^2} = -30$,两式相除得 $q = -\dfrac{2}{3}$,

$a_1 = 25$.

【答案】(B)

题型 4.11　等比数列的判定

老吕施法

判断一个数列是否为等比数列,有以下三类方法:

(1)特殊值法.

令 $n=1,2,3$,检验前三项是否等比数列.

(2)特征判断法.

①通项公式法：$a_n = Aq^n$（A，q 均是不为 0 的常数，$n \in \mathbf{N}^*$）$\Leftrightarrow \{a_n\}$ 是等比数列.

②前 n 项和公式法：$S_n = \dfrac{a_1}{q-1}q^n - \dfrac{a_1}{q-1} = kq^n - k$ $\left(k = \dfrac{a_1}{q-1} \text{是不为零的常数，且 } q \neq 0, q \neq 1\right) \Rightarrow$ $\{a_n\}$ 是等比数列.

(3)递推法.

①定义法：$\dfrac{a_{n+1}}{a_n} = q$（q 是不为 0 的常数，$n \in \mathbf{N}^*$）$\Leftrightarrow \{a_n\}$ 是等比数列.

②中项公式法：$a_{n+1}^2 = a_n \cdot a_{n+2}$（$a_n \cdot a_{n+1} \cdot a_{n+2} \neq 0$，$n \in \mathbf{N}^*$）$\Leftrightarrow \{a_n\}$ 是等比数列.

典型例题

例 30 $S_6 = 126$.

(1)数列 $\{a_n\}$ 的通项公式是 $a_n = 10 \times (3n + 4)$ （$n \in \mathbf{N}$）；

(2)数列 $\{a_n\}$ 的通项公式是 $a_n = 2^n$ （$n \in \mathbf{N}$）.

【解析】特征判断法.

条件(1)：数列为等差数列，$a_1 = 70$，$a_6 = 220$，条件(1)显然不充分.

条件(2)：数列为等比数列，$a_1 = 2$，$q = 2$，$S_6 = \dfrac{2 \times (1 - 2^6)}{1 - 2} = 126$，条件(2)充分.

【答案】(B)

例 31 等比数列 $\{a_n\}$ 中前 n 项和 $S_n = 3^n + r$，则 r 等于(   ).

(A)-1　　　　(B)0　　　　(C)1　　　　(D) 3　　　　(E)-3

【解析】方法一：当 $n = 1$ 时，$a_1 = 3 + r$；

当 $n \geqslant 2$ 时，$a_n = S_n - S_{n-1} = 2 \times 3^{n-1}$.

要使 $\{a_n\}$ 为等比数列，需 $3 + r = 2$，即 $r = -1$.

方法二：特征判断法.

$S_n = \dfrac{a_1}{q-1}q^n - \dfrac{a_1}{q-1} = kq^n - k$，观察可知 $r = -1$.

方法三：当 $n = 1$ 时，$a_1 = 3 + r$；

当 $n = 2$ 时，$S_2 = 3^2 + r = 9 + r$，所以 $a_2 = S_2 - a_1 = 6$；

当 $n = 3$ 时，$S_3 = 3^3 + r = 27 + r$，所以 $a_3 = S_3 - S_2 = 18$.

由中项公式，得 $a_2^2 = a_1 \cdot a_3$，可得 $r = -1$.

【答案】(A)

例 32 若 $\{a_n\}$ 是等比数列，下面四个命题中

①数列 $\{a_n^2\}$ 也是等比数列；

②数列 $\{a_{2n}\}$ 也是等比数列；

③数列 $\left\{\dfrac{1}{a_n}\right\}$ 也是等比数列；

④数列 $\{|a_n|\}$ 也是等比数列.

正确命题的个数是(   ).

(A)1 个　　　　(B)2 个　　　　(C)3 个　　　　(D)4 个　　　　(E)0 个

【解析】$a_n = a_1 q^{n-1}$.

① $a_n{}^2 = a_1{}^2 q^{2n-2}$，令 $a_n{}^2 = b_n$，$a_1{}^2 = b_1$，则 $b_n = b_1 (q^2)^{n-1}$ 成立．

② $a_{2n} = a_1 q^{2n-1}$，令 $a_{2n} = b_n$，$a_1 q = b_1$，则 $b_n = b_1 (q^2)^{n-1}$ 成立．

③ $\dfrac{1}{a^n} = \dfrac{1}{a_1 q^{n-1}}$，令 $\dfrac{1}{a^n} = b_n$，$\dfrac{1}{a^1} = b_1$，则 $b_n = b_1 (q^{-1})^{n-1}$ 成立．

④ $|a_n| = |a_1 q^{n-1}| = |a_1||q^{n-1}| = |a_1||q|^{n-1}$，令 $|a_n| = b_n$，$|a_1| = b_1$，则 $b_n = b_1|q|^{n-1}$ 成立．

【快速得分法】此题可以用特殊数列法可以迅速验证得答案．

【答案】(D)

例 33 数列 a，b，c 是等差数列不是等比数列．

(1) a，b，c 满足关系式 $2^a = 3$，$2^b = 6$，$2^c = 12$；

(2) $a = b = c$ 成立．

【解析】条件(1)：由 $2^a = 3$，$2^b = 6$，$2^c = 12$，可知 $2^a \cdot 2^c = (2^b)^2$，即 $2^{a+c} = 2^{2b}$，所以 $a + c = 2b$，a，b，c 成等差数列．

$$\begin{cases} 2^a = 3 \Rightarrow a = \log_2 3, \\ 2^b = 6 \Rightarrow b = \log_2 6, \\ 2^c = 12 \Rightarrow c = \log_2 12 \end{cases} \Rightarrow \begin{cases} ac = \log_2 3 \cdot \log_2 12, \\ b^2 = \log_2 6 \cdot \log_2 6 \end{cases} \Rightarrow a \cdot c \neq b^2，a，b，c 不是等比数列．$$

所以条件(1)充分．

条件(2)：当 $a = b = c = 0$ 时，a，b，c 是等差数列不是等比数列．

当 $a = b = c \neq 0$ 时，a，b，c 既是等差数列又是等比数列．

所以条件(2)不充分．

【答案】(A)

【易错点】非零的常数列既是等差数列，又是等比数列；零常数列，是等差数列，不是等比数列．

题型 4.12 等差数列和等比数列综合题

老吕施法

(1) 熟练掌握所有等差数列和等比数列的公式．

(2) 既是等差数列又是等比数列的数列，是非零的常数列．

典型例题

例 34 已知实数数列：-1，a_1，a_2，-4 是等差数列，-1，b_1，b_2，b_3，-4 是等比数列，则 $\dfrac{a_2 - a_1}{b_2}$ 的值为（　　）．

(A) $\dfrac{1}{2}$ (B) $-\dfrac{1}{2}$ (C) $\pm\dfrac{1}{2}$ (D) $\dfrac{1}{4}$ (E) $\pm\dfrac{1}{4}$

【解析】由 -1，a_1，a_2，-4 成等差数列，知公差为 $d = \dfrac{-4 - (-1)}{3} = -1$，故 $a_1 = -2$，$a_2 = -3$；

由 -1，b_1，b_2，b_3，-4 成等比数列知：$b_2{}^2 = (-1) \times (-4) = 4$，且 b_2 与 -1，-4 同号，故 $b_2 = -2$；

所以 $\dfrac{a_2-a_1}{b_2}=\dfrac{-3-(-2)}{-2}=\dfrac{1}{2}$.

【答案】(A)

例 35 已知 $\{a_n\}$，$\{b_n\}$ 分别为等比数列与等差数列，$a_1=b_1=1$，则 $b_2\geqslant a_2$.

(1) $a_2>0$；

(2) $a_{10}=b_{10}$.

【解析】条件(1)：显然不充分.

条件(2)：$a_{10}=b_{10}$，即 $q^9=1+9d\Rightarrow d=\dfrac{q^9-1}{9}$，$b_2=1+d=1+\dfrac{q^9-1}{9}=\dfrac{q^9+8}{9}$.

当 $q>0$ 时，可用均值不等式，得 $b_2=\dfrac{q^9+8}{9}=\dfrac{q^9+1+1+\cdots+1}{9}\geqslant\sqrt[9]{q^9}=q=a_2$，即 $b_2\geqslant a_2$.

条件(2)不能保证 $q>0$，故条件(2)单独不充分.

由条件(1)可得 $q>0$，所以条件(1)和条件(2)联立起来充分.

【答案】(C)

例 36 三个数顺序排列成等比数列，其和为 114，这三个数依前面的顺序，又是某等差数列的第 1、4、25 项，则此三个数各位上的数字之和为( ).

(A)24　　　　　(B)33　　　　　(C)24 或 33　　　　　(D)22 或 33　　　　　(E)24 或 35

【解析】设这三个数分别为 a，b，c，公比为 q.

当 $q=1$ 时，此数列既成等比又成等差，满足题意. 所以，$a=b=c=38$，各位上的数字之和为 33.

当 $q\neq 1$ 时，

$$\begin{cases} b^2=ac, \\ b=a+3d, \\ c=a+24d, \\ a+b+c=114, \end{cases}$$

解此方程组，可得 $a=2$，$b=14$，$c=98$，各位上的数字之和为 24.

【答案】(C)

题型 4.13　数列与函数、方程的综合题

老吕施法

常见以下命题方式：

(1)韦达定理与数列综合题.

(2)根的判别式与数列综合题.

(3)指数、对数与数列综合题.

典型例题

例 37 等比数列 $\{a_n\}$ 中，a_3，a_8 是方程 $3x^2+2x-18=0$ 的两个根，则 $a_4\cdot a_7=$ ( ).

(A)-9　　　　　(B)-8　　　　　(C)-6　　　　　(D)6　　　　　(E)8

【解析】根据韦达定理，可知 $a_3\cdot a_8=-6$，故 $a_4\cdot a_7=a_3\cdot a_8=-6$.

【答案】(C)

例 38 一元二次方程 $ax^2+bx+c=0$ 无实根.

(1)a，b，c 成等比数列，且 $b\neq0$；　　　　(2)a，b，c 成等差数列．

【解析】一元二次方程 $ax^2+bx+c=0$ 无实根，说明 $a\neq0$，$\Delta=b^2-4ac<0$．

条件(1)：a，b，c 成等比数列，故 $b^2=ac$，$\Delta=b^2-4ac=-3b^2\leqslant0$．

又因 $b\neq0$，所以 $\Delta=-3b^2<0$，条件(1)充分．

条件(2)：令 $a=-1$，$b=0$，$c=1$，当 a，c 异号时，一元二次方程一负根，显然不充分．

【答案】(A)

例39 $\ln a$，$\ln b$，$\ln c$ 成等差数列．

(1)e^a，e^b，e^c 成等比数列；

(2)实数 a，b，c 成等差数列．

【解析】条件(1)：e^a，e^b，e^c 成等比数列，$e^{2b}=e^a e^c$，所以，$2b=a+c$，令 $a=-1$，$b=-2$，$c=-3$，不满足对数的定义域，条件(1)不充分．

条件(2)：令 $a=-1$，$b=-2$，$c=-3$，不满足对数的定义域，条件(2)不充分．

两个条件联立显然也不充分．

【答案】(E)

例40 等差数列 $\{a_n\}$ 的前 n 项和为 S_n，已知 $a_{m-1}+a_{m+1}-a_m^2=0$，$S_{2m-1}=38$，则 $m=($)．

(A)38　　　　(B)20　　　　(C)10　　　　(D)9　　　　(E)8

【解析】由题意可得 $a_{m-1}+a_{m+1}-a_m^2=2a_m-a_m^2=0\Rightarrow a_m=2$ 或 0(舍去)，

$$S_{2m-1}=\frac{a_1+a_{2m-1}}{2}\times(2m-1)=a_m(2m-1)=38\Rightarrow m=10.$$

【答案】(C)

例41 等差数列 $\{a_n\}$ 中，$a_1=1$，a_n，a_{n+1} 是方程 $x^2-(2n+1)x+\dfrac{1}{b_n}=0$ 的两个根，则数列 $\{b_n\}$ 的前 n 项和 $S_n=($)．

(A)$\dfrac{1}{2n+1}$　　　(B)$\dfrac{1}{n+1}$　　　(C)$\dfrac{n}{2n+1}$　　　(D)$\dfrac{n}{n+1}$　　　(E)$\dfrac{1}{n}$

【解析】由韦达定理，得 $a_n+a_{n+1}=2n+1$，即

$a_1+(n-1)d+a_1+(n+1-1)d=2+(2n-1)d=2n+1$，

由等号两边对应相等，得 $d=1$，故 $a_n=n$．

$a_n a_{n+1}=\dfrac{1}{b_n}$，故 $b_n=\dfrac{1}{n(n+1)}$，因此 $S_n=b_1+b_2+\cdots+b_b=1-\dfrac{1}{n+1}=\dfrac{n}{n+1}$．

【答案】(D)

题型 4.14　特殊数列求和

老吕施法

此类问题与题型 1.9 可以认为是相同的题型，互相借鉴即可．

(1)错位相减法．

用于求数列 $\{a_n\cdot b_n\}$ 的前 n 项和，其中 $\{a_n\}$，$\{b_n\}$ 分别是等差数列和等比数列．

(2)分组求和法．

将不规则数列分成等差数列或等比数列求和．

【典型例题】

例 42 求和 $S_n = 3 + 2 \times 3^2 + 3 \times 3^3 + 4 \times 3^4 + \cdots + n \times 3^n$ 的结果为( ).

(A) $\dfrac{3(3^n-1)}{4} + \dfrac{n \cdot 3^n}{2}$ 　　　(B) $\dfrac{3(1-3^n)}{4} + \dfrac{3^{n+1}}{2}$ 　　　(C) $\dfrac{3(1-3^n)}{4} + \dfrac{(n+2) \cdot 3^n}{2}$

(D) $\dfrac{3(3^n-1)}{4} + \dfrac{3^n}{2}$ 　　　(E) $\dfrac{3(1-3^n)}{4} + \dfrac{n \cdot 3^{n+1}}{2}$

【解析】用错位相减法. 根据求和公式,得

$$\begin{cases} S_n = 3 + 2 \times 3^2 + 3 \times 3^3 + 4 \times 3^4 + \cdots + n \times 3^n, \\ 3S_n = 3^2 + 2 \times 3^3 + 3 \times 3^4 + \cdots + (n-1) \times 3^n + n \times 3^{n+1}, \end{cases}$$

两式相减,得 $-2S_n = 3 + 3^2 + 3^3 + 3^4 + \cdots + 3^n - n \times 3^{n+1} = \dfrac{3 \times (1-3^n)}{1-3} - n \times 3^{n+1}$,

解得 $S_n = \dfrac{3(1-3^n)}{4} + \dfrac{n \cdot 3^{n+1}}{2}$.

【答案】(E)

例 43 求和:$1\dfrac{1}{2} + 2\dfrac{1}{4} + 3\dfrac{1}{8} + \cdots + n\dfrac{1}{2^n}$.

【解析】原式 $= (1 + 2 + 3 + \cdots + n) + \left(\dfrac{1}{2} + \dfrac{1}{4} + \cdots + \dfrac{1}{2^n} \right)$

$$= \frac{n(1+n)}{2} + \frac{\dfrac{1}{2} \times \left[1 - \left(\dfrac{1}{2} \right)^n \right]}{1 - \dfrac{1}{2}} = \frac{n(1+n)}{2} + 1 - \frac{1}{2^n}.$$

【答案】$\dfrac{n(1+n)}{2} + 1 - \dfrac{1}{2^n}$

题型 4.15 已知递推公式求 a_n 问题

【老吕施法】

已知递推公式求 a_n 的问题,是一类重点题型,有以下几种出题模型:

　　模型 1 形如 $a_{n+1} - a_n = f(n)$,用叠加法.

　　模型 2 形如 $a_{n+1} = a_n \cdot f(n)$,用叠乘法.

　　模型 3 形如 $a_{n+1} = A \cdot a_n + B$,则 $a_n + \dfrac{B}{A-1}$ 是一个公比为 A 的等比数列.

　　模型 4 形如 $S_n = f(a_n)$,用 $S_n - S_{n-1}$ 法.

若已知数列 $\{a_n\}$ 的前 n 项和 S_n,求数列的通项公式 a_n,则

$$a_n = \begin{cases} s_1, & (n=1 \text{ 时}) \\ s_n - s_{n-1}, & (n \geqslant 2 \text{ 时}) \end{cases}$$

　　模型 5 周期数列,即每隔几项重复出现的数列. 例如:1,2,3,4,1,3,4,1,2,3,4,1……此类数列的特点是任一个周期,和为定值.

　　模型 6 直接计算法.

　　【快速得分法】几乎所有递推公式都可以用令 $n = 1$,2,3 法,排除选项得到答案.

　　【注意】第一轮复习的同学,可在学完等差数列和等比数列之后再看此类题型.

典型例题

例 44　数列 $\{a_n\}$ 中，$a_1=1$，$a_{n+1}-a_n=3n$，求数列的通项公式．

【解析】类型 1，叠加法．

由 $a_{n+1}-a_n=3n$，可知

$$a_2-a_1=3\times1,$$
$$a_3-a_2=3\times2,$$
$$a_4-a_3=3\times3,$$
$$\vdots$$
$$a_n-a_{n-1}=3\times(n-1),$$

将以上各式叠加，约去相同的项，可得

$$a_n-a_1=3\times(1+2+3+\cdots+n-1)=\frac{3}{2}(n^2-n),$$

故 $a_n=\frac{3}{2}n^2-\frac{3}{2}n+1$．

例 45　数列 $\{a_n\}$ 中，$a_1=1$，$a_{n+1}=2^n\cdot a_n$，求数列的通项公式．

【解析】类型 2，叠乘法．

由 $a_{n+1}=2^n\cdot a_n$，可知

$$a_2=2^1\cdot a_1,$$
$$a_3=2^2\cdot a_2,$$
$$a_4=2^3\cdot a_3,$$
$$\vdots$$
$$a_n=2^{n-1}\cdot a_{n-1},$$

将以上各式叠乘，约去相同的项，可得

$$a_n=2^1\times2^2\times2^3\times\cdots\times2^{n-1}\times a_1=2^{\frac{n^2-n}{2}}.$$

例 46　数列 $\{a_n\}$ 中，$a_1=1$，$a_{n+1}=3a_n+1$，求数列的通项公式．

【解析】类型 3，设 t 凑等比法．

将

$$a_{n+1}=3a_n+1,\qquad\qquad\qquad\qquad ①$$

转化为

$$a_{n+1}+t=3(a_n+t),\qquad\qquad\qquad ②$$

即

$$a_{n+1}=3a_n+2t,\qquad\qquad\qquad\qquad ③$$

①③式相等，故有 $2t=1$，将 $t=\frac{1}{2}$ 代入②式，得

$$a_{n+1}+\frac{1}{2}=3\left(a_n+\frac{1}{2}\right),$$

又因 $a_1+\frac{1}{2}=\frac{3}{2}$，故 $\left\{a_n+\frac{1}{2}\right\}$ 是首项为 $\frac{3}{2}$，公比为 3 的等比数列，故

$$a_n+\frac{1}{2}=\frac{3}{2}\cdot3^{n-1}=\frac{1}{2}\cdot3^n,$$

所以 $a_n = \dfrac{1}{2} \cdot 3^n - \dfrac{1}{2}$.

例 47 已知数列 $\{a_n\}$ 的前 n 项和为 $S_n = \dfrac{1}{3}(a_n - 1)$,求数列的通项公式 a_n.

【解析】 类型 4,$S_n - S_{n-1}$ 法.

$$a_1 = S_1 = \dfrac{1}{3}(a_1 - 1), \ \text{即} \ a_1 = -\dfrac{1}{2},$$

当 $n \geqslant 2$ 时,$a_n = S_n - S_{n-1} = \dfrac{1}{3}(a_n - 1) - \dfrac{1}{3}(a_{n-1} - 1)$,得 $\dfrac{a_n}{a_{n-1}} = -\dfrac{1}{2}$.

所以 $\{a_n\}$ 是首项为 $-\dfrac{1}{2}$,公比为 $-\dfrac{1}{2}$ 的等比数列,通项公式为 $a_n = \left(-\dfrac{1}{2}\right)^n$.

例 48 设 $a_1 = 1$,$a_2 = k$,$\cdots$,$a_{n+1} = |a_n - a_{n-1}|$,$(n \geqslant 2)$,则 $a_{100} + a_{101} + a_{102} = 2$.

(1)$k = 2$;

(2)k 是小于 20 的正整数.

【解析】 类型 6,直接计算法.

条件(1):$a_1 = 1$,$a_2 = 2$;$a_3 = |a_2 - a_1| = 1$,$a_4 = |a_3 - a_2| = 1$,$a_5 = |a_4 - a_3| = 0$;$a_6 = |a_5 - a_4| = 1$,$a_7 = |a_6 - a_5| = 1$,$a_8 = |a_7 - a_6| = 0$;

可见,每 3 项开始循环,故有:$a_{99} = 1$,$a_{100} = 1$,$a_{101} = 0$;$a_{102} = 1$;

所以 $a_{100} + a_{101} + a_{102} = 2$,条件(1)充分.

条件(2):如条件(1),令 $k = 1$,$k = 2$,$\cdots$,$k = 19$,经讨论均充分,故条件(2)充分.

【答案】 (D)

例 49 $a_1 = \dfrac{1}{3}$.

(1)在数列 $\{a_n\}$ 中,$a_3 = 2$;

(2)在数列 $\{a_n\}$ 中,$a_2 = 2a_1$,$a_3 = 3a_2$.

【解析】 类型 5,直接计算法.

两个条件单独显然不成立,联立两个条件:由条件(2),得 $a_1 = \dfrac{a_2}{2} = \dfrac{a_3}{6}$. 又因条件(1)$a_3 = 2$,

所以 $a_1 = \dfrac{a_2}{2} = \dfrac{a_3}{6} = \dfrac{1}{3}$.

【答案】 (C)

例 50 如果数列 $\{a_n\}$ 的前 n 项的和 $S_n = \dfrac{3}{2}a_n - 3$,那么这个数列的通项公式是( ).

(A)$a_n = 2(n^2 + n + 1)$ (B)$a_n = 3 \times 2^n$ (C)$a_n = 3n + 1$

(D)$a_n = 2 \times 3^n$ (E)以上选项均不正确

【解析】 类型 4,$S_n - S_{n-1}$ 法.

由 $a_1 = S_1 = \dfrac{3}{2}a_1 - 3$,所以 $a_1 = 6$.

当 $n \geqslant 2$ 时,$a_n = S_n - S_{n-1} = \dfrac{3}{2}a_n - 3 - \dfrac{3}{2}a_{n-1} + 3$,得 $\dfrac{a_n}{a_{n-1}} = 3$.

所以数列 $\{a_n\}$ 是首项为 6、公比为 3 的等比数列,通项公式为 $a_n = 2 \times 3^n$.

【快速得分法】 特殊值法.

令 $n = 1$,得 $a_1 = 6$;令 $n = 2$,得 $a_2 = 18$,代入选项验证即可.

【答案】(D)

例 51 若数列 $\{a_n\}$ 中，$a_n \neq 0 (n \geq 1)$，$a_1 = \frac{1}{2}$，前 n 项和 S_n 满足 $a_n = \frac{2S_n^2}{2S_n - 1}(n \geq 2)$，则 $\left\{\frac{1}{S_n}\right\}$ 是

(　　).

(A)首项为 2、公比为 $\frac{1}{2}$ 的等比数列　　　　(B)首项为 2、公比为 2 的等比数列

(C)既非等差数列也非等比数列　　　　(D)首项为 2、公差为 $\frac{1}{2}$ 的等差数列

(E)首项为 2、公差为 2 的等差数列

【解析】类型 4，$S_n - S_{n-1}$ 法.

当 $n = 1$ 时，$\frac{1}{S_n} = \frac{1}{a_1} = 2$.

当 $n \geq 2$ 时，

$$2a_n S_n - a_n = 2S_n^2,$$
$$2(S_n - S_{n-1})S_n - (S_n - S_{n-1}) = 2S_n^2 (n \geq 2),$$
$$S_n - S_{n-1} = -2S_{n-1}S_n,$$
$$\frac{1}{S_n} - \frac{1}{S_{n-1}} = 2.$$

故 $\left\{\frac{1}{S_n}\right\}$ 是首项为 2、公差为 2 的等差数列.

【快速得分法】特殊值法.

当 $n = 1$ 时，$\frac{1}{S_n} = \frac{1}{a_1} = 2$.

当 $n = 2$ 时，$a_2 = \frac{2S_2^2}{2S_2 - 1}$，解得 $\frac{1}{S_2} = 4$.

同理可得，$\frac{1}{S_3} = 6$. 归纳法知，$\left\{\frac{1}{S_n}\right\}$ 是首项为 2、公差为 2 的等差数列.

【答案】(E)

微模考四(上) · 基础篇

(共 25 题,每题 3 分,限时 60 分钟)

一、问题求解:第 1~15 小题,每小题 3 分,共 45 分. 下列每题给出的(A)、(B)、(C)、(D)、(E)五个选项中,只有一项是符合试题要求的,请在答题卡上将所选项的字母涂黑.

1. 已知数列 $\{a_n\}$ 的前 n 项的和记作 $S_n = 2 + 3^{n-1}$,则它的通项 a_n 是(　　).

   (A) $a_n = 2 \times 3^{n-1}$ (B) $a_n = 2 \times 3^n$ (C) $a_n = \begin{cases} 3, & n=1, \\ 2 \times 3^{n-1}, & n \geq 2 \end{cases}$

   (D) $a_n = \begin{cases} 3, & n=1, \\ 2 \times 3^n, & n \geq 2 \end{cases}$ (E) 以上选项均不正确

2. 数列 $\{a_n\}$ 的前 n 项和 $S_n = n^2 + 2n + 5$,则 $a_{n+1} + a_{n+2} + a_{n+3}$ 等于(　　).

   (A) $6n$ (B) $3n + 15$ (C) $3n - 15$ (D) $6n + 15$ (E) $6n - 15$

3. 已知数列 $\{a_n\}$ 的前 n 项和 $S_n = 4n^2 + n$,那么下面正确的是(　　).

   (A) $\{a_n\}$ 是等差数列 (B) $a_n = 2$ (C) $a_n = 2n + 3$

   (D) $S_{10} = 411$ (E) $S_4 = 256$

4. 等差数列 $\{a_n\}$ 中,若 $S_5 = 30$,$S_{10} = 120$,则 S_{15} 等于(　　).

   (A) 180 (B) 210 (C) 270 (D) 480 (E) 560

5. 等差数列 $\{a_n\}$ 的公差 $d = 2$,$S_{100} = 40$,则它的前 100 项中所有偶数项的和为(　　).

   (A) 30 (B) 50 (C) 70 (D) 90 (E) 110

6. 已知数列 $\{a_n\}$ 为等差数列,且 $a_3 = 9$,$a_9 = 3$,则 a_{12} 为(　　).

   (A) 1 (B) −1 (C) 0 (D) 12 (E) 2

7. 在等比数列 $\{a_n\}$ 中,已知 $S_n = 36$,$S_{2n} = 54$,则 S_{3n} 等于(　　).

   (A) 63 (B) 68 (C) 76 (D) 89 (E) 92

8. $\{a_n\}$ 为等差数列,已知 $a_1 + a_2 + a_3 = -24$,$a_{11} + a_{13} + a_{15} = 42$,则 $a_{19} = ($　　$)$.

   (A) 22 (B) 24 (C) 25 (D) 26 (E) 28

9. 已知等差数列 $\{a_n\}$ 中,$a_3 a_7 = -12$,$a_4 + a_6 = -4$,则此数列中前 20 项和 S_{20} 为(　　).

   (A) −180 (B) 180 (C) −180 或 260

   (D) 180 或 −260 (E) 以上选项均不正确

10. 已知等差数列 $\{a_n\}$ 中,$a_4 = 9$,$a_9 = -6$,则满足 $S_n = 54$ 的所有的 n 的值为(　　).

    (A) 4 或 9 (B) 4 (C) 9 (D) 3 或 8 (E) 8

11. 已知等差数列 $\{a_n\}$ 的公差不为 0,但第三、四、七项构成等比数列,则 $\dfrac{a_2 + a_6}{a_3 + a_7} = ($　　$)$.

    (A) $\dfrac{3}{5}$ (B) $\dfrac{2}{3}$ (C) $\dfrac{3}{4}$ (D) $\dfrac{4}{5}$ (E) 1

12. 已知 a,b,c 既成等差数列又成等比数列,设 α,β 是方程 $ax^2 + bx - c = 0$ 的两根,且 $\alpha > \beta$,则 $\alpha^3 \beta - \alpha \beta^3$ 等于(　　).

(A)$\sqrt{5}$　　(B)$\sqrt{15}$　　(C)$\sqrt{35}$　　(D)$\sqrt{6}$　　(E)以上选项均不正确

13. 已知数列$\{a_n\}$的前n项和满足$\log_2(S_n-1)=n$，则这个数列是(　　).

 (A)等差数列　　　　　　　　　　(B)等比数列

 (C)既非等差数列，又非等比数列　　(D)既是等差数列，又是等比数列

 (E)无法判定

14. 公差不为零的等差数列$\{a_n\}$的前n项和为S_n. 若a_4是a_3与a_7的等比中项，$S_8=32$，则S_{10}等于(　　).

 (A)18　　(B)24　　(C)36　　(D)60　　(E)90

15. 若2，2^x-1，2^x+3成等比数列，则$x=$(　　).

 (A)$\log_2 5$　(B)$\log_2 6$　(C)$\log_2 7$　(D)$\log_2 8$　(E)$\log_2 9$

二、条件充分性判断：第16～25小题，每小题3分，共30分. 要求判断每题给出的条件(1)和条件(2)能否充分支持题干所陈述的结论. (A)、(B)、(C)、(D)、(E)五个选项为判断结果，请选择一项符合试题要求的判断结果，在答题卡上将所选项的字母涂黑.

 (A)条件(1)充分，但条件(2)不充分.

 (B)条件(2)充分，但条件(1)不充分.

 (C)条件(1)和条件(2)单独都不充分，但条件(1)和条件(2)联合起来充分.

 (D)条件(1)充分，条件(2)也充分.

 (E)条件(1)和条件(2)单独都不充分，条件(1)和条件(2)联合起来也不充分.

16. 由方程组$\begin{cases}x+y=a,\\y+z=4,\\z+x=2,\end{cases}$解得的$x$，$y$，$z$成等差数列.

 (1)$a=1$；

 (2)$a=0$.

17. 设等差数列$\{a_n\}$的前n项和为S_n，S_6是S_n的最大值.

 (1)$a_1<0$，$d>0$；

 (2)$a_1=23$，$d=-4$.

18. 在等差数列$\{a_n\}$中，$|S_n|=90$.

 (1)$n=15$，$a_n=-2n+22$；

 (2)$n=6$，$S_n=-n^2+21n$.

19. 等差数列$\{a_n\}$中，前6项中奇数项和与偶数项和之差为-6.

 (1)前6项中，奇数项和与偶数项和之比为$1:3$；

 (2)$a_3=4-a_4$.

20. 在等差数列$\{a_n\}$中，$a_3=4$.

 (1)等差数列$\{a_n\}$中，$a_1+a_2+a_3+a_4+a_5=20$；

 (2)数列$\{a_n\}$中，前n项和$S_n=14n-2n^2$.

21. 方程$(a^2+c^2)x^2-2c(a+b)x+b^2+c^2=0$有实根.

 (1)a，b，c成等比数列；

 (2)a，c，b成等比数列.

22. $a+b+c=26$.

 (1)a，b，c成等比数列，且a，$b+4$，c成等差数列；

(2)a，b，c 成等比数列，且 a，b，$c+32$ 成等比数列．

23. S_n，T_n 为等差数列 $\{a_n\}$，$\{b_n\}$ 的前 n 项和，能确定 $\dfrac{a_{11}}{b_{11}}$ 的值为 $\dfrac{145}{111}$．

    (1)$a_1=3$，$b_1=2$；

    (2)$\dfrac{S_n}{T_n}=\dfrac{7n-2}{4n+27}$．

24. 数列 $\{a_n\}$ 为等比数列．

    (1)前 n 项和 $S_n=\dfrac{1}{8}(3^{2n}-1)$；

    (2)前 n 项和 $S_n=\dfrac{3^n-2^n}{2^n}$．

25. 满足条件的等差数列 $\{a_n\}$ 有两个．

    (1)设 S_n 是等差数列 $\{a_n\}$ 的前 n 项和，$\dfrac{1}{3}S_3$ 与 $\dfrac{1}{4}S_4$ 的等比中项为 $\dfrac{1}{5}S_5$，且 $\dfrac{1}{3}S_3$ 与 $\dfrac{1}{4}S_4$ 的等差中项为 1；

    (2)设等差数列 $\{a_n\}$ 的通项 a_n 是关于 x 的方程 $x^2-(n+1)x+n=0$ 的根．

微模考四（下）·强化篇

（共 25 题，每题 3 分，限时 60 分钟）

一、问题求解：第 1～15 小题，每小题 3 分，共 45 分．下列每题给出的(A)、(B)、(C)、(D)、(E)五个选项中，只有一项是符合试题要求的，请在答题卡上将所选项的字母涂黑．

1. 已知等差数列 $\{a_n\}$ 中，$a_m + a_{m+10} = a$，$a_{m+50} + a_{m+60} = b$，且 $a \neq b$，m 为常数，且 $m \in \mathbf{N}$，则 $a_{m+125} + a_{m+135} = ($ $)$．

   (A)$2b - a$ (B)$\dfrac{b-a}{2}$ (C)$\dfrac{5b-3a}{2}$ (D)$3b - 2a$ (E) 以上选项均不正确

2. 已知数列 $\{a_n\}$ 的前 n 项和为 S_n，且 $S_n = n - 3a_n - 9$，则数列 $\{a_n - 1\}$ 是(   )．

   (A)等比数列   (B)从第二项起是等比数列   (C)等差数列

   (D)从第二项起是等差数列   (E)以上选项均不正确

3. 在等比数列 $\{a_n\}$ 中，公比 $q = 2$，$a_1 + a_3 + a_5 + \cdots + a_{99} = 10$，则 $S_{100} = ($ $)$．

   (A) 20   (B)25   (C)30   (D)35   (E)40

4. 若 $\{a_n\}$ 是等差数列，已知 $a_1 > 0$，$a_{2\,003} + a_{2\,004} > 0$，$a_{2\,003} a_{2\,004} < 0$，则使前 n 项和 $S_n > 0$ 成立的最大自然数是(   )．

   (A)4 005   (B) 4 006   (C) 4 007   (D) 4 008   (E)以上选项均不正确

5. 在等差数列 $\{a_n\}$ 中，$a_3 = 2$，$a_{11} = 6$；数列 $\{b_n\}$ 是等比数列，若 $b_2 = a_3$，$b_3 = \dfrac{1}{a_2}$，则满足 $b_n > \dfrac{1}{a_{26}}$ 的最大的 n 是(   )．

   (A)3   (B)4   (C)5   (D)6   (E)以上选项均不正确

6. 在数列 $\{a_n\}$ 中，$a_n = 4n - \dfrac{5}{2}$，$a_1 + a_2 + \cdots + a_n = an^2 + bn$，$n \in \mathbf{N}^*$，其中 a，b 为常数，则 $ab = ($ $)$．

   (A)29   (B)27   (C) -24 (D)36   (E) -1

7. 等差数列 $\{a_n\}$ 中，$3a_5 = 7a_{10}$，且 $a_1 < 0$，则 S_n 的最小值为(   )．

   (A)S_1 或 S_8 (B)S_{12} (C)S_{13} (D)S_{15} (E)以上选项均不正确

8. 数列 $\{a_n\}$ 前 n 项和 S_n 满足 $\log_2(S_n - 1) = n$，则 $\{a_n\}$ 是(   )．

   (A)等差数列

   (B)等比数列

   (C)既是等差数列又是等比数列

   (D)既非等差数列亦非等比数列

   (E)以上选项均不正确

9. 无穷等比数列 $\{a_n\}$ 中，$a_1 + a_2 + \cdots + a_n + \cdots = \dfrac{1}{2}$，则 a_1 的取值范围为(   )．

   (A)$(0，+\infty)$ (B)$(-\infty，1)$ (C)$(0，1)$

(D)$\left(0, \dfrac{1}{2}\right)\cup\left(\dfrac{1}{2}, 1\right)$　　　　(E)以上选项均不正确

10. 在-12和6之间插入n个数,使这$n+2$个数组成和为-21的等差数列,则n为(　　).

(A)4　　　　(B)5　　　　(C)6　　　　(D)7　　　　(E)8

11. 已知两个等差数列$\{a_n\}$和$\{b_n\}$的前n项和分别为A_n和B_n,且$\dfrac{A_n}{B_n}=\dfrac{7n+45}{n+3}$,则使得$\dfrac{a_n}{b_n}$为整数的正整数$n$的个数是(　　).

(A)2　　　　(B)3　　　　(C)4　　　　(D)5　　　　(E)6

12. 数列$\{a_n\}$的前n项和为S_n,若$a_n=\dfrac{1}{n(n+1)}$,则S_5等于(　　).

(A)1　　　　(B)$\dfrac{5}{6}$　　　　(C)$\dfrac{1}{6}$　　　　(D)$\dfrac{1}{30}$　　　　(E)$\dfrac{1}{2}$

13. 已知等比数列$\{a_n\}$满足$a_n>0$,$n=1$,2,3,$\cdots$,且$a_5a_{2n-5}=2^{2n}$($n\geq3$),则当$n\geq1$时,$\log_2a_1+\log_2a_3+\cdots+\log_2a_{2n-1}=(\quad)$.

(A)$n(2n-1)$　　　　　　(B)$(n+1)^2$　　　　　　(C)n^2

(D)$(n-1)^2$　　　　　　(E)n^2-1

14. 设等比数列$\{a_n\}$的前n项和为S_n,若$\dfrac{S_6}{S_3}=3$,则$\dfrac{S_9}{S_6}=(\quad)$.

(A)2　　　　(B)$\dfrac{7}{3}$　　　　(C)$\dfrac{8}{3}$　　　　(D)3　　　　(E)$\dfrac{10}{3}$

15. 已知数列$a_n=\dfrac{2n-3}{3^n}$,则其前n项和为(　　).

(A)$S_n=-\dfrac{n}{3^n}$　　　　　　(B)$S_n=-\dfrac{n+1}{3^n}$　　　　　　(C)$S_n=-\dfrac{n}{3^{n-1}}$

(D)$S_n=-\dfrac{n}{3^{n+1}}$　　　　　　(E)$S_n=-\dfrac{n+1}{3^{n+1}}$

二、条件充分性判断:第16~25小题,每小题3分,共30分.要求判断每题给出的条件(1)和条件(2)能否充分支持题干所陈述的结论.(A)、(B)、(C)、(D)、(E)五个选项为判断结果,请选择一项符合试题要求的判断,在答题卡上将所选项的字母涂黑.

(A)条件(1)充分,但条件(2)不充分.

(B)条件(2)充分,但条件(1)不充分.

(C)条件(1)和条件(2)单独都不充分,但条件(1)和条件(2)联合起来充分.

(D)条件(1)充分,条件(2)也充分.

(E)条件(1)和条件(2)单独都不充分,条件(1)和条件(2)联合起来也不充分.

16. 数列$\{a_n\}$的前k项和$a_1+a_2+\cdots+a_k$与随后的k项和$a_{k+1}+a_{k+2}+\cdots+a_{2k}$之比与$k$无关.

(1)$a_n=2n$($n=1$,2,$\cdots$);

(2)$a_n=2n-1$($n=1$,2,$\cdots$).

17. $\dfrac{(a_1+a_2)^2}{b_1b_2}$的取值范围是$(-\infty, 0]\cup[4, +\infty)$.

(1)x,a_1,a_2,y成等差数列;

(2)x,b_1,b_2,y成等比数列.

18. 已知数列$\{a_n\}$是等差数列($d\neq0$),且有$a_1=25$,$S_{17}=S_9$,那么$S_T=169$.

(1)$T=13$;

(2)数列$\{a_n\}$的前n项和最大值为S_T.

19. $\left(\dfrac{1}{2}\right)^x$，$2^{1-x}$，$2^{x^2}$成等比数列.

    (1)$-x$，$1-x$，x^2成等差数列；

    (2)lg x，$\lg(x+1)$，$\lg(x+3)$成等差数列.

20. 在等比数列$\{a_n\}$中，a_3+a_7的值能确定.

    (1)$a_2a_3a_4+a_6a_7a_8+3a_2a_8(a_3+a_7)=-8$；

    (2)$a_4+a_6=6$.

21. 数列$\{a_n\}$，$a_{2\,009}+a_{2\,010}+a_{2\,011}+a_{2\,012}=24$.

    (1)数列$\{a_n\}$中任何连续三项和都是20；

    (2)$a_{102}=7$，$a_{1\,000}=9$.

22. 二次函数$f(x)=ax^2+bx+c$与x轴有两个不同的交点.

    (1)a，b，c成等比数列；

    (2)a，$\dfrac{b}{2}$，c成等差数列.

23. 设$\{a_n\}$是等比数列，则S_{10}的值可唯一确定.

    (1)$a_5+a_6=a_7-a_5=48$；

    (2)$2a_ma_n=a_m^2+a_n^2=18$.

24. 若一个首项为正数的等差数列，前3项和与前11项和相等，则这个数列的前n项和S_n取得最大值.

    (1)$n=6$；

    (2)$n=7$.

25. 数列6，x，y，16前三项成等差数列，则能确定后三项成等比数列.

    (1)$4x+y=0$；

    (2)x，y是方程$t^2+3t-4=0$的两个根.

微模考四(上)·基础篇参考答案

一、问题求解

1. (E)

【解析】当 $n=1$ 时,$a_1=S_1=2+3^{1-1}=3$;

当 $n \geqslant 2$ 时,$a_n=S_n-S_{n-1}=(2+3^{n-1})-(2+3^{n-2})=2\times3^{n-2}$;

把 $n=1$ 代入 $a_n=2\times3^{n-2}$ 中,得 $a_1=2\times3^{-1}=\dfrac{2}{3}$,与 $a_1=3$ 不符.

所以数列 $\{a_n\}$ 的通项公式为 $a_n=\begin{cases} 3, & n=1, \\ 2\times3^{n-2}, & n\geqslant2. \end{cases}$

2. (D)

【解析】$a_{n+1}+a_{n+2}+a_{n+3}=S_{n+3}-S_n=(n+3)^2+2(n+3)+5-n^2-2n-5=6n+15.$

3. (A)

【解析】根据等差数列前 n 项和是一个没有常数项的一元二次函数,可知,$\{a_n\}$ 是等差数列.

因为 $S_n=\dfrac{d}{2}n^2+\left(a_1-\dfrac{d}{2}\right)n$,$S_n=4n^2+n$,所以 $\begin{cases} \dfrac{d}{2}=4, \\ a_1-\dfrac{d}{2}=1. \end{cases}$

可得 $a_n=8n-3$,选项(C)虽然是等差数列,但并非题干中数列的通项公式.

4. (C)

【解析】由于 $\{a_n\}$ 为等差数列,故 S_5,$S_{10}-S_5$,$S_{15}-S_{10}$ 也成等差数列,则
$$2(S_{10}-S_5)=S_5+(S_{15}-S_{10}),\quad S_{15}=3S_{10}-3S_5=360-90=270.$$

5. (C)

【解析】$a_1+a_3+\cdots+a_{99}=(a_2-d)+(a_4-d)+\cdots+(a_{100}-d)$,所以
$$S_{100}=(a_1+a_3+\cdots+a_{99})+(a_2+a_4+\cdots+a_{100})$$
$$=2(a_2+a_4+\cdots+a_{100})-50d=40,$$

所以 $a_2+a_4+\cdots+a_{100}=70.$

6. (C)

【解析】$d=\dfrac{a_n-a_m}{n-m}=\dfrac{a_9-a_3}{9-3}=\dfrac{a_{12}-a_9}{12-9}=\dfrac{-6}{6}=-1$,所以 $a_{12}=a_9+3d=3+3\times(-1)=0.$

7. (A)

【解析】等比数列的等长片段和成仍等比数列.所以
$$(S_{3n}-S_{2n})S_n=(S_{2n}-S_n)^2,\quad 即\ S_{3n}=\dfrac{(S_{2n}-S_n)^2}{S_n}+S_{2n}=9+54=63.$$

8. (D)

【解析】由 $\{a_n\}$ 为等差数列,且 $a_1+a_2+a_3=-24$,可得 $a_2=-8$;

又有 $a_{11}+a_{13}+a_{15}=42$，可得 $a_{13}=14$；

则 $d=\dfrac{a_m-a_n}{m-n}=\dfrac{-8-14}{2-13}=2$，所以，$a_{19}=a_{13}+6d=14+6\times2=26$.

9. (D)

【解析】$a_4+a_6=(a_3+d)+(a_7-d)=a_3+a_7=-4$，

由 $\begin{cases}a_3a_7=-12,\\a_3+a_7=-4,\end{cases}$ 解得 $\begin{cases}a_3=-6,\\a_7=2,\end{cases}$ 或 $\begin{cases}a_3=2,\\a_7=-6.\end{cases}$

对前者 $d=\dfrac{2-(-6)}{4}=2$，$a_1=a_3-2d=-10$，$S_{20}=20\times(-10)+\dfrac{20\times19}{2}\times2=180$.

对后者 $d=\dfrac{-6-2}{4}=-2$，$a_1=a_3-2d=6$，$S_{20}=20\times6+\dfrac{20\times19}{2}\times(-2)=-260$.

10. （A）

【解析】记公差为 d，则有

$$d=\frac{a_9-a_4}{9-4}=-3,\ a_4=a_1+(4-1)d=9\Rightarrow a_1=18,$$

$$S_n=\frac{d}{2}n^2+\left(a_1-\frac{d}{2}\right)n=-\frac{3}{2}n^2+\left(18+\frac{3}{2}\right)n=54\Rightarrow n^2-13n+36=0\Rightarrow n=4\text{ 或 }9.$$

11. （A）

【解析】由 $a_3a_7={a_4}^2$，知 $a_3(a_3+4d)=(a_3+d)^2$，化简，得 $d=2a_3$，则

$$\frac{a_2+a_6}{a_3+a_7}=\frac{2a_3+2d}{2a_3+4d}=\frac{6a_3}{10a_3}=\frac{3}{5}.$$

12. （A）

【解析】a,b,c 既成等差又成等比，说明 $a=b=c\neq0$.

方程化为 $x^2+x-1=0$，从而

$$\alpha^3\beta-\alpha\beta^3=\alpha\beta(\alpha^2-\beta^2)=\alpha\beta[(\alpha+\beta)(\alpha-\beta)]$$

$$=(-1)\left[(-1)\frac{\sqrt{b^2-4ac}}{|a|}\right]=\sqrt{5}.$$

13. （C）

【解析】由 $\log_2(S_n-1)=n\Rightarrow S_n=2^n+1$，

当 $n=1$ 时，$a_1=S_1=3$；

当 $n\geq2$ 时，$a_n=S_n-S_{n-1}=2^n+1-(2^{n-1}+1)=2^n-2^{n-1}=2^{n-1}$.

所以 $a_n=\begin{cases}3,&n=1,\\2^{n-1},&n\geq2,\end{cases}$ 既非等比数列又非等差数列.

14. （D）

【解析】由 ${a_4}^2=a_3a_7$，即 $(a_1+3d)^2=(a_1+2d)(a_1+6d)$，所以 $2a_1+3d=0$.

由 $S_8=8a_1+\dfrac{56}{2}d=32$，所以 $2a_1+7d=8$.

联立上面两式，得 $d=2$，$a_1=-3$，所以 $S_{10}=10a_1+\dfrac{90}{2}d=60$.

15. （A）

【解析】由 $(2^x-1)^2=2\times(2^x+3)$，可得 $(2^x)^2-4\times2^x-5=0$.

令 $2^x=t$，则 $t^2-4t-5=0$，得 $t_1=5$，$t_2=-1$(舍去)，故 $t=5$，即 $2^x=5$，$x=\log_2 5$.

二、充分性判断

16. (B)

【解析】方法一：直接求解法.

条件(1)：当 $a=1$ 时，$x=-\dfrac{1}{2}$，$y=\dfrac{3}{2}$，$z=\dfrac{5}{2}$，显然不是等差数列，条件(1)不充分.

条件(2)：当 $a=0$ 时，$x=-1$，$y=1$，$z=3$，是等差数列，条件(2)充分.

方法二：等差数列法.

$$(y+z)-(z+x)=4-2=y-x,$$
$$(z+x)-(x+y)=2-a=z-y,$$

因为若 x，y，z 成等差数列，必有 $y-x=z-y$，所以 $2-a=4-2$，得 $a=0$.

故条件(1)不充分，条件(2)充分.

17. (B)

【解析】条件(1)：由 $d>0$，可得等差数列 $\{a_n\}$ 是递增数列，又因为 $a_1<0$，所以此数列前若干项为负数，而从某项起以后各项均为非负数，故此数列 S_n 中，只存在最小值，而无最大值，条件(1)不充分.

条件(2)：由 $a_1=23>0$，$d=-4<0$，可得等差数列 $\{a_n\}$ 是递减数列，且其前若干项为非负数，从某项起以后各项均为负数，将所有非负数项相加，所得 S_n 必最大.

令 $a_n\geq0$，即 $23+(n-1)(-4)\geq0$，解得 $n\leq\dfrac{27}{4}$.

因为 $n\in\mathbf{N}$，可得 $n\leq6$，所以 a_6 后面的所有项均为负数，即 S_6 最大，条件(2)充分.

18. (D)

【解析】条件(1)：$a_1=20$，$a_{15}=-8$，$|S_{15}|=\left|\dfrac{15\times(20-8)}{2}\right|=90$，条件(1)充分.

条件(2)：$|S_6|=|-36+126|=90$，条件(2)充分.

19. (C)

【解析】条件(1)：$a_2+a_4+a_6=a_1+a_3+a_5+3d=3(a_1+a_3+a_5)$，整理，可得 $d=2a_3$，条件(1)不充分.

条件(2)：$a_3+a_4=2a_3+d=4$，条件(2)不充分.

联合条件(1)和(2)：$\begin{cases} d=2a_3, \\ 2a_3+d=4, \end{cases}$ 解得 $a_3=1$，$d=2$. 则

$$(a_1+a_3+a_5)-(a_2+a_4+a_6)=-3d=-6,$$

所以条件(1)和(2)联合起来充分.

20. (D)

【解析】条件(1)：$a_1+a_2+a_3+a_4+a_5=20$，因为 $a_1+a_5=a_2+a_4=2a_3$，所以 $5a_3=20$，$a_3=4$，条件(1)充分.

条件(2)：$a_3=S_3-S_2=14\times3-2\times3^2-(14\times2-2\times2^2)=4$，条件(2)充分.

21. (B)

【解析】根据题意，得 $\Delta=4c^2(a+b)^2-4(a^2+c^2)(b^2+c^2)=-4(ab-c^2)^2\leq0$，又因为方程有实根，即 $\Delta\geq0$，所以必然有 $\Delta=0\Rightarrow c^2=ab$，即 a，c，b 成等比数列.

所以条件(1)不充分，条件(2)充分.

22. (E)

【解析】条件(1)：令 $a+b+c=S$，可得方程组

$$\begin{cases} ac=b^2, \\ a+c=2(b+4), \\ a+b+c=S \end{cases} \Rightarrow \begin{cases} ac=b^2, \\ 3b+8=S, \end{cases}$$

S 有无穷组解，所以条件(1)不充分.

条件(2)：$\begin{cases} b^2=ac, \\ b^2=a(c+32), \end{cases}$ 可以解得 $\begin{cases} a=0, \\ b=0, \\ c=0, \end{cases}$ 所以条件(2)也不充分.

联合条件(1)和(2)：

将 $a=b=c=0$ 代入条件(1)，不成立，所以条件(1)和(2)联合起来也不充分.

23. (B)

【解析】条件(1)：只给出了等差数列的首项，显然条件(1)不充分.

条件(2)：根据等差数列的性质 $\dfrac{a_k}{b_k}=\dfrac{S_{2k-1}}{T_{2k-1}}$，又因为 $\dfrac{S_n}{T_n}=\dfrac{7n-2}{4n+27}$，所以

$$\frac{a_{11}}{b_{11}}=\frac{S_{21}}{T_{21}}=\frac{21\times 7-2}{4\times 21+27}=\frac{145}{111},$$

所以条件(2)充分.

24. (D)

【解析】条件(1)：$S_n=\dfrac{1}{8}(9^n-1)$，满足等比数列前 n 项和的特点，所以条件(1)充分.

条件(2)：$S_n=\left(\dfrac{3}{2}\right)^n-1$，满足等比数列前 n 项和的特点，所以条件(2)充分.

25. (D)

【解析】条件(1)：因为 $S_n=a_1n+\dfrac{n(n-1)}{2}d$.

又由题意，得

$$\begin{cases} \dfrac{1}{3}S_3 \cdot \dfrac{1}{4}S_4=\left(\dfrac{1}{5}S_5\right)^2, \\ \dfrac{1}{3}S_3+\dfrac{1}{4}S_4=2 \end{cases} \Rightarrow \begin{cases} \left[\dfrac{1}{3}(3a_1+3d)\right]\times\left[\dfrac{1}{4}(4a_1+6d)\right]=\left[\dfrac{1}{5}(5a_1+10d)\right]^2, \\ \dfrac{1}{3}(3a_1+3d)+\dfrac{1}{4}(4a_1+6d)=2 \end{cases}$$

$$\Rightarrow \begin{cases} 3a_1d-5d^2=0, \\ 4a_1+5d=4 \end{cases} \Rightarrow \begin{cases} a_1=1, \\ d=0 \end{cases} \text{或} \begin{cases} a_1=\dfrac{4}{7}, \\ d=\dfrac{12}{35}. \end{cases}$$

所以条件(1)充分.

条件(2)：由

$$x^2-(n+1)x+n=0 \Rightarrow (x-n)(x-1)=0,$$

解得 $x=n$ 或 $x=1$. a_n 是关于 x 的方程 $x^2-(n+1)x+n=0$ 的根，即 $a_n=n$ 或 $a_n=1$，所以条件(2)充分.

微模考四(下)·强化篇参考答案

一、问题求解

1. (C)

【解析】等差数列基本问题.

由题意,可得 $a_m+a_{m+10}=a \Rightarrow 2a_m+10d=a$,$a_{m+50}+a_{m+60}=b \Rightarrow 2a_m+110d=b$,

联立,可得 $a_m=\dfrac{11a-b}{20}$,$d=\dfrac{b-a}{100}$. 故

$$a_{m+125}+a_{m+135}=2a_m+260d=\dfrac{11a-b}{10}+\dfrac{26b-26a}{10}=\dfrac{25b-15a}{10}=\dfrac{5b-3a}{2}.$$

2. (A)

【解析】等差、等比数列的判定.

当 $n=1$ 时,$a_1=-2$;

当 $n \geqslant 2$ 时,$a_n=S_n-S_{n-1}=n-3a_n-9-[(n-1)-3a_{n-1}-9]$,整理,得

$$a_n=-3a_n+3a_{n-1}+1 \Rightarrow a_n-1=\dfrac{3}{4}(a_{n-1}-1).$$

又 $a_1-1=-3$,故数列 $\{a_n-1\}$ 是首项为 -3,公比为 $\dfrac{3}{4}$ 的等比数列.

3. (C)

【解析】奇数项与偶数项问题.

根据等比数列特征,项数为偶数数列有,$S_{偶}=qS_{奇}$,故有

$$S_{偶}=a_2+a_4+\cdots+a_{100}=2\times10=20,$$

故 $S_{100}=10+20=30$.

4. (B)

【解析】等差数列基本问题.

由 $a_{2\,003}+a_{2\,004}>0$,$a_{2\,003}a_{2\,004}<0$,且 $a_1>0$,可知 $a_{2\,003}>0$,$a_{2\,004}<0$,而

$$S_{4\,006}=\dfrac{4\,006}{2}(a_1+a_{4\,006})=2\,003(a_{2\,003}+a_{2\,004})>0,\ S_{4\,007}=4\,007a_{2\,004}<0,$$

故 $n=4\,006$.

5. (B)

【解析】等差、等比数列基本问题.

等差数列的公差 $d=\dfrac{a_{11}-a_3}{11-3}=\dfrac{1}{2} \Rightarrow a_{26}=\dfrac{27}{2} \Rightarrow \dfrac{1}{a_{26}}=\dfrac{2}{27}$;

又因为 $b_2=a_3=2$,$b_3=\dfrac{1}{a_2}=\dfrac{2}{3} \Rightarrow q=\dfrac{1}{3}$,$b_1=6$.

故 $b_n=b_1q^{n-1}=6\left(\dfrac{1}{3}\right)^{n-1}>\dfrac{2}{27} \Rightarrow n<5$,所以 n 最大值为 4,选(B).

6. (E)

【解析】等差数列基本问题.

方法一：根据等差数列前 n 项和公式，可得

$$S_n = \frac{(a_1 + a_n)n}{2} = \frac{\left(4 - \frac{5}{2} + 4n - \frac{5}{2}\right)n}{2} = 2n^2 - \frac{1}{2}n,$$

故 $a = 2$，$b = -\frac{1}{2}$，则 $ab = -1$.

方法二：由 $a_n = 4n - \frac{5}{2}$，可知数列为首项 $\frac{3}{2}$，公差为 4 的等差数列. 故

$$S_n = \frac{d}{2}n^2 + \left(a_1 - \frac{d}{2}\right)n = 2n^2 - \frac{1}{2}n,$$

因此，$a = 2$，$b = -\frac{1}{2}$，则 $ab = -1$.

7. (C)

【解析】等差数列 S_n 的最值问题.

由 $3a_5 = 7a_{10}$，即 $3(a_1 + 4d) = 7(a_1 + 9d)$，解得 $a_1 = -\frac{51}{4}d$.

令 $a_n = a_1 + (n-1)d = \left(n - \frac{55}{4}\right)d = 0$，解得 $n = 13.75$.

故当 $n = 13$ 时，S_n 取到最小值.

8. (D)

【解析】等差等比数列的判定.

因为 $\log_2(S_n - 1) = n \Rightarrow 2^n = S_n - 1 \Rightarrow S_n = 2^n + 1$，既非等差数列又非等比数列.

9. (D)

【解析】无穷等比数列求和.

根据无穷等比数列求和公式，可得 $S = \frac{a_1}{1-q} = \frac{1}{2}$，解得 $q = 1 - 2a_1$；

又由 $|q| < 1$，且 $q \neq 0$，则 $|1 - 2a_1| < 1$，且 $q = 1 - 2a_1 \neq 0$；

解得 $a_1 \in \left(0, \frac{1}{2}\right) \cup \left(\frac{1}{2}, 1\right)$.

10. (B)

【解析】等差数列基本问题.

由等差数列的求和公式，可得

$$S_{n+2} = \frac{(-12 + 6)(n+2)}{2} = -21 \Rightarrow n = 5.$$

11. (D)

【解析】两等差数列 S_n 之比问题.

运用中值定理公式，即 $S_{2n-1} = (2n-1)a_n$.

$$\frac{a_n}{b_n} = \frac{(2n-1)a_n}{(2n-1)b_n} = \frac{A_{2n-1}}{B_{2n-1}} = \frac{7(2n-1) + 45}{(2n-1) + 3} = \frac{14n + 38}{2n + 2} = \frac{7n + 19}{n + 1} = 7 + \frac{12}{n+1}.$$

可见，当 $n = 1$，2，3，5，11 时，$\frac{a_n}{b_n}$ 为正整数，共有 5 个.

12. (B)

【解析】递推公式问题.

由 $a_n = \dfrac{1}{n(n+1)}$，得 $a_n = \dfrac{1}{n} - \dfrac{1}{n+1}$，所以

$$S_5 = a_1 + a_2 + a_3 + a_4 + a_5 = \left(1 - \dfrac{1}{2}\right) + \left(\dfrac{1}{2} - \dfrac{1}{3}\right) + \left(\dfrac{1}{3} - \dfrac{1}{4}\right) + \left(\dfrac{1}{4} - \dfrac{1}{5}\right) = 1 - \dfrac{1}{6} = \dfrac{5}{6}.$$

13. (C)

【解析】数列与对数综合题.

由 $a_5 a_{2n-5} = 2^{2n}(n \geq 3)$ 得 $a_n^2 = 2^{2n}$，因为 $a_n > 0$，则 $a_n = 2^n$，故

$$\log_2 a_1 + \log_2 a_3 + \cdots + \log_2 a_{2n-1} = 1 + 3 + \cdots + (2n-1) = n^2.$$

14. (B)

【解析】等比数列等长片断和问题.

设公比为 q，则 $\dfrac{S_6}{S_3} = \dfrac{(1+q^3)S_3}{S_3} = 1 + q^3 = 3$，解得 $q = \sqrt[3]{2}$. 故

$$\dfrac{S_9}{S_6} = \dfrac{(1+q^3+q^6)S_3}{(1-q^3)S_3} = \dfrac{1+q^3+q^6}{1+q^3} = \dfrac{1+2+4}{1+2} = \dfrac{7}{3}.$$

15. (A)

【解析】错位相减法.

$$S_n = -\dfrac{1}{3} + \dfrac{1}{3^2} + \cdots + \dfrac{2n-5}{3^{n-1}} + \dfrac{2n-3}{3^n}, \quad 3S_n = -1 + \dfrac{1}{3} + \cdots + \dfrac{2n-5}{3^{n-2}} + \dfrac{2n-3}{3^{n-1}};$$

两式相减，得

$$2S_n = -1 + \dfrac{2}{3} + \cdots + \dfrac{2}{3^{n-1}} - \dfrac{2n-3}{3^n} = \dfrac{2}{3} \cdot \dfrac{1 - \left(\dfrac{1}{3}\right)^{n-1}}{1 - \dfrac{1}{3}} - 1 - \dfrac{2n-3}{3^n} = -\dfrac{2n}{3^n},$$

故 $S_n = -\dfrac{n}{3^n}$.

【快速得分法】特殊值法，将 $n=1$ 代入即可判断.

二、条件充分性判断

16. (B)

【解析】等差数列基本问题.

条件(1)：因为 $a_n = 2n$，故数列 $\{a_n\}$ 是以首项为 2、公差为 2 的等差数列，则

$$S_k = k^2 + k, \quad S_{2k} = 4k^2 + 2k.$$

故 $\dfrac{S_k}{S_{2k} - S_k} = \dfrac{k^2 + k}{3k^2 + k} = \dfrac{k+1}{3k+1}$，与 k 有关，不充分.

条件(2)：因为 $a_n = 2n - 1$，故数列 $\{a_n\}$ 是以首项为 1、公差为 2 的等差数列，则

$$S_k = k^2, \quad S_{2k} = 4k^2.$$

故 $\dfrac{S_k}{S_{2k} - S_k} = \dfrac{k^2}{3k^2} = \dfrac{1}{3}$，与 k 无关，充分.

17. (C)

【解析】等差与等比数列综合题.

条件(1)、(2)单独显然不充分，联立之：

由两个条件得 $a_1 + a_2 = x + y$，$b_1 b_2 = xy$.

方法一：

若 x，y 同号，则 $\dfrac{(a_1+a_2)^2}{b_1 b_2}=\dfrac{(x+y)^2}{xy}\geqslant\dfrac{4xy}{xy}=4$；

若 x，y 异号，则 $\dfrac{(a_1+a_2)^2}{b_1 b_2}=\dfrac{(x+y)^2}{xy}\leqslant 0$.

故联立起来充分．

方法二：

因为 $\dfrac{(a_1+a_2)^2}{b_1 b_2}=\dfrac{(x+y)^2}{xy}=2+\dfrac{x^2+y^2}{xy}=2+\dfrac{x}{y}+\dfrac{y}{x}$，所以

①若 $xy>0$，则 $\dfrac{x}{y}+\dfrac{y}{x}\geqslant 2$，即 $\dfrac{(a_1+a_2)^2}{b_1 b_2}\geqslant 4$；

②若 $xy<0$，则 $\dfrac{x}{y}+\dfrac{y}{x}\leqslant -2$，则 $\dfrac{(a_1+a_2)^2}{b_1 b_2}\leqslant 0$.

故联立起来充分．

18. (D)

【解析】等差数列前 n 项和 S_n 的最值问题．

由 $a_1=25$，$S_{17}=S_9$ 可知 $S_{26}=0$，对称轴为 13；

又 $S_{26}=0$，S_n 过原点，故 $S_n=n(26-n)$，

所以，$S_{13}=13\times13=169$，两条件都充分．

19. (D)

【解析】等比数列的判定．

题干等价于 $(2^{1-x})^2=2^{-x}2^{x^2}$，即 $2\times(1-x)=-x+x^2$.

条件(1)：由中项公式，得 $2(1-x)=-x+x^2$，条件(1)充分．

条件(2)：由中项公式，得 $2\lg(x+1)=\lg x+\lg(x+3)$，整理，得 $(x+1)^2=x(x+3)$，解得 $x=1$，代入 $2\times(1-x)=-x+x^2$ 可知成立，故条件(2)也充分．

20. (A)

【解析】等比数列基本问题．

条件(1)：$a_2 a_3 a_4=a_3^3$，$a_6 a_7 a_8=a_7^3$，$a_2 a_8=a_3 a_7$，故

$$原式=a_3^3+3a_3^2 a_7+3a_3 a_7^2+a_7^3=(a_3+a_7)^3=-8,$$

所以 $a_3+a_7=-2$，条件(1)充分．

条件(2)：显然不充分．

21. (C)

【解析】递推公式问题．

两个条件显然单独不充分，故联立：

由条件(1)：任何连续三项和都是 20，可知 $a_n=a_{n+3}$；

由条件(2)可知，$a_{999}=a_{102+3\times299}=7$，因此，$a_{1\,001}=20-7-9=4$.

故 $a_{2\,012}=a_{1\,001+3\times337}=4$，所以

$$a_{2\,009}+a_{2\,010}+a_{2\,011}+a_{2\,012}=(a_{2\,009}+a_{2\,010}+a_{2\,011})+a_{2\,012}=20+4=24.$$

两个条件联立起来充分．

22. (E)

【解析】数列与函数综合题．

题干等价于 $\Delta = b^2 - 4ac > 0$.

条件(1)：由中项公式知 $b^2 = ac$，所以 $\Delta = b^2 - 4ac = -3b^2$. 在等比数列中，$b \neq 0$，

故 $\Delta = -3b^2 < 0$，故条件(1)不充分.

条件(2)：由中项公式知 $b = a + c$，故 $\Delta = b^2 - 4ac = (a+c)^2 - 4ac = (a-c)^2 \geqslant 0$，

故条件(2)不充分.

两个条件显然不能联立，故选(E).

23. (A)

【解析】等比数列基本问题.

条件(1)：原式可化为 $\begin{cases} a_1(q^4 + q^5) = 48, \\ a_1(q^6 - q^4) = 48, \end{cases}$ 解得 $a_1 = 1$，$q = 2$.

故 S_{10} 的值可唯一确定，充分.

条件(2)：原式可化为 $\begin{cases} a_m a_n = 9, \\ a_m^2 + a_n^2 = 18, \end{cases}$ 解得 $a_m = a_n = 3$，或 $a_m = a_n = -3$，

故 S_{10} 不能唯一确定，不充分.

24. (B)

【解析】等差数列 S_n 的最值问题.

因为 $S_3 = S_{11}$，故 $a_4 + a_5 + \cdots + a_{11} = 4(a_7 + a_8) = 0$；

因 $a_1 > 0$，所以 $a_7 > 0$，$a_8 < 0$，故 $n = 7$ 时，取得最大值.

故条件(1)不充分，条件(2)充分.

25. (D)

【解析】等比数列的判定.

前三项成等差数列，故 $2x = y + 6$.

条件(1)：与题干联合可解得 $x = 1$，$y = -4$，故后三项成等比，充分.

条件(2)：解方程可得 $\begin{cases} x = 1, \\ y = -4 \end{cases}$ 或 $\begin{cases} x = -4, \\ y = 1, \end{cases}$ 又因为 $2x = y + 6$，故 $x = 1$，$y = -4$，也充分.

第五章　应用题

一　历年真题考查点

真题出现次数	考点
5次或以上	简单算术应用题、平均值问题、工程问题、行程问题、比例问题、利润问题、增长率问题、溶液问题、最值问题
3~4次	集合问题、线性规划问题
1~2次	无
0次	无

二　命题趋势预测

　　应用题每年考 6 道左右．其中，2012 年有 12 道题以应用题的形式出现！所以，无须预测本章考什么，因为几乎每个考点都是重点！

三　本章知识网

(一)算术问题 $\begin{cases} 1.\ 简单算术问题 \\ 2.\ 不定方程问题(见题型\ 1.5) \end{cases}$

(二)平均值问题 $\begin{cases} 1.\ 十字交叉法 \\ 2.\ 其他平均值问题 \end{cases}$

(三)行程问题 $\begin{cases} 1.\ 一般行程问题 \begin{cases} (1)相遇 \\ (2)追及 \\ (3)迟到早到 \end{cases} \\ 2.\ 相对速度问题 \begin{cases} (1)航行问题 \\ (2)其他相对速度问题 \end{cases} \\ 3.\ 火车问题 \begin{cases} (1)火车钻洞 \\ (2)火车过点 \\ (3)两列火车 \end{cases} \end{cases}$

(四)工程问题 $\begin{cases} 1.\ 一般工程问题 \\ 2.\ 给水排水问题 \end{cases}$

扫码并回复"要点精编"
听数学第五章视频讲解

$$(五)比例问题\begin{cases}1.\ 简单比例问题\\2.\ 增长率问题\ \rightarrow常用赋值法\\3.\ 利润率问题\end{cases}$$

$$(六)溶液问题\begin{cases}1.\ 一般溶液问题\rightarrow溶质守恒定律\\2.\ 溶液配比问题\rightarrow十字交叉法\end{cases}$$

$$(七)集合问题\begin{cases}1.\ 二饼图问题\rightarrow A\cup B=A+B-A\cap B\\2.\ 三饼图问题\rightarrow A\cup B\cup C=A+B+C-A\cap B-A\cap C-B\cap C+A\cap B\cap C\end{cases}$$

$$(八)最值问题\begin{cases}1.\ 一元二次函数和均值不等式\\2.\ 线性规划问题\rightarrow极值法\\3.\ 其他最值问题\end{cases}$$

$$(九)阶梯价格问题\begin{cases}1.\ 阶梯水价、电价\\2.\ 阶梯税率\end{cases}$$

$$(十)数列问题\begin{cases}1.\ 等差数列应用题\\2.\ 等比数列应用题\end{cases}$$

第一节　算术问题

题型 5.1　简单算术问题

老吕施法

(1)最简单的一类应用题，但考的题目并不少．一般位于试卷的前 4 道题，属于必拿分的题！

(2)常用约数、倍数法，迅速得解．

典型例题

例 1　一满杯酒的容积为 $\frac{1}{8}$ 升．

(1)瓶中有 $\frac{3}{4}$ 升酒，再倒入 1 满杯酒可使瓶中的酒增至 $\frac{7}{8}$ 升；

(2)瓶中有 $\frac{3}{4}$ 升酒，再从瓶中倒出 2 满杯酒可使瓶中的酒减至 $\frac{1}{2}$ 升．

【解析】设酒杯的容积为 x．

条件(1)：$\frac{3}{4}+x=\frac{7}{8}$，解得 $x=\frac{1}{8}$，条件(1)充分．

条件(2)：$\frac{3}{4}-2x=\frac{1}{2}$，解得 $x=\frac{1}{8}$，条件(2)充分．

【答案】(D)

例 2　1 千克鸡肉的价格高于 1 千克牛肉的价格．

(1)一家超市出售袋装鸡肉与袋装牛肉，一袋鸡肉的价格比一袋牛肉的价格高 30%；

(2)一家超市出售袋装鸡肉与袋装牛肉，一袋鸡肉比一袋牛肉重 25%．

【解析】两个条件单独显然不充分,联立之.

设牛肉一袋重量为 a,价格为 b,则有

参数＼肉类	重量	价格
鸡肉	$1.25a$	$1.3b$
牛肉	a	b

所以,$\dfrac{1.3b}{1.25a} > \dfrac{b}{a}$,联立起来充分.

【快速得分法】特殊值法.

设牛肉一袋重量为 1,价格为 1,则有

参数＼肉类	重量	价格
鸡肉	1.25	1.3
牛肉	1	1

所以,$\dfrac{1.3}{1.25} > \dfrac{1}{1}$,联立起来充分.

【答案】(C)

例 3 一辆出租车有段时间的营运全在东西走向的一条大道上,若规定向东为正向,向西为负向.且知该车的行驶的千米数依次为 -10、6、5、-8、9、-15、12,则将最后一名乘客送到目的地时该车的位置是( ).

(A) 在首次出发地的东面 1 千米处

(B) 在首次出发地的西面 1 千米处

(C) 在首次出发地的东面 2 千米处

(D) 在首次出发地的西面 2 千米处

(E) 仍在首次出发地

【解析】$-10+6+5-8+9-15+12=-1$,故该车在首次出发地的西面 1 千米处.

【答案】(B)

例 4 将价值 200 元的甲原料与价值 480 元的乙原料配成一种新原料,若新原料每千克的售价分别比甲、乙原料每千克的售价少 3 元和多 1 元,则新原料的售价是( ).

(A) 15 元 　　　(B) 16 元 　　　(C) 17 元 　　　(D) 18 元 　　　(E) 19 元

【解析】设新原料的售价为 x 元,则甲、乙两种原料的售价分别为 $x+3$ 元、$x-1$ 元,根据题意,得 $\dfrac{200}{x+3}+\dfrac{480}{x-1}=\dfrac{680}{x}$,解得 $x=17$.

【快速得分法】整除法.

总价值为 680 元,选项中能被 680 整除的数只有 17,故选(C).

【答案】(C)

例 5 整个队列的人数是 57.

(1)甲、乙两人排队买票,甲后面有 20 人,而乙前面有 30 人;

(2)甲、乙两人排队买票,甲、乙之间有 5 人.

【解析】 两个条件单独显然不充分,联立两个条件,由于不知道甲、乙的前后位置顺序,所以无法推断,所以也不充分.

【答案】(E)

例 6 某种同样的商品装成一箱,每个商品的重量都超过 1 千克,并且是 1 千克的整数倍,去掉箱子重量后净重 210 千克,拿出若干个商品后,净重 183 千克,则每个商品的重量为( )千克.

(A)1   (B)2   (C)3   (D)4   (E)5

【解析】 由题意可知,商品重量必为 210 和 183 的公约数. 210 和 183 的公约数为 1 和 3. 重量大于 1 千克,只能是 3 千克.

【答案】(C)

第二节　平均值问题

题型 5.2　十字交叉法

老吕施法

如果某一整体可以按照某个标准分为两类,已知这两类各自的均值,以及整体的均值,求这两类对象的数量时,可用十字交叉法.

典型例题

例 7 某车间共有 40 人,某次技术操作考核的平均成绩为 80 分,其中男工平均成绩为 83 分,女工平均成绩为 78 分. 该车间有女工( ).

(A)16 人   (B)18 人   (C)20 人   (D)24 人   (E)25 人

【解析】 方法一:设该车间有女工 x 人,则有男工 $(40-x)$ 人.

由已知女工的平均成绩为 78 分,女工所得总分数为 $80\times40-83\times(40-x)$,故有

$$\frac{80\times40-83\times(40-x)}{x}=78,$$

即 $3\,200-3\,320+83x=78x$,解得 $x=24$.

方法二:设有女工 x 人,男工 y 人,则女工相对于平均成绩总共少得的分数,等于男工相对于平均值总共多得的分数,即

$$(80-78)x=(83-80)y,\ \text{解得}\ \frac{y}{x}=\frac{2}{3},$$

故有女工 24 人,男工 16 人.

将此方法写成十字交叉法,如下:

【快速得分法】 十字交叉法.

男工83　　　　　　　(80-78) =2

　　　　　　80

女工78　　　　　　　(83-80) =3

所以，$\dfrac{\text{男工人数}}{\text{女工人数}}=\dfrac{2}{3}=\dfrac{16}{24}$.

【答案】(D)

例 8 已知某车间的男工人数比女工人数多 80%，若在该车间一次技术考核中全体工人的平均成绩为 75 分，而女工平均成绩比男工平均成绩高 20%，则女工的平均成绩为(　　)分.

(A)88　　　　(B)86　　　　(C)84　　　　(D)82　　　　(E)80

【解析】设女工人数为 x，则男工人数为 $1.8x$，设男工的平均成绩为 y，则女工的平均成绩为 $1.2y$，男工总分＋女工总分＝所有人的总分，故有

$$1.8x \cdot y + x \cdot 1.2y = 75 \cdot (x + 1.8x),$$

解得 $y=70$. 所以女工的平均成绩 $1.2y=84$(分).

【快速得分法】十字交叉法.

设男工的平均成绩为 y，则女工的平均成绩为 $1.2y$，则有

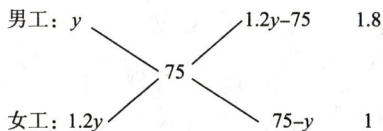

男工：y　　　　$1.2y-75$　　1.8

75

女工：$1.2y$　　　　$75-y$　　1

故有 $\dfrac{1.2y-75}{75-y}=\dfrac{1.8}{1}$，解得 $y=70$，女工平均成绩 $1.2y=84$(分).

【答案】(C)

题型 5.3　算术平均值与加权平均值

老吕施法

(1)算术平均值的公式 $\bar{x}=\dfrac{x_1+x_2+x_3+\cdots+x_n}{n}$.

(2)加权平均值，即将各数值乘以相应的权数，然后加总求和得到总体值，再除以总的单位数.

例如：一位同学的平时测验成绩为 80 分，期中考试为 90 分，期末考试为 95 分，学校规定的科目成绩的计算方式是：平时测验占 20%，期中成绩占 30%，期末成绩占 50%，那么，

算术平均值 $=\dfrac{80+90+95}{3}=88.3$(分).

加权平均值 $=80\times20\%+90\times30\%+95\times50\%=90.5$(分).

(3)常考极值法.

典型例题

例 9 某股民投资股票，已知他股票 A 买了 1 000 股，价格 10 元每股，股票 B 买了 2 000 股，价格 15 元每股，则他购买的两种股票平均每股(　　)元.

(A)12.5　　　　(B)$\dfrac{40}{3}$　　　　(C)13　　　　(D)14　　　　(E)15

【解析】方法一：利用平均值公式.

平均价格 $=\dfrac{1000\times10+2000\times15}{1000+2000}=\dfrac{40}{3}$.

方法二：利用加权平均值公式.

$$平均价格=10\times\frac{1000}{1000+2000}+15\times\frac{2000}{1000+2000}=\frac{40}{3}.$$

故,他购买的两种股票平均每股$\frac{40}{3}$元.

【答案】(B)

例 10 五位选手在一次物理竞赛中共得 412 分,每人得分互不相等且均为整数,其中得分最高的选手得 90 分,那么得分最少的选手至多得( )分.

(A)77   (B)78   (C)79   (D)80   (E)81

【解析】其余的四个人的平均成绩:$\frac{412-90}{4}=80.5$(分),每位选手的得分都是整数,故四个选手的得分为:79,80,81,82;

故得分最少的选手至多得分为 79 分.

【答案】(C)

例 11 某物理竞赛原定一等奖 10 人,二等奖 20 人. 现将一等奖中最后 5 人调整为二等奖,这样,得二等奖的学生平均分提高了 1 分,得一等奖的学生平均分提高了 2 分. 则原来一等奖平均分比二等奖平均分高 m 分.

(1)$m=6$;   (2)$m=7$.

【解析】设原来一等奖平均分为 x,二等奖平均分为 y,根据题意得

$$10x+20y=(10-5)(x+2)+(20+5)(y+1),$$

解得:$x-y=7$,即原来一等奖比二等奖高 7 分,条件(2)充分,选(B).

【答案】(B)

例 12 某学生在军训时进行打靶测试,共射击 10 次. 他的第 6、7、8、9 次射击分别射中 9.0 环、8.4 环、8.1 环、9.3 环,他的前 9 次射击的平均环数高于前 5 次的平均环数. 若要使 10 次射击的平均环数超过 8.8 环,则他第 10 次射击至少应该射中( )环.(报靶成绩精确到 0.1 环)

(A)9.0   (B)9.2   (C)9.4   (D)9.5   (E)9.9

【解析】第 6 到 9 次射击的平均环数$\frac{9.0+8.4+8.1+9.3}{4}=8.7$.

因为前 9 次射击的平均环数高于前 5 次的平均环数,说明前 9 次射击的平均环数低于第 6 到 9 次射击的平均环数,即前 9 次的总成绩要小于 $8.7\times9=78.3$(环).

又因为报靶成绩精确到 0.1 环,故前 9 次的总成绩最大为 78.2 环.

10 次射击的平均环数超过 8.8 环,即 10 次的总成绩要大于 88 环,故第 10 次的成绩要大于 $88-78.2=9.8$(环),即最小为 9.9 环.

【快速得分法】极值法.

假设前 9 次的平均成绩与后 4 次相等,则前 9 次总成绩为 78.3 环.

设前 10 次平均成绩为 8.8 环,则第 10 次命中 $88-78.3=9.7$(环),故第 10 次射击的成绩应该比 9.7 环好,只有选项(E).

【答案】(E)

第三节　行程问题

题型 5.4　一般行程问题

老吕施法

(1)基本等量关系：路程＝速度×时间.

(2)相遇：甲的速度×时间＋乙的速度×时间＝距离之和.

(3)追及：追及时间＝追及距离÷速度差.

(4)迟到：实际时间－迟到时间＝计划时间.

(5)早到：实际时间＋早到时间＝计划时间.

典型例题

例 13　甲、乙、丙三人进行百米赛跑(假设他们速度不变)，当甲到达终点时，乙距离终点还有 10 米，丙距离终点还有 16 米，当乙到达终点时，丙距离终点还差(　　)米.

(A)$\dfrac{22}{3}$　　　　(B)$\dfrac{20}{3}$　　　　(C)$\dfrac{15}{3}$　　　　(D)$\dfrac{10}{3}$

(E)以上选项均不正确

【解析】设乙到达终点时，丙距离终点还差 x 米，则有

$$\frac{\text{乙速}}{\text{丙速}}=\frac{\dfrac{100-10}{t_1}}{\dfrac{100-16}{t_1}}=\frac{\dfrac{100}{t_2}}{\dfrac{100-x}{t_2}},$$

解得 $x=\dfrac{20}{3}$.

【答案】(B)

例 14　甲、乙两汽车从相距 695 千米的两地出发，相向而行，乙汽车比甲汽车迟 2 个小时出发，甲汽车每小时行驶 55 千米，若乙汽车出发后 5 小时与甲汽车相遇，则乙汽车每小时行驶(　　).

(A)55 千米　　　(B)58 千米　　　(C)60 千米　　　(D)62 千米　　　(E)65 千米

【解析】设乙车的速度为 x 千米，两人行驶的路程之和等于总路程，故有

$$55\times(5+2)+5x=695,$$

解得 $x=62$.

【答案】(D)

例 15　A，B 两地相距 15 千米，甲中午 12 时从 A 地出发，步行前往 B 地，20 分钟后，乙从 B 地出发骑车前往 A 地，到达 A 地后乙停留 40 分钟后骑车从原路返回，结果甲、乙同时到达 B 地，若乙骑车比甲步行每小时快 10 千米，则两人同时到达 B 地的时间是(　　).

(A)下午 2 时　　　　　　　(B)下午 2 时半　　　　　　　(C)下午 3 时

(D)下午 3 时半　　　　　　(E)以上选项均不正确

【解析】设甲的速度为 x，乙的速度为 $x+10$，因为两人同时到达 B 地，故有 $\dfrac{15}{x}=1+\dfrac{30}{x+10}$，

解得 $x=5$ 或 -30(含去). 甲用的时间是 $\dfrac{15}{5}=3$(小时)，下午 3 点到达.

【答案】(C)

例 16 甲、乙两人在环形跑道上跑步,他们同时从起点出发,当方向相反时每隔 48 秒相遇一次,当方向相同时每隔 10 分钟相遇一次. 若甲每分钟比乙快 40 米,则甲、乙两人的跑步速度分别是(   )米/分.

(A) 470,430   (B) 380,340   (C) 370,330
(D) 280,240   (E) 270,230

【解析】设甲、乙两人的跑步速度分别为 v_1 和 v_1-40,环形跑道长度为 S 米,根据题意得

$$\begin{cases} [v_1+(v_1-40)]\times 0.8=S, \\ [v_1-(v_1-40)]\times 10=S. \end{cases}$$

解得 $v_1=270$,$S=400$. 所以甲、乙两人的跑步速度分别为 270 米/分钟,230 米/分钟.

【答案】(E)

例 17 甲、乙两人同时从同一地点出发,相背而行. 1 小时后他们分别到达各自的终点 A 和 B. 若从原地出发,互换彼此的目的地,则甲在乙到达 A 之后 35 分钟到达 B. 则甲的速度和乙的速度之比是(   ).

(A)3:5   (B)4:3   (C)4:5
(D)3:4   (E) 以上选项均不正确

【解析】设甲的速度是 x,乙的速度是 y.

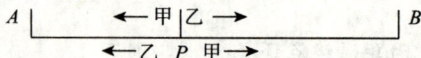

$$A \; |\!-\!-\!-\!-\! \overset{\longleftarrow 甲|乙 \longrightarrow}{\underset{\longleftarrow 乙 \; P \; 甲 \longrightarrow}{}} \!-\!-\!| \; B$$

设甲从 P 地出发到 A 地,乙从 P 地出发到 B 地,一小时后到达目的地,则 $|AP|=x$,$|BP|=y$.

交换目的地之后,甲从 P 地出发到 B,乙从 P 地出发到 A,则 $\dfrac{x}{y}+\dfrac{35}{60}=\dfrac{y}{x}$,解得 $\dfrac{x}{y}=\dfrac{3}{4}$ 或 $-\dfrac{4}{3}$(舍去).

【答案】(D)

例 18 甲、乙两辆汽车同时从 A、B 两站相向开出. 第一次在离 A 站 60 千米的地方相遇. 之后,两车继续以原来的速度前进. 各自到达对方车站后都立即返回,又在距 B 站 30 千米处相遇. 两站相距(   )千米.

(A)130   (B)140   (C)150   (D)160   (E)180

【解析】根据题意画图:

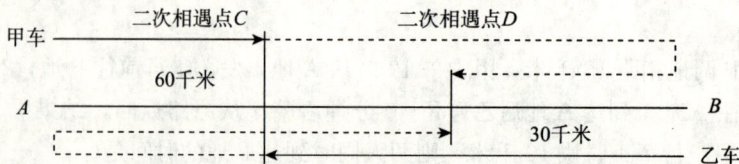

方法一:设 A,B 两地距离为 S,则第一次相遇时,两车路程之和为 S,从第一次相遇到第二次相遇,两车路之和为 $2S$;

第一次相遇时经过的时间为 t,因为两车速度始终不变,故从第一次相遇到第二次相遇的行驶时间为 $2t$;

故 $|AC|=v_甲 t=60$(千米),$|BC|+|BD|=v_甲 \cdot 2t=120$(千米),$|BC|=120-|BD|=$

$120-30=90$(千米);

故 $|AB|=|AC|+|BC|=60+90=150$(千米).

方法二：设 CD 的长度为 x 千米,两车的速度保持不变,故有

$$\frac{v_{甲}}{v_{乙}}=\frac{\dfrac{S_{甲}}{t}}{\dfrac{S_{乙}}{t}}=\frac{S_{甲}}{S_{乙}}=\frac{60}{30+x}=\frac{2\times30+x}{60\times2+x},$$

解得：$x=60$,故 $|AB|=60+60+30=150$(千米).

【答案】(C)

题型 5.5　相对速度问题

老吕施法

(1)口诀.

迎面而来,速度相加；同向而去,速度相减.

(2)航行问题的常用等量关系.

顺水行程＝(船速＋水速)×顺水时间；

逆水行程＝(船速－水速)×逆水时间；

顺水速度＝船速＋水速；

逆水速度＝船速－水速；

静水速度＝(顺水速度＋逆水速度)÷2；

水速＝(顺水速度－逆水速度)÷2.

典型例题

例 19　一艘轮船顺流航行 120 千米,逆流航行 80 千米共用时 16 小时；顺流航行 60 千米,逆流航行 120 千米也用时 16 小时. 则水流速度为(　　).

(A)1.5 千米/小时　　　　(B)2 千米/小时　　　　(C)2.5 千米/小时

(D)3 千米/小时　　　　(E)4 千米/小时

【解析】 设船的速度为 $V_{船}$,水的速度为 $V_{水}$,

可得 $\dfrac{120}{V_{船}+V_{水}}+\dfrac{80}{V_{船}-V_{水}}=\dfrac{60}{V_{船}+V_{水}}+\dfrac{120}{V_{船}-V_{水}}$.

解得 $V_{船}=5V_{水}$,即 $16=\dfrac{120}{6V_{水}}+\dfrac{80}{4V_{水}}$,解得 $V_{水}=2.5$.

【答案】(C)

例 20　一艘轮船往返航行于甲、乙两个码头之间,若船在静水中的速度不变,则当这条河的水流速度增加 50% 时,往返一次所需的时间比原来将(　　).

(A)增加　　　　　　(B)减少半个小时　　　　(C)不变

(D)减少一个小时　　　(E)无法判断

【解析】 设甲、乙两个码头之间距离为 s,船在静水中的速度为 v,原来的水流速度为 x,则后来的水流速度为 $\dfrac{3}{2}x$,根据题意,得原来往返所需要的时间 $t_1=\dfrac{s}{v+x}+\dfrac{s}{v-x}$；后来往返所需的

时间 $t_2=\dfrac{s}{v+\dfrac{3}{2}x}+\dfrac{s}{v-\dfrac{3}{2}x}$,则

$$t_2 - t_1 = \frac{s}{v + \frac{3}{2}x} + \frac{s}{v - \frac{3}{2}x} - \left(\frac{s}{v+x} + \frac{s}{v-x}\right) = \frac{s}{v + \frac{3}{2}x} - \frac{s}{v+x} + \frac{s}{v - \frac{3}{2}x} - \frac{s}{v-x}$$

$$= s\left[\frac{-\frac{x}{2}}{\left(v + \frac{3}{2}x\right)(v+x)} + \frac{\frac{x}{2}}{\left(v - \frac{3}{2}x\right)(v-x)}\right] > 0.$$

故增加水速增加了往返所需要的时间.

【快速得分法】极值法.

设水速增加到与船速相等，则船逆水行驶的速度为 0，永远达不到目的地. 显然增加水速就增加了往返所需要的时间.

【答案】(A)

例 21　一艘小轮船上午 8：00 起航逆流而上(设船速和水流速度一定)，中途船上一块木板落入水中，直到 8：50 船员才发现这块重要的木板丢失，立即调转船头去追，最终于 9：20 追上木板. 由上述数据可以算出木板落水的时间是(　　).

(A) 8：35　　　(B) 8：30　　　(C) 8：25　　　(D) 8：20　　　(E) 8：15

【解析】设轮船出发后过了 t 分钟，木板落入水中. 设船的速度和水的速度分别为 $v_{船}$，$v_{水}$，根据题意可知，船逆流而上的距离＋木板顺流而下的距离＝船顺流去追的距离，即

$$(v_{船} - v_{水}) \times (50 - t) + v_{水} \times (80 - t) = (v_{船} + v_{水}) \times 30,$$

解得 $t = 20$，即木板落水时间为 8：20.

【快速得分法】极值法.

设水流速度为 0，木板位置保持不变，船的速度保持不变，则远离木板的时间等于回追木板的时间，均为 30 分钟，所以木板丢失的时间比 8：50 早 30 分钟，即 8：20 木板落水.

【答案】(D)

例 22　一支队伍排成长度为 800 米的队列行军，速度为 80 米/分钟. 队首的通讯员以 3 倍于行军的速度跑步到队尾，花 1 分钟传达首长命令后，立即以同样的速度跑回到队首. 在这往返全过程中通讯员所花费的时间为(　　).

(A)6.5 分钟　　　　　　(B)7.5 分钟　　　　　　(C)8 分钟

(D)8.5 分钟　　　　　　(E)10 分钟

【解析】从首到尾(迎面而来，速度相加)所花时间 $\frac{800}{3 \times 80 + 80} = 2.5$(分钟).

从尾到首(同向而去，速度相减)所花时间 $\frac{800}{3 \times 80 - 80} = 5$(分钟).

一共花时间为 $2.5 + 5 + 1 = 8.5$(分钟).

【答案】(D)

题型 5.6　火车问题

老吕施法

火车问题一般需要考虑车身的长度，例如：

(1)火车穿过隧道.

火车通过的距离＝车长＋隧道长.

(2)快车超过慢车.

相对速度＝快车速度－慢车速度(同向而去，速度相减).

相对距离＝快车长度＋慢车长度.

(3)两车相对而行.

相对速度＝快车速度＋慢车速度(迎面而来，速度相加).

从相遇到离开的距离为两车长度之和.

典型例题

例 23 一列火车完全通过一个长为 1 600 米的隧道用了 25 秒，通过一根电线杆用了 5 秒，则该列火车的长度为(   ).

(A)200 米　　　(B)300 米　　　(C)400 米　　　(D)450 米　　　(E)500 米

【解析】令火车长为 a，火车通过隧道的电线杆时的速度相等，即 $\dfrac{1\ 600+a}{25}=\dfrac{a}{5}$，解得 $a=400$.

【答案】(C)

例 24 一列火车匀速行驶时，通过一座长为 250 米的桥梁需要 10 秒钟，通过一座长为 450 米的桥梁需要 15 秒钟，该火车通过长为 1 050 米的桥梁需要(   )秒.

(A) 22　　　(B) 25　　　(C) 28　　　(D) 30　　　(E) 35

【解析】设火车的长度为 x，火车的速度为 v，根据题意有

$$v=\frac{250+x}{10}=\frac{450+x}{15},$$

解得 $x=150$，$v=40$，所以 $t=\dfrac{1\ 050+150}{40}=30$.

【快速得分法】相减比例法 $v=\dfrac{450-250}{15-10}=\dfrac{1\ 050-250}{t-10}$，解得 $t=30$.

【答案】(D)

例 25 快、慢两列车的长度分别为 160 米和 120 米，它们相向行驶在平行轨道上，若坐在慢车上的人见整列快车驶过的时间是 4 秒，那么坐在快车上的人见整列慢车驶过的时间是(   ).

(A)3 秒　　　(B)4 秒　　　(C)5 秒　　　(D)6 秒　　　(E)以上选项均不正确

【解析】设快车速度为 a，慢车速度为 b，则 $\dfrac{160}{a+b}=4$，解得 $a+b=\dfrac{160}{4}=40$.

所以快车上看见慢车驶过的时间为 $\dfrac{120}{a+b}=3$(秒).

【答案】(A)

例 26 一批救灾物资分别随 16 列货车从甲站紧急调到 600 千米外的乙站，每列车的平均速度为 125 千米/小时. 若两列相邻的货车在运行中的间隔不得小于 25 千米，则这批物资全部到达乙站最少需要的小时数为(   ).

(A) 7.4　　　(B) 7.6　　　(C) 7.8　　　(D) 8　　　(E) 8.2

【解析】相当于第一列车行走 $600+15\times25$ 千米，故所需时间为 $\dfrac{600+15\times25}{125}=7.8$(小时).

【答案】(C)

例 27 在一条与铁路平行的公路上有一行人与一骑车人同向行进，行人速度为 3.6 千米/小时，骑车速度为 10.8 千米/小时. 如果一列火车从他们的后面同向匀速驶来，它通过行人的时间是 22 秒，通过骑车人的时间是 26 秒，则这列火车的车身长为(   )米.

(A)186   (B)268   (C)168   (D)286   (E)188

【解析】设火车的长度为 x，火车的速度为 v 米/秒，行人的速度为 1 米/秒，骑车人的速度为 3 米/秒，则火车相对于行人的速度为 $v-1$，火车相对于骑车人的速度为 $v-3$，根据题意，得

$$\begin{cases} \dfrac{x}{v-1}=22, \\ \dfrac{x}{v-3}=26, \end{cases}$$

解得 $x=286$.

【快速得分法】最小公倍数法.

两个时间分别为 22 秒和 26 秒，可知车身长很可能是 11 和 13 的公倍数，只有(D)选项符合.

【答案】(D)

第四节　工程问题

题型 5.7　工程问题

老吕施法

(1)基本等量关系：工作效率 $=\dfrac{\text{工作量}}{\text{工作时间}}$.

(2)常用的等量关系：各部分的工作量之和 $=$ 总工作量 $=1$.

典型例题

例 28 完成某项任务，甲单独做需 4 天，乙单独做需 6 天，丙单独做需 8 天. 现甲、乙、丙三人依次一日一轮换地工作，则完成该项任务共需的天数为(　　).

(A)$6\dfrac{2}{3}$ (B)$5\dfrac{1}{3}$ (C)6 (D)$4\dfrac{2}{3}$ (E)4

【解析】甲、乙、丙的工作效率分别为 $\dfrac{1}{4}$，$\dfrac{1}{6}$，$\dfrac{1}{8}$.

通分可得：甲、乙、丙的工作效率分别为 $\dfrac{6}{24}$，$\dfrac{4}{24}$，$\dfrac{3}{24}$.

第一轮：甲、乙、丙各做一天，共完成 $\dfrac{6}{24}+\dfrac{4}{24}+\dfrac{3}{24}=\dfrac{13}{24}$.

第二轮：甲、乙各做一天，共完成 $\dfrac{6}{24}+\dfrac{4}{24}=\dfrac{10}{24}$.

则余下工作为 $1-\dfrac{13}{24}-\dfrac{10}{24}=\dfrac{1}{24}$，由丙完成，需要 $\dfrac{1}{3}$ 天. 所以任务共需 $5\dfrac{1}{3}$ 天.

【答案】(B)

例 29 甲、乙两队修一条公路，甲单独施工需要 40 天完成，乙单独施工需要 24 天完成，现在两队同时从两端开始施工，在距离公路中点 7.5 千米处会合完工，则公路长度为(　　)千米.

(A)60   (B)70   (C)80   (D)90   (E)100

【解析】方法一：直接求解.

甲、乙施工进度比为 $24:40$，即 $3:5$，中点处为 $4:4$，可见会合处离中点距离是全程的 $\frac{1}{8}$，$7.5\times8=60$.

方法二：取样放缩法.

设全长 120 千米，甲每天完成 3 千米，乙每天完成 5 千米，共 $\frac{120}{3+5}=15$（天）完工，此时甲施工 $3\times15=45$（千米），距离中点 60 千米处相距 15 千米. 所以公路长度为 $120\times\frac{7.5}{15}=60$（千米）.

【答案】(A)

例30 一项工程要在规定时间内完成，若甲单独做要比规定的时间推迟 4 天，若乙单独做要比规定的时间提前 2 天完成. 若甲、乙合作了 3 天，剩下的部分由甲单独做，恰好在规定时间内完成，则规定时间为（　　）天.

(A)19　　　　(B)20　　　　(C)21　　　　(D)22　　　　(E)24

【解析】设规定时间为 x 天，则甲单独做需要 $x+4$ 天，乙单独做需要 $x-2$ 天，根据题意可知 $3\left(\frac{1}{x+4}+\frac{1}{x-2}\right)+(x-3)\times\frac{1}{x+4}=1$，解得 $x=20$.

【答案】(B)

例31 打印一份材料，若每分钟打 30 个字，需要若干小时打完. 当打到此材料的 $\frac{2}{5}$ 时，打字效率提高了 40%，结果提前半小时打完. 这份材料的字数是（　　）个.

(A) 4 650　　(B) 4 800　　(C) 4 950　　(D) 5 100　　(E) 5 250

【解析】设材料的字数为 x，效率提高后，共完成 $\frac{3}{5}x$ 的工作量，所用时间减少了 30 分钟，根据题意得 $\frac{\frac{3}{5}x}{30}-\frac{\frac{3}{5}x}{30\times(1+40\%)}=30$，解得 $x=5\,250$.

【答案】(E)

例32 公司的一项工程由甲、乙两队合作 6 天完成，公司需付 8 700 元，由乙、丙两队合作 10 天完成，公司需付 9 500 元，甲、丙两队合作 7.5 天完成，公司需付 8 250 元，若单独承包给一个工程队并且要求不超过 15 天完成全部工作，则公司付钱最少的队是（　　）.

(A)甲队　　　(B)丙队　　　(C)乙队　　　(D)不能确定　　(E)以上选项均不正确

【解析】设甲乙丙的工作效率分别为 x，y，z. 则

$$\begin{cases}(x+y)\times6=1,\\(y+z)\times10=1,\\(x+z)\times7.5=1,\end{cases}\text{解得}\begin{cases}x=\dfrac{1}{10},\\[4pt]y=\dfrac{1}{15},\\[4pt]z=\dfrac{1}{30},\end{cases}$$

即甲完成工作需要 10 天，乙完成工作需要 15 天，丙完成工作需要 30 天；要求 15 天内完成工作，所以只能由甲队或乙队工作.

设甲队每天酬金 m 元，乙队每天 n 元，丙每天 k 元，可得

$$\begin{cases}(m+n)\times6=8\,700,\\(k+n)\times10=9\,500,\\(m+k)\times7.5=8\,250,\end{cases}\text{解得}\begin{cases}m=800,\\n=650,\\k=300,\end{cases}$$

所以，由甲队完成共需工程款 $800 \times 10 = 8\ 000$；

由乙队完成共需工程款 $650 \times 15 = 9\ 750$；

$8\ 000 < 9\ 750$，因此由甲队单独完成此项工程花钱最少．

【答案】（A）

题型 5.8　给水排水问题

老吕施法

等量关系：原有水量＋进水量＝排水量＋余水量．

典型例题

例33　一艘轮船发生漏水事故．当漏进水 600 桶时，两部抽水机开始排水，甲机每分钟能排水 20 桶，乙机每分钟能排水 16 桶，经 50 分钟刚好将水全部排完．每分钟漏进的水有（　　）．

(A)12 桶　　　(B)18 桶　　　(C)24 桶　　　(D)30 桶　　　(E)40 桶

【解析】设进水量每分钟 x 桶，由题意可得 $600 + 50x = (20 + 16) \times 50$，解得 $x = 24$．

【答案】（C）

例34　管径相同的三条不同管道甲、乙、丙可同时向某基地容积为 1 000 立方米的油罐供油．丙管道的供油速度比甲管道供油速度大．

(1)甲、乙同时供油 10 天可注满油罐；

(2)乙、丙同时供油 5 天可注满油罐．

【解析】两个条件单独显然不充分，联立之．

设甲、乙、丙三条管道的供油效率分别为 x，y，z．

由条件(1)：$x + y = \dfrac{1}{10}$，得 $x = \dfrac{1}{10} - y$．

由条件(2)：$y + z = \dfrac{1}{5}$，得 $z = \dfrac{1}{5} - y$．

显然 $z > x$，联立两个条件充分．

【快速得分法】逻辑推理法．

联立两个条件可知，乙和甲一起供油比乙和丙一起供油要慢，可见甲比丙要慢．

【答案】（C）

第五节　比例问题

题型 5.9　简单比例问题

老吕施法

(1)连比数问题．

若甲：乙＝a：b，乙：丙＝c：d，则甲：乙：丙＝ac：bc：bd．

(2)常用赋值法．

(3)常用倍数法，利用整除的原理来解题．

典型例题

例35　某产品有一等品、二等品和不合格品三种，若在一批产品中一等品件数和二等品件数的比是 $5:3$，二等品件数和不合格品件数的比是 $4:1$，则该产品的不合格率约为(　　).

(A)7.2%　　(B)8%　　(C)8.6%　　(D)9.2%　　(E)10%

【解析】设二等品的件数为 x，则一等品的件数为 $\dfrac{5}{3}x$，不合格品的件数为 $\dfrac{1}{4}x$，

所以总件数为 $\dfrac{5}{3}x+x+\dfrac{1}{4}x=\dfrac{35}{12}x.$ 不合格率为 $\dfrac{\frac{1}{4}x}{\frac{35}{12}x}\times100\%=\dfrac{3}{35}\times100\%\approx8.6\%.$

【快速得分法】最小公倍数法.

取二等品的两个数字的最小公倍数 12，得

$$一等品:二等品:不合格品=20:12:3.$$

所以不合格率为 $\dfrac{3}{20+12+3}\times100\%\approx8.6\%.$

【答案】(C)

例36　本学期某大学的 a 个学生或者付 x 元的全额学费或者付半额学费，付全额学费的学生所付的学费占 a 个学生所付学费总额的比率是 $\dfrac{1}{3}$.

(1)在这 a 个学生中 20% 的人付全额学费；

(2)这 a 个学生本学期共付 9 120 元学费.

【解析】条件(1)：交全款的学生共交费 $20\%ax=0.2ax$，交半额学费的学生共交费 $(1-20\%)a\dfrac{x}{2}=0.4ax$，所以交全款的学生所付学费占学费总额的 $\dfrac{0.2ax}{0.2ax+0.4ax}=\dfrac{1}{3}.$ 故条件(1)充分.

条件(2)：显然不充分.

【答案】(A)

例37　某国参加北京奥运会的男、女运动员的比例原为 $19:12$，由于先增加若干名女运动员，使男、女运动员的比例变为 $20:13$，后又参加了若干名男运动员，于是男、女运动员比例最终变为 $30:19$，如果后增加的男运动员比先增加的女运动员多 3 人，则最后运动员的总人数为(　　).

(A)686　　(B)637　　(C)700　　(D)661　　(E)600

【解析】设原来男运动员人数为 $19k$，女运动员人数为 $12k$（$k\in\mathbf{N}^*$），先增加 x 名女运动员，则后增加的男运动员是 $x+3$ 人，根据题意，得

$$\begin{cases}\dfrac{19k}{12k+x}=\dfrac{20}{13},\\[2mm]\dfrac{19k+x+3}{12k+x}=\dfrac{30}{19},\end{cases}$$

解得 $k=20$，$x=7.$ 运动员总数为 $(19k+x+3)+(12k+x)=637.$

【快速得分法】倍数法.

男、女运动员的最终比例为 $30:19$，则最终的总人数一定为 49 的倍数.

增加男运动员之前，男女比例为 $20:13$，所以女运动员一定能被 13 整除，所以总人数也能

被 13 整除.

故总人数一定为 13 和 49 的公倍数,故选(B).

【答案】(B)

例 38 王女士将一笔资金分别投于股市和基金,但因故需抽回一部分资金.若从股市中抽回 10%,从基金中抽回 5%,则其总投资额减少 8%;若从股市和基金的投资额中各抽回 15% 和 10%,则其总投资额减少 130 万元,其总投资额为( ).

(A)1 000 万元 (B)1 500 万元 (C)2 000 万元 (D)2 500 万元 (E)3 000 万元

【解析】设王女士股市投资额为 x,在基金的投资额为 y,根据题意可得

$$\begin{cases} x(1-10\%)+y(1-5\%)=(x+y)(1-8\%), \\ x(1-15\%)+y(1-10\%)=x+y-130, \end{cases}$$

解得 $x=600$,$y=400$,$x+y=1\,000$.所以投资总额为 1 000 万元.

【快速得分法】逻辑推理法.

由题意,从股市和基金的投资额中各抽回 15% 和 10%,总投资额减少 130 万元,说明 130 万元占总投资额的比例一定在 10% 和 15% 之间,所以投资总额一定小于 1 300 万,只有选项(A)满足.

【答案】(A)

例 39 某人在市场上买猪肉,小贩称的肉重为 4 斤.但此人不放心,拿出一个自备的 100 克重的砝码,将肉和砝码放在一起让小贩用原称复称,结果重量为 4.25 斤.由此可知顾客应要求小贩补猪肉( )两.

(A) 3 (B) 6 (C) 4 (D) 7 (E) 8

【解析】设猪肉的实际重量为 x 斤,100 克=0.2 斤,根据题意有 $\dfrac{x}{4}=\dfrac{x+0.2}{4.25}$,

解得 $x=3.2$.所以应补猪肉的重量为 $4-3.2=0.8$(斤),即 8 两.

【答案】(E)

题型 5.10 利润问题

老吕施法

利润=销售额−总成本.

单位利润=售价−单位成本.

利润率=$\dfrac{利润}{成本}\times 100\%$.

典型例题

例 40 某电子产品一月份按原定价的 80% 出售,能获利 20%,二月份由于进价降低,按同样原定价的 75% 出售,却能获利 25%,那么二月份进价是一月份进价的百分之( ).

(A)92 (B)90 (C)85 (D)80 (E)75

【解析】赋值法.

设一月份定价 10 元,8 元出售,进价 $8\times\dfrac{1}{1.2}=\dfrac{20}{3}$(元);

二月份 7.5 元出售,进价 $7.5\times\dfrac{1}{1.5}=6$(元);

则二月份是一月份的 $\dfrac{6}{\frac{20}{3}}=100\%=90\%$.

【答案】(B)

例41 某商店将每套服装按原价提高 50% 后再作 7 折"优惠"的广告宣传，这样每售出一套服装可获利 625 元。已知每套服装的成本是 2000 元，该店按"优惠价"售出一套服装比按原价(　　).

(A)多赚 100 元　　　　　　(B)少赚 100 元　　　　　　(C)多赚 125 元

(D)少赚 125 元　　　　　　(E)多赚 155 元

【解析】设原价为 x，现在的售价为 $2\,000+625=2\,625$(元)，故有

$$x\times(1+50\%)\times0.7=2625,$$

解得 $x=2500$.

故比原价多赚 $2625-2500=125$(元).

【答案】(C)

例42 一家商店为回收资金，把甲、乙两件商品以 480 元一件卖出，已知甲商品赚了 20%，乙商品亏了 20%，则商品盈亏结果为(　　).

(A)不亏不赚　　　　　　(B)亏了 50 元　　　　　　(C)赚了 50 元

(D)赚了 40 元　　　　　　(E)亏了 40 元

【解析】设甲商品原价 x 元，乙商品原价 y 元. 根据题意得 $\begin{cases}\dfrac{480-x}{x}=20\%,\\[2mm]\dfrac{y-480}{y}=20\%,\end{cases}$

解得 $x=400$，$y=600$，则 $480\times2-400-600=-40$，所以亏了 40 元.

【答案】(E)

例43 甲、乙两商店某种商品的进货价格都是 200 元，甲店以高于进货价格 20% 的价格出售，乙店以高于进货价格 15% 的价格出售，结果乙店的售出件数是甲店的 2 倍. 扣除营业税后乙店的利润比甲店多 5 400 元. 若设营业税率是营业额的 5%，那么甲、乙两店售出该商品各为(　　)件.

(A) 450，900　　　　　　(B) 500，1 000　　　　　　(C) 550，1 100

(D) 600，1 200　　　　　　(E) 650，1 300

【解析】设甲店卖出 x 件，则乙店卖出 $2x$ 件，甲店的售价为 $1.2\times200=240$(元)，乙店的售价为 $1.15\times200=230$(元)，根据题意，得

$$(240-240\times5\%-200)\times x+5\,400=(230-230\times5\%-200)\times2x,$$

解得 $x=600$. 故甲、乙两商品售出数量分别为 600 件、1 200 件.

【答案】(D)

题型 5.11　增长率问题

老吕施法

设基础数量为 a，平均增长率为 x，增长了 n 期(n 年、n 月、n 周等)，期末值设为 b，则有 $b=a(1+x)^n$.

典型例题

例44 A 企业的职工人数今年比前年增加了 30%.

(1)A 企业的职工人数去年比前年减少了 20%；

(2)A 企业的职工人数今年比去年增加了 50%.

【解析】条件(1)和条件(2)单独显然不充分,联合两个条件:

设 A 企业前年的职工人数为 a.

由条件(1),去年的职工人数为 $a(1-20\%)=\dfrac{4}{5}a$.

由条件(2),今年的职工人数为 $(1+50\%)\times\dfrac{4}{5}a=\dfrac{6}{5}a$.

故 A 企业的职工人数今年比前年增加了 $\dfrac{\dfrac{6a}{5}-a}{a}\times100\%=20\%$.

联合起来也不充分.

【快速得分法】赋值法.

设前年的职工为 100 人,则去年为 80 人,今年为 120 人,增加 20%.

【答案】(E)

例 45 某电镀厂两次改进操作方法,使用锌量比原来节约 15%,则平均每次节约(　　).

(A)42.5%　　　　　　　　　　　　　　(B)7.5%

(C)$(1-\sqrt{0.85})\times100\%$　　　　　　(D)$(1+\sqrt{0.85})\times100\%$

(E)以上选项均不正确

【解析】设原来用锌量为 a,平均节约率为 x,根据题意,有
$$a(1-x)^2=a(1-15\%),$$
解得 $x=1-\sqrt{0.85}$.

【快速得分法】逻辑推理法.

平均增长率问题,选项(B)中,7.5% 是 15% 的一半,显然不对;选项(A)中,42.5% 比 15% 大太多,显然不对;选项(D)大于 1,显然不对,所以推测答案是(C). 因为有选项(E)的存在,这个推测有可能会有误,但是根据历年真题的经验,"(E)项以上选项均不正确"几乎从来不是正确选项.

【答案】(C)

例 46 某城区 2001 年绿地面积较上年增加了 20%,人口却负增长,结果人均绿地面积比上年增长了 21%.

(1)2001 年人口较上年下降了 8.26‰;

(2)2001 年人口较上年下降了 10‰.

【解析】赋值法.

设 2000 年人口数为 100,绿地面积为 100;

设 2001 年人口数为 $100-a$,绿地面积为 120,根据题意得
$$\frac{120}{100-a}-1=0.21,$$
解得 $a=8.26‰$.

故条件(1)充分,条件(2)不充分.

【答案】(A)

例 47 某商品经过八月份与九月份连续两次降价,售价由 m 元降到了 n 元. 则该商品的售价平均每次下降了 20%.

(1)$m-n=900$;

(2)$m+n=4\,100$.

【解析】两个条件显然不充分，联立，得 $m=2\,500$，$n=1\,600$，设每次下降 x，由题意得
$$2\,500\times(1-x)^2=1\,600,$$

解得：$x=20\%$，故联立起来充分，选(C).

【答案】(C)

例 48　A 公司 2015 年 6 月的产值是 1 月产值的 $(1+5a)^5$ 倍.

(1)在 2015 年上半年，A 公司月产值的平均增长率为 $5a-1$；

(2)在 2015 年上半年，A 公司月产值的平均增长率为 $5a$.

【解析】设 1 月的产值为 1.

条件(1)：6 月产值：$(1+5a-1)^5=(5a)^5$，是 1 月产值的 $(5a)^5$ 倍，条件(1)不充分.

条件(2)：6 月产值：$(1+5a)^5$，是 1 月产值的 $(1+5a)^5$ 倍，条件(2)充分.

【答案】(B)

第六节　溶液问题

题型 5.12　一般溶液问题

老吕施法

(1)溶质守恒定律.

无论如何倒来倒去，溶质的量保持不变.

若添加了溶质(如纯药液)，水的量没变，则把水看作溶质，把纯药液看作溶剂.

(2)溶液质量＝溶质质量＋水的质量.

(3)浓度 $=\dfrac{溶质}{溶液}\times100\%$.

典型例题

例 49　一种溶液，蒸发掉一定量的水后，溶液的浓度为 10%；再蒸发掉同样多的水后，溶液的浓度变为 12%；第三次蒸发掉同样多的水后，溶液的浓度变为(　　).

(A)14%　　　(B)15%　　　(C)16%　　　(D)17%　　　(E)18%

【解析】设浓度 10% 时，溶液的体积为 x，蒸发掉水分的体积为 y，根据题意得
$$\frac{10\%\cdot x}{x-y}=12\%,$$

解得 $y=\dfrac{1}{6}x$. 根据溶质守恒定律，溶质的量始终为 $10\%x$.

故再次蒸发掉同样多的水后，浓度为：$\dfrac{10\%x}{x-y-y}=\dfrac{10\%x}{x-\dfrac{x}{6}-\dfrac{x}{6}}=15\%$.

【答案】(B)

例 50　仓库运来含水量为 90% 的一种水果 100 千克，一星期后再测发现含水量降低了，现在这批水果的总重量是 50 千克.

(1)含水量变为 80%；

(2)含水量降低了 20%.

【解析】由含水量为 90% 可得，果肉质量为 10 千克，设水量降低后的含水量为 x，则有：

由溶质守恒定律可知：$100 \times 10\% = 50 \times (1-x)$，解得含水量 $x = 80\%$.

显然条件(1)充分，条件(2)不充分.

【答案】(A)

例 51 一满桶纯酒精倒出 10 升后，加满水搅匀，再倒出 4 升后，再加满水. 此时，桶中的纯酒精与水的体积之比是 2∶3. 则该桶的容积是( )升.

(A)15 　　　(B)18 　　　(C)20 　　　(D)22 　　　(E)25

【解析】设该桶的容积为 x，根据题意得

$$\frac{x-10}{x} \times \frac{x-4}{x} = \frac{2}{5},$$

解得，$x = 20$.

【答案】(C)

例 52 在某实验中，三个试管各盛水若干克. 现将浓度为 12% 的盐水 10 克倒入 A 管中混合后取 10 克倒入 B 管中，混合后再取 10 克倒入 C 管中，结果 A，B，C 三个试管中盐水的浓度分别为 6%，2%，0.5%，那么三个试管中原来盛水最多的试管及其盛水量各是( ).

(A)A 试管，10 克 　　　(B)B 试管，20 克 　　　(C)C 试管，30 克

(D)B 试管，40 克 　　　(E)C 试管，50 克

【解析】设 A 管中原有水 x 克，B 管中原有水 y 克，C 管中原有水 z 克.

根据题意 $\begin{cases} \dfrac{0.12 \times 10}{x+10} = 0.06, \\ \dfrac{0.06 \times 10}{y+10} = 0.02, \\ \dfrac{0.02 \times 10}{z+10} = 0.005, \end{cases}$ 解方程组得 $\begin{cases} x = 10, \\ y = 20, \\ z = 30. \end{cases}$

【答案】(C)

题型 5.13　溶液配比问题

老吕施法

将不同浓度的两种溶液，配成另外一种浓度的溶液，使用十字交叉法.

典型例题

例 53 若用浓度为 30% 和 20% 的甲、乙两种食盐溶液配成浓度为 24% 的食盐溶液 500 克，则甲、乙两种溶液各取( ).

(A) 180 克，320 克 　　　(B) 185 克，315 克 　　　(C) 190 克，310 克

(D) 195 克，305 克 　　　(E) 200 克，300 克

【解析】设甲 x 克，乙 y 克，则 $\begin{cases} 30\%x + 20\%y = 500 \times 24\%, \\ x+y = 500, \end{cases}$ 解方程组得 $\begin{cases} x = 200, \\ y = 300. \end{cases}$

【快速得分法】十字交叉法.

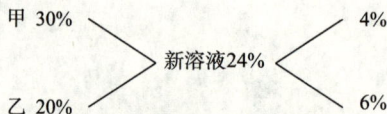

甲 30% ↘ 　　　 ↗ 4%
　　　 新溶液24%
乙 20% ↗ 　　　 ↘ 6%

所以，$\dfrac{甲}{乙}=\dfrac{4\%}{6\%}=\dfrac{2}{3}$，故甲溶液为 200 克，乙溶液为 300 克.

【答案】(E)

第七节　集合问题

题型 5.14　二饼图问题

老吕施法

一般使用文氏图(也叫维恩图)，如图 5-1 所示，可知公式：$A\cup B=A+B-A\cap B.$

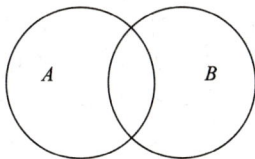

图 5-1

典型例题

例54　某单位有 90 人，其中 65 人参加外语培训，72 人参加计算机培训，已知参加外语培训而未参加计算机培训的有 8 人，则参加计算机培训而未参加外语培训的人数是(　　)人.

(A)5　　　　　　　　　(B)8　　　　　　　　　(C)10

(D)12　　　　　　　　(E)15

【解析】画文氏图如图 5-2 所示：

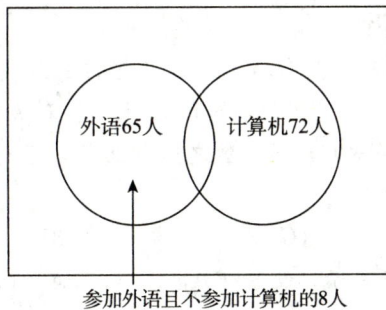

参加外语且不参加计算机的8人

图 5-2

故参加外语培训且参加计算机培训的有 $65-8=57$(人).

参加计算机培训而未参加外语培训的人数 $72-57=15$(人).

【答案】(E)

例55　电视台向 100 个人调查昨天收看电视情况，有 62 人看过中央一套，34 人看过湖南卫视，11 人两个频道都看过. 则两个频道都没有看过的有(　　)人.

(A)4　　　　(B)15　　　　(C)17　　　　(D)28　　　　(E)24

【解析】设看过中央一套的为集合 A，看过湖南卫视的为集合 B，则有

$$A \cup B = A + B - A \cap B = 62 + 34 - 11 = 85,$$

故两个频道都没有看过=100−85=15(人).

【答案】(B)

题型 5.15 三饼图问题

老吕施法

一般使用文氏图,如图 5-3 所示,可知公式:

$$A \cup B \cup C = A + B + C - A \cap B - A \cap C - B \cap C + A \cap B \cap C.$$

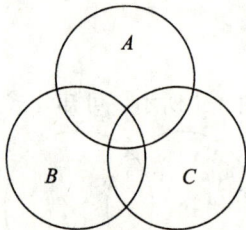

图 5-3

典型例题

例 56 某年级举行数理化三科竞赛,已知参加数学竞赛的有 203 人,参加物理竞赛的有 179 人,参加化学竞赛的有 165 人;参加数学物理两科的有 143 人,参加数学化学两科的有 116 人,参加物理化学两科的有 97 人;三科都参加的有 89 人;则参加竞赛的总人数为(   )人.

(A) 280   (B) 250   (C) 300   (D) 350   (E) 400

【解析】三饼图问题,直接套公式得

$$A \cup B \cup C = A + B + C - A \cap B - A \cap C - B \cap C + A \cap B \cap C$$
$$= 203 + 179 + 165 - 143 - 116 - 97 + 89 = 280$$

【答案】(A)

例 57 某班同学参加智力竞赛,共有 A,B,C 三题,每题或得 0 分或得满分.竞赛结果无人得 0 分,三题全部答对的有 1 人,答对两题的有 15 人.答对 A 题的人数和答对 B 题的人数之和为 29 人,答对 A 题的人数和答对 C 题的人数之和为 25 人,答对 B 题的人数和答对 C 题的人数之和为 20 人,那么该班的人数为(   )人.

(A) 20   (B) 25   (C) 30   (D) 35   (E) 40

【解析】画文氏图,如图 5-4 所示.设答对 A,B,C 三道题的人数分别为 x,y,z,根据题意得 $\begin{cases} x+y=29, \\ x+z=25, \\ y+z=20, \end{cases}$ 得 $x+y+z=37$.答对 2 题的人计算了 2 次,多计算15;答对 3 题的人计算了 3 次,多计算2;故总人数为 37−15−2=20.

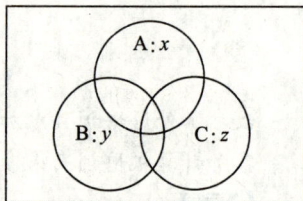

图 5-4

【答案】(A)

第八节 最值问题

题型 5.16 一元二次函数和均值不等式

老吕施法

　　根据题干列出方程后，用一元二次函数的最值或者均值不等式求解.

典型例题

　　例 58 某工厂定期购买一种原料，已知该厂每天需用该原料 6 吨，每吨价格 1 800 元，原料的保管等费用平均每吨 3 元，每次购买原料需支付运费 900 元，若该工厂要使平均每天支付的总费用最省，则应该每( )天购买一次原料.

　　(A)11　　　　　(B)10　　　　　(C)9　　　　　(D)8　　　　　(E)7

　　【解析】设每 x 天购买一次原料，平均每天支付的总费用为 y 元，根据题意得

$$y=\frac{900+6\times1\,800x+3\times6\times\left[(x-1)+\cdots+2+1\right]}{x}$$

$$=\frac{900+6\times1\,800x+3\times6\times\frac{x(x-1)}{2}}{x}=6\times1\,800+\frac{900}{x}+9x-9.$$

　　根据均值不等式等号成立的条件，$\frac{900}{x}=9x$ 时有最小值，解得 $x=10$.

　　【答案】(B)

　　例 59 甲商店销售某种商品，该商品的进价每件 90 元，若每件定价 100 元，则一天内能售出 500 件，在此基础上，定价每增 1 元，一天少售出 10 件，若使甲商店获得最大利润，则该商品的定价应为( ).

　　(A) 115 元　　　　(B)120 元　　　　(C)125 元　　　　(D)130 元　　　　(E)135 元

　　【解析】设定价比原定价高了 x 元，利润为 y 元，根据题意得 $y=(100+x-90)(500-10x)$，整理得

$$y=10\times(500+40x-x^2)=-10(x^2-40x+400-900)=-10(x-20)^2+9\,000.$$

　　根据一元二次函数的性质，可知当 $x=20$ 时，利润最高，此时定价为 120 元.

　　【答案】(B)

　　例 60 设罪犯与警察在一开阔地上相隔一条宽 0.5 千米的河的两岸，罪犯从北岸 A 点处以每分钟 1 千米的速度向正北逃窜，警察从南岸 B 点以每分钟 2 千米的速度向正东追击(如图 5-5 所示)，则警察从 B 点到达最佳射击位置(即罪犯与警察相距最近的位置)所需的时间是( ).

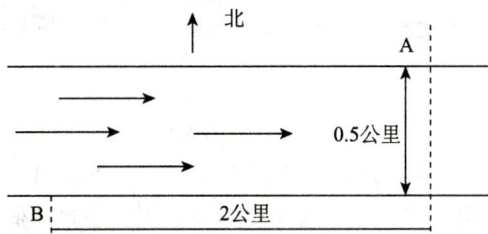

　　(A)$\frac{3}{5}$分钟　　　(B)$\frac{5}{3}$分钟　　　(C)$\frac{10}{7}$分钟

图 5-5

(D)$\dfrac{7}{10}$分钟　　　(E)$-\dfrac{3}{5}$分钟

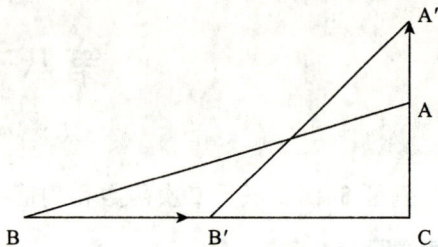

图 5-6

【解析】设在最佳射击时机时,警察在 B' 点,罪犯在 A' 点,与 A 点相对应的南岸的点为 C 点,则如图 5-6 所示.

即求 $A'B'$ 距离的最小值.

$|A'C|=0.5+1\times t$,　$|B'C|=2-2\times t$,

$|A'B'|=\sqrt{|A'C|^2+|B'C|^2}=\sqrt{5t^2-7t+4.25}$,

当 $t=\dfrac{7}{10}$ 分时,$A'B'$ 距离最小.

【答案】(D)

题型 5.17　线性规划问题

老吕施法

(1)"先看边界后取整数"法(推荐).

第一步:将不等式直接取等号,求得未知数的解;

第二步:若所求解为整数,则此整数解即为方程的解;若所求解为小数,则取其左右相邻的整数,验证是否符合题意即可.

(2)图像法.

已知条件写出约束条件,并作出可行域,进而通过平移直线在可行域内求线性目标函数的最优解.

典型例题

例 61　某公司计划运送 180 台电视机和 110 台洗衣机下乡,现有两种货车,甲种货车每辆最多可载 40 台电视机和 10 台洗衣机,乙种货车每辆最多可载 20 台电视机和 20 台洗衣机,已知甲、乙种货车的租金分别是每辆 400 元和 360 元,则最少的运费是(　　　).

(A)2 560 元　　　(B)2 600 元　　　(C)2 640 元　　　(D)2 580 元　　　(E)2 720 元

【解析】设用甲种货车 x 辆,乙种货车 y 辆,总费用为 z,则有

$$\begin{cases}40x+20y\geqslant180,\\10x+20y\geqslant110,\\z=400x+360y,\end{cases}即\begin{cases}2x+y\geqslant9,\\x+2y\geqslant11,\\z=400x+360.\end{cases}$$

看边界,直接解方程组 $\begin{cases}2x+y=9,\\x+2y=11,\end{cases}$ 得 $x=\dfrac{7}{3}$,$y=\dfrac{13}{3}$.

取整数:

若 $x=2$,$y=5$,费用为 $800+360\times5=2\,600$(元);

若 $x=3$,$y=4$,费用为 $1\,200+360\times4=2\,640$(元);

可知用甲车 2 辆,乙车 5 辆时,费用最低,是 2 600 元.

【答案】(B)

例 62　某家具公司生产甲、乙两种型号的组合柜,每种柜的制造白坯时间、油漆时间及有关数据如下:

工艺要求 \ 时间 \ 产品	甲	乙	生产能力 台时/天
制白坯时间	6	12	120
油漆时间	8	4	64
单位利润	200	240	

则该公司每天可获得的最大利润为( ).

(A)2 560 元　　　　(B)2 720 元　　　　(C)2 820 元　　　　(D)3 000 元　　　　(E)3 800 元

【解析】设 x，y 分别为甲、乙两种柜的日产量，则目标函数为 $z=200x+240y$；线性约束条件为

$$\begin{cases} 6x+12y\leqslant120, \\ 8x+4y\leqslant64, \end{cases} \Rightarrow \begin{cases} x+2y\leqslant20, \\ 2x+y\leqslant16. \end{cases}$$

用先取边界后取整数法，将不等式取等号得

$$\begin{cases} x+2y=20, \\ 2x+y=16, \end{cases} 解得 \begin{cases} x=4, \\ y=8. \end{cases}$$

故 $z_{max}=200\times4+240\times8=2\ 720$（元）.

【答案】(B)

例 63 某居民小区决定投资 15 万元修建停车位，据测算，修建一个室内车位的费用为 5 000 元，修建一个室外车位的费用为 1 000 元，考虑到实际因素，计划室外车位的数量不少于室内车位的 2 倍，也不多于室内车位的 3 倍，这笔投资最多可建车位的数量为( )个.

(A)78　　　　(B)74　　　　(C)72　　　　(D) 70　　　　(E)66

【解析】设可建室内车位 x 个，室外车位 y 个，根据题意有

$$\begin{cases} 5\ 000x+1\ 000y\leqslant150\ 000, \\ 2x\leqslant y\leqslant3x, \end{cases} 即 \begin{cases} 5x+y\leqslant150, \\ 2x\leqslant y\leqslant3x. \end{cases}$$

采用极值法，将上述不等式取等号，可得

$$\begin{cases} 5x+y=150, \\ 2x=y, \end{cases} 或 \begin{cases} 5x+y=150, \\ 3x=y, \end{cases}$$

解得 $x=\dfrac{150}{7}$ 或 $x=\dfrac{150}{8}$，故有 $\dfrac{150}{8}\leqslant x\leqslant\dfrac{150}{7}$.

又因为 x 必须为整数，故 x 的可能取值为 19，20，21.

代入可知，$x=19$ 时，可建车位数量最多，此时 $y=55$，车位总数为 $19+55=74$.

【答案】(B)

题型 5.18 其他最值问题

老吕施法

注意使用不等式的性质、极值法.

典型例题

例 64 有 30 本书分给小朋友，如果每人分 5 本，那么不够分；如果每人分 4 本，那么有剩

余,则小朋友有( )人.

(A)4   (B)5   (C)6   (D)7   (E)8

【解析】设小朋友有 x 人,根据题意得:

$$4x<30<5x,$$

解得 $6<x<7.5$.

故小朋友有 7 人.

【答案】(D)

例 65 某工程队有若干个甲、乙、丙三种工人,现在承包了一项工程,要求在规定时间内完成. 若单独由甲种工人来完成,则需要 10 个人;若单独由乙种工人来完成,则需要 15 人;若单独由丙种工人来完成,则需要 30 人. 若在规定时间内恰好完工,则该单位工人总数至少有 12 人.

(1)甲种工人人数最多.

(2)丙种工人人数最多.

【解析】设规定时间为 1,则甲、乙、丙种工人的效率分别为 $\frac{1}{10}$,$\frac{1}{15}$,$\frac{1}{30}$.

设需要甲、乙、丙种工人的人数分别为 x,y,z,则有

$$\begin{cases} \dfrac{1}{10}x+\dfrac{1}{15}y+\dfrac{1}{30}z=1 & ① \\ x+y+z\geqslant 12 & ② \end{cases}$$

将①式代入②式得:

$$x+y+z\geqslant 12\left(\frac{1}{10}x+\frac{1}{15}y+\frac{1}{30}z\right)$$

整理得:

$$y+3z\geqslant x \qquad\qquad ③$$

条件(1): x 最大,无法判断③式是否成立,不充分.

条件(2): $z\geqslant x$,则必有 $y+3z\geqslant x$,充分.

【答案】(B)

第九节   阶梯价格问题

题型 5.19   阶梯价格问题

老吕施法

关键点:确定要求的值位于哪个阶梯上.

典型例题

例 66 某自来水公司的消费标准如下:每户每月用水不超过 5 吨的,每吨收费 4 元;超过 5 吨的,收较高的费用. 已知 9 月份张家的用水量比李家多 50%,张家和李家的水费分别为 90 元和 55 元,则用水量超过 5 吨时的收费标准是( )元/吨.

(A)5   (B)5.5   (C)6   (D)6.5   (E)7

【解析】每户消费的前 5 吨水的费用为 20 元，可见张家和李家 9 月用户量都超过了 5 吨.

设超过 5 吨时的收费标准是 x，9 月李家用水量为 y，则张家用水量为 $1.5y$.

根据题意，得

$$\begin{cases} 20+(1.5y-5)x=90, \\ 20+(y-5)x=55, \end{cases}$$

解得 $x=7$，$y=10$，所以超过 5 吨时的收费标准为 7 元/吨.

【答案】(E)

例 67 某商场在一次活动中规定：一次购物不超过 100 元时没有优惠；超过 100 元而没有超过 200 元时，按该次购物全额 9 折优惠；超过 200 元时，其中 200 元按 9 折优惠，超过 200 元的部分按 8.5 折优惠. 若甲、乙两人在该商场购买的物品分别付费 94.5 元和 197 元，则两人购买的物品在举办活动前需要的付费总额是(　　)元.

(A) 291.5　　　　　　　(B) 314.5　　　　　　　(C) 325

(D) 291.5 或 314.5　　　(E) 314.5 或 325

【解析】甲有两种情况：

(1)甲没有得到优惠，则甲的购物全额为 94.5 元.

(2)甲得到了 9 折优惠，则甲的购物全额为 $\frac{94.5}{0.9}=105$(元).

乙的 200 元得到了 9 折优惠，实际付款 180 元.

余下的部分按 8.5 折优惠，故此部分的购物全额为 $\frac{197-180}{0.85}=20$(元).

故乙的购物全额为 $200+20=220$(元)，

所以两人在活动前需要付费总额为 $94.5+220=314.5$(元)或 $105+220=325$(元).

【答案】(E)

例 68 为了调节个人收入，减少中低收入者的赋税负担，国家调整了个人工资薪金所得税的征收方案. 已知原方案的起征点为 2 000 元/月，税费分九级征收，前四级税率见下表：

级数	全月应纳税所得额 q(元)	税率(%)
1	$0<q\leqslant500$	5
2	$500<q\leqslant2\,000$	10
3	$2\,000<q\leqslant5\,000$	15
4	$5\,000<q\leqslant20\,000$	20

新方案的起征点为 3 500 元/月，税费分七级征收，前三级税率见下表：

级数	全月应纳税所得额 q(元)	税率(%)
1	$0<q\leqslant1\,500$	3
2	$1\,500<q\leqslant4\,500$	10
3	$4\,500<q\leqslant9\,000$	20

若某人在新方案下每月缴纳的个人工资薪金所得税是 345 元，则此人每月缴纳的个人工资薪金所得税比原方案减少了(　　)元.

(A) 825　　　　(B) 480　　　　(C) 345　　　　(D) 280　　　　(E) 135

【解析】设新方案下，第1级数最多需纳税：$1\,500\times3\%=45$(元).

第2级数最多需纳税：$(4\,500-1\,500)\times10\%=300$(元).

此人每月纳税345元，说明他刚好在第2级数的最高点，每月收入为$3\,500+4\,500=8\,000$(元).

在原方案下，8 000元处于第4级数，所以需要纳税

$500\times5\%+(2\,000-500)\times10\%+(5\,000-2\,000)\times15\%+1\,000\times20\%=825$(元)，

新方案比原方案少纳税$825-345=480$(元).

【答案】(B)

第十节　数列应用题

题型 5.20　等差数列问题

老吕施法

等差数列的求和公式：$S_n=\dfrac{n(a_1+a_n)}{2}$ 或 $S_n=na_1+\dfrac{n(n-1)}{2}d$ $(n\in\mathbf{N}^*)$.

典型例题

例 69　在一次数学考试中，某班前6名同学的成绩恰好成等差数列.若前6名同学的平均成绩为95分，前4名同学的成绩之和为388分，则第6名同学的成绩为(　　)分.

(A) 92　　　　(B) 91　　　　(C) 90　　　　(D) 89　　　　(E) 88

【解析】由题得到 $\begin{cases}\dfrac{a_1+a_6}{2}=95,\\[2mm]\dfrac{a_1+a_4}{2}\times4=388,\end{cases}$ 即 $\begin{cases}\dfrac{a_1+(a_1+5d)}{2}=95,\\[2mm]\dfrac{a_1+(a_1+3d)}{2}\times4=388,\end{cases}$ 解得 $a_1=100$, $d=-2$,

故 $a_6=90$.

【答案】(C)

题型 5.21　等比数列问题

老吕施法

使用等比数列的求和公式：

当 $q\neq1$ 时，$S_n=\dfrac{a_1(1-q^n)}{1-q}=\dfrac{a_1(q^n-1)}{q-1}$ $(n\in\mathbf{N}^*)$;

当 $q=1$ 时，$S_n=na_1$;

当 $n\to+\infty$，且 $|q|<1$ 时，$S=\lim\limits_{n\to\infty}\dfrac{a_1(1-q^n)}{1-q}=\dfrac{a_1}{1-q}$.

典型例题

例 70　隔壁老王于2008年6月1日到银行，存入一年期定期储蓄a元，以后的每年6月1日他都去银行存入一年定期储蓄a元，若每年的年利率q保持不变，且每年到期的存款本息均自动

转为新一年期定期储蓄，到 2012 年 6 月 1 日，老王去银行不再存款，而是将所有存款本息全部取出，则取出的金额是(　　)元.

(A)$a(1+q)^4$

(B)$a(1+q)^5$

(C)$\dfrac{a}{q}[(1+q)^4-(1+q)]$

(D)$\dfrac{a}{q}[(1+q)^5-(1+q)]$

(E)$\dfrac{a}{q}[(1+q)^6-(1+q)]$

【解析】2008 年的 a 元到了 2012 年本息和为 $a(1+q)^4$，

2009 年的 a 元到了 2012 年本息和为 $a(1+q)^3$，

2010 年的 a 元到了 2012 年本息和为 $a(1+q)^2$，

2011 年的 a 元到了 2012 年本息和为 $a(1+q)$，

故，所有金额为 $a(1+q)+a(1+q)^2+a(1+q)^3+a(1+q)^4=\dfrac{a(1+q)[1-(1+q)^4]}{1-(1+q)}=\dfrac{a}{q}[(1+q)^5-(1+q)]$.

【答案】(D)

例 71　有一种细菌和一种病毒，每个细菌在每一秒末能杀死一个病毒的同时将自身分裂为两个. 现在有一个这样的细菌和 100 个这样的病毒，问细菌将病毒全部杀死至少需要(　　)秒.

(A)6　　　　　(B)7　　　　　(C)8　　　　　(D)9　　　　　(E)5

【解析】根据题意，得

$1+2+2^2+2^3+\cdots+2^{n-1}\geqslant100$，整理，得 $\dfrac{1-2^n}{1-2}\geqslant100$，$2^n\geqslant101$.

解得 $n\geqslant7$.

【答案】(B)

微模考五(上)·基础篇

(共 25 题，每题 3 分，限时 60 分钟)

扫码并回复"微模考"
听老师串讲微模考

一、问题求解：第 1～15 小题，每小题 3 分，共 45 分．下列每题给出的(A)、(B)、(C)、(D)、(E)五个选项中，只有一项是符合试题要求的，请在答题卡上将所选项的字母涂黑．

1. 甲、乙两项工程分别由一、二工程队负责完成，晴天时，一队完成甲工程需要 12 天，二队完成乙工程需要 15 天，雨天时，一队的工作效率是晴天时的 60%，二队的工作效率是晴天时的 80%，结果两队同时开工并同时完成各自的工程，那么，在这段施工期间雨天的天数为(   )．
   (A)8　　　　(B)10　　　　(C)12　　　　(D)15　　　　(E)以上选项均不正确

2. 某人以 6 千米/小时的平均速度上山，上山后立即以 12 千米/小时的平均速度原路返回，那么此人在往返过程中每小时平均所走的千米数为(   )．
   (A)9　　　　(B)8　　　　(C)7　　　　(D)6　　　　(E)以上选项均不正确

3. 车间工会为职工买来足球、排球和篮球共 94 个，按人数计算平均每 3 人一只足球，每 4 人一只排球，每 5 人一只篮球，该车间共有职工(   )．
   (A)110 人　　(B)115 人　　(C)120 人　　(D)125 人　　(E)以上选项均不正确

4. 一本书内有三篇文章，第一篇的页数分别是第二篇页数和第三篇页数的 2 倍和 3 倍，已知第三篇比第二篇少 10 页，则这本书共有(   )．
   (A)100 页　　(B)105 页　　(C)110 页　　(D)120 页　　(E)以上选项均不正确

5. 若所得税是工资加奖金总和的 30%，如果一个人的所得税为 6 810 元，奖金为 3 200 元，则他的工资为(   )元．
   (A) 12 000　　(B) 15 900　　(C) 19 500　　(D) 25 900　　(E) 62 000

6. 轮船在顺水中航行 30 千米的时间与在逆水中航行 20 千米所用的时间相等，已知水流速度为 2 千米/小时，则船在静水中的速度是(   )千米/小时．
   (A)6　　　　(B)7　　　　(C)8　　　　(D)9　　　　(E)10

7. 甲、乙两组射手打靶，乙组平均成绩为 171.6 环，比甲组平均成绩高出 30%，而甲组人数比乙组人数多 20%，则甲、乙两组射手的总平均成绩是(   )．
   (A)140 环　　(B)145.5 环　　(C)150 环　　(D)158.5 环　　(E)160 环

8. 某培训班有学员 96 人，其中男生占全班人数的 $\frac{7}{12}$，女生有 15% 是 30 岁和 30 岁以上的，则女生中不到 30 岁的人数是(   )．
   (A)30 人　　(B)31 人　　(C)32 人　　(D)33 人　　(E)34 人

9. 工厂人员由技术人员、行政人员和工人组成，共有男职工 420 人，是女职工的 $\frac{4}{3}$ 倍，其中行政人员占全体职工的 20%，技术人员比工人少 $\frac{1}{25}$，那么该工厂有工人(   )．
   (A)200 人　　(B)250 人　　(C)300 人　　(D)350 人　　(E)400 人

10. 某公司二月份产值为 36 万元，比一月份产值增加了 11 万元，比三月份产值少 7.2 万元，第二季度产值为第一季度产值的 1.4 倍．该公司上半年产值的月平均值为（　　）．

    (A) 40.51 万元　　　　　　(B) 41.68 万元　　　　　　(C) 48.25 万元

    (D) 50.16 万元　　　　　　(E) 52.16 万元

11. 超市本月计划销售额是 20 万元，因热销，上半月完成了计划的 60%，下半月又销售了 13 万元，则全月超额完成计划的（　　）．

    (A) 15%　　　(B) 20%　　　(C) 25%　　　(D) 30%　　　(E) 35%

12. 飞机装满燃料最多可飞行 6 小时，顺风每小时可飞行 1 500 千米，逆风每小时可飞行 1 200 千米，设风速不变，则飞机最多飞行（　　）千米再返回基地而不必加油．

    (A) 8 000　　　(B) 6 000　　　(C) 4500　　　(D) 4 000　　　(E) 以上选项均不正确

13. 一项工程由甲、乙两队合作 30 天可完成．甲队单独做 24 天后，乙队加入，两队合作 10 天后，甲队调走，乙队继续做了 17 天才完成．若这项工程由甲队单独做，则需要（　　）天．

    (A) 60　　　(B) 70　　　(C) 80　　　(D) 90　　　(E) 100

14. 甲花费 5 万元购买了股票，随后他将这些股票转卖给乙，获利 10%，不久乙又将这些股票返卖给甲，但乙损失了 10%，最后甲按乙卖给他的价格的 9 折把这些股票卖掉了．不计交易费，甲在上述股票交易中（　　）．

    (A) 不亏不盈　　　　　　(B) 盈利 50 元　　　　　　(C) 盈利 100 元

    (D) 亏损 50 元　　　　　　(E) 以上选项均不正确

15. 已知某厂生产 x 件产品的成本为 $c=25\,000+200x+\dfrac{1}{40}x^2$（元），要使平均成本最小，所应生产的产品件数为（　　）．

    (A) 100 件　　　(B) 200 件　　　(C) 1 000 件　　　(D) 2 000 件　　　(E) 以上选项均不正确

二、条件充分性判断：第 16～25 小题，每小题 3 分，共 30 分．要求判断每题给出的条件(1)和条件(2)能否充分支持题干所陈述的结论．(A)、(B)、(C)、(D)、(E)五个选项为判断结果，请选择一项符合试题要求的判断，在答题卡上将所选项的字母涂黑．

　　(A)条件(1)充分，但条件(2)不充分．

　　(B)条件(2)充分，但条件(1)不充分．

　　(C)条件(1)和条件(2)单独都不充分，但条件(1)和条件(2)联合起来充分．

　　(D)条件(1)充分，条件(2)也充分．

　　(E)条件(1)和条件(2)单独都不充分，条件(1)和条件(2)联合起来也不充分．

16. 某车间有一批工人去搬饮料，已知每人搬 9 箱，则最后一名工人需搬 6 箱，能确定搬饮料的工人共有 23 名．

    (1)每人搬 k 箱，则有 20 箱无人搬运；

    (2)每人搬 4 箱，则须再派 28 人恰好搬完．

17. 甲、乙两人曾三次一同去买盐，买法不同，由于市场波动，三次食盐价格不同，三次购买，甲购买食盐的平均价格要比乙低．

    (1)甲每次购买一元钱的盐，乙每次买 1 千克的盐；

    (2)甲每次购买数量不等，乙每次购买数量恒定．

18. 甲、乙两人同时从椭圆形跑道上的同一起点出发沿着顺时针方向跑步，甲比乙快，可以确定甲的速度是乙的速度的 1.5 倍．

(1)当甲第一次从背后追上乙时,乙跑了两圈;

(2)当甲第一次从背后追上乙时,甲立即转身沿着逆时针跑去,当两人再次相遇时,乙又跑了0.4圈.

19. 一个桶中装有$\frac{3}{4}$的沙子,可以确定有多少杯沙子.

(1)如果向桶中加入1杯沙子,则桶中的沙子将占其容量的$\frac{7}{8}$;

(2)如果从桶中取出2杯沙子,则桶中的沙子将占其容量的一半.

20. 某班有50名学生,其中女生26名,已知在某次选拔测试中,有27名学生未通过,则有9名男生通过.

(1)在通过的学生中,女生比男生多5人;

(2)在男生中未通过的人数比通过的人数多6人.

21. 申请驾照时必须参加理论考试和路考且两种考试都通过,若在同一批学员中有70%的人通过了理论考试,80%的人通过了路考,则最后领到驾驶执照的人有60%.

(1)10%的人两种考试都没通过;

(2)20%人仅通过了路考.

22. 甲、乙两人沿椭圆形跑道跑步,且从同一条起跑线同时出发,可以确定甲比乙跑得快.

(1)沿同一方向跑步,经过10分钟后甲从乙的背后追上乙;

(2)沿相反方向跑步,经过2分钟后,甲、乙两人在跑道上相遇.

23. 某项工程,由甲、丙合作5天能完成全部工程的$\frac{2}{3}$.

(1)此工程由甲、乙两队合作做6天完成,如果单独做,甲比乙快5天完成;

(2)此工程由乙、丙两队合作10天完成,如果单独做,丙比乙慢15天完成.

24. 某户要建一个长方形的羊栏,则羊栏的面积大于500平方米.

(1)羊栏的周长为120米;

(2)羊栏对角线的长不超过50米.

25. 该股票涨了.

(1)某股票连续三天涨10%后,又连续三天跌10%;

(2)某股票连续三天跌10%后,又连续三天涨10%.

微模考五（下）·强化篇

（共 25 题，每题 3 分，限时 60 分钟）

扫码并回复"微模考"
听老师串讲微模考

一、问题求解：第 1～15 小题，每小题 3 分，共 45 分．下列每题给出的(A)、(B)、(C)、(D)、(E)五个选项中，只有一项是符合试题要求的，请在答题卡上将所选项的字母涂黑．

1. 某城市按以下规定收取每月的煤气费，用煤气如果不超过 60 立方米，按每立方米 0.8 元收费；如果超过 60 立方米，超过部分按每立方米 1.20 元收费．已知某用户 4 月份平均每立方米 0.88 元，那么 4 月份该用户应交煤气费（　　）元．

   (A)78　　　　(B)75　　　　(C)66　　　　(D)60　　　　(E)58

2. 甲、乙两名同学的分数比是 5：4，如果甲少得 22.5 分，乙多得 22.5 分，则他们的分数比是 5：7，甲、乙原来两人分数相差（　　）分．

   (A)18　　　　(B)16　　　　(C)15　　　　(D)14　　　　(E)12

3. 张家与李家的收入之比是 8：5，开支之比是 8：3，结果张家结余 240 元，李家结余 270 元．则张家比李家多收入（　　）元．

   (A)270　　　　(B)260　　　　(C)280　　　　(D)290　　　　(E)250

4. 箱子里有红、白两种玻璃球，红球数比白球数的 3 倍多 2 只，每次从箱子里取出 7 只白球，15 只红球，经过若干次后，箱子里剩下 3 只白球、53 只红球，那么，箱子里原来红球数比白球数多（　　）只．

   (A)112　　　　(B)106　　　　(C)116　　　　(D)118　　　　(E)122

5. 某项工程，小王单独做需 20 天完成，小张单独做需 30 天完成．现在两人合作，但中间小王休息了 4 天，小张也休息了若干天，最后该工程用 16 天时间完成，则小张休息了（　　）．

   (A)4 天　　　(B)4.5 天　　　(C)5 天　　　(D)5.5 天　　　(E)6 天

6. 有一项工程，甲、乙、丙三个工程队轮流做．原计划按甲、乙、丙次序轮流做，恰好甲用整数天完成；如果按乙、丙、甲次序轮流做，比原计划多用 $\frac{1}{2}$ 天完成；如果按丙、甲、乙次序轮流做，也比原计划多用 $\frac{1}{2}$ 天完成．已知甲单独做用 10 天完成，且三个工程队的工作效率各不相同，那么这项工程由甲、乙、丙三队合作要（　　）天可以完成．

   (A)7　　　　(B)$\frac{19}{3}$　　　　(C)$\frac{209}{40}$　　　　(D)$\frac{40}{9}$　　　　(E)$\frac{50}{9}$

7. 从甲地到乙地的公路，只有上坡路和下坡路，没有平路．一辆汽车上坡时的时速为 20km/h，下坡时的时速为 35km/h．车从甲地开往乙地需 9h，从乙地到甲地需要 $7\frac{1}{2}$h．从甲地到乙地需行驶（　　）的上坡路．

   (A)120km　　(B)130km　　(C)140km　　(D)160km　　(E)180km

8. 若甲食盐水的浓度为 12%，乙食盐水的浓度为 24%，则甲、乙两种食盐水该以（　　）的质量比混合,能混合成浓度为 16% 的食盐水.

(A)1:2　　(B)2:1　　(C)2:3　　(D)3:2　　(E)1:1

9. 一块正方形地板,用相同的小正方形瓷砖铺满,已知地板两对角线上共铺 101 块黑色瓷砖,而其余地面全是白色瓷砖,则白色瓷砖共用( )块.

(A)1 500　　　　　　(B)2 500　　　　　　(C)2 000

(D)3 000　　　　　　(E)以上选项均不正确

10. 甲杯中有纯酒精 12g,乙杯中有水 15g,第一次将甲杯中的部分纯酒精倒入乙杯,使酒精与水混合.第二次将乙杯中部分混合溶液倒入甲杯,这样甲杯中纯酒精含量为 50%,乙杯中纯酒精含量为 25%.则第二次从乙杯倒入甲杯的混合溶液是( ).

(A)13g　　(B)14g　　(C)15g　　(D)16g　　(E)11g

11. 甲、乙、丙、丁四人共同做一批纸盒,甲做的纸盒是另外三人做的总和的一半,乙做的纸盒数量是另外三人做的总和的 $\frac{1}{3}$,丙做的纸盒数量是另外三人做的总和的 $\frac{1}{4}$,丁一共做了 169 个,则甲一共做了( )个纸盒.

(A)780　　(B)450　　(C)390　　(D)260　　(E)189

12. 某团体有 100 名会员,男会员与女会员的人数之比是 14:11,会员分成三个组,甲组人数与乙、丙两组人数之和一样多.各组中男会员与女会员人数之比分别为:甲组为 12:13,乙组为 5:3,丙组为 2:1,那么丙组有( )名男会员.

(A)11　　(B)12　　(C)13　　(D)14　　(E)15

13. 小明早上起来发现闹钟停了,把闹钟调到 7 点 10 分后,就去图书馆看书.当他到那里时,他看到墙上的钟是 8 点 50,又在那了 1.5 小时书后,又用同样的时间回到家,这时家里闹钟显示为 11 点 50,小明该把时间调到( ).

(A)11:50　　(B)11:30　　(C)11:35　　(D)11:45　　(E)11:55

14. 某木器厂生产圆桌和衣柜两种产品,现有两种木料,第一种有 72m³,第二种 56m³,假设生产每种产品都需要用两种木料,生产一只圆桌和一个衣柜分别所需木料如下表所示.每生产一只圆桌可获利 6 元,生产一个衣柜可获利 10 元.木器厂在现有木料条件下,圆桌和衣柜各生产( ),才能使获得利润最多.

(A)330,120　　　　　　(B)340,110　　　　　　(C)350,100

(D)360,90　　　　　　(E)370,80

产品	木料(单位 m³)	
	第一种	第二种
圆　桌	0.18	0.08
衣　柜	0.09	0.28

15. 小玲从家去学校,如果每分钟走 80 米,结果比上课时间提前 6 分钟到校;如果每分钟走 50 米,则要迟到 3 分钟,小玲家到学校的路程有( )米.

(A)1 000　　　　　　(B)1 050　　　　　　(C)1 150

(D)1 100　　　　　　(E)1 200

二、条件充分性判断：第 16～25 小题，每小题 3 分，共 30 分．要求判断每题给出的条件(1)和条件(2)能否充分支持题干所陈述的结论．(A)、(B)、(C)、(D)、(E)五个选项为判断结果，请选择一项符合试题要求的判断，在答题卡上将所选项的字母涂黑．

  (A)条件(1)充分，但条件(2)不充分．

  (B)条件(2)充分，但条件(1)不充分．

  (C)条件(1)和条件(2)单独都不充分，但条件(1)和条件(2)联合起来充分．

  (D)条件(1)充分，条件(2)也充分．

  (E)条件(1)和条件(2)单独都不充分，条件(1)和条件(2)联合起来也不充分．

16. 一批旗帜有两种不同的形状：正方形和三角形；且有两种不同的颜色：红色和绿色．某批旗帜中有 26% 的正方形旗帜，则红色三角形旗帜和绿色三角形旗帜的比是 $\dfrac{7}{30}$．

  (1)红色旗帜占 40%，红色旗帜中有 50% 是正方形；

  (2)红色旗帜占 35%，红色旗帜中有 60% 是正方形．

17. 甲单独完成这项任务需要 20 天．

  (1)若甲、乙共同完成这项任务，则需要 12 天完成，乙单独完成这项任务需要 30 天；

  (2)甲、乙合作 4 天后完成了总任务的 $\dfrac{1}{3}$，乙再单独工作 20 天才能完成余下的任务．

18. 在雅典奥运会上，中国奥运健儿共获得 32 枚金牌，那么，中国奥运健儿在个人项目获得金牌为 18 枚．

  (1)在双人和团体项目中获得金牌数与在个人项目中获得的金牌数的比是 9∶7；

  (2)在双人和团体项目中获得金牌数与在个人项目中获得金牌数之比是 $\dfrac{1}{9}$∶$\dfrac{1}{7}$．

19. 现有甲、乙两杯浓度不同的溶液共 500 克，甲溶液的浓度是乙溶液的两倍，则将两杯溶液混合后，得到浓度为 36% 的混合溶液．

  (1)甲溶液共有 100 克；

  (2)乙溶液浓度为 30%．

20. 一列火车驶过铁路桥，从车头上桥到车尾离桥共用 1 分 25 秒，紧接着列车又穿过一条隧道，从车头进隧道到车尾离开隧道用了 2 分 40 秒，能确定火车的速度及车身的长度．

  (1)铁路桥长 900 米；

  (2)隧道长 1 800 米．

21. 由于天气逐渐冷了起来，牧场上的草不仅不生长，反而以固定的速度枯萎．已知某块草地上的草可供 20 头牛吃 5 天，或可供 15 头牛吃 6 天．照这样计算，可共 M 头牛吃 10 天．

  (1)$M=5$；

  (2)$M=6$．

22. 某班同学在一次小测验中平均成绩是 75 分，可以确定女同学的平均成绩为 84 分．

  (1)男生人数比女生人数多 80%；

  (2)女生的平均成绩比男生的高 20%．

23. 游泳者在河中逆流而上．在桥 A 下面时水壶遗失被水冲走，继续前游 20min 后他才发现水壶遗失，于是立即返回追寻水壶，假设在此过程中水速不变，那么该水速是 3km/h．

  (1)在桥 A 下游距桥 A 3km 的桥 B 下面追到水壶；

  (2)在桥 A 下游距桥 A 2km 的桥 B 下面追到水壶．

24. 一项任务，交给甲同学单独完成需要 12 天. 现在甲、乙两名同学合作 4 天后，剩下的交给乙同学单独完成，结果两个阶段所花费的时间相等.

    (1)甲同学做 6 天后，乙同学做 4 天恰可完成任务；

    (2)甲同学做 2 天后，乙同学做 3 天恰可完成任务的一半.

25. 一笼中鸡和兔子共 250 条腿，则笼中共 75 只鸡.

    (1)鸡的数量比兔子多 50 只；

    (2)鸡的数量是兔子的 3 倍.

微模考五(上)·基础篇参考答案

一、问题求解

1. (D)

【解析】设雨天为 x 天，则一队在雨天中完成的工作量在晴天时需 $\dfrac{3}{5}x$ 天完成，二队在雨天中完成的工作量在晴天时需 $\dfrac{4}{5}x$，所以，$\dfrac{4}{5}x - \dfrac{3}{5}x = 15 - 12$，解得 $x = 15$.

2. (B)

【解析】设此人的平均速度为 x，上山和下山路程均为 1. 所以，上山所用时间 $t_1 = \dfrac{1}{6}$，下山所用时间 $t_2 = \dfrac{1}{12}$，所以 $x = \dfrac{2}{\dfrac{1}{6} + \dfrac{1}{12}} = 8$，即每小时走 8 千米.

3. (C)

【解析】设职工为 x 人.

$$\frac{x}{3} + \frac{x}{4} + \frac{x}{5} = 94 \Rightarrow x = \frac{94}{\dfrac{1}{3} + \dfrac{1}{4} + \dfrac{1}{5}} = 94 \times \frac{60}{47} = 120.$$

4. (C)

【解析】方法一：列方程.

设第一篇为 $6x$ 页，则第二篇为 $3x$ 页，第三篇为 $2x$ 页，总共为 $11x$ 页，$3x - 2x = 10$，$x = 10$，共有 $10 \times 11 = 110$(页).

方法二：取样放缩.

设第一篇为 6 页，则第二篇为 3 页，第三篇为 2 页，全书共 11 页，第二篇比第三篇多 1 页，共有 $11 \times \dfrac{10}{1} = 110$(页).

5. (C)

【解析】设他的工资为 x，则 $(x + 3\,200) \times 30\% = 6\,810$，解得 $x = 19\,500$.

6. (E)

【解析】设船在静水中的速度为 x，则在顺水中的速度为 $x + 2$，在逆水中的速度是 $x - 2$，根据题意可得 $\dfrac{30}{x+2} = \dfrac{20}{x-2}$，解得 $x = 10$，即船在静水中的速度是 10 千米/小时.

7. (C)

【解析】设乙组有 x 人，则甲组有 $1.2x$ 人.

甲组平均成绩 $171.6 \div (1 + 30\%) = 132$，则总平均成绩为 $\dfrac{171.6x + 132 \times 1.2x}{x + 1.2x} = 150.$

8. (E)

【解析】女生人数为 $96 \times \left(1 - \frac{7}{12}\right) = 40$(人),女生中不到 30 岁的人数 $40 \times (1 - 15\%) = 34$(人).

9. (C)

【解析】总职工人数为 $420 \div \frac{4}{3} + 420 = 735$.

设有工人 x 人,可得 $x + \left(1 - \frac{1}{25}\right)x = 735 \times (1 - 20\%)$,解得 $x = 300$.

10. (B)

【解析】第一季度总产值为 $(36 - 11) + 36 + (36 + 7.2) = 104.2$(万元).

上半年产值的月平均值为 $\frac{104.2 + 104.2 \times 1.4}{6} = 41.68$(万元).

11. (C)

【解析】上半月销售额为 $20 \times 60\% = 12$(万元),超额完成计划的比为 $\frac{(12 + 13) - 20}{20} \times 100\% = 25\%$.

12. (D)

【解析】设飞行距离为 x,则 $\frac{x}{1\,500} + \frac{x}{1\,200} = 6$,解方程得 $x = 4\,000$.

13. (B)

【解析】设甲需 x 天,则乙需 y 天,根据题意可知

$$\begin{cases} \dfrac{1}{x} + \dfrac{1}{y} = \dfrac{1}{30}, \\ \dfrac{1}{x} \times 24 + \dfrac{1}{30} \times 10 + \dfrac{1}{y} \times 17 = 1, \end{cases}$$

解得 $x = 70$.

14. (B)

【解析】第一笔交易,甲卖给乙:甲获利为 $50\,000 \times 10\% = 5\,000$(元),售价为 $55\,000$ 元;

第二笔交易,乙卖给甲:售价是 $55\,000 \times (1 - 10\%) = 49\,500$(元);

第三笔交易,甲售出:甲亏损 $49\,500 \times (1 - 90\%) = 4\,950$(元);

故甲共获利 $5\,000 - 4\,950 = 50$(元).

15. (C)

【解析】平均成本为 $y = \frac{25\,000}{x} + 200 + \frac{x}{40} \geq 2\sqrt{\frac{25\,000}{x} \cdot \frac{x}{40}} + 200$,当 $\frac{25\,000}{x} = \frac{x}{40}$ 时,可以取

到最小值.解得 $x = 1\,000$,即生产 $1\,000$ 件时平均成本最少.

二、条件充分性判断

16. (D)

【解析】设搬饮料的工人有 x 人.

条件(1):共有 $kx + 20$ 箱饮料,则 $kx + 20 = 9(x - 1) + 6$,解得 $x = \frac{23}{9 - k}$.因为 k,x 均为正整

数,23 为质数,所以 $9 - k = 1$,$k = 8$,$x = 23$,条件(1)充分.

条件(2):$4(x + 28) = 9(x - 1) + 6$,解得 $x = 23$,条件(2)充分.

17. (A)

【解析】设三次购买食盐的价格为 a，b，c，

条件(1)：甲的平均价格为 $\dfrac{3}{\frac{1}{a}+\frac{1}{b}+\frac{1}{c}}$，乙的平均价格为 $\dfrac{a+b+c}{3}$，$\dfrac{a+b+c}{3} \geqslant \dfrac{3}{\frac{1}{a}+\frac{1}{b}+\frac{1}{c}}$，

所以条件(1)充分.

条件(2)：甲的平均价格 $\dfrac{ax+by+cz}{x+y+z}$，乙的平均价格 $\dfrac{a+b+c}{3}$，甲的价格是变动的，不能判断

大小，所以条件(2)不充分.

18. (D)

【解析】条件(1)：甲第一次从背后追上乙时，甲比乙多跑 1 圈，故乙跑 2 圈，甲跑 3 圈，故

甲的速度是乙的 1.5 倍，故条件(1)充分.

条件(2)：当两人再次相遇时，乙跑了 0.4 圈，甲跑了 0.6 圈，故甲的速度是乙的 1.5 倍，故

条件(2)充分.

19. (D)

【解析】条件(1)：桶的总容量为 $\dfrac{1}{\frac{7}{8}-\frac{3}{4}}=8$，充分.

条件(2)：桶的总容量为 $\dfrac{2}{\frac{3}{4}-\frac{1}{2}}=8$，充分.

20. (D)

【解析】由题意可知共有男生 24 名，共有 23 名学生通过考试，设有 x 名男生通过，有 y 名女

生通过，则 $x+y=23$.

条件(1)：根据题意有 $y-x=5$，与上式联立，解得 $x=9$，$y=14$，所以条件(1)充分.

条件(2)：根据题意有 $(24-x)-x=6$，解得 $x=9$，所以条件(2)也充分.

21. (D)

【解析】用赋值法，设一共有 100 人参加考试，则有 70 人通过了理论考试，80 人通过了路考.

条件(1)：10 人两种考试都没通过，设领到驾照的为 x 人，画文氏图如图 5-7 所示：

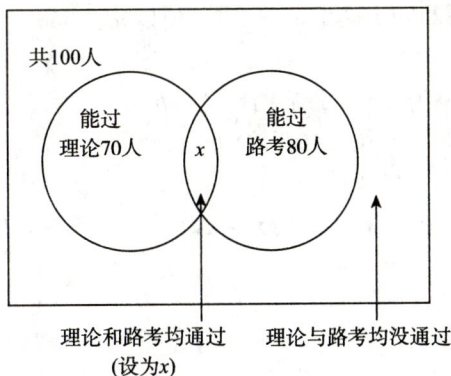

共100人

能过
理论70人

x

能过
路考80人

理论和路考均通过
(设为 x)

理论与路考均没通过

图 5-7

则有 $70+80-x+10=100$，得 $x=60$，条件(1)充分.

条件(2)：有 20 人仅通过路考没通过理论，通过路考的有 80 人，显然通过路考也通过理论的

有 $80-20=60$(人),条件(2)也充分.

22.(A)

【解析】条件(1):甲从背后追上乙.

$$v_甲 t_1 - v_乙 t_1 = S \Rightarrow v_甲 - v_乙 = \frac{S}{t_1} > 0 \Rightarrow v_甲 > v_乙 > 0 \Rightarrow 甲比乙跑得快,$$

所以条件(1)充分.

条件(2):相反方向相遇.

$$v_甲 t_2 + v_乙 t_2 = S \Rightarrow v_甲 + v_乙 = \frac{S}{t_2} > 0 \Rightarrow v_甲 + v_乙 > 0 \nRightarrow 甲比乙跑得快,$$

所以条件(2)不充分.

23.(C)

【解析】设甲、乙、丙单独做每天分别完成工程量的 $\frac{1}{x}$,$\frac{1}{y}$,$\frac{1}{z}$.

按题干要求推出 $\frac{1}{x}+\frac{1}{z}=\frac{2}{15}$.

由条件(1),$\left(\frac{1}{x}+\frac{1}{y}\right)\times 6=1$,$x+5=y$,解得 $x=10$,$y=15$.

由条件(2),$\frac{1}{y}+\frac{1}{z}=\frac{1}{10}$,$z=y+15$,解得 $y=15$,$z=30$.

因此条件(1)和条件(2)单独都不充分.

联合条件(1)和条件(2)可知,$x=10$,$z=30$,从而 $\frac{1}{x}+\frac{1}{z}=\frac{1}{10}+\frac{1}{30}=\frac{4}{30}=\frac{2}{15}$,充分.

24.(C)

【解析】设羊栏的长与宽分别为 a,b,则要推出 $ab>500$.

条件(1):可令长为 59 米,宽为 1 米,则面积为 59 平方米,条件(1)不充分.

条件(2):长为 4 米,宽为 3 米,对角线长为 5,面积为 12 平方米,条件(2)也不充分.

联立条件(1)和(2):

$$\begin{cases} a+b=60, \\ \sqrt{a^2+b^2}\leqslant 50, \end{cases}$$

有 $3\,600=(a+b)^2=a^2+2ab+b^2\leqslant 2\,500+2ab$,所以 $ab\geqslant 550$,满足结论.

25.(E)

【解析】设股票的初始价格为 a 元,最后的价格为 b 元.

条件(1):$b=a\times(1+10\%)^3\times(1-10\%)^3=a(1-0.1^2)^3<a$,所以该股票降价了,条件(1)不充分.

条件(2):$b=a\times(1-10\%)^3\times(1+10\%)^3=a(1-0.1^2)^3<a$,所以该股票降价了,条件(2)不充分.

两个条件显然不能联立.

微模考五（下）·强化篇参考答案

一、问题求解

1. （C）

【解析】阶梯价格问题.

显然该用户用气超过了 60 立方米，设该用户用煤气 x 立方米，则有
$$60 \times 0.8 + (x-60) \times 1.2 = 0.88 \times x,$$
解得 $x = 75$.

故总费用为 $0.88 \times x = 0.88 \times 75 = 66$（元）.

2. （A）

【解析】比例问题.

设原先甲的得分是 $5x$，那么乙得分是 $4x$，根据题意，得
$$(5x - 22.5) : (4x + 22.5) = 5 : 7,$$
解得 $x = 18$. 故两人相差 18 分.

3. （A）

【解析】比例问题.

设张家收入为 $8x$，李家收入为 $5x$；张家支出为 $8y$，则李家支出为 $3y$.

显然可得 $\begin{cases} 8x - 8y = 240, \\ 5x - 3y = 270, \end{cases}$ 解出 $\begin{cases} x = 90, \\ y = 60, \end{cases}$ 则收入差为 $3x = 270$.

4. （B）

【解析】比例问题.

因为每次都是拿出 7 只白球，15 只红球，因此拿出白球和红球的总量必然是 $7 : 15$.

设原来白球有 x 只，则红球有 $3x + 2$，则 $(x - 3) : (3x + 2 - 53) = 7 : 15$，解得 $x = 52$.

故红球比白球多 $2x + 2 = 106$（只）.

5. （A）

【解析】工程问题.

设小张休息了 x 天，根据题意，得
$$(16 - x) \times \frac{1}{30} + (16 - 4) \times \frac{1}{20} = 1,$$

解得 $x = 4$.

6. （D）

【解析】工程问题.

先把题目的条件分类：

(1)按甲、乙、丙的顺序，甲整数天完成.（最后一天甲做，刚好完成）

(2)按乙、丙、甲的顺序，多用 0.5 天.（最后乙做 1 天，丙做 0.5 天）

(3)按丙、甲、乙,多用 0.5 天.(最后丙做 1 天,甲做 0.5 天)

甲单独做 10 天完成,甲的工作效率是 $\frac{1}{10}$;

由(1)与(3),甲最后一天的工作量给丙做,丙需要 1 天,还得让甲做 0.5 天,所以丙的效率是甲的一半,即为 $\frac{1}{20}$;

同理,由(1)与(2),得 $\frac{1}{10}=$ 乙 $+\frac{1}{20}\times 0.5$,得到乙的效率是 $\frac{3}{40}$.

所以三队合作需要 $\dfrac{1}{\frac{1}{10}+\frac{3}{40}+\frac{1}{20}}=\dfrac{40}{9}$(天).

7. (C)

【解析】行程问题.

从甲地到乙地的上坡路,就是从乙地到甲地的下坡路,从甲地到乙地的下坡路,就是从乙地到甲地的上坡路,设甲地到乙地的上坡路为 x km,下坡路为 y km,依题意,得

$$
\begin{cases}
\dfrac{x}{20}+\dfrac{y}{35}=9, & \text{①} \\[2mm]
\dfrac{x}{35}+\dfrac{y}{20}=7.5, & \text{②}
\end{cases}
$$

①+②,得 $x+y=210$. 将 $y=210-x$ 代入式①,解得 $x=140$.

8. (B)

【解析】溶液配比问题.

设需要的甲、乙两种食盐水的质量比为 $x:y$,则可以列式

$$\frac{12\%x+24\%y}{x+y}=16\%,$$

解得 $x=2y$,即 $x:y=2:1$.

【快速得分法】十字交叉法求解,两种食盐的重量比为 $(24\%-16\%):(16\%-12\%)=2:1$.

9. (B)

【解析】算术应用题.

因为两对角线交叉处共用一块黑色瓷砖,所以正方形地板的一条对角线上共铺 $\frac{101+1}{2}=51$ 块瓷砖,因此该地板的一条边上应铺 51 块瓷砖,则整个地板铺满时,共需要瓷砖总数为 $51\times 51=2\,601$,故需白色瓷砖为 $2\,601-101=2\,500$(块),选(B).

10. (B)

【解析】溶液问题.

乙杯中酒精浓度为 25% 是不会变的,所以设第一次从甲杯中倒入乙杯中的纯酒精为 x g.

根据 $\frac{x}{x+15}\times 100\%=25\%$,得到 $x=5$. 然后甲中就只有纯酒精 $12-5=7$ g 了.

再取出乙中的混合溶液倒入甲,乙浓度不变,设乙倒入甲为 y g,

就有 $\frac{0.25y+7}{y+7}\times 100\%=50\%$,解得 $y=14$.

11. (D)

【解析】算术应用题.

甲、乙、丙分别占总量的 $\frac{1}{3}$、$\frac{1}{4}$、$\frac{1}{5}$，则丁占 $1-\left(\frac{1}{3}+\frac{1}{4}+\frac{1}{5}\right)=\frac{13}{60}$.

设总量为 x，$\frac{13}{60}x=169$，解得 $x=780$，则 $\frac{1}{3}x=260$，故甲一共做了 260 个纸盒.

12. (B)

【解析】比例问题.

甲组人数是 $100\times\frac{1}{2}=50$；

全体男会员人数是 $100\times\frac{14}{14+11}=56$；

甲组男会员人数是 $50\times\frac{12}{12+13}=24$，乙、丙两组男会员人数和是 $56-24=32$.

乙组中男会员占全组人数的 $\frac{5}{8}$，丙组男会员占全组人数的 $\frac{2}{3}$.

可设乙组人数为 x，丙组人数为 $50-x$. 有 $\frac{5}{8}x+\frac{2}{3}(50-x)=32$，解出 $x=32$.

故丙组男会员人数是 $(50-32)\times\frac{2}{3}=12$.

13. (E)

【解析】算术问题.

从家到图书馆再回家的总时间为 11 点 50 分－7 点 10 分＝4 小时 40 分钟.

他在图书馆待的时间为 1.5 小时，故从家到图书馆的路上(来回)一共用了 4 小时 40 分钟－1.5 小时＝3 小时 10 分钟，单程为 1 小时 35 分钟.

所以，他从图书馆回到家的时间应该为 8 点 50 分＋1.5 小时＋1 小时 35 分钟＝11 点 55 分.

14. (C)

【解析】线性规划问题.

设生产圆桌 x 只，生产衣柜 y 个，利润总额为 z 元，根据条件，可得

$$\begin{cases}0.18x+0.09y\leqslant72,\\0.08x+0.28y\leqslant56.\end{cases}$$

利润总额 $z=6x+10y$. 做出以上不等式组所表示的平面区域，即可行域(如图 5-8 所示).

作直线 l：$6x+10y=0$，即 $3x+5y=0$，把直线 l 向右上方平移至 l_1 的位置时，直线经过可行域上点 M，且与原点距离最大，此时 $z=6x+10y$ 取最大值.

解方程组 $\begin{cases}0.18x+0.09y=72,\\0.08x+0.28y=56,\end{cases}$ 得 M 点坐标 $(350，100)$.

【快速得分法】先取边界，后取整数法.

直接取等式 $\begin{cases}0.18x+0.09y=72,\\0.08x+0.28y=56,\end{cases}$ 得 $\begin{cases}x=350，\\y=100，\end{cases}$ 为整数解，必然为利润最大点.

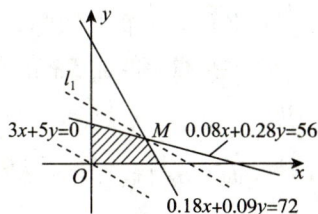

15. (E)

【解析】行程问题.

设总距离为 x，则有 $\frac{x}{80}+6=\frac{x}{50}-3$，解出 $x=1\ 200$.

二、条件充分性判断

16. (B)

【解析】集合问题,用赋值法.

假设这批旗帜共有100个,则正方形旗帜有26个,三角形旗帜有$100-26=74$(个).

条件(1):红色旗帜有$100\times40\%=40$(个),红色旗帜中的正方形有$40\times50\%=20$(个),

所以红色旗帜中的三角形有$40-20=20$(个),绿色旗帜中的三角形有$74-20=54$(个),

红色三角形旗帜和绿色三角形旗帜的比是$\frac{20}{54}=\frac{10}{27}\neq\frac{7}{30}$,条件(1)不充分.

条件(2):红色旗帜有$100\times35\%=35$(个),红色旗帜中的正方形有$35\times60\%=21$(个),

所以红色旗帜中的三角形共有$35-21=14$(个),绿色旗帜中三角形有$74-14=60$(个),

红色三角形旗帜和绿色三角形旗帜的比是$\frac{14}{60}=\frac{7}{30}$,条件(2)充分.

17. (D)

【解析】条件(1):甲的工作效率为$\frac{1}{12}-\frac{1}{30}=\frac{1}{20}$,充分.

条件(2):乙单独工作20天完成$\frac{2}{3}$的任务,乙的效率为$\frac{2}{3}\div20=\frac{1}{30}$,

甲的工作效率为$\left(\frac{1}{3}-\frac{4}{30}\right)\div4=\frac{1}{20}$,充分.

18. (B)

【解析】比例问题.

条件(1):可知个人金牌数为$32\times\frac{7}{16}=14$(枚),显然不充分.

条件(2):可知个人金牌数为$32\times\dfrac{\frac{1}{7}}{\frac{1}{7}+\frac{1}{9}}=18$(枚),充分.

19. (C)

【解析】溶液问题.

两条件明显单独不成立,考虑联立.

联立可得,混合溶液浓度为

$$\frac{100\times60\%+(500-100)\times30\%}{500}\times100\%=36\%.$$

故两个条件联合起来充分.

20. (C)

【解析】行程问题.

显然单独不充分,故考虑联合.

设火车速度和车身长度分别为x,y.易知1分25秒$=85$秒,2分40秒$=160$秒.根据条件(1)、(2)可得

$$\begin{cases}\dfrac{900+y}{x}=85,\\[2mm]\dfrac{1\,800+y}{x}=160,\end{cases}$$

显然可以解出x,y,故联合充分.

21. (A)

【解析】牛吃草问题.

设 1 头牛 1 天吃 1 份草. 则 20 头牛吃 5 天, 可吃 100 份草.

15 头牛吃 6 天, 可吃 90 份草.

故, 第 5 天到第 6 天, 牧场枯萎的草是 $100-90=10$(份).

因此, 原有草量为 $10 \times 5 + 100 = 150$(份).

所以若要吃 10 天, 日均消耗量是 $150 \div 10 = 15$(份), 则可供 $15-10=5$(头)牛吃 10 天.

故条件(1)充分, 条件(2)不充分.

22. (C)

【解析】平均值问题.

显然单独不成立, 故考虑联合.

设女生人数为 x, 男生平均成绩为 y. 故男生人数为 $1.8x$, 女生成绩为 $1.2y$.

由十字交叉法, 可得 $(1.2y-75):(75-y)=1.8:1$, 解出 $y=70$.

所以女生成绩为 $1.2y=84$, 故联合充分.

23. (B)

【解析】航行问题.

设游泳者和水流的速度分别为 $v_人$ km/h 和 $v_水$ km/h, 过了 t 小时追到水壶;

则继续前游 $20\min\left(即\dfrac{1}{3}小时\right)$后游泳者与壶的距离为

$$S=\frac{1}{3}(v_人-v_水)+\frac{1}{3}v_水=\frac{1}{3}v_人,$$

游泳者追壶的速度为 $v_人+v_水-v_水=v_人$, 则有 $tv_人=S=\dfrac{1}{3}v_人$, $t=\dfrac{1}{3}$.

游泳者追壶的时间为 $\dfrac{1}{3}$ 小时.

故壶从遗失到被游泳者追上共用了 $\dfrac{1}{3}+\dfrac{1}{3}=\dfrac{2}{3}$(小时).

条件(1): $\dfrac{2}{3}v_壶=\dfrac{2}{3}v_水=3$, 故 $v_水=4.5$, 不充分.

条件(2): $\dfrac{2}{3}v_壶=\dfrac{2}{3}v_水=2$, 故 $v_水=3$, 充分.

24. (E)

【解析】工程问题.

设乙同学的工作效率为 $\dfrac{1}{x}$.

条件(1): 由条件可得 $6 \times \dfrac{1}{12}+4 \times \dfrac{1}{x}=1$, 解得 $x=8$,

故 $4 \times \left(\dfrac{1}{12}+\dfrac{1}{8}\right)+4 \times \dfrac{1}{8}>1$, 不充分.

条件(2): 由条件可得 $2 \times \dfrac{1}{12}+3 \times \dfrac{1}{x}=\dfrac{1}{2}$, 解得 $x=9$,

故 $4 \times \left(\dfrac{1}{12}+\dfrac{1}{9}\right)+4 \times \dfrac{1}{9}>1$, 也不充分.

25.（D）

【解析】鸡兔同笼问题.

条件(1)：设兔子有 x 只，则鸡有 $x+50$ 只．显然有 $(x+50)\times 2+4x=250$，解得 $x=25$，则鸡有 $x+50=75$（只），充分．

条件(2)：设兔子有 x 只，鸡有 $3x$ 只，则有 $2\times 3x+4x=250$，解得 $x=25$，故鸡有 $3x=75$（只），充分．

第三部分　几何

大纲要求

1. 平面图形

(1) 三角形

(2) 四边形（矩形、平行四边形、梯形）

(3) 圆与扇形

2. 空间几何体

(1) 长方体

(2) 柱体

(3) 球体

3. 平面解析几何

(1) 平面直角坐标系

(2) 直线方程与圆的方程

(3) 两点间距离公式与点到直线的距离公式

第六章　几何

一　历年真题考查点

1. 平面几何

真题出现次数	考点
5次或以上	与三角形有关的问题(相似、面积等)、阴影部分的面积问题
3~4次	无
1~2次	其他平面几何问题
0次	无

2. 立体几何

真题出现次数	考点
5次或以上	立体几何的基本问题(如求表面积、体积等)
3~4次	无
1~2次	几何体的切与接
0次	无

3. 解析几何

真题出现次数	考点
5次或以上	直线与圆的位置关系、圆与圆的位置关系、图像的判断、求面积问题、对称问题、最值问题
3~4次	直线与直线的位置关系、点与圆的位置关系
1~2次	过定点与曲线系
0次	点与点的位置关系、点与直线的位置关系

二　命题趋势预测

平面几何一般考1~2道. 如果考1道,一般是阴影部分面积问题;如果考2道,一般是阴影部分面积和三角形问题各一道. 其余问题考得较少.

立体几何一般考1~2道. 题目难度不大,都是基本问题.

扫码并回复"要点精编"
听数学第六章视频讲解

　　解析几何一般考 2~3 道. 命题重点为直线与圆的位置关系、直线与直线的位置关系、圆与圆的位置关系、对称问题、求面积问题、最值问题等.

三 本章知识网

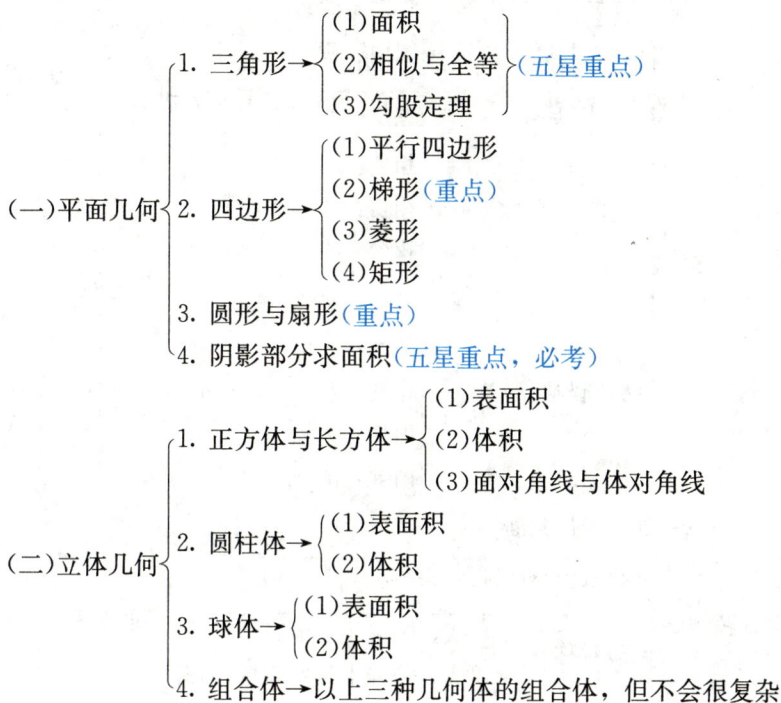

(一)平面几何
1. 三角形 →
　(1)面积
　(2)相似与全等 (五星重点)
　(3)勾股定理

2. 四边形 →
　(1)平行四边形
　(2)梯形(重点)
　(3)菱形
　(4)矩形

3. 圆形与扇形(重点)

4. 阴影部分求面积(五星重点，必考)

(二)立体几何
1. 正方体与长方体 →
　(1)表面积
　(2)体积
　(3)面对角线与体对角线

2. 圆柱体 →
　(1)表面积
　(2)体积

3. 球体 →
　(1)表面积
　(2)体积

4. 组合体 → 以上三种几何体的组合体，但不会很复杂

$$
(三)解析几何
\begin{cases}
1.\ 三个元素 \rightarrow
\begin{cases}
(1)点 \\
(2)线 \rightarrow 斜率 \text{(重点)} \\
(3)圆
\end{cases} \\
\\
2.\ 六种关系 \rightarrow
\begin{cases}
(1)点与点的关系 \rightarrow \boxed{距离、中点、共线} \\
(2)点与线的关系 \rightarrow \boxed{距离、对称} \\
(3)点与圆的关系 \rightarrow \boxed{圆内、圆上、圆外} \\
(4)线与线的关系 \rightarrow \boxed{平行、相交、垂直} \text{(重点)} \\
(5)线与圆的关系 \rightarrow \boxed{\begin{array}{l}相离:d>r \\ 相切:d=r \\ 相交:d<r\end{array}} \text{(必考)} \\
(6)圆与圆的关系 \rightarrow \boxed{\begin{array}{l}外离:d>r_1+r_2 \\ 外切:d=r_1+r_2 \\ 相交:|r_1-r_2|<d<r_1+r_2 \\ 内切:d=|r_1-r_2| \\ 内含:d<|r_1-r_2|\end{array}} \text{(重点)}
\end{cases} \\
\\
3.\ 常见题型 \rightarrow
\begin{cases}
(1)图像判断 \\
(2)最值 \rightarrow \boxed{距离、斜率、截距、切线} \\
(3)对称 \begin{array}{l}\boxed{\begin{array}{l}点、线、圆关于一般直线对称 \\ 点、线、圆关于特殊直线对称\end{array}}\end{array} \text{(重点)} \\
(4)面积
\end{cases}
\end{cases}
$$

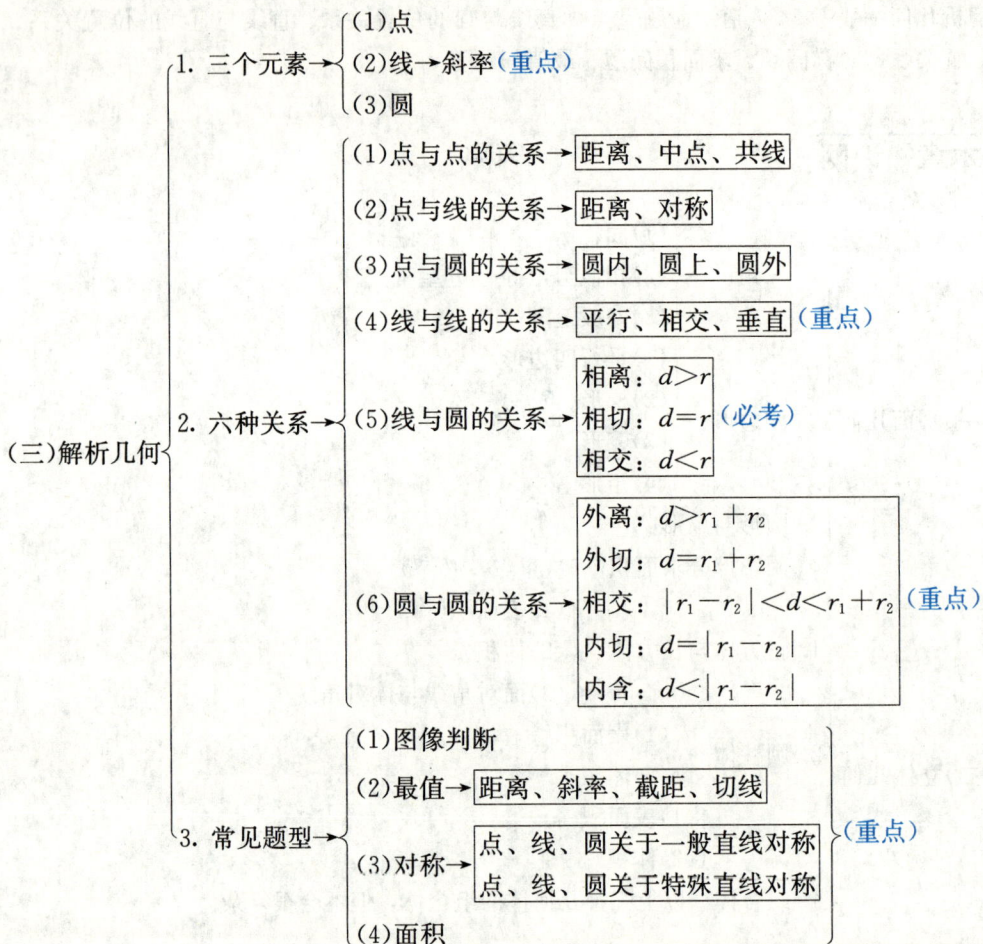

第一节　平面几何

一、 老吕讲考点

(一)三角形

1. 三角形的分类

(1)按角分类：三角形 $\begin{cases}直角三角形 \\ 斜三角形\begin{cases}锐角三角形 \\ 钝角三角形\end{cases}\end{cases}$

(2)按边分类：三角形 $\begin{cases}不等边三角形 \\ 等腰三角形\begin{cases}底和腰不等的等腰三角形 \\ 等边三角形\end{cases}\end{cases}$

2. 三角形的性质

(1)三角形内角之和等于 $180°$.

(2)三角形外角等于不相邻的两个内角之和.

(3)三角形中两边之和大于第三边,两边之差小于第三边.

3. 三角形面积公式

(1)$S=\dfrac{1}{2}ah=\dfrac{1}{2}ab\sin\angle C=\sqrt{p(p-a)(p-b)(p-c)}=rp=\dfrac{abc}{4R}$.

其中,h 是 a 边上的高,$\angle C$ 是 a,b 边所夹的角,$p=\dfrac{1}{2}(a+b+c)$,r 为三角形内切圆的半径,R 为三角形外接圆的半径.

(2)等腰直角三角形的面积:$S=\dfrac{1}{2}a^2=\dfrac{1}{4}c^2$,其中 a 为直角边,c 为斜边.

(3)等边三角形的面积:$S=\dfrac{\sqrt{3}}{4}a^2$,其中 a 为边长.

4. 几种特殊三角形

(1)直角三角形

①勾股定理:直角三角形中,两条直角边的平方和等于斜边的平方. $a^2+b^2=c^2$ 或 $c=\sqrt{a^2+b^2}$.

②两锐角互余:$\angle A+\angle B=90°$.

③斜边上的中点到直角三角形 3 个顶点的距离相等.

④30°的角所对的边是斜边的一半.

(2)等腰三角形

若等腰△ABC 中,顶角为$\angle A$,底角为$\angle B$ 和$\angle C$,则$\angle B=\angle C=45°$,$|AB|=|AC|$,顶角平分线、底边上的高和底边上的中线三线合一.

(3)等边三角形

等边△ABC 中,$|AB|=|BC|=|AC|=a$,$\angle A=\angle B=\angle C=60°$,$S_{\triangle ABC}=\dfrac{\sqrt{3}}{4}a^2$.

5. 三角形的"四心"

(1)重心:三角形三条中线的交点叫作重心.三角形的重心与顶点的距离等于它与对边中点的距离的两倍.

(2)垂心:三角形三条高的交点叫作垂心.锐角三角形的垂心在三角形内,直角三角形的垂心就是直角顶点,钝角三角形的垂心在三角形外.

(3)内心:三角形三条角平分线的交点叫作内心,也是三角形内切圆的圆心.内心到三角形三边的距离相等.

(4)外心:三角形三边垂直平分线的交点叫作外心,也是三角形外接圆的圆心.外心到三角形三个顶点的距离相等.

(5)等边三角形的"四心"合一,统称中心.

6. 三角形的全等与相似

(1)三角形全等的判定

判定定理 1:三边长对应相等的三角形全等;

判定定理 2:二边长及它们的夹角对应相等的三角形全等;

判定定理 3:一边长及两个角对应相等的三角形全等.

(2)三角形相似的判定

判定定理 1:若一个三角形的两个角与另外一个三角形的两个角对应相等,则这两个三角形相似；

判定定理 2：若一个三角形的两条边与另外一个三角形的两条边对应成比例，并且夹角相等，则这两个三角形相似；

判定定理 3：若一个三角形的三条边与另外一个三角形的三条边对应成比例，则这两个三角形相似.

(3)相似三角形的性质

性质 1：相似三角形对应边的比相等，称为相似比；

性质 2：相似三角形的高、中线、角平分线、周长的比等于相似比；

性质 3：相似三角形的面积比等于相似比的平方.

(二) 四边形

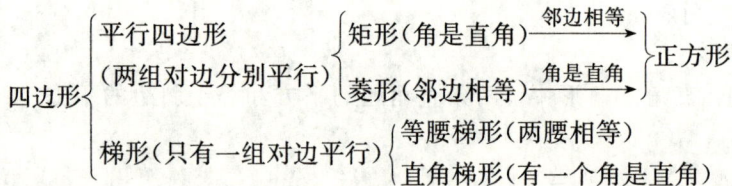

1. 平行四边形

若平行四边形两边长分别是 a，b，以 a 为底边的高为 h，则此平行四边形的面积为 $S = ah$，周长 $C = 2(a+b)$.

2. 矩形

若矩形两边长为 a，b，面积为 $S = ab$，则此矩形的周长 $C = 2(a+b)$，对角线 $l = \sqrt{a^2 + b^2}$.

3. 菱形

若菱形的四边边长均为 a，以 a 为底边的高为 h，则此菱形的面积为 $S = ah = \dfrac{1}{2} l_1 l_2$（其中 l_1，l_2 分别为对角线的长），周长为 $C = 4a$.

4. 梯形

若梯形的上底为 a、下底为 b、高为 h，则此梯形的中位线 $l = \dfrac{1}{2}(a+b)$，面积为 $S = \dfrac{(a+b)h}{2}$.

5. 正方形

若正方形的边长为 a，则此正方形的面积为 $S = a^2$.

(三) 圆

1. 圆的定义

平面上到一定点 O 的距离为定值 r 的点的集合称为圆心为 O、半径为 r 的圆，可记为 $\odot O$.

圆的直径 $d = 2r$；圆的周长 $C = 2\pi r$；圆的面积 $S = \pi r^2$.

2. 弦和弧

设 A，B 为 $\odot O$ 上两点，线段 AB 称为 $\odot O$ 的一条弦，经过圆心 O 的弦也称为此圆的直径，是 $\odot O$ 中最长的线.

圆周上界于 A，B 两点之间的部分称为弧，一条弦所对应的弧有两条. 若 AB 为直径，则弧为半圆；若 AB 非直径，则其中大于半圆的一条称优弧，小于半圆的一条称劣弧.

3. 角的弧度

与半径等长的圆弧所对的角为 1 弧度.

度与弧度的换算关系：1 弧度 $=\dfrac{180°}{\pi}$，$1°=\dfrac{\pi}{180}$.

$360°=2\pi$，$180°=\pi$，$90°=\dfrac{\pi}{2}$，$60°=\dfrac{\pi}{3}$，$45°=\dfrac{\pi}{4}$，$30°=\dfrac{\pi}{6}$.

4. 与圆有关的角

(1) 圆心角.

若⊙O 圆上有两点 A，B，则连接 OA，OB 所成的角∠AOB 称为一个圆心角.如图 6-1 所示.

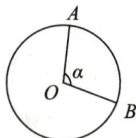

图 6-1

(2) 圆周角.

连接圆上一点 C 和弦的两个端点 A，B 所形成的角∠ACB 叫圆周角.弦 AB 所对圆周角是弦 AB 所对圆心角的 $\dfrac{1}{2}$.如图 6-2 所示.

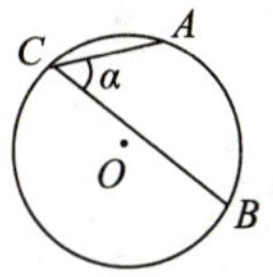

图 6-2

(3) 弦切角.

设 M，N 为⊙O 的切线，切点为 P，PA 为⊙O 的弦，称∠APM 为 AP 所对的弦切角.AP 所对弦切角的大小与其所对圆周角大小相同.如图 6-3 所示.

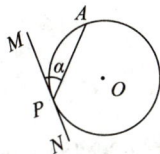

图 6-3

5. 垂径定理和弦心距计算

设 AB 为⊙O 的弦，若 M 为 AB 的中点，则过 M 的直径 MN 垂直于 AB.

圆心 O 和弦 AB 的距离称为弦心距，即 OM.如图 6-4 所示.

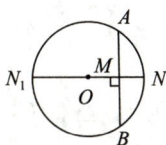

图 6-4

(四)扇形

扇形弧长：$l=r\theta=\dfrac{\alpha}{360°}\times 2\pi r$，其中 θ 为扇形角的弧度数，α 为扇形角的角度，r 为扇形半径.

扇形面积：$S=\dfrac{\alpha}{360°}\times \pi r^2=\dfrac{1}{2}lr$，$\alpha$ 为扇形角的角度，r 为扇形半径.

二、 老吕讲题型

题型 6.1 三角形的面积

老吕施法

(1)三角形问题是考试的重点题型，尤其是求三角形面积、勾股定理、相似和三角形的形状判断问题.

(2)面积公式.

$$S=\frac{1}{2}ah=\frac{1}{2}ab\sin C=\sqrt{p(p-a)(p-b)(p-c)}=rp=\frac{abc}{4R}.$$

其中，h 是 a 边上的高，$\angle C$ 是 a，b 边所夹的角，$p=\dfrac{1}{2}(a+b+c)$，r 为三角形内切圆的半径，R 为三角形外接圆的半径.

(3)等底等高的两个三角形面积相等.

典型例题

例 1 $|PQ|\cdot|RS|=12$.

(1)如图 6-5 所示，$|QR|\cdot|PR|=12$；

(2)如图 6-5 所示，$|PQ|=5$.

【解析】条件(1)：由三角形面积公式可知

$$|PQ|\cdot|RS|=|QR|\cdot|PR|=12,$$

条件(1)充分.

条件(2)：显然不充分.

【答案】(A)

例 2 三角形 ABC 的面积保持不变.

(1)底边 AB 增加了 2 厘米，AB 上的高 h 减少了 2 厘米；

(2)底边 AB 扩大了 1 倍，AB 上的高 h 减少了 50%.

【解析】设底边 $|AB|=a$，高为 h，则三角形面积为 $S=\dfrac{1}{2}ah$.

条件(1)：改变后的三角形面积为 $S'=\dfrac{1}{2}(a+2)(h-2)$，显然不充分.

条件(2)：改变后的三角形面积为 $S'=\dfrac{1}{2}\times 2a\times\dfrac{h}{2}=\dfrac{1}{2}ah$，条件(2)充分.

【答案】(B)

例 3 在图 6-6 中，若 △ABC 的面积为 1，△AEC，△DEC，△BED 的面积相等，则 △AED 的面积是( ).

(A)$\dfrac{1}{3}$　　　(B)$\dfrac{1}{6}$　　　(C)$\dfrac{1}{5}$　　　(D)$\dfrac{1}{4}$　　　(E)$\dfrac{2}{5}$

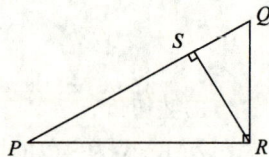

【解析】等底等高，面积相等；半底等高，面积一半；以此类推．

$S_{\triangle AEC}=\dfrac{1}{3}\Rightarrow|AE|=\dfrac{1}{3}|AB|$，$S_{\triangle BED}=S_{\triangle CED}\Rightarrow|BD|=$

$\dfrac{1}{2}|BC|$，故

$$S_{\triangle AED}=\dfrac{1}{3}S_{\triangle ABD}=\dfrac{1}{3}\times\dfrac{1}{2}S_{\triangle ABC}=\dfrac{1}{6}.$$

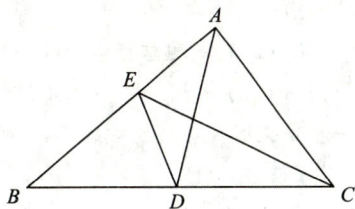

图 6-6

【答案】(B)

题型 6.2　三角形的相似与全等

【老吕施法】

(1)相似：两种用法，一是求线段的长度或线段之间的关系，二是面积比等于相似比的平方．

(2)全等：折叠问题．

【典型例题】

例 4　直角三角形 ABC 的斜边 $|AB|=13$ 厘米，直角边 $|AC|=5$ 厘米，把 AC 对折到 AB 上去与斜边相重合，点 C 与点 E 重合，折痕为 AD（见图 6-7），则图中阴影部分的面积为（　　）平方厘米．

(A)20　　　　(B)$\dfrac{40}{3}$　　　　(C)$\dfrac{38}{3}$　　　　(D)14　　　　(E)12

【解析】折叠问题．

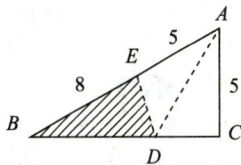

图 6-7

方法一：$\triangle ABC$ 与 $\triangle DBE$ 相似，则 $S_{\triangle ABC}=\dfrac{1}{2}\times\sqrt{13^2-5^2}\times5=30$（厘米）．

根据面积比等于相似比的平方，得 $\dfrac{S_{\triangle ABC}}{S_{\triangle DBE}}=\left(\dfrac{|BC|}{|BE|}\right)^2=\left(\dfrac{\sqrt{13^2-5^2}}{13-5}\right)^2=\dfrac{9}{4}$，所以 $S_{\triangle DBE}=\dfrac{4}{9}S_{\triangle ABC}=\dfrac{40}{3}$（平方厘米）．

方法二：AD 是直角三角形 ABC 中角 A 的角平分线，且 $\triangle BED$ 与 $\triangle BCA$ 相似，故

$$\dfrac{|ED|}{|BD|}=\dfrac{|AC|}{|AB|}\Rightarrow\dfrac{|CD|}{|DB|}=\dfrac{|AC|}{|AB|}\Rightarrow\dfrac{|CD|}{|CD|+|DB|}=\dfrac{|AC|}{|AC|+|AB|},$$

即 $\dfrac{|CD|}{\sqrt{13^2-5^2}}=\dfrac{5}{18}$，$|DE|=|CD|=\dfrac{10}{3}$（厘米），

阴影部分的面积为 $\dfrac{1}{2}|DE|\cdot|BE|=\dfrac{1}{2}\times\dfrac{10}{3}\times8=\dfrac{40}{3}$（平方厘米）．

【答案】(B)

例 5　如图 6-8 所示，已知 $\triangle ABC$ 的面积为 36，将 $\triangle ABC$ 沿 BC 平移到 $\triangle A'B'C'$，使得 B' 和 C 重合，连接 AC'，交 $A'C$ 于 D，则 $\triangle C'DC$ 的面积为（　　）．

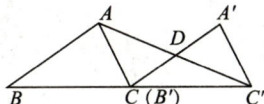

图 6-8

(A)6　　　　(B)9　　　　(C)12　　　　(D)18　　　　(E)24

【解析】由题意可知 $AC//A'C'$，$AA'//CC'$，故 $ACC'A'$ 为平行四边形，对角线互相平分，故 D 为 $A'C$ 的中点，故 $\triangle C'DC$ 与 $\triangle A'CC'$ 同底且高是它的一半，故 $\triangle C'DC$ 的面积应为 $\triangle A'CC'$ 的一半，又 $S_{\triangle A'CC'}=S_{\triangle ABC}=36$，所以，$\triangle C'DC$ 的面积为 18.

【答案】(D)

例 6　如图 6-9 所示，$ABCD$ 为正方形，A、E、F、G 在同一条直线上，并且 $|AE|=5$ 厘米，$|EF|=3$ 厘米，那么 $|FG|=$（　　）厘米.

(A)$\dfrac{16}{3}$　　　(B)4　　　(C)$\dfrac{17}{5}$　　　(D)$\dfrac{17}{3}$　　　(E)$\dfrac{16}{5}$

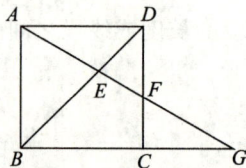

图 6-9

【解析】由原图，可知，$\dfrac{|AE|}{|EF|}=\dfrac{|BE|}{|ED|}=\dfrac{|EG|}{|AE|}=\dfrac{|EF|+|FG|}{|AE|}$，

故 $|FG|=\dfrac{|AE|^2}{|EF|}-|EF|=\dfrac{5^2}{3}-3=\dfrac{16}{3}$（厘米）.

【答案】(A)

例 7　如图 6-10 所示，梯形 $ABCD$ 被对角线分为 4 个小三角形，已知 $\triangle AOB$ 和 $\triangle BOC$ 的面积分别为 25cm^2 和 35cm^2，那么梯形的面积是 144.

(1)梯形为等腰梯形.　　　　(2)梯形为直角梯形.

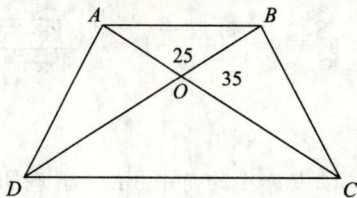

图 6-10

【解析】条件(1)：$S_{\triangle AOD}=S_{\triangle BOC}=35$.

$\dfrac{S_{\triangle ABO}}{S_{\triangle ABC}}=\dfrac{25}{25+35}=\dfrac{5}{12}$，这两个三角形同底，所以其高的比为 $5:12$，

故 $\triangle AOB$ 与 $\triangle COD$ 高的比为 $5:7$；

又 $\triangle AOB\backsim\triangle COD$，$\dfrac{S_{\triangle ABO}}{S_{\triangle COD}}=\left(\dfrac{5}{7}\right)^2$，解得 $S_{\triangle COD}=49$；

所以，梯形面积 $=25+35+35+49=144$，条件(1)充分.

条件(2)：同理，也充分.

【答案】(D)

题型 6.3　勾股定理

老吕施法

(1)勾股定理：$a^2+b^2=c^2$.

(2)勾股定理虽然简单，但在真题里出现的次数并不少，属于必拿分.

典型例题

例 8　设 P 是正方形 $ABCD$ 外的一点，$|PB|=10$ 厘米，$\triangle APB$ 的面积是 80 平方厘米，$\triangle CPB$ 的面积是 90 平方厘米，则正方形 $ABCD$ 的面积为(　　).

(A)720 平方厘米　　　　(B)580 平方厘米　　　　(C) 640 平方厘米

(D)600 平方厘米　　　　(E)560 平方厘米

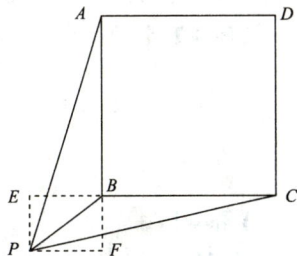

图 6-11

【解析】如图 6-11 所示，作 $\triangle APB$ 在 AB 边上的高 $|PF|=h_1$，作 $\triangle CPB$ 的在 BC 边上的高 $|PE|=h_2$，连接 EB，FB，可知 $|EB|=|PF|=h_1$. 在 $\triangle EPB$ 中，由勾股定理得 $|PB|^2=h_1^2+h_2^2=100$.

设正方形的边长为 a，则有

$$S_{\triangle ABP}=\frac{1}{2}h_1 a=80,\quad S_{\triangle BCP}=\frac{1}{2}h_2 a=90,$$

解得正方形面积 $S=a^2=\dfrac{160^2+180^2}{10^2}=580$(平方厘米).

【答案】(B)

题型 6.4　求阴影部分面积

老吕施法

(1)重点题型，几乎每年都考一道，常用割补法，将不规则的图形转化为规则图形.

(2)要找到图形之间的等量关系.

(3)真题中出现的图形，一定是准确的，所以用尺子或量角器量一下，再进行估算是简单有效的办法.

典型例题

例 9　半圆 ADB 以 C 为圆心，半径为 1 且 $CD\perp AB$，分别延长 BD 和 AD 至 E 和 F，使得圆弧 AE 和 BF 分别以 B 和 A 为圆心，则图 6-12 中阴影部分的面积为(　　).

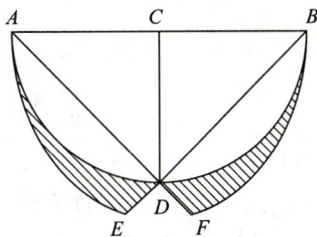

图 6-12

(A)$\dfrac{\pi}{2}-\dfrac{1}{2}$　　　(B)$(1-\sqrt{2})\pi$　　　(C)$\dfrac{\pi}{2}-1$　　　(D)$\dfrac{3\pi}{2}-2$　　　(E)$\pi-1$

【解析】左边阴影部分的面积 $S=\dfrac{1}{8}\pi\cdot 2^2-\dfrac{1}{4}\pi\cdot 1^2-\dfrac{1}{2}\cdot 1\cdot 1=\dfrac{\pi}{4}-\dfrac{1}{2}$，

阴影部分面积 $2S=\dfrac{\pi}{2}-1$.

【答案】(C)

例10 如图 6-13 所示，长方形 $ABCD$ 中的 $|AB|=10$ 厘米，$|BC|=5$ 厘米，设 AB 和 AD 分别为半径作半圆，则图中阴影部分的面积为(   ).

(A) $25-\dfrac{25}{2}\pi$ 平方厘米

(B) $25+\dfrac{125}{2}\pi$ 平方厘米

(C) $50+\dfrac{25}{4}\pi$ 平方厘米

(D) $\dfrac{125}{4}\pi-50$ 平方厘米

(E) 以上选项均不正确

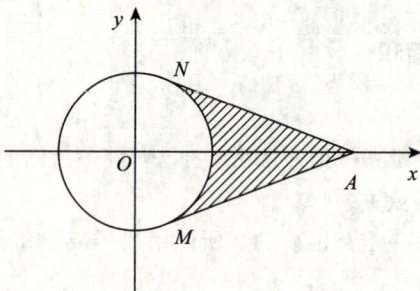

图 6-13

【解析】取 AB 的中点 G，连接 FG. 如图 6-14 所示. 所以

$$S_{阴影}=S_{扇形AEB}-S_{正方形BCFG}-(S_{正方形AGFD}-S_{扇形ADF})$$
$$=\dfrac{1}{4}\pi\times 10^2-5^2-\left(5^2-\dfrac{1}{4}\pi\times 5^2\right)=\dfrac{125}{4}\pi-50.$$

【答案】(D)

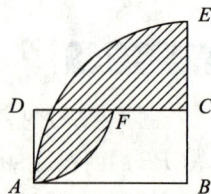

图 6-14

例11 过点 $A(2,0)$ 向圆 $x^2+y^2=1$ 作两条切线 AM 和 AN(见图 6-15)，则两切线和弧 MN 所围成的面积(图 6-15 中阴影部分)为(   ).

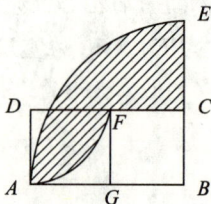

图 6-15

(A) $1-\dfrac{\pi}{3}$ (B) $1-\dfrac{\pi}{6}$ (C) $\dfrac{\sqrt{3}}{2}-\dfrac{\pi}{6}$ (D) $\sqrt{3}-\dfrac{\pi}{6}$ (E) $\sqrt{3}-\dfrac{\pi}{3}$

【解析】连接 ON，则 $ON\perp AN$，$|ON|=1$，$|OA|=2$，所以 $|AN|=\sqrt{3}$，$\angle AON=\dfrac{\pi}{3}$.

所以阴影部分面积 $S=2\times\left(\dfrac{1}{2}\times 1\times\sqrt{3}-\dfrac{\pi}{6}\times 1^2\right)=\sqrt{3}-\dfrac{\pi}{3}$.

【答案】(E)

例12 如图 6-16 所示，一块面积为 400 平方米的正方形土地被分割成甲、乙、丙、丁四个小长方形区域作为不同的功能区域，它们的面积分别为 128，192，48 和 32 平方米. 乙的左下角划出一块正方形区域(阴影)作为公共区域，这块小正方形的面积为(   )平方米.

(A) 16   (B) 17   (C) 18   (D) 19   (E) 20

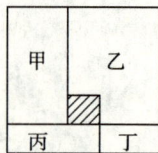

图 6-16

【解析】大正方形的面积为 400 平方米，所以边长为 20 米.

丙和丁的面积之和为 80 平方米,所以丙和丁的宽为 4 米.

所以丙的长为 12 米,甲的长为 16 米.

所以甲的宽为 $\dfrac{128}{16}=8$(米),所以小正方形的边长为 $12-8=4$(米),面积为

$$4\times4=16(\text{平方米}).$$

【快速得分法】 根据选项特征蒙猜法.

小正方形的面积很可能是完全平方数,只有(A)选项是完全平方数,推测(A)为正确答案.

【答案】(A)

例 13 如图 6-17 所示,$|AB|=10$ 厘米是半圆的直径,C 是 AB 弧的中点,延长 BC 于 D,ABD 是以 AB 为半径的扇形,则图中阴影部分的面积是( )cm².

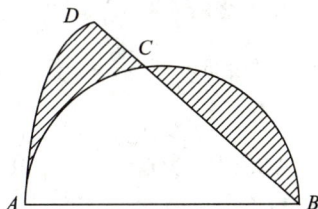

图 6-17

(A)$25\left(\dfrac{\pi}{2}+1\right)$ (B)$25\left(\dfrac{\pi}{2}-1\right)$ (C)$25\left(1+\dfrac{\pi}{4}\right)$

(D)$25\left(1-\dfrac{\pi}{4}\right)$ (E)以上选项均不正确

【解析】 如图 6-18 所示,连接 AC.

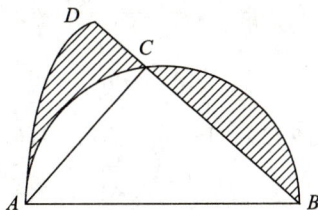

图 6-18

$\angle ACB=90°$,$|AC|=|BC|=5\sqrt{2}$cm($\triangle ABC$ 是等腰直角三角形)

阴影部分面积=扇形 ABD 的面积-$\triangle ABC$ 的面积

$$=\dfrac{1}{8}\pi\times10^2-\dfrac{1}{2}(5\sqrt{2})^2=\dfrac{25}{2}\pi-25=25\left(\dfrac{\pi}{2}-1\right)\text{cm}^2$$

【答案】(B)

例 14 如图 6-19 所示,等腰直角三角形的面积是 12cm^2,以直角边为直径画圆,则阴影部分的面积是( ).

(A)$(3\pi-3)\text{cm}^2$ (B)$(6\pi-9)\text{cm}^2$

(C)$\left(\dfrac{7}{2}\pi-3\right)\text{cm}^2$ (D)$\left(\dfrac{9}{2}\pi-9\right)\text{cm}^2$

(E)$\left(\dfrac{7}{2}\pi-6\right)\text{cm}^2$

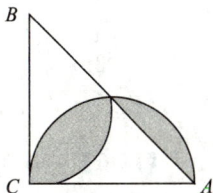

图 6-19

【解析】将弧线与斜边的交点设为 D，连接 CD，可知 CD 垂直平分 AB，如图 6-20 所示：

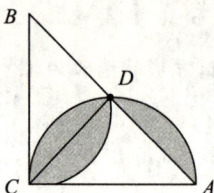

图 6-20

由 $S_{\triangle ABC}=\dfrac{1}{2}\times AC\times BC=\dfrac{1}{2}\times AC^{2}=12$，得 $AC=2\sqrt{6}$；

2 个小弓形的面积 $=S_{半圆ACD}-S_{\triangle ACD}=\dfrac{1}{2}\pi\cdot\sqrt{6}^{2}-6=3\pi-6$，

故阴影部分面积为 3 个小弓形的面积 $=3\times\dfrac{3\pi-6}{2}=\dfrac{9\pi}{2}-9\,cm^{2}$.

【答案】（D）

例 15　如图 6-21 所示，在 Rt$\triangle ABC$ 中，$\angle C=90^{\circ}$，$|AC|=4$，$|BC|=2$，分别以 AC、BC 为直径画半圆，则图中阴影部分的面积为（ ）.

(A)$2\pi-1$　　(B)$3\pi-2$　　(C)$3\pi-4$　　(D)$\dfrac{5}{2}\pi-3$　　(E)$\dfrac{5}{2}\pi-4$

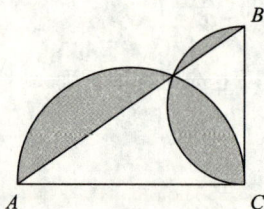

图 6-21

【解析】阴影部分的面积 $=$ 半圆 AC 的面积 $+$ 半圆 BC 的面积 $-$ Rt$\triangle ABC$ 的面积，故

$$S_{阴影}=\dfrac{1}{2}\pi\cdot 2^{2}+\dfrac{1}{2}\pi\cdot 1^{2}-\dfrac{1}{2}\times 2\times 4=\dfrac{5}{2}\pi-4.$$

【答案】（E）

题型 6.5　其他平面几何问题

典型例题

例 16　如图 6-22 所示，AB 是半圆 O 的直径，AC 是弦．若 $|AB|=6$，$\angle ACO=\dfrac{\pi}{6}$，则弧 BC 的长度为（ ）.

(A)$\dfrac{\pi}{3}$　　(B)π　　(C)2π　　(D)1

(E)2

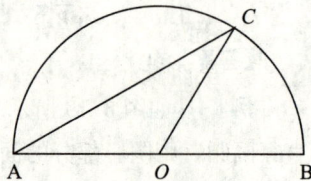

图 6-22

【解析】$\angle BOC=2\angle ACO=\dfrac{\pi}{3}$，故 BC 弧长为 $\dfrac{\pi}{3}\times r=\dfrac{\pi}{3}\times 3=\pi$.

【答案】（B）

例 17　P 是以 a 为边长的正方形，P_1 是以 P 的四边中点为顶点的正方形，P_2 是以 P_1 的四边中点为顶点的正方形，P_i 是以 P_{i-1} 的四边中点为顶点的正方形，则 P_6 的面积是(　　).

(A) $\dfrac{a^2}{16}$　　　(B) $\dfrac{a^2}{32}$　　　(C) $\dfrac{a^2}{40}$　　　(D) $\dfrac{a^2}{48}$　　　(E) $\dfrac{a^2}{64}$

【解析】 P_1 的边长为 $\dfrac{\sqrt{2}}{2}a$，所以 P_1 的面积为 $\left(\dfrac{\sqrt{2}}{2}a\right)^2=\dfrac{1}{2}a^2$. 所以从 P_1 开始，各个正方形的面积组成首项为 $\dfrac{1}{2}a^2$，公比为 $\dfrac{1}{2}$ 的等比数列. P_6 的面积为 $\dfrac{1}{2}a^2\times\left(\dfrac{1}{2}\right)^5=\dfrac{1}{64}a^2$.

【答案】 (E)

例 18　如图 6-23 所示，正方形 $ABCD$ 四条边与圆 O 相切，而正方形 $EFGH$ 是圆 O 的内接正方形. 已知正方形 $ABCD$ 的面积为 1，则正方形 $EFGH$ 的面积是(　　).

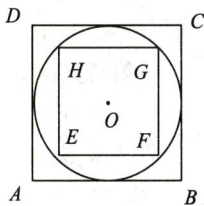

(A) $\dfrac{2}{3}$　　　(B) $\dfrac{1}{2}$　　　(C) $\dfrac{\sqrt{2}}{2}$　　　(D) $\dfrac{\sqrt{2}}{3}$　　　(E) $\dfrac{1}{4}$

图 6-23

【解析】 正方形 $ABCD$ 的面积为 1，可知边长 $|AB|=1$，所以 $|OF|=\dfrac{1}{2}$，$|EF|=\dfrac{\sqrt{2}}{2}$，正方形 $EFGH$ 的面积是 $\left(\dfrac{\sqrt{2}}{2}\right)^2=\dfrac{1}{2}$.

【答案】 (B)

第二节　立体几何

一、老吕讲考点

(一)长方体
若长方体三条边长分别为 a，b，c，则
(1)体积 $V=abc$.
(2)全面积 $F=2(ab+ac+bc)$.
(3)体对角线 $d=\sqrt{a^2+b^2+c^2}$.

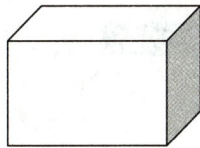

(二)圆柱体
设圆柱体的高为 h，底面半径为 r，则
(1)体积 $V=\pi r^2 h$.
(2)侧面积 $S=2\pi rh$.
(3)全面积 $F=2\pi r^2+2\pi rh$.

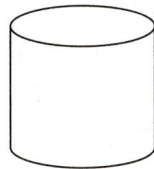

(三)球体
设球的半径是 R，则
(1)体积 $V=\dfrac{4}{3}\pi R^3$.
(2)表面积 $S=4\pi R^2$.

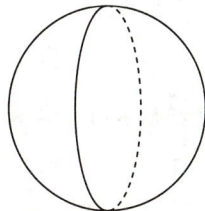

二、 老吕讲题型

题型 6.6　表面积问题

典型例题

例 19　如果圆柱的底面半径为1，则圆柱侧面展开图的面积为6π.

(1)高为3；　　　　　　　　(2)高为4.

【解析】由条件(1)：$S=2\pi\times1\times3=6\pi$，充分.

条件(2)：$S=2\pi\times1\times4=8\pi$，不充分.

【答案】(A)

例 20　长方体所有的棱长之和为28.

(1)长方体的体对角线长为$2\sqrt{6}$；　　　(2)长方体的表面积为25.

【解析】设长方体棱长为a,b,c，单独都不能成立，联合条件(1)与条件(2)得

$$\begin{cases} a^2+b^2+c^2=24 \\ 2(ab+bc+ac)=25 \end{cases} \Rightarrow(a+b+c)^2=a^2+b^2+c^2+2(ab+bc+ac)=49$$

$$\Rightarrow a+b+c=7,$$

则棱长之和为$4(a+b+c)=28$，两个条件联立充分.

【答案】(C)

例 21　一个圆柱的侧面展开图是正方形，那么它的侧面积是下底面积的(　　)倍.

(A)2　　　　(B)4　　　　(C)4π　　　　(D)π　　　　(E)2π

【解析】由题意，设圆柱的高为h，半径为r，则$h=2\pi r$，故$\dfrac{S_{\text{侧}}}{S_{\text{底}}}=\dfrac{2\pi\cdot r\cdot h}{\pi\cdot r^2}=4\pi$.

【答案】(C)

题型 6.7　体积问题

典型例题

例 22　一个两头密封的圆柱形水桶，水平横放时桶内有水部分占水桶一头圆周长的$\dfrac{1}{4}$，则水桶直立时水的高度和桶的高度之比值是(　　).

(A)$\dfrac{1}{4}$　　　　　　(B)$\dfrac{1}{4}-\dfrac{1}{\pi}$　　　　　　(C)$\dfrac{1}{4}-\dfrac{1}{2\pi}$

(D)$\dfrac{1}{8}$　　　　　　(E)$\dfrac{\pi}{4}$

【解析】设桶高为h，水桶直立时水高为l，由题意可知劣弧AB所对的圆心角为$90°$，故图6-24中阴影部分面积

$$S_{\text{阴}}=\frac{1}{4}\pi r^2-\frac{1}{2}r^2.$$

由于桶内水的体积不变，故$V_{\text{水}}=\pi r^2\cdot l=S_{\text{阴}}\cdot h=\left(\dfrac{1}{4}\pi r^2-\dfrac{1}{2}r^2\right)h$，

解得$\dfrac{l}{h}=\dfrac{1}{4}-\dfrac{1}{2\pi}$.

【答案】(C)

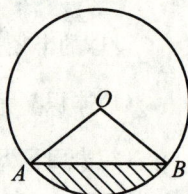

图6-24

例23 长方体三个面的面积分别为 6，8，12，则此长方体的体积为( ).

(A) 12 　　(B)18 　　(C)24 　　(D)36 　　(E)48

【解析】设此长方体的三个边分别为 a，b，c，由已知可得 $\begin{cases} ab=6, \\ ac=8, \\ bc=12, \end{cases}$ 解得 $\begin{cases} a=2, \\ b=3, \\ c=4, \end{cases}$ 所以此长方体

的体积 $V=abc=24$.

【答案】(C)

例24 圆柱体的体积与正方体的体积之比为 $\dfrac{4}{\pi}$.

(1)圆柱体的高与正方体的高相同；

(2)圆柱体的侧面积与正方体的侧面积相等.

【解析】设圆柱体的底面半径为 r，高为 h，正方体的边长为 a，则题干的结论为

$$\frac{V_1}{V_2}=\frac{\pi r^2 h}{a^3}=\frac{4}{\pi}.$$

条件(1)：$h=a$，显然不充分.

条件(2)：$2\pi rh=4a^2$，显然也不充分.

联立两个条件，可得 $r=\dfrac{2a}{\pi}$，$h=a$. 因此 $\dfrac{\pi r^2 h}{a^3}=\dfrac{\pi\left(\dfrac{2a}{\pi}\right)^2 a}{a^3}=\dfrac{4}{\pi}$，成立.

【答案】(C)

题型 6.8　变化问题

老吕施法

(1)圆柱体的底面半径变为原来的 a 倍，则体积变为原来的 a^2 倍.

(2)圆柱体的高变为原来的 a 倍，则体积变为原来的 a 倍.

(3)此类问题在 2000 年以前曾多次出现在真题中，2000 年以后没有再出现.

典型例题

例25 一个圆柱体的高减少到原来的 70％，底半径增加到原来的 130％，则它的体积( ).

(A)不变　　　　　(B)增加到原来的 121％　　　(C)增加到原来的 130％

(D)增加到原来的 118.3％　(E)减少到原来的 91％

【解析】圆柱的体积 $V=\pi r^2 h$，故体积为原来的 $0.7\times 1.3^2=1.183$.

【答案】(D)

例26 圆柱体的底半径和高的比是 $1:2$，若体积增加到原来的 6 倍，底半径和高的比保持不变，则底半径( ).

(A)增加到原来的 $\sqrt{6}$ 倍　　(B)增加到原来的 $\sqrt[3]{6}$ 倍　　　(C)增加到原来的 $\sqrt{3}$ 倍

(D)增加到原来的 $\sqrt[3]{3}$ 倍　　(E)增加到原来的 6 倍

【解析】设圆柱体的底面半径为 r，则高为 $2r$，原来的体积为 $V=\pi r^2 h=2\pi r^3$.

设变化以后半径为 R，则高为 $2R$，此时体积为 $6V$. 所以 $6V=\pi R^2 \cdot 2R=2\pi R^3$，即 $6\times 2\pi r^3=2\pi R^3$. 所以 $R=\sqrt[3]{6}r$.

【答案】(B)

题型 6.9　组合体问题

老吕施法

组合体问题的关键是找到等量关系，常见以下等量关系：

(1)长方体、正方体、圆柱体的外接球.

长方体外接球的直径＝长方体的体对角线长；

正方体外接球的直径＝正方体的体对角线长；

圆柱体外接球的直径＝圆柱体的体对角线长.

(2)正方体的内切球.

内切球直径＝正方体的棱长.

(3)圆柱体的内切球.

内切球的直径＝圆柱体的高；

内切球的横切面＝圆柱体的底面.

典型例题

例 27　棱长为 a 的正方体内切球、外接球、外接半球的半径分别为(　　).

(A)$\dfrac{a}{2}$，$\dfrac{\sqrt{2}}{2}a$，$\dfrac{\sqrt{3}}{2}a$ 　　　　(B)$\sqrt{2}a$，$\sqrt{3}a$，$\sqrt{6}a$ 　　　　(C)a，$\dfrac{\sqrt{3}a}{2}$，$\dfrac{\sqrt{6}a}{2}$

(D)$\dfrac{a}{2}$，$\dfrac{\sqrt{2}}{2}a$，$\dfrac{\sqrt{6}}{2}a$ 　　　　(E)$\dfrac{a}{2}$，$\dfrac{\sqrt{3}}{2}a$，$\dfrac{\sqrt{6}}{2}a$

【解析】 如图 6-25(a)所示：正方体的边长等于内切球的直径，故内切球半径为 $r=\dfrac{a}{2}$；

如图 6-25(b)所示：正方体的体对角线 $L=2r=\sqrt{3}a$，故 $r=\dfrac{\sqrt{3}}{2}a$；

如图 6-25(c)所示：正方体外接半球的半径 $R=\sqrt{a^2+r^2}=\sqrt{a^2+(\dfrac{\sqrt{2}}{2}a)^2}=\dfrac{\sqrt{6}}{2}a$.

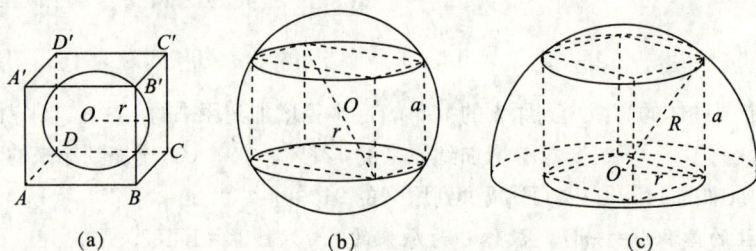

图 6-25

【答案】（E）

第三节　解析几何

一、　老吕讲考点

(一)点

1.点的坐标

在平面直角坐标系中，每一个点都对应着一个坐标$(a，b)$；同样，对任意的两个数 a，b，都有一个平面上的点，以(a, b)为坐标．

2. 两点间距离公式

点$P_1(x_1, y_1)$与点$P_2(x_2, y_2)$之间的距离为$d=\sqrt{(x_1-x_2)^2+(y_1-y_2)^2}$．

3. 有向线段的定比分点的坐标

设点$A(x_1, y_1)$，$B(x_2, y_2)$是有向线段$\overrightarrow{AB}$的端点，$P(x, y)$是直线AB上的一点，并且分$\overrightarrow{AB}$所成的比为$\lambda\left(\lambda=\dfrac{\overrightarrow{AP}}{\overrightarrow{PB}}=\dfrac{x-x_1}{x_2-x}=\dfrac{y-y_1}{y_2-y}\right)$，则$P$点的坐标为$\left(\dfrac{x_1+\lambda x_2}{1+\lambda}, \dfrac{y_1+\lambda y_2}{1+\lambda}\right)$．

当$\lambda=1$时，P是线段AB的中点，其坐标为$\left(\dfrac{x_1+x_2}{2}, \dfrac{y_1+y_2}{2}\right)$．

（二）直线

1. 倾斜角和斜率

倾斜角：一条直线l向上的方向与x轴的正方向所成的最小正角，叫作这条直线的倾斜角α．特殊地，当直线l和x轴平行时，倾斜角为$0°$，故倾斜角的范围为$[0°, 180°)$．

斜率：将不垂直于x轴的直线的倾斜角的正切值叫作此直线的斜率，常用k表示，即$k=\tan\alpha$；垂直于x轴的直线没有斜率．

过两点$P(x_1, y_1)$，$Q(x_2, y_2)$的直线的斜率公式为$k=\dfrac{y_2-y_1}{x_2-x_1}$ $(x_1\neq x_2)$．

2. 直线的方程

(1)点斜式：已知直线过点(x_0, y_0)，斜率为k，则直线的方程为
$$y-y_0=k(x-x_0).$$

(2)斜截式：已知直线过点$(0, b)$，斜率为k，则直线的方程为
$$y=kx+b,$$
b为直线在y轴上的纵截距．

(3)两点式：已知直线过$P_1(x_1, y_1)$，$P_2(x_2, y_2)$两点，$x_2\neq x_1$，则直线的方程为
$$\dfrac{y-y_1}{y_2-y_1}=\dfrac{x-x_1}{x_2-x_1}.$$

(4)截距式：已知直线过点$A(a, 0)$和$B(0, b)(a\neq 0, b\neq 0)$，则直线的方程为
$$\dfrac{x}{a}+\dfrac{y}{b}=1,$$
a，b分别为直线l的横截距和纵截距．

(5)一般式：$Ax+By+C=0$ $(A, B$不同时为零)，称此方程为直线的一般式方程．

（三）圆

1. 定义

圆是平面内到定点的距离等于定长的点的集合．

2. 圆的方程

(1)圆的标准方程．
$$(x-a)^2+(y-b)^2=r^2 (r>0),$$
其中圆心为(a, b)，半径为r．

(2)圆的一般方程．

整理方程$x^2+y^2+Dx+Ey+F=0$，得$\left(x+\dfrac{D}{2}\right)^2+\left(y+\dfrac{E}{2}\right)^2=\left(\dfrac{\sqrt{D^2+E^2-4F}}{2}\right)^2$．

①当 $D^2+E^2-4F>0$ 时,方程表示一个圆,其圆心为 $\left(-\dfrac{D}{2},\ -\dfrac{E}{2}\right)$,半径为 $\dfrac{\sqrt{D^2+E^2-4F}}{2}$.

②当 $D^2+E^2-4F=0$ 时,方程表示一个点 $\left(-\dfrac{D}{2},\ -\dfrac{E}{2}\right)$.

③当 $D^2+E^2-4F<0$ 时,方程无意义.

此时,方程 $x^2+y^2+Dx+Ey+F=0$ 叫作圆的一般方程.

(四)点与直线的位置关系

1. 点在直线上

点的坐标满足直线的方程.

2. 点不在直线上

若直线 l 的方程为 $Ax+By+C=0$,点 $(x_0,\ y_0)$ 到 l 的距离为

$$d=\frac{|Ax_0+By_0+C|}{\sqrt{A^2+B^2}}.$$

3. 两点关于直线对称

已知直线 l:$Ax+By+C=0$,求点 $P_1(x_1,\ y_1)$ 关于直线 l 的对称点 $P_2(x_2,\ y_2)$.有两个关系,即线段 P_1P_2 的中点在对称轴 l 上,P_1P_2 与直线 l 互相垂直,可得方程组

$$\begin{cases} A\left(\dfrac{x_1+x_2}{2}\right)+B\left(\dfrac{y_1+y_2}{2}\right)+C=0, \\[2mm] \dfrac{y_1-y_2}{x_1-x_2}=\dfrac{B}{A}, \end{cases}$$

即可求得点 P_1 关于 l 对称的点 P_2 的坐标 $(x_2,\ y_2)$,其中 $A\neq 0$,$x_1\neq x_2$.

(五)直线与直线的位置关系

1. 平行

(1)斜截式:若两条直线的方程分别为 l_1:$y=k_1x+b_1$,l_2:$y=k_2x+b_2$,则

$$l_1\ /\!/\ l_2\Leftrightarrow k_1=k_2,\ b_1\neq b_2.$$

(2)一般式:若两条直线的方程分别为 l_1:$A_1x+B_1y+C_1=0$,l_2:$A_2x+B_2y+C_2=0$,则

$$l_1\ /\!/\ l_2\Leftrightarrow\frac{A_1}{A_2}=\frac{B_1}{B_2}\neq\frac{C_1}{C_2}.$$

(3)两平行直线之间的距离.

若两条平行直线的方程分别为 l_1:$Ax+By+C_1=0$,l_2:$Ax+By+C_2=0$,那么 l_1 与 l_2 之间的距离为

$$d=\frac{|C_1-C_2|}{\sqrt{A^2+B^2}}.$$

2. 相交

(1)相交与交点.

设两条直线的方程是 l_1:$A_1x+B_1y+C_1=0$,l_2:$A_2x+B_2y+C_2=0$,如果 $A_1B_2-A_2B_1\neq 0$ 或 $\dfrac{A_1}{A_2}\neq\dfrac{B_1}{B_2}$,则直线 l_1 与 l_2 相交.

方程组 $\begin{cases} A_1x+B_1y+C_1=0, \\ A_2x+B_2y+C_2=0 \end{cases}$ 有唯一的一组解,这组解即为两直线交点的坐标.

(2)夹角公式.

若两条直线 l_1:$y=k_1x+b_1$ 与 l_2:$y=k_2x+b_2$,且两条直线不是互相垂直的,则两条直线的

夹角 α 满足如下关系

$$\tan\alpha = \left| \frac{k_1 - k_2}{1 + k_1 k_2} \right|.$$

3. 垂直

若两条直线互相垂直，有如下两种情况：

(1)其中一条直线的斜率为 0，另外一条直线的斜率不存在；即一条直线平行于 x 轴，另一条直线平行于 y 轴.

(2)两条直线的斜率都存在，则斜率的乘积等于 -1.

以上两种情况可以用下述结论代替：

若两条直线 l_1：$A_1 x + B_1 y + C_1 = 0$，l_2：$A_2 x + B_2 y + C_2 = 0$ 互相垂直，则 $A_1 A_2 + B_1 B_2 = 0$.

（六）点与圆的位置关系

设点 $P(x_0，y_0)$，圆：$(x-a)^2 + (y-b)^2 = r^2$.

(1)点在圆内：$(x_0 - a)^2 + (y_0 - b)^2 < r^2$.

(2)点在圆上：$(x_0 - a)^2 + (y_0 - b)^2 = r^2$.

(3)点在圆外：$(x_0 - a)^2 + (y_0 - b)^2 > r^2$.

（七）直线与圆的关系

1. 直线与圆的位置关系

直线 l：$Ax + By + C = 0$，圆 O：$(x-a)^2 + (y-b)^2 = r^2$，d 为圆心 $(a，b)$ 到直线 l 的距离.

直线与圆位置关系	图形	成立条件（几何表示）	成立条件（代数式表示）
直线与圆相离		$d > r$	方程组 $\begin{cases} Ax+By+C=0, \\ (x-a)^2+(y-b)^2=r^2 \end{cases}$ 无实根，即 $\Delta < 0$
直线与圆相切		$d = r$	方程组 $\begin{cases} Ax+By+C=0, \\ (x-a)^2+(y-b)^2=r^2 \end{cases}$ 有两个相等的实根，即 $\Delta = 0$
直线与圆相交		$d < r$	方程组 $\begin{cases} Ax+By+C=0, \\ (x-a)^2+(y-b)^2=r^2 \end{cases}$ 有两个不等的实根，即 $\Delta > 0$

2. 圆的切线方程

(1)过圆 $x^2 + y^2 = r^2$ 上的一点 $P(x_0，y_0)$ 作圆的切线，则切线方程为 $x_0 x + y_0 y = r^2$.

过圆 $(x-a)^2 + (y-b)^2 = r^2$ 上的一点 $P(x_0，y_0)$ 作圆的切线，则切线方程为

$$(x-a)(x_0-a) + (y-b)(y_0-b) = r^2.$$

若 P 在圆外，则上述方程为过点 P 作圆的两条切线所形成的两个切点所在的直线的方程.

(2)若切线的斜率为 k，可设切线方程为 $y = kx + b$，利用圆心到直线的距离等于半径，确定 b.

（八）圆与圆的位置关系

设圆 O_1 为 $(x-a_1)^2+(y-b_1)^2=r_1^2$，圆 O_2 为 $(x-a_2)^2+(y-b_2)^2=r_2^2$，其中 $r_1>r_2$；

d 为圆心 $(a_1，b_1)$ 与 $(a_2，b_2)$ 的圆心距；则有下表所示关系：

两圆 位置关系	图形	成立条件 （几何表示）	公共内切线 条数	公共外切线 条数
外离		$d>r_1+r_2$	2	2
外切		$d=r_1+r_2$	1	2
相交		$|r_1-r_2|<d<r_1+r_2$	0	2
内切		$d=|r_1-r_2|$	0	1
内含		$d<|r_1-r_2|$	0	0

二、 老吕讲题型

题型 6.10　点与点的关系

老吕施法

考试重点：

(1)中点坐标公式：$\left(\dfrac{x_1+x_2}{2}，\dfrac{y_1+y_2}{2}\right)$. (重点)

(2)三点共线：任取两点，斜率相等.

(3)两点间的距离公式：$d=\sqrt{(x_1-x_2)^2+(y_1-y_2)^2}$. (重点)

(4)若三角形三个顶点的坐标分别为 $(x_1，y_1)$，$(x_2，y_2)$，$(x_3，y_3)$，则三角形的重心坐标为 $\left(\dfrac{x_1+x_2+x_3}{3}，\dfrac{y_1+y_2+y_3}{3}\right)$.

典型例题

例28 已知三点 $A(a, 2)$，$B(5, 1)$，$C(-4, 2a)$ 在同一直线上，则 a 的值为（　　）.

(A)2　　　　(B)3　　　　(C)$-\dfrac{7}{2}$　　　　(D)2 或 $\dfrac{7}{2}$　　　　(E)2 或 $-\dfrac{7}{2}$

【解析】由题意可得 $k_{AB}=\dfrac{2-1}{a-5}$，$k_{BC}=\dfrac{2a-1}{-4-5}$，$A$，$B$，$C$ 三点共线，所以 $\dfrac{2-1}{a-5}=\dfrac{2a-1}{-4-5}$，解得 $a_1=2$，$a_2=\dfrac{7}{2}$.

【答案】(D)

例29 已知三角形 ABC 的三个顶点的坐标分别为 $(0, 2)$、$(-2, 4)$、$(5, 0)$，则这个三角形的重心坐标为（　　）.

(A)$(1, 2)$　　　(B)$(1, 3)$　　　(C)$(-1, 2)$　　　(D)$(0, 1)$　　　(E)$(1, -1)$

【解析】横坐标为 $\dfrac{x_1+x_2+x_3}{3}=\dfrac{0-2+5}{3}=1$；纵坐标为 $\dfrac{y_1+y_2+y_3}{3}=\dfrac{2+4+0}{3}=2$.

故重心坐标为 $(1, 2)$.

【答案】(A)

题型 6.11　点与直线的位置关系

老吕施法

(1)点到直线的距离公式（重点）.

若直线 l 的方程为 $Ax+By+C=0$，点 (x_0, y_0) 到 l 的距离为 $d=\dfrac{|Ax_0+By_0+C|}{\sqrt{A^2+B^2}}$.

(2)两点关于直线对称，见题型 6.18.

典型例题

例30 点 $P(m-n, n)$ 到直线 l 的距离为 $\sqrt{m^2+n^2}$.

(1)直线 l 的方程为 $\dfrac{x}{n}+\dfrac{y}{m}=-1$；　　　　　　　　(2)直线 l 的方程为 $\dfrac{x}{m}+\dfrac{y}{n}=1$.

【解析】条件(1)：直线可化为 $mx+ny+mn=0$. 根据点到直线的距离公式有

$$d=\frac{|m(m-n)+n^2+mn|}{\sqrt{m^2+n^2}}=\sqrt{m^2+n^2}.$$

所以条件(1)充分.

条件(2)：直线可化为 $nx+my-mn=0$. 根据点到直线的距离公式有

$$d=\frac{|n(m-n)+mn-mn|}{\sqrt{m^2+n^2}}=\frac{|mn-n^2|}{\sqrt{m^2+n^2}}.$$

所以条件(2)不充分.

【答案】(A)

例31 设点 $A(7, -4)$，$B(-5, 6)$，则线段 AB 的垂直平分线的方程为（　　）.

(A)$5x-4y-1=0$　　　　(B)$6x-5y+1=0$　　　　(C)$6x-5y-1=0$

(D)$7x-5y-2=0$　　　　(E)$2x-5y-7=0$

【解析】方法一:

AB 所在直线的斜率为 $k_1 = \dfrac{6-(-4)}{-5-7} = -\dfrac{5}{6}$,$AB$ 的垂直平分线的斜率为 $k_2 = \dfrac{6}{5}$.

AB 的中点坐标为 $x = \dfrac{7+(-5)}{2} = 1$,$y = \dfrac{-4+6}{2} = 1$,即 $(1,1)$.

根据直线的点斜式方程可得 $y-1 = \dfrac{6}{5}(x-1)$,即 $6x-5y-1=0$.

方法二:

设点 $P(x,y)$ 为 AB 的垂直平分线上任意一点,则 $|PA| = |PB|$.

可得 $(x-7)^2+(y+4)^2 = (x+5)^2+(y-6)^2$,解得 $6x-5y-1=0$.

【答案】(C)

题型 6.12　直线与直线的位置关系

老吕施法

(1)平行:斜率相等且截距不相等;或两条直线的斜率均不存在.

(2)相交:斜率不相等;或一条直线斜率存在,另外一条直线斜率不存在.

(3)垂直:$A_1A_2+B_1B_2=0$.

典型例题

例 32　$a=-4$.

(1)点 $A(1,0)$ 关于直线 $x-y+1=0$ 的对称点是 $A'\left(\dfrac{a}{4},-\dfrac{a}{2}\right)$;

(2)直线 l_1:$(2+a)x+5y=1$ 与直线 l_2:$ax+(2+a)y=2$ 垂直.

【解析】条件(1):点 (x,y) 关于直线 $x-y+c=0$ 的对称点的坐标为 $(y-c,x+c)$(见题型 6.18,此推论需记忆);所以点 $A(1,0)$ 关于直线 $x-y+1=0$ 的对称点为 $(-1,2)$,故 $a=-4$,条件(1)充分.

条件(2):两条直线垂直,则 $(2+a)a+5(2+a)=0$,即 $(2+a)(a+5)=0$,解得 $a=-2$ 或 $a=-5$,条件(2)不充分.

【答案】(A)

例 33　在 y 轴的截距为 -3,且与直线 $2x+y+3=0$ 垂直的直线的方程是(　　).

(A)$x-2y-6=0$　　　　(B)$2x-y+3=0$　　　　(C)$x-2y+3=0$

(D)$x+2y+6=0$　　　　(E)$x-2y-3=0$

【解析】与直线 $2x+y+3=0$ 垂直的直线的斜率为 $\dfrac{1}{2}$,故设此直线为 $y=\dfrac{1}{2}x+b$,此直线在 y 轴的截距为 -3,故 $b=-3$.所以直线方程为 $y=\dfrac{1}{2}x-3$,即 $x-2y-6=0$.

【答案】(A)

例 34　已知平行四边形两条邻边所在的直线方程是 $x+y-1=0$,$3x-y+4=0$,它的对角线的交点是 $M(3,3)$,则这个平行四边形其他两条边所在的直线方程为(　　).

(A)$3x-y-15=0$,$x+y-11=0$　　　　(B)$3x-y-16=0$,$x+y-11=0$

(C)$3x-y+1=0$,$x+y-8=0$　　　　(D)$3x-y-11=0$,$x+y-16=0$

(E)$3x-y+1=0$,$x+y-11=0$

【解析】方法一：

设与 $x+y-1=0$ 相对的边方程为 $x+y+c=0$，由平行四边形的中心到对边的距离相等，可得 $\dfrac{|3+3-1|}{\sqrt{1+1}}=\dfrac{|3+3+c|}{\sqrt{1+1}}$，解得 $|6+c|=5$，可得 $c=-1$（含去）或 -11．所以此边的方程为 $x+y-11=0$．

同样方法可以求出另外一边的方程为 $3x-y-16=0$．

方法二：

设这个平行四边形的四个顶点分别为 A，B，C，D，解方程组 $\begin{cases}x+y=1,\\3x-y=-4,\end{cases}$ 解得 $A\left(-\dfrac{3}{4},\ \dfrac{7}{4}\right)$．

设此平行四边形未知的两条边的交点坐标 $C(x,\ y)$，对角线的交点 $M(3,3)$ 是 AC 的中点，所以 $\dfrac{x+\left(-\dfrac{3}{4}\right)}{2}=3$，$\dfrac{y+\dfrac{7}{4}}{2}=3$，解得 $x=\dfrac{27}{4}$，$y=\dfrac{17}{4}$，即 C 点的坐标为 $\left(\dfrac{27}{4},\ \dfrac{17}{4}\right)$．

设未知的两条边所在的直线方程分别为 $x+y+a=0$，$3x-y+b=0$，把 C 点坐标分别代入上述两个方程，得 $a=-11$，$b=-16$，所以，两条边的方程分别为
$$3x-y-16=0,\quad x+y-11=0.$$

【答案】(B)

例 35 两直线 l_1，l_2 相交，则它们相交所成的角的平分线方程为 $2x+16y+13=0$ 或 $56x-7y+39=0$．

　(1)l_1 方程为 $4x-3y+1=0$；　　　　　　　　　(2)l_2 方程为 $12x+5y+13=0$．

【解析】 显然条件(1)和条件(2)单独均不充分，联立两个条件．

设 (x,y) 为角平分线上的点，则点 (x,y) 到两直线距离相等，有
$$\frac{|4x-3y+1|}{\sqrt{4^2+3^2}}=\frac{|12x+5y+13|}{\sqrt{12^2+5^2}},$$

即 $13\times(4x-3y+1)=\pm5\times(12x+5y+13)$．

化简，可得 $2x+16y+13=0$ 或 $56x-7y+39=0$，可见联立两个条件充分．

【答案】(C)

题型 6.13　直线与圆的位置关系

老吕施法

(1)直线与圆的位置关系问题是重点题型，几乎每年必考，其实质是圆心到直线的距离．

(2)直线与圆有以下三种位置关系(设圆心到直线的距离为 d，圆的半径为 r)．

①相离：$d>r$．

②相切：$d=r$．

③相交：$d<r$；直线与圆相交时，直线被圆截得的弦长为 $l=2\sqrt{r^2-d^2}$．

(3)求圆的切线方程时，常设切线的方程为 $Ax+By+c=0$ 或 $y=k(x-a)+b$，再利用点到直线的距离等于半径，即可确定切线方程．

典型例题

例 36 圆 $x^2+(y-1)^2=4$ 与 x 轴的两个交点是（　　　）．

(A)$(-\sqrt{5}, 0)$, $(\sqrt{5}, 0)$ (B)$(-2, 0)$, $(2, 0)$

(C)$(0, -\sqrt{5})$, $(0, \sqrt{5})$ (D)$(-\sqrt{3}, 0)$, $(\sqrt{3}, 0)$

(E)$(-\sqrt{2}, -\sqrt{3})$, $(\sqrt{2}, \sqrt{3})$

【解析】求交点问题.

令 $y=0$, 得 $x^2=3$, 解得 $x=\pm\sqrt{3}$.

【答案】(D)

例 37 直线 l 与圆 $x^2+y^2=4$ 相交于 A, B 两点, 且 A, B 两点中点的坐标为 $(1, 1)$, 则直线 l 的方程为( ).

(A)$y-x=1$ (B)$y-x=2$ (C)$y+x=1$

(D)$y+x=2$ (E)$2y-3x=1$

【解析】垂径定理.

设 A, B 中点为 M 点, 圆的圆心为原点 O, 可知直线 OM 与直线 l 垂直.

直线 OM 的斜率 $k_{OM}=1$, 所以直线 l 的斜率 $k_l=-1$,

据直线的点斜式方程, 可得直线 l 的方程为 $y=-1(x-1)+1$, 整理, 得 $y+x=2$.

【快速得分法】选项代入法.

直线 l 必过 $(1, 1)$ 点, 将 $(1, 1)$ 代入各个选项只有 (D) 项成立.

【答案】(D)

例 38 若圆 C: $(x+1)^2+(y-1)^2=1$ 与 x 轴交于 A 点, 与 y 轴交于 B 点, 则与此圆相切于劣弧 AB 的中点 M(注: 小于半圆的弧称为劣弧)的切线方程是( ).

(A)$y=x+2-\sqrt{2}$ (B)$y=x+1-\dfrac{1}{\sqrt{2}}$ (C)$y=x-1+\dfrac{1}{\sqrt{2}}$

(D)$y=x-2+\sqrt{2}$ (E)$y=x+1-\sqrt{2}$

【解析】切线问题.

画图像可知此切线的斜率为 1, 设切线的方程为 $y=x+b$,

圆心 $(-1, 1)$ 到切线的距离等于 1, 即 $\dfrac{|-1-1+b|}{\sqrt{1^2+1^2}}=1 \Rightarrow |b-2|=\sqrt{2}$.

所以 $b=2+\sqrt{2}$(舍去)或 $b=2-\sqrt{2}$, 故切线方程为 $y=x+2-\sqrt{2}$.

【答案】(A)

例 39 圆 $(x-3)^2+(y-3)^2=9$ 上到直线 $x+4y-11=0$ 的距离等于 1 的点的个数有( ).

(A)1   (B)2   (C)3   (D)4   (E)5

【解析】圆心到直线的距离 $d=\dfrac{|3+4\times3-11|}{\sqrt{1+4^2}}=\dfrac{4}{\sqrt{17}}<1$, 圆的半径 $r=3$. 故圆到直线的距离等于 1 的点有四个, 在直线两边各有两个.

【答案】(D)

例 40 过点 $(-2, 0)$ 的直线 l 与圆 $x^2+y^2=2x$ 有两个交点, 则直线 l 的斜率 k 的取值范围是( ).

(A)$(-2\sqrt{2}, 2\sqrt{2})$ (B)$(-\sqrt{2}, \sqrt{2})$ (C)$\left(-\dfrac{\sqrt{2}}{4}, \dfrac{\sqrt{2}}{4}\right)$

(D)$\left(-\dfrac{1}{4}, \dfrac{1}{4}\right)$ (E)$\left(-\dfrac{1}{8}, \dfrac{1}{8}\right)$

【解析】方法一: 代数方法.

设直线方程为：$y=k(x+2)$．直线与圆有两个交点，故联立直线与圆的方程应该有两组解，所以

$$\begin{cases} y=k(x+2), \\ x^2+y^2=2x, \end{cases}$$

消元，得$(k^2+1)x^2+(4k^2-2)x+4k^2=0$，此方程应该有两不等实根，故

$$\Delta=4(2k^2-1)^2-4\times4k^2(k^2+1)>0,$$

解得：$-\dfrac{\sqrt{2}}{4}<k<\dfrac{\sqrt{2}}{4}$．

方法二：几何方法．

如图 6-26 所示，处于 AC，BC 两条直线之间的直线，均与圆有两个交点．

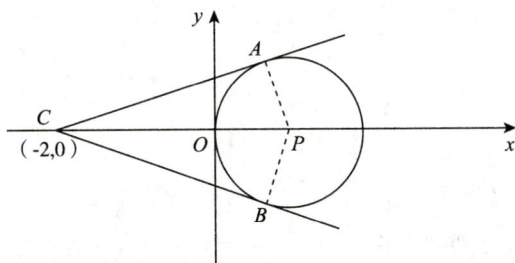

图 6-26

连接 AP，则 AP 与 AC 垂直，$|PC|=3$，$|AP|=r=1$，故 $|AC|=\sqrt{3^2-1^2}=2\sqrt{2}$；

故 $k_{AC}=\dfrac{|AP|}{|AC|}=\dfrac{1}{2\sqrt{2}}=\dfrac{\sqrt{2}}{4}$，$k_{BC}=-\dfrac{\sqrt{2}}{4}$，所求范围为 $\left(-\dfrac{\sqrt{2}}{4},\dfrac{\sqrt{2}}{4}\right)$．

【答案】(C)

例 41　直线 $x-y+1=0$ 被圆 $(x-a)^2+(y-1)^2=4$ 截得的弦长为 $2\sqrt{3}$，则 a 的值为（　　）．

(A)$\sqrt{2}$　　　　(B)$-\sqrt{2}$　　　　(C)$\pm\sqrt{2}$　　　　(D)$\pm\sqrt{3}$　　　　(E)$\sqrt{3}$

【解析】圆心为 $(a,1)$，圆心到直线 l 的距离 $d=\dfrac{|a-1+1|}{\sqrt{2}}=\dfrac{|a|}{\sqrt{2}}$，

由交点弦长公式得：$2\sqrt{3}=2\sqrt{r^2-d^2}=2\sqrt{4-\dfrac{a^2}{2}}$，解得 $a=\pm\sqrt{2}$．

【答案】(C)

例 42　圆 $(x-1)^2+(y-1)^2=4$ 上到直线 $x+y-2=0$ 的距离等于 2 的点的个数为（　　）．

(A)1　　　　(B)2　　　　(C)3　　　　(D)4　　　　(E)5

【解析】圆心到直线的距离 $d=\dfrac{|1+1-2|}{\sqrt{1+1}}=0$，所以直线过圆心，圆的半径 $r=2$，故圆上到直线距离等于 2 的点有 2 个．

【答案】(B)

题型 6.14　圆与圆的位置关系

老吕施法

圆与圆有五种位置关系：相离、外切、内切、相交、内含（见本章知识精讲）．

【易错点】如果题干中说两个圆相切，一定要注意可能有两种情况，即内切和外切．

【典型例题】

例43 圆 C_1: $\left(x-\dfrac{3}{2}\right)^2+(y-2)^2=r^2$ 与圆 C_2: $x^2-6x+y^2-8y=0$ 有交点.

(1) $0<r<\dfrac{5}{2}$; (2) $r>\dfrac{15}{2}$.

【解析】两圆有交点,即两圆的位置关系为相切或相交,故应有 $|r_1-r_2|\leqslant d\leqslant r_1+r_2$.

圆 C_2 可化为 $(x-3)^2+(y-4)^2=5^2$,圆心为 $(3,4)$,半径为 5;

圆 C_1 的圆心为 $\left(\dfrac{3}{2},2\right)$,半径为 r,故有 $|r-5|\leqslant\sqrt{\left(3-\dfrac{3}{2}\right)^2+(4-2)^2}\leqslant r+5$,解得 $\dfrac{5}{2}\leqslant r\leqslant\dfrac{15}{2}$.

所以条件(1)、(2)均不充分,联合起来也不充分.

【答案】(E)

例44 圆 $(x-3)^2+(y-4)^2=25$ 与圆 $(x-1)^2+(y-2)^2=r^2$ 相切.

(1) $r=5\pm2\sqrt{3}$; (2) $r=5\pm2\sqrt{2}$.

【解析】两圆的圆心距 d 等于 $\sqrt{(3-1)^2+(4-2)^2}=2\sqrt{2}$.

若两圆外切,圆心距等于两圆半径之和,$d=5+r=2\sqrt{2}$,$r=2\sqrt{2}-5<0$,不成立;

若两圆内切,圆心距等于两圆半径之差,$d=|5-r|=2\sqrt{2}$,$r=5\pm2\sqrt{2}$;

所以条件(1)不充分,条件(2)充分.

【答案】(B)

例45 已知圆 C_1: $(x+1)^2+(y-3)^2=9$,C_2: $x^2+y^2-4x+2y-11=0$,则两圆公共弦长为( ).

(A) $\dfrac{24}{5}$ (B) $\dfrac{22}{5}$ (C) 4 (D) $\dfrac{18}{5}$ (E) $\dfrac{16}{5}$

【解析】方法一:圆 C_1 的方程可化为 $x^2+y^2+2x-6y+1=0$.

求解 $\begin{cases} x^2+y^2+2x-6y+1=0, \\ x^2+y^2-4x+2y-11=0 \end{cases}$ 解得两圆交点 $\begin{cases} x_1=2, \\ y_1=3 \end{cases}$ 或 $\begin{cases} x_2=-\dfrac{46}{25}, \\ y_2=\dfrac{3}{25} \end{cases}$,

两交点的距离即为公共弦长,即 $\sqrt{\left(\dfrac{96}{25}\right)^2+\left(\dfrac{72}{25}\right)^2}=\dfrac{24}{5}$.

方法二:圆 C_2: $(x-2)^2+(y+1)^2=16$.

两圆的圆心距 $|C_1C_2|=\sqrt{3^2+4^2}=5$,两圆半径分别为 3 和 4.

设两圆的交点为 A,B,则 $\triangle C_1C_2A$ 为直角三角形,C_1C_2 为斜边,斜边上的高为 $\dfrac{3\times4}{5}=\dfrac{12}{5}$,

所以公共弦长为 $2\times\dfrac{12}{5}=\dfrac{24}{5}$.

【快速得分法】两个圆的方程相减,即为两个圆的公共弦所在直线的方程,故两圆的公共弦所在的直线方程为 $(x^2+y^2+2x-6y+1)-(x^2+y^2-4x+2y-11)=0$.

化简得 $3x-4y+6=0$. 圆 C_1 到交点弦的距离

$$d=\dfrac{|3\times(-1)-4\times3+6|}{\sqrt{3^2+(-4)^2}}=\dfrac{9}{5}.$$

故交点弦长为 $l=2\sqrt{r^2-d^2}=2\sqrt{3^2-\left(\dfrac{9}{5}\right)^2}=\dfrac{24}{5}$.

【答案】（A）

题型 6.15 图像的判断问题

老吕施法

图像的判断常见以下命题方式：

（1）直线的图像．

已知直线的图像过或不过哪些象限，判断直线方程系数的符号；或者已知直线方程系数的符号，判断直线的图像过哪些象限．

（2）两条直线．

形如 $(A_1x+B_1y+C_1)(A_2x+B_2y+C_2)=0$ 的方程的图像是两条直线．

（3）正方形或菱形．

方程 $|Ax-a|+|By-b|=C$ 所围成的图像，在 $A=B$ 时，是正方形；当 $A\neq B$ 时，是菱形．无论是正方形还是菱形，其面积均为 $S=\dfrac{2C^2}{AB}$．

（4）圆的一般方程．

圆的一般方程 $x^2+y^2+Dx+Ey+F=0$ 是圆的前提为 $D^2+E^2-4F>0$．

（5）半圆．

若圆的方程为 $(x-a)^2+(y-b)^2=r^2$，则

①右半圆的方程为 $(x-a)^2+(y-b)^2=r^2$ $(x\geqslant a)$ 或 $x=\sqrt{r^2-(y-b)^2}+a$．

②左半圆的方程为 $(x-a)^2+(y-b)^2=r^2$ $(x\leqslant a)$ 或 $x=-\sqrt{r^2-(y-b)^2}+a$．

③上半圆的方程为 $(x-a)^2+(y-b)^2=r^2$ $(y\geqslant b)$ 或 $y=\sqrt{r^2-(x-a)^2}+b$．

④下半圆的方程为 $(x-a)^2+(y-b)^2=r^2$ $(y\leqslant b)$ 或 $y=-\sqrt{r^2-(x-a)^2}+b$．

典型例题

例 46 如果圆 $(x-a)^2+(y-b)^2=1$ 的圆心在第二象限，那么直线 $ax+by+1=0$ 不过（　　）．

(A)第一象限　　　　　　(B)第二象限　　　　　　(C)第三象限

(D)第四象限　　　　　　(E)以上选项均不正确

【解析】圆心坐标为 (a,b)，因为圆心在第二象限，故 $a<0$，$b>0$；

直线方程可化为 $y=-\dfrac{a}{b}x-\dfrac{1}{b}$，故斜率 $-\dfrac{a}{b}>0$，纵截距 $-\dfrac{1}{b}<0$；

故直线过一、三、四象限，不过第二象限．

【答案】（B）

例 47 直线 $y=ax+b$ 经过第一、二、四象限．

(1)$a<0$；　　　　　　　　　　(2)$b>0$．

【解析】条件(1)和(2)单独显然不充分，联立之．由 $a<0$ 知斜率为负，直线必过二、四象限；$b>0$，即纵截距大于 0，必过第一象限；所以两个条件联立起来充分．

【快速得分法】特殊值法，令 $a=-1$，$b=1$，画出图像即可判断．

【答案】（C）

例 48 $x^2+mxy+6y^2-10y-4=0$ 的图像是两条直线．

(1)$m=7$；　　　　　　　　　　(2)$m=-7$．

【解析】两条直线的判断，看能否因式分解成 $(A_1x+B_1y+C_1)(A_2x+B_2y+C_2)=0$ 的形式.

条件(1)：将 $m=7$ 代入原方程，用双十字相乘法可得

$$x^2+7xy+6y^2-10y-4=(x+6y+2)(x+y-2)=0,$$

即 $x+6y+2=0$ 或 $x+y-2=0$，是两条直线，条件(1)充分.

条件(2)：将 $m=-7$ 代入原方程，用双十字相乘法可得

$$x^2-7xy+6y^2-10y-4=(x-6y-2)(x-y+2)=0,$$

即 $x-6y-2=0$ 或 $x-y+2=0$，是两条直线，条件(2)充分.

【答案】(D)

例 49 动点 (x,y) 的轨迹是圆.

(1) $|x-1|+|y|=4$；

(2) $3(x^2+y^2)+6x-9y+1=0$.

【解析】条件(1)：分情况讨论可知，图像是一个正方形，不充分.

条件(2)：圆的一般方程 $D^2+E^2-4F=2^2+(-3)^2-4\times\dfrac{1}{3}>0$，表示圆. 故条件(2)充分.

【答案】(B)

例 50 方程 $|x|-1=\sqrt{1-(y-1)^2}$ 表示的曲线为(　　).

(A)1 个圆 　　　　　　　　(B)2 个半圆 　　　　　　　　(C)1 个半圆

(D)2 个圆 　　　　　　　　(E)以上选项均不正确

【解析】当 $x\geqslant1$ 时，方程为 $(x-1)^2+(y-1)^2=1$，是 1 个半圆；

当 $x\leqslant-1$ 时，方程为 $(x+1)^2+(y-1)^2=1$，也是 1 个半圆.

【答案】(B)

题型 6.16　过定点问题

老吕施法

(1)过两条直线交点的直线系方程.

若有两条直线 $A_1x+B_1y+C_1=0$ 和 $A_2x+B_2y+C_2=0$ 相交，则过这两条直线交点的直线系方程为 $(A_1x+B_1y+C_1)\lambda+(A_2x+B_2y+C_2)=0$；

反之，$(A_1x+B_1y+C_1)\lambda+(A_2x+B_2y+C_2)=0$ 的图像必过直线 $A_1x+B_1y+C_1=0$ 和 $A_2x+B_2y+C_2=0$ 的交点.

(2)过定点问题的解法.

方法一：先整理成形如 $a\lambda+b=0$ 的形式，再令 $a=0$，$b=0$；

方法二：直接把 λ 取特殊值，如 0、1，代入，组成方程组，即可求解.

典型例题

例 51 方程 $(a-1)x-y+2a+1=0$ $(a\in\mathbf{R})$ 所表示的直线(　　).

(A)恒过定点 $(-2,3)$ 　　　　　　　　(B)恒过定点 $(2,3)$

(C)恒过点 $(-2,3)$ 和点 $(2,3)$ 　　　　(D)都是平行直线

(E)以上选项均不正确

【解析】方法一：直线 $(a-1)x-y+2a+1=0$，可以理解为两条直线 $a(x+2)=0$ 与 $x+y-1=0$ 所成的直线系，恒过两直线的交点 $(-2,3)$.

方法二：令 $a=1$，可得 $y=3$；再令 $a=0$，即 $-x-y+1=0$，可得 $x=-2$，可知直线恒过点 $(-2，3)$.

【答案】(A)

例 52　圆 $(x-1)^2+(y-2)^2=4$ 和直线 $(1+2\lambda)x+(1-\lambda)y-3-3\lambda=0$ 相交于两点.

(1)$\lambda=\dfrac{2\sqrt{3}}{5}$；　　　　　　　　　　　(2)$\lambda=\dfrac{5\sqrt{3}}{5}$.

【解析】方法一：圆心 $(1，2)$ 到直线 $(1+2\lambda)x+(1-\lambda)y-3-3\lambda=0$ 距离小于 2，即

$$\frac{\left|(1+2\lambda)+2(1-\lambda)-3-3\lambda\right|}{\sqrt{(1+2\lambda)^2+(1-\lambda)^2}}<2,$$

整理，得 $(3\lambda)^2<4(5\lambda^2+2\lambda+2)$，即 $11\lambda^2+8\lambda+8>0$，又因为

$$\Delta=64-4\times11\times8<0,$$

所以 λ 可以取任意实数. 所以条件 (1)(2) 单独都充分.

方法二：$(1+2\lambda)x+(1-\lambda)y-3-3\lambda=0$，可以整理为 $(2x-y-3)\lambda+x+y-3=0$，是过直线 $2x-y-3=0$ 和直线 $-x-y+3=0$ 的交点的直线系.

联立两条直线的方程，可知交点坐标为 $(2，1)$，又因为点 $(2，1)$ 在圆 $(x-1)^2+(y-2)^2=4$ 内，因此，不论 λ 取何值，都有圆 $(x-1)^2+(y-2)^2=4$ 和直线 $(1+2\lambda)x+(1-\lambda)y-3-3\lambda=0$ 相交于两点.

所以，条件 (1)、(2) 单独都充分.

【答案】(D)

例 53　曲线 $ax^2+by^2=1$ 通过 4 个定点.

(1)$a+b=1$；　　　　　　　　　　　(2)$a+b=2$.

【解析】条件 (1)：将 $a+b=1$ 代入 $ax^2+by^2=1$，得 $ax^2+by^2=a+b$，即 $a(x^2-1)+b(y^2-1)=0$，故当 $x^2=1$，$y^2=1$ 时，不论 a，b 取何值，上式都成立.

所以图像必过 $(1，1)$，$(1，-1)$，$(-1，1)$，$(-1，-1)$ 四个定点. 故条件 (1) 充分.

条件 (2)：同理可知，图像必过 $\left(\dfrac{\sqrt{2}}{2}，\dfrac{\sqrt{2}}{2}\right)$，$\left(\dfrac{\sqrt{2}}{2}，-\dfrac{\sqrt{2}}{2}\right)$，$\left(-\dfrac{\sqrt{2}}{2}，\dfrac{\sqrt{2}}{2}\right)$，$\left(-\dfrac{\sqrt{2}}{2}，-\dfrac{\sqrt{2}}{2}\right)$ 四个定点，故条件 (2) 充分.

【答案】(D)

题型 6.17　面积问题

老吕施法

重点题型，常见以下问题：

(1)求直线构成的三角形面积，求出交点坐标即可.

(2)求正方形面积，通过交点求出边长即可.

(3)求组合图形的面积，用割补法.

典型例题

例 54　直线 $y=x$，$y=ax+b$ 与 $x=0$ 所围成的三角形的面积等于 1.

(1)$a=-1$，$b=2$；　　　　　　　　　　　(2)$a=-1$，$b=-2$.

【解析】条件 (1)：直线分别为 $y=x$，$y=-x+2$ 与 $x=0$，围成如图 6-27 所示图形：

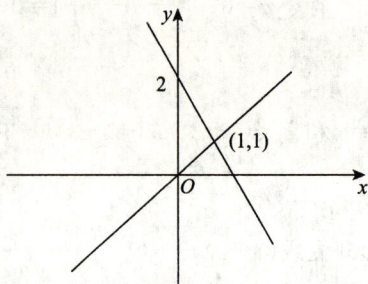

图 6-27

所以，三角形面积 $S=\dfrac{1}{2}\times 2\times 1=1$，条件(1)充分.

条件(2)：同理，可知条件(2)也充分.

【快速得分法】画图像可知条件(1)和条件(2)所形成的图形是对称的，直接选(D).

【答案】(D)

例 55　设直线 $nx+(n+1)y=1$ (n 为正整数)与两坐标轴围成的三角形面积 S_n ($n=1$，2，$\cdots$，$2\,009$)，则 $S_1+S_2+\cdots+S_{2\,009}=($ 　　).

(A)$\dfrac{1}{2}\times\dfrac{2\,009}{2\,008}$　　　　　(B)$\dfrac{1}{2}\times\dfrac{2\,008}{2\,009}$　　　　　(C)$\dfrac{1}{2}\times\dfrac{2\,009}{2\,010}$

(D)$\dfrac{1}{2}\times\dfrac{2\,010}{2\,009}$　　　　　(E) 以上选项均不正确

【解析】直线的横截距为 $\dfrac{1}{n}$，截距为 $\dfrac{1}{n+1}$，故三角形的面积为

$$S_n=\frac{1}{2n(n+1)}=\frac{1}{2}\left(\frac{1}{n}-\frac{1}{n+1}\right).$$

因此，

$$S_1+S_2+\cdots+S_{2\,009}=\frac{1}{2}\times\left(1-\frac{1}{2}+\frac{1}{2}-\frac{1}{3}+\cdots+\frac{1}{2\,009}-\frac{1}{2\,010}\right)=\frac{1}{2}\times\frac{2\,009}{2\,010}.$$

【答案】(C)

例 56　如图 6-28 所示，正方形 $ABCD$ 的面积为 1.

(1)AB 所在的直线方程为 $y=x-\dfrac{1}{\sqrt{2}}$；

(2)AD 所在的直线方程为 $y=1-x$.

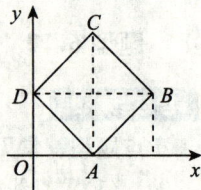

图 6-28

【解析】条件(1)：令 $y=0$，得 $x=\dfrac{1}{\sqrt{2}}$. 所以 A 点的坐标为 $\left(\dfrac{1}{\sqrt{2}},0\right)$，

$|AO|=\dfrac{1}{\sqrt{2}}$，$|AD|=1$，正方形 $ABCD$ 的面积为 1，条件(1)充分.

条件(2)：令 $y=0$，得 $x=1$. 所以 A 点的坐标为 $(1,0)$，$|AO|=1$，$|AD|=\sqrt{2}$，正方形 $ABCD$ 的面积为 2，条件(2)不充分.

【答案】(A)

例 57　曲线 $|xy|+1=|x|+|y|$ 所围成的图形的面积为(　　).

(A)$\dfrac{1}{4}$　　　　　(B)$\dfrac{1}{2}$　　　　　(C) 1　　　　　(D) 2　　　　　(E) 4

【解析】分情况讨论：

(1)当 $x\geqslant 0$，$y\geqslant 0$ 时，$|xy|+1=|x|+|y|$ 可化简为：$xy+1=x+y$，

整理可得：$(x-1)(y-1)=0$，得 $x=1$ 或 $y=1$，是两条线段．

(2)当 $x\geqslant 0$，$y<0$ 时，$|xy|+1=|x|+|y|$ 可化简为：$-xy+1=x-y$，

整理可得：$(x-1)(y+1)=0$，得 $x=1$ 或 $y=-1$，是两条线段．

(3)当 $x<0$，$y\geqslant 0$ 时，$|xy|+1=|x|+|y|$ 可化简为：$-xy+1=-x+y$，

整理可得：$(x+1)(y-1)=0$，得 $x=-1$ 或 $y=1$，是两条线段．

(4)当 $x<0$，$y<0$ 时，$|xy|+1=|x|+|y|$ 可化简为：$xy+1=-x-y$，

整理可得：$(x+1)(y+1)=0$，得 $x=-1$ 或 $y=-1$，是两条线段．

可得图像如图 6-29 所示：

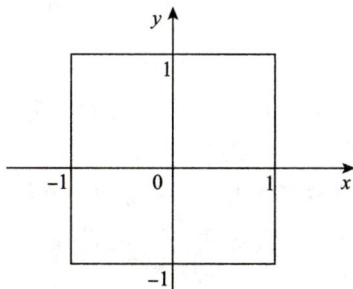

图 6-29

是一个边长为 2 的正方形，故面积为 4．

【答案】(E)

题型 6.18　对称问题

老吕施法

(1)两点关于直线对称．

已知直线 l：$Ax+By+C=0$，求点 $P_1(x_1,y_1)$ 关于直线 l 的对点称 $P_2(x_2,y_2)$．有两个关系：线段 P_1P_2 的中点在对称轴 l 上；线段 P_1P_2 与直线 l 互相垂直．可得方程组

$$\begin{cases} A\left(\dfrac{x_1+x_2}{2}\right)+B\left(\dfrac{y_1+y_2}{2}\right)+C=0, \\ \dfrac{y_1-y_2}{x_1-x_2}\cdot\left(-\dfrac{A}{B}\right)=-1, \end{cases}$$

即可求得点 P_1 关于 l 对称的点 P_2 的坐标 (x_2,y_2)（其中 $A\neq 0$，$x_1\neq x_2$）．

(2)直线关于直线对称．

求直线 l_1：$A_1x+B_1y+C_1=0$ 关于直线 l：$Ax+By+C=0$ 的对称直线，采用以下办法：

第一步：求直线 l_1 和 l 的交点 P；

第二步：在直线 l_1 上任取一点 Q，求 Q 关于直线 l 的对称点 Q'；

第三步：利用直线的两点式方程，求出 PQ' 的方程，即为所求直线方程．

【注意】对于选择题来说，把图像画准确一点儿，判断斜率的大体范围，即可排除几个选项，余下的选项利用交点排除，一般可迅速得解．

（3）圆关于直线对称.

求圆 $(x-a)^2+(y-b)^2=r^2$ 关于直线 $Ax+By+C=0$ 的对称圆，只需求出圆心 (a, b) 关于直线的对称点 (a', b')，则对称圆的方程为 $(x-a')^2+(y-b')^2=r^2$.

（4）曲线关于特殊直线对称（重点，请背熟）.

①点 (x, y) 关于直线 $x+y+c=0$ 的对称点的坐标为 $(-y-c, -x-c)$.

②点 (x, y) 关于直线 $x-y+c=0$ 的对称点的坐标为 $(y-c, x+c)$.

③曲线 $f(x, y)=0$ 关于直线 $x+y+c=0$ 对称的曲线为 $f(-y-c, -x-c)=0$，即把原式中的 x 替换为 $-y-c$，把原式中的 y 替换为 $-x-c$ 即可.

④曲线 $f(x, y)=0$ 关于直线 $x-y+c=0$ 对称的曲线为 $f(y-c, x+c)=0$，即把原式中的 x 替换为 $y-c$，把原式中的 y 替换为 $x+c$ 即可.

典型例题

例 58 点 $P(-3, -1)$，关于直线 $3x+4y-12=0$ 的对称点 P' 是（   ）.

(A)$(2, 8)$ (B)$(1, 3)$ (C)$(8, 2)$ (D)$(3, 7)$ (E)$(7, 3)$

【解析】设 P' 为 (x_0, y_0)，根据关于直线对称的条件，有

$$\begin{cases} 3\times\dfrac{x_0-3}{2}+4\times\dfrac{y_0-1}{2}-12=0, \\ \dfrac{y_0+1}{x_0+3}\times\left(-\dfrac{3}{4}\right)=-1, \end{cases} \quad 解得 \begin{cases} x_0=3, \\ y_0=7, \end{cases}$$

故 P' 坐标为：$(3, 7)$.

【答案】(D)

例 59 点 $M(-5, 1)$ 关于 y 轴的对称点 M' 与点 $N(1, -1)$ 关于直线 l 对称，则直线 l 的方程是（   ）.

(A)$y=-\dfrac{1}{2}(x-3)$ (B)$y=\dfrac{1}{2}(x-3)$ (C)$y=-2(x-3)$

(D)$y=\dfrac{1}{2}(x+3)$ (E)$y=-2(x+3)$

【解析】M' 的坐标为：$(5, 1)$，故 $M'N$ 的中点坐标为：$\left(\dfrac{5+1}{2}=3, \dfrac{1-1}{2}=0\right)$；

$M'N$ 的斜率为：$\dfrac{1-(-1)}{5-1}=\dfrac{1}{2}$，故直线 l 与 $M'N$ 互相垂直，故斜率为 -2；

直线 l 过 $M'N$ 的中点 $(3, 0)$，由点斜式方程可得：$y=-2(x-3)$.

【答案】(C)

例 60 点 $P_0(2, 3)$ 关于直线 $x+y=0$ 的对称点是（   ）.

(A)$(4, 3)$ (B)$(-2, -3)$ (C)$(-3, -2)$

(D)$(-2, 3)$ (E)$(-4, -3)$

【解析】设对称点为 (x_0, y_0)，则有 $\begin{cases} \dfrac{x_0+2}{2}+\dfrac{y_0+3}{2}=0, \\ \dfrac{y_0-3}{x_0-2}\times(-1)=-1, \end{cases}$ 解得 $\begin{cases} x_0=-3, \\ y_0=-2. \end{cases}$

【快速得分法】点 (x, y) 关于直线 $x+y+c=0$ 的对称点的坐标为 $(-y-c, -x-c)$，代入，可知 $P_0(2, 3)$ 对称点为 $(-3, -2)$.

【答案】(C)

例61 以直线 $y+x=0$ 为对称轴且与直线 $y-3x=2$ 对称的直线方程为(　　).

(A) $y=\dfrac{x}{3}+\dfrac{2}{3}$　　　　(B) $y=-\dfrac{x}{3}+\dfrac{2}{3}$　　　　(C) $y=-3x-2$

(D) $y=-3x+2$　　　　(E) 以上选项均不正确

【解析】曲线 $f(x)$ 关于 $x+y+c=0$ 的对称曲线为 $f(-y-c,-x-c)$.

所以 $y-3x=2$ 关于 $x+y=0$ 的对称直线为 $-x+3y=2$，即 $y=\dfrac{x}{3}+\dfrac{2}{3}$.

【答案】(A)

例62 已知圆 C 与圆 $x^2+y^2-2x=0$ 关于直线 $x+y=0$ 对称，则圆 C 的方程为(　　).

(A)$(x+1)^2+y^2=1$　　　　(B)$x^2+y^2=1$　　　　(C)$x^2+(y+1)^2=1$

(D)$x^2+(y-1)^2=1$　　　　(E)$(x-1)^2+(y+1)^2=1$

【解析】曲线 $f(x)$ 关于 $x+y+c=0$ 的对称曲线为 $f(-y-c,-x-c)$，

故将 $(-y,-x)$ 代入圆的方程可得：$x^2+(y+1)^2=1$.

【答案】(C)

例63 圆 $(x-3)^2+(y+2)^2=4$ 关于 y 轴的对称图形的方程为(　　).

(A)$(x-3)^2+(y-2)^2=4$　　　　(B)$(x+3)^2+(y+2)^2=4$

(C)$(x+3)^2+(y-2)^2=4$　　　　(D)$(3-x)^2+(y+2)^2=4$

(E)$(3-x)^2+(y-2)^2=4$

【解析】由类型 3 可知，圆的对称图形还是圆，并且半径不变.

圆心是原来圆的圆心 $(3,-2)$ 关于 y 轴的对称点 $(-3,-2)$.

根据圆的标准方程，可得对称图形的方程为 $(x+3)^2+(y+2)^2=4$.

【答案】(B)

例64 已知 $y=kx+1$ 和圆 $x^2+y^2+kx-y-4=0$ 的两个交点关于直线 $y=x$ 对称，这两个交点的坐标为(　　).

(A)$(1,3)$ 和 $(3,1)$　　　　(B)$(1,-2)$ 和 $(-2,1)$

(C)$(2,-1)$ 和 $(-1,2)$　　　　(D)$(-1,-2)$ 和 $(-2,-1)$

(E)以上选项均不正确

【解析】圆心应在 $y=x$ 上，可知 $k=-1$，联立直线和圆的方程，可得 $\begin{cases}y=-x+1,\\x^2+y^2-x-y-4=0,\end{cases}$

解得交点坐标为 $\begin{cases}x_1=2,\\y_1=-1\end{cases}$ 或 $\begin{cases}x_2=-1,\\y_2=2.\end{cases}$

【答案】(C)

题型 6.19　最值问题

老吕施法

解析几何中的最值问题，常见以下类型：

(1)求 $\dfrac{y-b}{x-a}$ 的最值.

设 $k=\dfrac{y-b}{x-a}$，转化为求定点 (a, b) 到动点 (x, y) 的斜率的范围.

(2)求 $ax+by$ 的最值.

设 $ax+by=c$，即 $y=-\dfrac{a}{b}x+\dfrac{c}{b}$，转化为求动直线截距的最值.

(3)求 $(x-a)^2+(y-b)^2$ 的最值.

设 $d^2=(x-a)^2+(y-b)^2$，即 $d=\sqrt{(x-a)^2+(y-b)^2}$，转化为求定点 (a, b) 到动点 (x, y) 的距离的范围.

(4)求圆上的点到直线距离的最值.

求出圆心到直线的距离，再根据圆与直线的位置关系，求解. 一般是距离加半径或距离减半径是其最值.

(5)求两圆上的点的距离的最值.

求出圆心距，再减半径或加半径即可.

(6)转化为一元二次函数求最值.

(7)与圆有关的最值问题，往往与切线或直径、半径有关.

典型例题

例65 动点 $P(x, y)$ 在圆 $x^2+y^2-1=0$ 上，则 $\dfrac{y+1}{x+2}$ 的最大值是(　　).

(A)$\sqrt{2}$　　　　(B)$-\sqrt{2}$　　　　(C)$\dfrac{1}{2}$　　　　(D)$-\dfrac{1}{2}$　　　　(E)$\dfrac{4}{3}$

【解析】类型1，转化为斜率.

因为 $\dfrac{y+1}{x+2}=\dfrac{y-(-1)}{x-(-2)}$，可以看作是点 $P(x, y)$ 和定点 $A(-2, -1)$ 所在直线的斜率.

由图 6-30 可知，当 P 落在点 C 处时，斜率最大.

设直线 AC 的方程为 $y+1=k(x+2)$，圆心 $(0, 0)$ 到直线 AC 的距离为半径 1，故 $d=\dfrac{|2k-1|}{\sqrt{k^2+1^2}}=1$，解得 $k=\dfrac{4}{3}$ 或 0，所以 $\dfrac{y+1}{x+2}$ 的最大值为 $\dfrac{4}{3}$.

【答案】(E)

例66 若 x, y 满足 $x^2+y^2-2x+4y=0$，则 $x-2y$ 的最大值为(　　).

(A)$\sqrt{5}$　　　　(B)10　　　　(C)9

(D)$5+2\sqrt{5}$　　　　(E)0

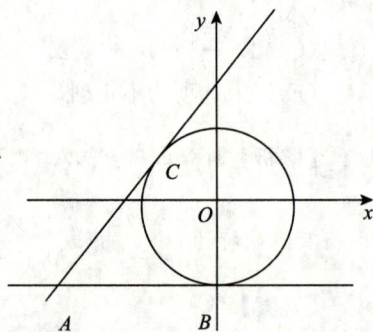

图 6-30

【解析】类型2.

令 $x-2y=k$，即 $y=\dfrac{x}{2}-\dfrac{k}{2}$，可见，欲让 k 的取值最大，直线的纵截距必须最小.

又因为 (x, y) 既是直线上的点，又是圆上的点，所以，当直线与圆相切时，直线的纵截距最小，此时，圆心到直线的距离等于半径，即 $d=\dfrac{|1+2\times2-k|}{\sqrt{1+2^2}}=r=\sqrt{5}$，解得 $k=10$ 或 $k=0$，所

以，$x-2y$ 的最大值为 10.

【答案】(B)

例 67　已知实数 x，y 满足 $x^2+y^2-2x+ay-11=0$. 则 x^2+y^2 的最小值为 $21-8\sqrt{5}$.

(1)$a=6$；　　　(2)$a=4$.

【解析】类型 3.

方程为圆的方程：$(x-1)^2+\left(y+\dfrac{a}{2}\right)^2=12+\dfrac{a^2}{4}$，原点在圆内，$x^2+y^2$ 为原点到圆上各点距离的平方.

原点到圆上各点的最小距离为半径减去原点到圆心的距离，即

$$\left(\sqrt{12+\dfrac{a^2}{4}}-\sqrt{(1-0)^2+(-\dfrac{a}{2}-0)}\right)^2=21-8\sqrt{5},\ 即\left(\sqrt{12+\dfrac{a^2}{4}}-\sqrt{1+\dfrac{a^2}{4}}\right)^2=21-8\sqrt{5}.$$

条件(1)：将 $a=6$ 代入上式，等式不成立，故条件(1)不充分.

条件(2)：将 $a=4$ 代入上式，等式成立，故条件(2)充分.

【答案】(B)

例 68　点 P 在圆 O_1 上，点 Q 在圆 O_2 上，则 $|PQ|$ 的最小值是 $3\sqrt{5}-3-\sqrt{6}$.

(1)O_1：$x^2+y^2-8x-4y+11=0$；

(2)O_2：$x^2+y^2+4x+2y-1=0$.

【解析】类型 5.

条件(1)、(2)单独显然不充分，联立可得

$$圆\ O_1：(x-4)^2+(y-2)^2=9，圆\ O_2：(x+2)^2+(y+1)^2=6.$$

圆心距为 $\sqrt{6^2+3^2}=3\sqrt{5}>3+\sqrt{6}$，所以两圆相离. 故 $|PQ|$ 最小值为 $3\sqrt{5}-3-\sqrt{6}$.

【答案】(C)

例 69　圆 $x^2+y^2-8x-2y+10=0$ 中过 $M(3,0)$ 点的最长弦和最短弦所在直线方程则是（　）.

(A)$x-y-3=0$，$x+y-3=0$　　　　　(B)$x-y-3=0$，$x-y+3=0$

(C)$x+y-3=0$，$x-y-3=0$　　　　　(D)$x+y-3=0$，$x-y+3=0$

(E) 以上选项均不正确

【解析】类型 7.

根据圆的一般方程可知，圆心坐标为 $C(4,1)$.

最长弦即过 M 点的直径，此弦必过圆心 C 和 M 点，方程为 $\dfrac{x-3}{4-3}=\dfrac{y-0}{1-0}$，即 $x-y-3=0$.

最短弦垂直于 CM，其斜率为 -1，根据点斜式方程可知，方程为

$$y=-(x-3)，即 x+y-3=0.$$

【答案】(A)

微模考六(上)·基础篇

(共25题，每题3分，限时60分钟)

一、问题求解：第1~15小题，每小题3分，共45分．下列每题给出的(A)、(B)、(C)、(D)、(E)五个选项中，只有一项是符合试题要求的，请在答题卡上将所选项的字母涂黑．

1. 在四边形 $ABCD$ 中，设 AB 的长为8，$\angle A : \angle B : \angle C : \angle D = 3:7:4:10$，$\angle CDB = 60°$，则 $\triangle ABD$ 的面积是(   )．

    (A)8　　　　(B)32　　　　(C)4　　　　(D)16　　　　(E)64

2. 如图6-31所示，边长为3的等边三角形 ABC 中，D，E 分别在边 AB 和 BC 上，$|BD| = \frac{1}{3}|AB|$，$DE \perp AB$，$|AB| = 3$，那么四边形 $ADEC$ 面积是(   )．

    (A)10　　(B)$10\sqrt{3}$　　(C)$\frac{7}{4}\sqrt{3}$　　(D)$\sqrt{21}$　　(E)$10\sqrt{2}$

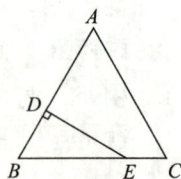

图 6-31

3. 如图6-32所示，等腰梯形 $ABCD$ 中放入一个面积为2的半圆，且 $\angle A = 60°$，那么梯形面积等于(   )．

    (A)20　　　　(B)10　　　　(C)$10\sqrt{3}\pi$

    (D)$\left(2+\frac{1}{\sqrt{3}}\right)\frac{4}{\pi}$　　　　(E)$\left(3+\frac{1}{\sqrt{2}}\right)\pi$

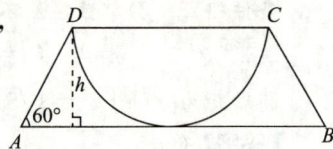

图 6-32

4. 如图6-33所示，直角 $\triangle ABC$ 中，AB 为圆的直径，且 $|AB| = 20$，若面积I比面积II大7，那么 $\triangle ABC$ 的面积 $S_{\triangle ABC}$ 等于(   )．

    (A)70π　　(B)50π　　(C)$50\pi+7$　　(D)$50\pi-7$　　(E)$70\pi-7$

5. 如图6-34所示，AB 是圆 O 的直径，其长为1，它的三等分点分别为 C 与 D，在 AB 的两侧以 AC，AD，CB，DB 为直径分别画半圆．这四个半圆将原来的圆分成三部分，则其中阴影部分面积(   )．

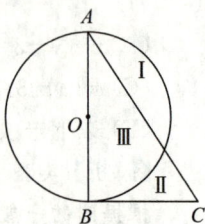

图 6-33

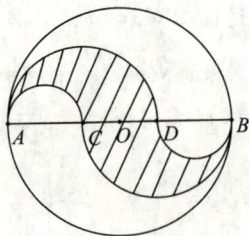

图 6-34

    (A)$\frac{1}{3}\pi$　　(B)$\frac{1}{6}\pi$　　(C)$\frac{1}{12}\pi$　　(D)$\frac{1}{24}\pi$　　(E)$\frac{1}{36}\pi$

6. 圆 $x^2+y^2+2x+4y-3=0$ 上到直线 $x+y+1=0$ 的距离为 $\sqrt{2}$ 的点共有(   )．

(A)0 个   (B)1 个   (C)2 个   (D)3 个   (E)4 个

7. 如果直线 $(a+2)x+(1-a)y-3=0$ 和直线 $(a-1)x+(2a+3)y+2=0$ 互相垂直,则 $a=$ ( ).

     (A)2   (B)-1 (C)1   (D)± 2 (E)± 1

8. 已知圆 $(x-3)^2+(y+4)^2=4$ 和直线 $y=kx$ 交于 P,Q 两点,O 为原点,则 $|OP|\cdot|OQ|$ 的值为( ).

     (A)$\dfrac{21}{1+k^2}$ (B)$1+k^2$ (C)4   (D)21   (E)15

9. 矩形周长为 2,将它绕其一边旋转一周,所得圆柱体积最大时的矩形面积为( ).

     (A)$\dfrac{4\pi}{27}$ (B)$\dfrac{2}{3}$ (C)$\dfrac{2}{9}$ (D)$\dfrac{27}{4}$ (E)以上选项均不正确

10. 设直线 $(m-1)x+(2m-1)y=m-5$,对任意实数 m,此直线必过一定点,则此定点的坐标为( ).

     (A)$(9,4)$ (B)$(9,-4)$ (C)$(4,9)$

     (D)$(-4,9)$ (E)$(-9,-4)$

11. 过原点作圆 $x^2+y^2-12y+27=0$ 的切线,则该圆夹在两条切线间的劣弧长为( ).

     (A)π (B)2π (C)3π (D)4π (E)6π

12. 已知直线 $ax+by+c=0$ 不经过第一象限,且 $ab\neq 0$,则有( ).

     (A)$c<0$ (B)$c>0$ (C)$ac\geqslant 0$ (D)$ac>0$ (E)$bc>0$

13. 直线 l 过点 $M(-1,2)$ 且与以 $P(-2,-3)$,$Q(4,0)$ 为端点的线段相交,则 l 的斜率范围为( ).

     (A)$\left[-\dfrac{2}{3},5\right]$ (B)$\left[-\dfrac{2}{5},0\right)\cup(0,5]$ (C)$\left(-\infty,-\dfrac{2}{5}\right]\cup[5,+\infty)$

     (D)$\left[-\dfrac{2}{5},\dfrac{\pi}{2}\right)\cup\left(\dfrac{\pi}{2},5\right]$ (E)以上选项均不正确

14. 过点 $A(0,1)$ 作直线 l,使它被直线 $x-3y+10=0$ 和 $2x+y-8=0$ 所截得的线段被点 A 平分,则 l 的方程为( ).

     (A)$x+4y-4=0$ (B)$x-4y+4=0$ (C)$4x-y+1=0$

     (D)$4x+y-1=0$ (E)$3x-2y+2=0$

15. 一直线过点 $P(8,6)$,且和两坐标轴所围成的三角形的面积等于 12,则此直线方程为( ).

     (A)$3x-2y-12=0$ (B)$3x-8y+24=0$ (C)$3x+2y-36=0$

     (D)$3x-2y-12=0$ 或 $3x-8y+24=0$

     (E)$3x-2y-12=0$ 或 $3x+2y-36=0$

二、条件充分性判断:第 16~25 小题,每小题 3 分,共 30 分. 要求判断每题给出的条件(1)和条件(2)能否充分支持题干所陈述的结论.(A)、(B)、(C)、(D)、(E)五个选项为判断结果,请选择一项符合试题要求的判断,在答题卡上将所选项的字母涂黑.

     (A)条件(1)充分,但条件(2)不充分.

     (B)条件(2)充分,但条件(1)不充分.

     (C)条件(1)和条件(2)单独都不充分,但条件(1)和条件(2)联合起来充分.

     (D)条件(1)充分,条件(2)也充分.

     (E)条件(1)和条件(2)单独都不充分,条件(1)和条件(2)联合起来也不充分.

16. $\triangle ABC$ 与 $\triangle A'B'C'$ 面积之比为 $2:3$.

(1)$\triangle ABC \backsim \triangle A'B'C'$ 且它们的周长之比为 $\sqrt{2}:\sqrt{3}$;

(2)在 $\triangle ABC$ 和 $\triangle A'B'C'$ 中,$|AB|:|A'B'|=|AC|:|A'C'|=\sqrt{2}:\sqrt{3}$,且 $\angle A$ 与 $\angle A'$ 互补.

17. 一束光线经过点 $P(2,3)$ 射到直线 $x+y+1=0$ 上,反射后穿过点 $Q(1,1)$.

(1)入射光线的方程为 $5x+4y-2=0$;

(2)入射光线的方程为 $5x-4y+2=0$.

18. 点 A 在圆 $(x+1)^2+(y-4)^2=13$ 上,并且过点 A 的切线的斜率为 $\frac{2}{3}$.

(1) A 点的坐标为 $(1,1)$;

(2) A 点的坐标为 $(-3,1)$.

19. 两直线 $y=x+1$,$y=ax+7$ 与 x 轴所围成的面积是 $\frac{27}{4}$.

(1)$a=-3$;

(2)$a=-2$.

20. 正方形 $ABCD$ 的顶点 D 的坐标为 $(-1,7)$.

(1)正方形 $ABCD$ 的四个顶点依逆时针顺序排列;

(2)点 A,B 的坐标分别是 $(2,3)$ 和 $(6,6)$.

21. $m=-4$ 或 $m=-3$.

(1)直线 l_1:$(3+m)x+4y=5$ 与直线 l_2:$mx+(3+m)y=8$ 互相垂直;

(2)点 $A(1,0)$ 关于直线 $x-y+1=0$ 的对称点是 $A'\left(\dfrac{m}{4},-\dfrac{m}{2}\right)$.

22. $a\leqslant 5$ 成立.

(1)点 $A(a,6)$ 到直线 $3x-4y=2$ 的距离大于 4;

(2)两平行直线 l_1:$x-y-a=0$,l_2:$x-y-3=0$ 之间的距离小于 $\sqrt{2}$.

23. 已知直线 $ax+by+c=0$,可以得到 $a+b=0$.

(1)直线的图像如图 6-35 所示;　　　　　　　　(2)直线的图像如图 6-36 所示.

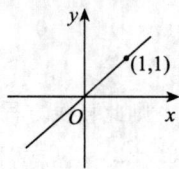

图 6-35

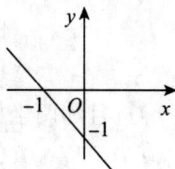

图 6-36

24. 直线 l:$ax+by+c=0$ 恒过第一、二、三象限.

(1)$ab<0$ 且 $bc<0$;

(2)$ab<0$ 且 $ac>0$.

25. $2\leqslant m<2\sqrt{2}$.

(1)直线 l:$y=x+m$ 与曲线 C:$y=\sqrt{4-x^2}$ 有两个交点;

(2)圆 C_1:$(x-m)^2+y^2=1$ 和圆 C_2:$x^2+(y-m)^2=4$ 相交.

微模考六(下)·强化篇

（共 25 题，每题 3 分，限时 60 分钟）

一、问题求解：第 1～15 小题，每小题 3 分，共 45 分．下列每题给出的(A)、(B)、(C)、(D)、(E)五个选项中，只有一项是符合试题要求的，请在答题卡上将所选项的字母涂黑．

1. 如图 6-37 所示，正方形 $ABCD$ 的面积是 36，则阴影部分面积为( )．
   (A)3π　　(B)3.5π　　(C)4π　　(D)4.5π　　(E)5π

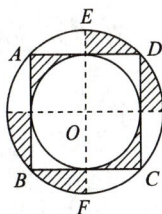

2. 如图 6-38 所示，BD，CF 将长方形 $ABCD$ 分成四块，红色三角形面积是 4，黄色三角形面积是 6，则绿色部分的面积是( )．
   (A) 9　　(B) 10　　(C)11　　(D)12　　(E)13

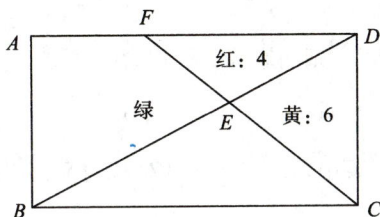

图 6-37

图 6-38

3. 设 a，b，c 是 $\triangle ABC$ 的三边长，二次函数 $y=\left(a-\dfrac{b}{2}\right)x^2-cx-a-\dfrac{b}{2}$ 在 $x=1$ 时取得最小值 $-\dfrac{8}{5}b$，则 $\triangle ABC$ 是( )．

   (A)等腰三角形　　　　　(B)锐角三角形　　　　　(C)钝角三角形
   (D)直角三角形　　　　　(E)以上选项均不正确

4. 过定点 $(1, 3)$ 可作两条直线与圆 $x^2+y^2+2kx+2y+k^2-24=0$ 相切，则 k 的取值范围内有( )个整数．
   (A)0　　(B)1　　(C)2　　(D)3　　(E)无穷多

5. 已知圆 C：$x^2+y^2-2x-4y+m=0$ 与直线 $x+2y-4=0$ 交于 M，N 两点，且 $OM\perp ON$（O 为坐标原点），则 m 的值为( )．

   (A)1　　(B)-1　　(C)2　　(D)-2　　(E)$\dfrac{8}{5}$

6. 已知两圆 $x^2+y^2=10$ 和 $(x-1)^2+(y-3)^2=20$ 相交于 A，B 两点，则直线 AB 的方程是( )．
   (A)$x+3y=0$　　　　(B)$x-3y=0$　　　　(C)$3x+y=0$
   (D)$3x+y=0$　　　　(E)$x+2y=0$

7. 直线 $x-2y+1=0$ 关于直线 $x=1$ 对称的直线方程是( )．
   (A)$x+2y-1=0$　　　　(B)$2x+y-1=0$　　　　(C)$2x+y-3=0$
   (D)$2x+y-5=0$　　　　(E)$x+2y-3=0$

8. 如图 6-39 所示，半球内有一内接正方体，正方体的一个面在半球的底面圆内，若正方体棱长为 $\sqrt{6}$，则半球的表面积和体积分别是(   ).

(A)27π，18π (B)27π，16π (C)22π，27π

(D)18π，27π (E)21π，18π

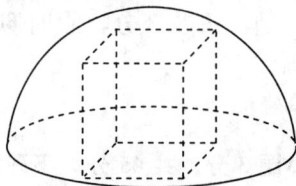

图 6-39

9. 若 $P(x，y)$ 在 $(x-3)^2+(y-\sqrt{3})^2=6$ 上运动，则 $\dfrac{y}{x}$ 的最大值是(   ).

(A)2   (B)$\sqrt{3}-2$ (C)$\sqrt{3}+2$ (D)$2-\sqrt{3}$ (E)6

10. 直线 $(3m+1)x+(5m-2)y+5-7m=0$ 恒过定点(   ).

(A)$(-1，2)$ (B)$(1，2)$ (C)$(2，2)$

(D)$(2，-1)$ (E)$(2，-2)$

11. 图 6-40 中四个圆的半径都是 1，则阴影部分面积为(   ).

(A)$\pi+\dfrac{1}{2}$ (B)4   (C)$\pi+1$ (D)5   (E)$\pi+1.5$

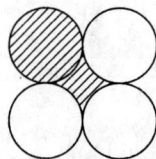

图 6-40

12. 如图 6-41 所示，在直角坐标系中，点 A，B 的坐标分别是 $(3，0)$，$(0，4)$，$Rt\triangle ABO$ 内心坐标是(   ).

(A)$\left(\dfrac{7}{2}，\dfrac{7}{2}\right)$ (B)$\left(\dfrac{3}{2}，2\right)$ (C)$(1，1)$

(D)$\left(\dfrac{3}{2}，\dfrac{3}{2}\right)$ (E)$\left(1，\dfrac{3}{2}\right)$

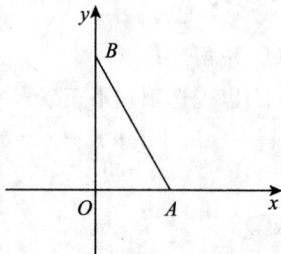

图 6-41

13. 到直线 $2x+y+1=0$ 的距离为 $\dfrac{1}{\sqrt{5}}$ 的点的集合是(   ).

(A)直线 $2x+y-2=0$

(B)直线 $2x+y=0$

(C)直线 $2x+y=0$ 或直线 $2x+y-2=0$

(D)直线 $2x+y=0$ 或直线 $2x+y+2=0$

(E)直线 $2x+y-1=0$ 或直线 $2x+y-2=0$

14. 已知点 A 的坐标为 $(-1，1)$，直线 L 的方程为 $3x+y=0$，那么直线 L 关于点 A 的对称直线

L' 的方程为(   ).

(A)$4x-y+6=0$　　　　(B)$4x+y+6=0$　　　　(C)$x-3y+4=0$

(D)$x+3y+4=0$　　　　(E)$3x+y+4=0$

15. 圆柱体的高与正方体的高相等，且它们的侧面积也相等，则圆柱体的体积与正方体的体积比值为(   ).

(A)$\dfrac{4}{\pi}$　　　(B)$\dfrac{3}{\pi}$　　　(C)$\dfrac{\pi}{3}$　　　(D)$\dfrac{1}{4\pi}$　　　(E)π

二、条件充分性判断：第 16～25 小题，每小题 3 分，共 30 分．要求判断每题给出的条件(1)和条件(2)能否充分支持题干所陈述的结论．(A)、(B)、(C)、(D)、(E)五个选项为判断结果，请选择一项符合试题要求的判断，在答题卡上将所选项的字母涂黑．

(A)条件(1)充分，但条件(2)不充分．

(B)条件(2)充分，但条件(1)不充分．

(C)条件(1)和条件(2)单独都不充分，但条件(1)和条件(2)联合起来充分．

(D)条件(1)充分，条件(2)也充分．

(E)条件(1)和条件(2)单独都不充分，条件(1)和条件(2)联合起来也不充分．

16. $a=\dfrac{\sqrt{3}}{2}$．

(1)边长为 2 的等边三角形内一点分别向三边作垂线，三条垂线段长的和为 a；

(2)边长为 1 的等边三角形内一点分别向三边作垂线，三条垂线段长的和为 a.

17. 直线 L 过点 $P(2,1)$，则直线 L 只有两种情况．

(1)直线 L 与直线 $x-y+1=0$ 的夹角为 $\dfrac{\pi}{4}$；

(2)直线 L 与两坐标轴围成三角形的面积为 4.

18. 若 x，y 满足 $x^2+y^2-2x+4y=0$，则 $m-n=10$．

(1)$x-2y$ 的最大值为 m；

(2)$x-2y$ 的最小值为 n.

19. 设 a，b，c 是互不相等的三个实数，则 $A(a,a^3)$，$B(b,b^3)$，$C(c,c^3)$ 无法构成三角形．

(1)$a+b+c=0$；

(2)$a+b-c=0$.

20. 体积 $V=18\pi$．

(1)长方体的三个相邻面的面积分别为 2、3、6，这个长方体的顶点都在同一球面上，则这个球的体积为 V；

(2)半球内有一个内接正方体，正方体的一个面在半球的底面圆内，正方体的边长为 $\sqrt{6}$，半球的体积为 V.

21. 直线 $ax+by-1=0$ 一定不经过第一象限．

(1) 圆 $(x-a)^2+(y-b)^2=1$ 的圆心在第三象限；

(2) 圆 $(x-a)^2+(y-b)^2=1$ 的圆心在第二象限．

22. 如图 6-42 所示，在直角三角形中，$|AB|=|BC|$，点 D 是 BC 边上的一点，有 $\angle DAC=15°$.

(1)$|AB|+|BD|=|AD|+|CD|$；

(2)$|BD|=|CD|$.

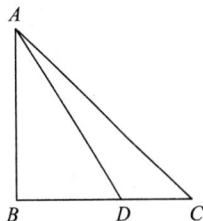

图 6-42

23. 圆 C 的半径为 $\sqrt{2}$.

    (1)圆 C 截 y 轴所得弦长为 2，且圆心到直线 $x-2y=0$ 的距离为 $\dfrac{\sqrt{5}}{5}$；

    (2)圆 C 被 x 轴分成两段弧，其长之比为 $3:1$.

24. 长方体所有的棱长之和为 28 厘米.

    (1)长方体的对角线长为 $\sqrt{14}$ 厘米；

    (2)长方体的表面积为 22 平方厘米.

25. 曲线所围成图形的面积等于 24.

    (1)曲线方程为 $|xy|+6=3|x|+2|y|$；

    (2)曲线方程为 $|2x-1|+|y-1|=6$.

微模考六（上）·基础篇参考答案

一、问题求解

1. （D）

【解析】如图 6-43 所示，四边形 $ABCD$ 的 4 个内角之和为 $360°$.

因为 $\angle A : \angle B : \angle C : \angle D = 3 : 7 : 4 : 10$，所以 $\angle A = \dfrac{360°}{24} \times 3 = 45°$，且 $\angle ADB = \dfrac{360°}{24} \times 10 - 60° = 90°$.

又 $|AB| = 8$，所以 $|AD| = |BD| = 4\sqrt{2}$，

故 $\triangle ABD$ 的面积为 $\dfrac{1}{2} \times 4\sqrt{2} \times 4\sqrt{2} = 16$.

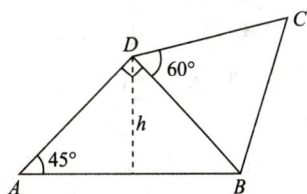

图 6-43

2. （C）

【解析】BC 边上的高 $h = \sqrt{|AC|^2 - \left(\dfrac{|BC|}{2}\right)^2} = \sqrt{|AB|^2 - \left(\dfrac{|AB|}{2}\right)^2} = \dfrac{\sqrt{3}}{2}|AB|$，所以，

$$S_{\triangle ABC} = \dfrac{1}{2}|BC| \cdot \left(\dfrac{\sqrt{3}}{2}|AB|\right) = \dfrac{\sqrt{3}}{4}|AB|^2 = \dfrac{9\sqrt{3}}{4}.$$

在 $\text{Rt}\triangle EDB$ 中，$\angle B = 60°$，$\angle BED = 90° - 60° = 30°$，

$$|BE| = 2|BD| = 2 \times \dfrac{1}{3}|AB| = 2, \quad |DE| = \sqrt{|BE|^2 - |BD|^2} = \sqrt{3},$$

所以 $S_{\triangle EDB} = \dfrac{1}{2}|DE| \cdot |BD| = \dfrac{\sqrt{3}}{2}$. 四边形 $ADEC$ 的面积

$$S_{\text{四边形}ADEC} = S_{\triangle ABC} - S_{\triangle EDB} = \dfrac{9\sqrt{3}}{4} - \dfrac{\sqrt{3}}{2} = \dfrac{7}{4}\sqrt{3}.$$

3. （D）

【解析】梯形高 $h = r$，上底 $= 2r$，下底 $= 2r + 2 \cdot \dfrac{r}{\sqrt{3}} = 2r\left(1 + \dfrac{1}{\sqrt{3}}\right)$. 因为 $\dfrac{1}{2}\pi r^2 = 2$，所以 $r^2 = \dfrac{4}{\pi}$.

所以梯形面积 $S = \dfrac{1}{2}r\left[2r + 2r\left(1 + \dfrac{1}{\sqrt{3}}\right)\right] = \left(2 + \dfrac{1}{\sqrt{3}}\right)r^2 = \left(2 + \dfrac{1}{\sqrt{3}}\right)\dfrac{4}{\pi}$.

4. （D）

【解析】面积 I 比面积 II 多 7，即 $S_{\text{II}} = S_{\text{I}} - 7$，则

$$S_{\triangle ABC} = S_{\text{III}} + S_{\text{II}} = S_{\text{III}} + S_{\text{I}} - 7 = S_{\text{半圆}} - 7 = \dfrac{\pi}{2}\left(\dfrac{20}{2}\right)^2 - 7 = 50\pi - 7.$$

5. （C）

【解析】$|AB| = 1$，所以 $|AC| = |CD| = \dfrac{1}{3}$. 所以上半部分阴影的面积为

$$\dfrac{1}{2}\pi(|AC|)^2 - \dfrac{1}{2}\pi\left(\dfrac{1}{2}|AC|\right)^2 = \dfrac{1}{24}\pi.$$

所以阴影部分面积为 $\dfrac{1}{12}\pi$.

6. (D)

【解析】圆的方程可化为 $(x+1)^2+(y+2)^2=8$.

圆心 $C(-1, -2)$ 到直线距离为 $\dfrac{|-1-2+1|}{\sqrt{1+1}}=\sqrt{2}$，圆半径 $2\sqrt{2}$. 可见所求点共有 3 个.

7. (E)

【解析】利用 $A_1A_2+B_1B_2=0$ 可得 $(a+2)(a-1)+(1-a)(2a+3)=0$，解得 $a^2=1$，所以 $a=\pm 1$.

8. (D)

【解析】根据切割线定理：从圆外一点引圆的切线和割线，切线长是这点到割线与圆交点的两条线段长的比例中项. 故有，$|OP|\cdot|OQ|$ 的长度等于过原点的切线长的平方.

切线长为 $\sqrt{(3^2+4^2)-4}=\sqrt{21}$，所以，$|OP|\cdot|OQ|$ 的长度为 21.

9. (C)

【解析】设矩形边长分别为 x 和 $1-x$，则旋转后，矩形的一边为半径，一边为高. 故体积

$$V=\pi x^2(1-x)=\frac{1}{2}\pi\cdot x\cdot x\cdot(2-2x)\leqslant\frac{\pi}{2}\left(\frac{2}{3}\right)^3.$$

当 $x=\dfrac{2}{3}$ 时，体积有最大值，此时矩形的面积为 $\dfrac{2}{9}$.

10. (B)

【解析】直线方程可以整理为 $m(x+2y-1)+(5-x-y)=0$，对任意实数都成立，可见

$$\begin{cases}x+2y-1=0,\\5-x-y=0,\end{cases}\text{解得}\begin{cases}x=9,\\y=-4.\end{cases}$$

11. (B)

【解析】圆的方程可化为 $x^2+(y-6)^2=3^2$.

过原点的两条切线的夹角为 $\dfrac{\pi}{3}$，故劣弧所对的圆心角为 $\dfrac{2\pi}{3}$. 所以劣弧长为 $l=\dfrac{2\pi}{3}r=2\pi$.

12. (C)

【解析】直线不过第一象限，则该直线的斜率 $-\dfrac{a}{b}<0$，即 $ab>0$.

直线不经过第一象限，则该直线在 y 轴上的截距 $-\dfrac{c}{b}\leqslant 0$，即 $\dfrac{c}{b}\geqslant 0$，所以 $c=0$ 或 c 与 b 同号.

又因为 a 与 b 同号，所以 c 与 a 同号，即 $ac\geqslant 0$.

13. (C)

【解析】MP 的斜率为 $\dfrac{2-(-3)}{-1-(-2)}=5$，$MQ$ 的斜率为

$\dfrac{2-0}{-1-4}=-\dfrac{2}{5}$，

从图 6-44 可知，所求范围为 $\left(-\infty, -\dfrac{2}{5}\right]\cup[5, +\infty)$.

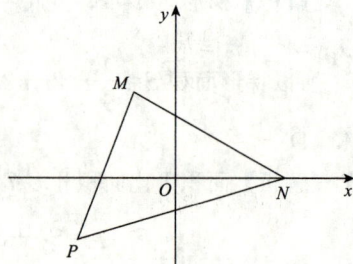

图 6-44

14. (A)

【解析】设 l 和 $x-3y+10=0$ 的交点为 $P(a, b)$，则 l 和 $2x+y-8=0$ 的交点为

$Q(-a，2-b)$，根据题意，有 $\begin{cases} a-3b+10=0, \\ 2(-a)+(2-b)-8=0, \end{cases}$ 解得 $\begin{cases} a=-4, \\ b=2. \end{cases}$ 所求直线即 AP，方程为

$$\frac{y-1}{2-1}=\frac{x-0}{-4-0}，即 \ x+4y-4=0.$$

15. (D)

【解析】设所求直线为 $\frac{x}{a}+\frac{y}{b}=1$，则 $\begin{cases} \dfrac{8}{a}+\dfrac{6}{b}=1, \\ \dfrac{1}{2}|ab|=12. \end{cases}$

设 $ab=24$，则 $\begin{cases} 8b+6a=24, \\ ab=24, \end{cases}$ 无解；

设 $ab=-24$，则 $\begin{cases} 8b+6a=-24, \\ ab=-24, \end{cases}$ 得 $\begin{cases} a=-8, \\ b=3, \end{cases}$ 或 $\begin{cases} a=4, \\ b=-6. \end{cases}$

所求直线为 $-\dfrac{x}{8}+\dfrac{y}{3}=1$，即 $3x-8y+24=0$；或 $\dfrac{x}{4}-\dfrac{y}{6}=1$，即 $3x-2y-12=0.$

二、条件充分性判断

16. (D)

【解析】条件(1)：面积比等于相似比的平方，所以，$\dfrac{S_{\triangle ABC}}{S_{\triangle A'B'C'}}=\left(\dfrac{\sqrt{2}}{\sqrt{3}}\right)^2=\dfrac{2}{3}$，条件(1)充分.

条件(2)：$|AB|=\dfrac{\sqrt{2}}{\sqrt{3}}|A'B'|$，$|AC|=\dfrac{\sqrt{2}}{\sqrt{3}}|A'C|$，$\sin\angle A=\sin\angle A'$，所以

$$\frac{S_{\triangle ABC}}{S_{\triangle A'B'C}}=\frac{\dfrac{1}{2}|AB|\cdot|AC|\cdot\sin\angle A}{\dfrac{1}{2}|A'B'|\cdot|A'C'|\cdot\sin\angle A'}=\frac{\dfrac{\sqrt{2}}{\sqrt{3}}|A'B'|\cdot\dfrac{\sqrt{2}}{\sqrt{3}}|A'C'|}{|A'B'|\cdot|A'C'|}=\frac{2}{3},$$

所以条件(2)也充分.

17. (B)

【解析】根据光的反射原理，先找 $Q(1，1)$ 关于直线 $x+y+1=0$ 的对称点 Q'，可得 Q' 为 $(-2，-2)$，连接 PQ' 的直线就是入射光线. 根据两点式方程可得，入射光线的方程为 $5x-4y+2=0$，所以，只有条件(2)充分.

18. (A)

【解析】已知点 A 为圆上一点，设圆的圆心为 C，连接 AC，则 AC 与过 A 点的切线互相垂直.

条件(1)：将 $A(1，1)$ 代入圆的方程 $(x+1)^2+(y-4)^2=13$，等式成立，所以 A 是圆上一点.

$k_{AC}=\dfrac{4-1}{-1-1}=-\dfrac{3}{2}$，所以过 A 的切线的斜率为 $\dfrac{2}{3}$，条件(1)充分.

条件(2)：将 $A(-3，1)$ 代入圆的方程 $(x+1)^2+(y-4)^2=13$，等式成立，所以 A 是圆上一点.

$k_{AC}=\dfrac{4-1}{-1-(-3)}=\dfrac{3}{2}$，所以过 A 的切线的斜率为 $-\dfrac{2}{3}$，条件(2)不充分.

19. (B)

【解析】条件(1)：当 $a=-3$ 时，第二条直线为 $y=-3x+7$，两直线的交点为 $\left(\dfrac{3}{2}，\dfrac{5}{2}\right)$.

如图 6-45 所示.

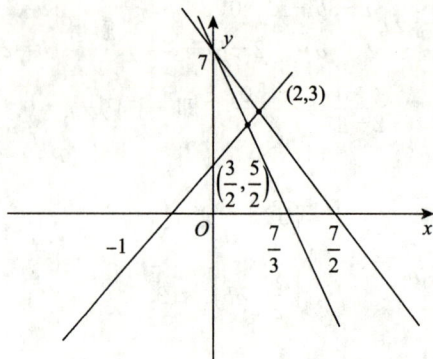

图 6-45

所以，面积 $S=\dfrac{1}{2}\times\left(1+\dfrac{7}{3}\right)\times\dfrac{5}{2}=\dfrac{25}{6}$，所以条件(1)不充分．

条件(2)：当 $a=-2$ 时，第二条直线为 $y=-2x+7$，两直线的交点为 $(2,3)$，如图 6-45 所示．

所以，面积 $S=\dfrac{1}{2}\times\left(1+\dfrac{7}{2}\right)\times 3=\dfrac{27}{4}$．所以条件(2)充分．

20. (C)

【解析】条件(1)和条件(2)单独显然都不充分，联立两个条件．

设 $D(x_0,y_0)$，由作图(图略)可知 $x_0<2$，因为 $|AD|=|AB|=5$，且 AD 与 AB 垂直，可得

$$\begin{cases}(x_0-2)^2+(y_0-3)^2=25,\\[2mm]\dfrac{y_0-3}{x_0-2}\cdot\dfrac{6-3}{6-2}=-1,\end{cases}$$

解得 $x_0=-1$，$y_0=7$，即 $D(-1,7)$，所以两个条件联合起来充分．

21. (D)

【解析】条件(1)：当 $m=-3$ 时，两条直线化为 l_1：$y=\dfrac{5}{4}$，l_2：$x=-\dfrac{8}{3}$，相互垂直．

当 $m\neq-3$ 时，两条直线的斜率分别为 $k_1=-\dfrac{3+m}{4}$，$k_2=-\dfrac{m}{3+m}$，因为 $l_1\perp l_2$，

所以有 $-\dfrac{3+m}{4}\left(-\dfrac{m}{3+m}\right)=-1$，解得 $m=-4$，所以条件(1)充分．

条件(2)：设直线 l：$x-y+1=0$，它的斜率为 $k=1$．因为 $AA'\perp l$，且 AA' 的中点在直线 l 上，所以

$$\begin{cases}\dfrac{-\dfrac{m}{2}}{\dfrac{m}{4}-1}=-1,\\[5mm]\dfrac{\dfrac{m}{4}+1}{2}-\dfrac{-\dfrac{m}{2}+0}{2}+1=0,\end{cases}$$

解得 $m=-4$，所以 $m=-4$ 或 $m=-3$ 成立，条件(2)也充分．

22. (B)

【解析】条件(1)：直线方程可化为 $3x-4y-2=0$，由点到直线的距离公式，可得

$$\frac{|3a-4\times 6-2|}{\sqrt{3^2+(-4)^2}}=\frac{|3a-26|}{5}>4,$$

解得 $a<2$ 或 $a>\dfrac{46}{3}$，所以条件(1)不充分．

条件(2)：根据两平行线间的距离公式，可得 $\dfrac{|3-a|}{\sqrt{2}}<\sqrt{2}$．

解得 $1<a<5$，可以推出 $a\leqslant 5$，所以条件(2)充分．

23. (A)

【解析】条件(1)：直线方程为 $x-y=0$，有 $a=1$，$b=-1$，条件(1)充分．

条件(2)：直线方程为 $x+y+1=0$，条件(2)不充分．

24. (D)

【解析】l 恒过第一、二、三象限，必须有 $b\neq 0$，$ax+by+c=0$，即 $y=-\dfrac{a}{b}x-\dfrac{c}{b}$．

条件(1)：$ab<0$，$bc<0$，可以得到 $-\dfrac{a}{b}>0$，$-\dfrac{c}{b}>0$. 图像恒过第一、二、三象限，条件(1)充分．

条件(2)：$ab<0$，$ac>0$，可以得到 $-\dfrac{a}{b}>0$，而 a，c 同号，故又有 $-\dfrac{c}{b}>0$，

图像恒过第一、二、三象限，条件(2)也充分．

25. (A)

【解析】条件(1)：曲线 C 为 $y=\sqrt{4-x^2}$，即 $x^2+y^2=4$（$y\geqslant 0$），所以曲线 C 是以原点为圆心，以 2 为半径的圆位于 x 轴上方的半圆，m 是直线 l：$y=x+m$ 的纵截距，画图像可得 $2\leqslant m<2\sqrt{2}$，所以条件(1)充分．

条件(2)：两圆相交，可得 $r_2-r_1<|C_1C_2|<r_2+r_1$，即 $1<\sqrt{m^2+m^2}<3$，解得 $\dfrac{1}{\sqrt{2}}<m<\dfrac{3}{\sqrt{2}}$，所以条件(2)不充分．

微模考六(下)·强化篇参考答案

一、问题求解

1. (D)

【解析】阴影部分面积问题.

设小圆半径为 r,大圆半径为 R.

因为正方形面积为 36,故 $4r^2 = 36$,解得 $r = 3$;大圆半径为 R,显然有 $R = \sqrt{2}r$.

将阴影部分通过转动移在一起构成半个圆环,所以面积为 $\frac{1}{2}\pi(R^2 - r^2) = 4.5\pi$.

2. (C)

【解析】三角形的面积和相似.

把 CF 看作底,则红色三角形和黄色三角形是同高不同底的三角形,故

$$\frac{S_{\triangle FDE}}{S_{\triangle DEC}} = \frac{|FE|}{|EC|} = \frac{4}{6} = \frac{2}{3}.$$

又 $\triangle FED \backsim \triangle CEB$,相似比 $\frac{|FE|}{|EC|} = \frac{2}{3}$,故面积比 $\frac{S_{\triangle FED}}{S_{\triangle CEB}} = \left(\frac{2}{3}\right)^2 = \frac{4}{9}.$

红色三角形面积为 4,故 $S_{\triangle CEB} = 9$. 又因为 $S_{\triangle ABD} = S_{\triangle BCD} = 6 + 9 = 15$,

绿色部分面积为 $15 - 4 = 11$.

3. (D)

【解析】三角形形状判断问题.

由题意可得 $-\dfrac{-c}{2\left(a - \dfrac{b}{2}\right)} = 1$;将 $x = 1$ 代入二次函数,得 $a - \dfrac{b}{2} - c - a - \dfrac{b}{2} = -\dfrac{8}{5}b$,

即 $\begin{cases} b + c = 2a, \\ c = \dfrac{3}{5}b, \end{cases}$ 所以 $c = \dfrac{3}{5}b,\ a = \dfrac{4}{5}b,$

因此 $a^2 + c^2 = b^2$,所以 $\triangle ABC$ 是直角三角形.

4. (E)

【解析】点与圆的位置关系.

圆的方程可化为 $(x + k)^2 + (y + 1)^2 = 25$.

过定点可以做两条直线与圆相切,说明点在圆外,故有

$$(1 + k)^2 + (3 + 1)^2 > 25,$$

解得 $k < -4$ 或 $k > 2$,故 k 可取到无穷多个整数解.

5. (E)

【解析】直线与圆的位置关系.

设 $M(x_1,\ y_1)$,$N(x_2,\ y_2)$. 由 $OM \perp ON$ 得 $\dfrac{y_1 - 0}{x_1 - 0} \times \dfrac{y_2 - 0}{x_2 - 0} = -1$,即 $x_1 x_2 + y_1 y_2 = 0$.

将直线方程 $x+2y-4=0$ 与曲线 C：$x^2+y^2-2x-4y+m=0$ 联立并消去 y，得

$$5x^2-8x+4m-16=0.$$

由韦达定理，得

$$\begin{cases} x_1+x_2=\dfrac{8}{5}, & \text{①} \\ x_1x_2=\dfrac{4m-16}{5}, & \text{②} \end{cases}$$

又由 $x+2y-4=0$ 得 $y=\dfrac{1}{2}(4-x)$，所以

$$x_1x_2+y_1y_2=x_1x_2+\dfrac{1}{2}(4-x_1)\dfrac{1}{2}(4-x_2)=\dfrac{5}{4}x_1x_2-(x_1+x_2)+4=0;$$

将①、②代入，得 $m=\dfrac{8}{5}$.

6. (A)

【解析】两圆的公共弦.

两圆方程相减，可得 $2x+6y=0$，即 $x+3y=0$.

7. (E)

【解析】对称问题.

设所求直线上任意一点 $(x，y)$，则它关于 $x=1$ 对称的点为 $(2-x，y)$ 在直线 $x-2y+1=0$ 上，所以 $2-x-2y+1=0$，化简得 $x+2y-3=0$.

8. (A)

【解析】立体几何问题.

设球体半径为 r，所以 $r^2=(\sqrt{6})^2+\left[\dfrac{(\sqrt{6})^2+(\sqrt{6})^2}{2}\right]^2=9$，则 $r=3$，故

$$S_{半球}=2\pi r^2+\pi r^2=27\pi，\quad V_{半球}=\dfrac{1}{2}\times\dfrac{4}{3}\pi r^3=18\pi.$$

9. (C)

【解析】最值问题.

如图 6-46 所示，显然可将 $\dfrac{y}{x}=\dfrac{y-0}{x-0}$ 看作圆上的点和原点

连线的斜率.

设过原点且和该圆相切的直线方程为 $y=kx$.

圆心到该直线距离等于半径为 $\dfrac{|3k-\sqrt{3}|}{\sqrt{k^2+1}}=\sqrt{6}$，

解得 $k=\sqrt{3}\pm 2$.

故 k 的最大值即为 $\sqrt{3}+2$.

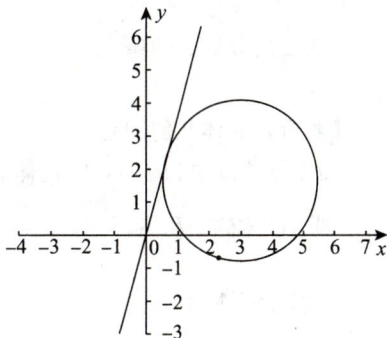

图 6-46

10. (A)

【解析】过定点问题.

方法一：$(3m+1)x+(5m-2)y+5-7m=0$ 化为 $m(3x+5y-7)+(x-2y+5)=0$，

得到 $\begin{cases} 3x+5y-7=0, \\ x-2y+5=0, \end{cases}$ 解出 $\begin{cases} x=-1, \\ y=2, \end{cases}$ 即恒过 $(-1，2)$.

方法二：对 m 取特值求解.

①当 $m=0$ 时，$x-2y+5=0$；②当 $m=1$ 时，$4x+3y-2=0$；

联立解得 $x=-1$，$y=2$，即 $(-1, 2)$.

11. (B)

【解析】 连接 4 个圆的圆心，恰是一个边长为 2 的正方形，如图 6-47 所示，则左上圆在正方形外的 $\frac{3}{4}$ 圆的面积等于正方形内空白部分的面积，所以阴影面积为 $2\times 2=4$.

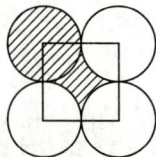

图 6-47

12. (C)

【解析】 三角形的内心.

由内心到三边的距离相等，设此距离为 d，可知

$$S_{\triangle AOB}=\frac{1}{2}(\,|\,OA\,|+|\,OB\,|+|\,AB\,|\,)d=\frac{1}{2}\times|\,OA\,|\times|\,OB\,|,$$

解得 $d=\dfrac{4\times 3}{4+3+5}=1$，故内心坐标为 $(1, 1)$.

13. (D)

【解析】 直线与直线的关系.

方法一：设点 (x, y) 为满足条件的点，则有 $\dfrac{|\,2x+y+1\,|}{\sqrt{2^2+1}}=\dfrac{1}{\sqrt 5}$，

解得 $2x+y=0$ 或 $2x+y+2=0$，选(D).

方法二：考虑满足条件的点的集合比为平行于 $2x+y+1=0$ 的直线.

设所求直线为 $2x+y+c=0$，用平行线间的距离公式，有 $\dfrac{|\,1-c\,|}{\sqrt{2^2+1}}=\dfrac{1}{\sqrt 5}$，解得 $c=2$ 或 $c=0$，

则直线方程为 $2x+y=0$ 或 $2x+y+2=0$，选(D).

14. (E)

【解析】 对称问题.

从直线 L 任取两点，如 $(0, 0)$、$\left(-\dfrac{1}{3}, 1\right)$，它们关于点 A 的中心对称点分别为 $(-2, 2)$、

$\left(-\dfrac{5}{3}, 1\right)$，故 L' 的方程为 $\dfrac{x+2}{-\dfrac{5}{3}+2}=\dfrac{y-2}{1-2}$，即 $3x+y+4=0$，选(E).

【快速得分法】 两条直线关于某个点对称，则这两条直线一定平行，选(E).

15. (A)

【解析】 立体几何问题.

设正方体的边长为 a，圆柱体底面半径为 b.

则圆柱体侧面积 $S_{侧}=2\pi ab=4a^2$，可以解得 $b=\dfrac{2a}{\pi}$.

故圆柱体体积为 $V_1=\pi b^2 a=\dfrac{4a^3}{\pi}$，正方体体积为 $V_2=a^3$，故二者之比为 $\dfrac{4}{\pi}$.

二、条件充分性判断

16. (B)

【解析】 三角形问题.

如图 6-48 所示，$S_{\triangle ABC}=S_{\triangle APC}+S_{\triangle BPC}+S_{\triangle APB}$，即

$$\frac{1}{2}|\,BC\,|\cdot|\,AM\,|=\frac{1}{2}|\,AC\,|\cdot|\,PF\,|+\frac{1}{2}|\,BC\,|\cdot|\,PE\,|+\frac{1}{2}|\,AB\,|\cdot|\,PD\,|,$$

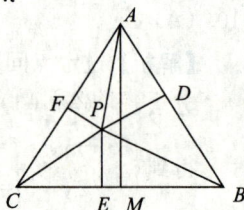

图 6-48

因为△ABC是正三角形,所以

$$\frac{1}{2}|BC| \cdot |AM| = \frac{1}{2}|BC| \cdot |PF| + \frac{1}{2}|BC| \cdot |PE| + \frac{1}{2}|BC| \cdot |PD|,$$

故$|AM| = |PF| + |PE| + |PD|$,即$P$到三角形三边距离之和就是三角形的高.

条件(1):高是$2\sin 60° = \sqrt{3}$,不充分.

条件(2):高为是$1 \cdot \sin 60° = \frac{\sqrt{3}}{2}$,充分.

17. (A)

【解析】直线与直线的位置关系+面积问题.

条件(1):画图易知直线有两条,一条为水平的直线,一条为竖直的直线,条件(1)充分.

条件(2):设直线方程为$y = k(x - 2) + 1$.

直线在x轴的截距为$\frac{2k-1}{2}$,在y轴的截距为$1 - 2k$,三角形的面积为

$$S = \frac{1}{2}\left|\frac{2k-1}{k} \times (1 - 2k)\right| = 4,\text{解得 } k = -\frac{1}{2}, \frac{3}{2} \pm \sqrt{2}$$

故直线L有3种情况,条件(2)不充分.

18. (C)

【解析】最值问题.

两个条件单独显然不充分,联立之:

令$x - 2y = k$,即$y = \frac{x}{2} - \frac{k}{2}$,可见,欲求$k$的最值,只需要求直线的纵截距的取值范围.

又因为(x, y)既是直线上的点,又是圆上的点,所以,当直线与圆相切时,直线的纵截距取到最值,此时,圆心到直线的距离等于半径,即

$$d = \frac{|1 + 2 \times 2 - k|}{\sqrt{1 + 2^2}} = r = \sqrt{5},$$

解得$k = 10$或$k = 0$,所以,$x - 2y$的最大值为10,最小值为0,两个条件联立充分.

19. (A)

【解析】点与点的位置关系.

当三点在同一直线上时,无法构成三角形,故A,B,C三点共线,斜率$k_{AB} = k_{AC}$,

即$\frac{a^3 - b^3}{a - b} = \frac{a^3 - c^3}{a - c}$,化简得$a^2 + ab + b^2 = a^2 + ac + c^2$,整理,得

$$b^2 - c^2 + ab - ac = 0,\text{ 故}(b - c)(a + b + c) = 0,$$

又a,b,c互不相等,$b - c \neq 0$,所以$a + b + c = 0$.

条件(1)充分,条件(2)不充分.

20. (B)

【解析】空间几何体的切与接.

条件(1):长方体的三个相邻面的面积分别为2、3、6,可知棱长分别为1、2、3;

长方体的体对角线=球体直径=$\sqrt{1^2 + 2^2 + 3^2} = \sqrt{14}$,球半径$r = \frac{\sqrt{14}}{2}$,

故球体的体积为$\frac{4}{3}\pi r^3 = \frac{7\sqrt{14}}{3}\pi$,不充分.

条件(2):将半球体补成一个球,则此球体内接一个边长分别为$\sqrt{6}$、$\sqrt{6}$和$2\sqrt{6}$的长方体.

长方体的体对角线＝球体直径＝$\sqrt{(\sqrt{6})^2+(\sqrt{6})^2+(2\sqrt{6})^2}=6$，

可知球体的半径为 3，半球体的体积为 $\frac{2}{3}\pi r^3=18\pi$，充分．

21. （A）

【解析】直线的图像判断．

条件(1)：由圆 $(x-a)^2+(y-b)^2=1$，得到圆心坐标为 $(a，b)$，因为圆心在第三象限，所以 $a<0，b<0$，又直线方程可化为 $y=-\frac{a}{b}x+\frac{1}{b}$，故 $-\frac{a}{b}<0，\frac{1}{b}<0$，则直线一定不经过第一象限，条件(1)充分．

条件(2)：同理可知，条件(2)不充分．

22. （A）

【解析】三角形问题．

若要 $\angle DAC=15°$，则 $\angle DAB=30°，\angle ADB=60°$．

条件(1)：$|AB|+|BD|=|AD|+|CD|=|AD|+|BC|-|BD|$，又因为 $|AB|=|BC|$，所以 $|AD|=2|BD|$，故直角三角形 ABD 中，$\angle BAD=30°$，条件(1)充分．

条件(2)：由 $|BD|=|CD|，|AB|=|BC|$ 可得，$|AB|=2|BD|$，故 $\angle BAD\neq30°$，条件(2)不充分．

23. （C）

【解析】直线与圆的位置关系．

设圆的方程为 $(x-a)^2+(y-b)^2=r^2$．

条件(1)：由勾股定理，可知 $r^2-a^2=1$；

圆心到直线的距离为 $\frac{|a-2b|}{\sqrt{5}}=\frac{\sqrt{5}}{5}$，则 $a-2b=\pm1$，显然不充分．

条件(2)：由此条件可知 $\sqrt{2}|b|=r$，不充分．

联立两个条件，得 $\sqrt{2}|b|=r$，且 $r^2-a^2=1$，故 $2b^2-a^2=1$，再代入 $a-2b=\pm1$，可解得 $b=0$ 或 1，显然 $b=0$ 应舍去，故 $b=1，r=\sqrt{2}$，两个条件联立充分，选(C)．

24. （E）

【解析】立体几何问题．

条件(1)：$a^2+b^2+c^2=14$，显然不充分．

条件(2)：$ab+bc+ac=11$，显然不充分．

联立两个条件，得 $(a+b+c)^2=a^2+b^2+c^2+2(ab+bc+ac)$，

故所有棱长之和为 $4(a+b+c)=4\sqrt{(a+b+c)^2}=4\sqrt{14+2\times11}=24$．

联立起来也不充分，选(E)．

25. （A）

【解析】面积问题．

条件(1)：将 $|xy|+6-3|x|-2|y|=0$ 分解因式，可得 $(|x|-2)(|y|-3)=0$，

故所围成的图形是 $x=\pm2，y=\pm3$ 所围成的矩形，边长为 6 和 4，面积 $S=6\times4=24$，充分．

条件(2)：形如 $|Ax-a|+|By-b|=C$ 的方程所构成的图形的面积为 $\frac{2C^2}{AB}$，故所求面积为 $\frac{2C^2}{AB}=\frac{2\times6^2}{2\times1}=36$，不充分．

第四部分　数据分析

大纲要求

1. **计数原理**
   - (1)加法原理、乘法原理
   - (2)排列与排列数
   - (3)组合与组合数
2. **数据描述**
   - (1)平均值
   - (2)方差与标准差
   - (3)数据的图表表示(直方图、饼图、数表)
3. **概率**
   - (1)事件及其简单运算
   - (2)加法公式
   - (3)乘法公式
   - (4)古典概型
   - (5)伯努利概型

注：平均值、方差与标准差部分，因为与第一章的知识相关性较高，故本书将其放在第一章讲解．

第七章　数据分析

一　历年真题考查点

真题出现次数	考点
5次或以上	组合式公式与简单组合问题、不同元素的分组与分配、简单古典概型、袋中取球问题、独立事件、伯努利概型
3~4次	加法与乘法原理、数字问题、闯关与比赛问题
1~2次	数据的图表分析(以应用题的方式出现2次)、排队问题、看电影问题、万能元素问题、相同元素的分配、涂色问题、不对号入座问题、求系数与二项式定理
0次	相同元素的排列、成双成对问题

二　命题趋势预测

本章是考试的重点和难点．考试题量大，每年4道左右；考试难度大，均以应用题的形式考查．其中，排列组合和概率问题考得较多，数据的图表分析一般以应用题的方式来考．

备考重点为排列组合问题的常见的十余种题型和解题方法，概率问题中的古典概型、独立事件和伯努利概型．

三　本章知识网

扫码并回复"要点精编"
听数学第七章视频讲解

(一)数据的图表表示
1. 直方图 →
　(1)横坐标为"组距"
　　纵坐标为"频率/组距"
　(2)矩形的面积＝频率
　(3)所有频率之和＝1
　(4)频数＝数据总数×频率
2. 饼图
3. 数表

1. 两个原理 → (1)乘法原理
　　　　　　　(2)加法原理

2. 公式 → (1)排列数公式
　　　　　(2)组合数公式
　　　　　(3)二项式定理

(二)排列组合

3. 常用方法 → (1)特殊元素优先法
　　　　　　　(2)特殊位置优先法
　　　　　　　(3)剔除法
　　　　　　　(4)相邻问题捆绑法
　　　　　　　(5)不相邻问题插空法
　　　　　　　(6)定序问题消序法
　　　　　　　(7)相同元素的分配挡板法
　　　　　　　(8)相同元素的排列消序法

4. 常见题型(重点)

1. 事件的运算 → (1)和事件的概率
　　　　　　　　(2)对立事件
　　　　　　　【注意】不会单独出题

(三)概率

2. 古典概型 → $P=\dfrac{m}{n}$

3. 独立事件 → $P(AB)=P(A)\cdot P(B)$

4. 伯努利概型 → $P_n(k)=C_n^k p^k (1-p)^{n-k}$

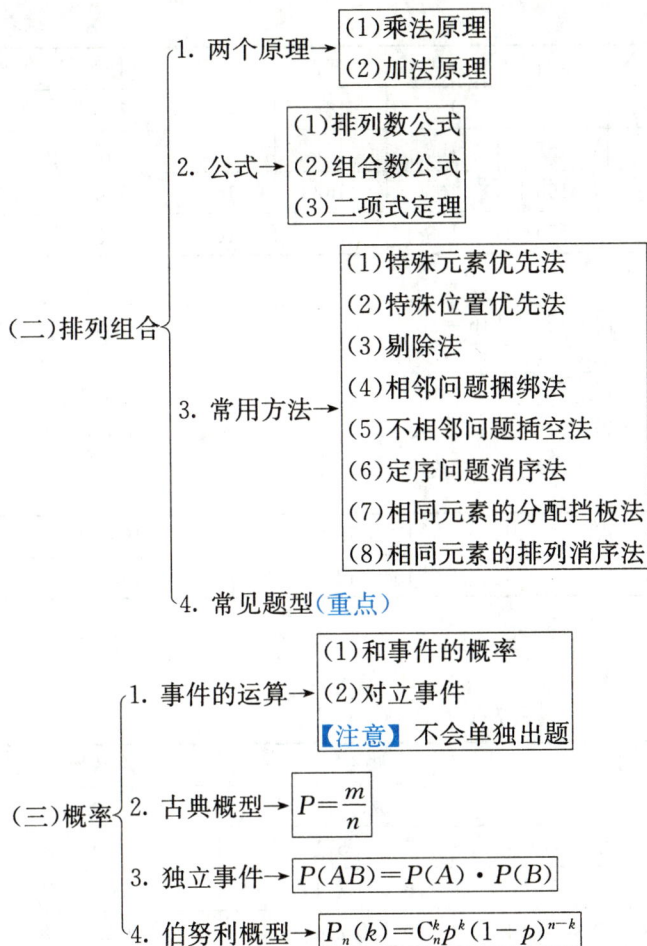

第一节　数据的图表表示

一、 老吕讲考点

(一)频率分布直方图

在直角坐标系中，横轴表示样本数据，纵轴表示频率与组距的比值，将频率分布表中各组频率的大小用相应矩形面积的大小来表示，由此画成的统计图叫作频率分布直方图．

把全体样本分成的组的个数称为组数．每一组两个端点的差称为组距．落在不同小组中的数据个数为该组的频数．各组的频数之和等于这组数据的总数．频数与数据总数的比为频率．

频率分布直方图的画法举例如下：

某年级有 70 名女生，其身高数据如表 7-1 所示(单位：cm)，请画出频率分布直方图．

表 7-1

| 167 | 154 | 159 | 166 | 169 | 159 | 156 | 166 | 162 | 158 |
| 159 | 156 | 166 | 160 | 164 | 160 | 157 | 156 | 157 | 161 |

续表

160	156	166	160	164	160	157	156	157	161
158	158	153	158	164	158	163	158	153	157
162	162	159	154	165	166	157	151	146	151
158	160	165	158	163	163	162	161	154	165
162	162	159	157	159	149	164	168	159	153

(1)求极差：极差＝最大值－最小值＝169－146＝23.

(2)确定分组：组数＝$\dfrac{极差}{组距}$＝$\dfrac{23}{3}$＝$7\dfrac{2}{3}$⇒组数为8.

(3)确定分点(见表7-2).

表 7-2

| [146，149) | [149，152) | [152，155) | [155，158) |
| [158，161) | [161，164) | [164，167) | [167，170) |

(4)列频率分布表(见表7-3).

表 7-3

分组	频数	频率	频率/组距
[146，149)	2	0.028 571	0.009 524
[149，152)	2	0.028 571	0.009 524
[152，155)	6	0.085 714	0.028 571
[155，158)	20	0.285 714	0.095 238
[158，161)	16	0.228 571	0.076 19
[161，164)	13	0.185 714	0.061 905
[164，167)	9	0.128 571	0.042 857
[167，170)	2	0.028 571	0.009 524

(5)绘制频率分布直方图，如图7-1所示.

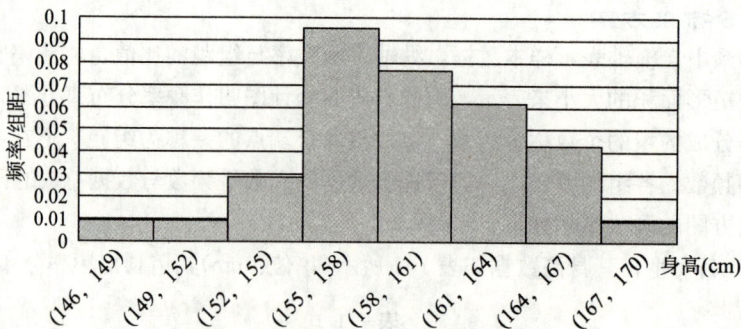

图 7-1

【注意】频率直方图的画法不要求掌握，略作了解即可. 需要掌握的内容见题型 7.1.

(二)饼图

饼图是一个划分为几个扇区的圆形图表，用于描述量、频率或百分比之间的相对关系．在饼图中，每个扇区的弧长(或者圆心角或者面积)大小为其所表示的数量的比例．

例如：某校一共有 500 人，其中各年级人数占比如图 7-2 所示，可知三年级有多少人？

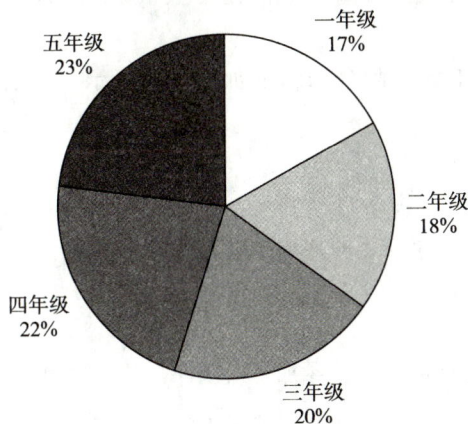

图 7-2

【解析】根据图示可知三年级人数占总人数的 20％，所以，三年级的人数为

$$500×20％＝100(人)．$$

二、　老吕讲题型

题型 7.1　数据的图表表示

老吕施法

(1)频率分布直方图需要掌握：

①横坐标为"组距"，纵坐标为"频率/组距"．

②矩形的面积＝频率．

③所有频率之和＝1．

④频数＝数据总数×频率．

(2)数表一般不会单独考，常见考法是将应用题的已知条件用表格的形式表示．

典型例题

例 1　某工厂对一批产品进行了抽样检测．图 7-3 是根据抽样检测后的产品净重(单位：克)数据绘制的频率分布直方图，其中产品净重的范围是$[96，106]$，样本数据分组为$[96，98)$，$[98，100)$，$[100，102)$，$[102，104)$，$[104，106]$，已知样本中产品净重小于 100 克的个数是 36，则样本中净重大于或等于 98 克并且小于 104 克的产品的个数是(　　)．

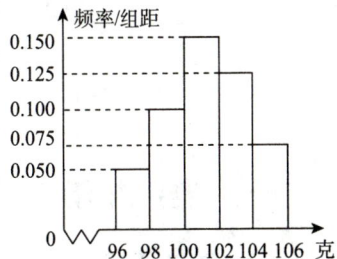

图 7-3

(A)90　　　　　(B)75　　　　　(C) 60

(D)45　　　　　(E)30

【解析】产品净重小于 100 克的频率为

$$2\times0.050+2\times0.100=0.3,$$

频数＝频率×数据总数，所以

$$数据总数=\frac{频数}{频率}=\frac{36}{0.3}=120,$$

所以[98，104)的频数＝数据总数×频率＝120×2×(0.100＋0.150＋0.125)＝90.

【答案】(A)

例2 某单位 200 名职工的年龄分布情况如图 7-4 所示，那么，40 岁以下的职工一共有( )人．

(A)100 　　　(B)40 　　　(C) 60

(D)160 　　　(E)140

【解析】 由图 7-4 可知，40 岁以下的职工占总人数的 50%，所以，40 岁以下职工人数为 200×50%＝100.

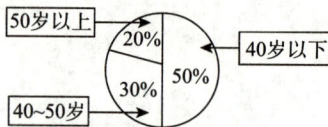

图 7-4

【答案】(A)

例3 甲、乙、丙三个地区的公务员参加一次测评，其人数和考分情况如表 7-4 所示：

表 7-4

地区 \ 人数 \ 分数	6	7	8	9
甲	10	10	10	10
乙	15	15	10	20
丙	10	10	15	15

三个地区按平均分由高到低的排名顺序为( ).

(A)乙、丙、甲 　　　(B)乙、甲、丙 　　　(C)甲、丙、乙

(D)丙、甲、乙 　　　(E)丙、乙、甲

【解析】 甲地区的平均分为 $\dfrac{6\times10+7\times10+8\times10+9\times10}{40}=7.5$；

乙地区的平均分为 $\dfrac{6\times15+7\times15+8\times10+9\times20}{60}\approx7.58$；

丙地区的平均分为 $\dfrac{6\times10+7\times10+8\times15+9\times15}{50}=7.7.$

显然丙＞乙＞甲．

【答案】(E)

第二节　排列组合

一、老吕讲考点

(一)加法原理

如果完成一件事有 n 类办法，只要选择其中一类办法中的任何一种方法，就可以完成这件事，若第一类办法中有 m_1 种不同的方法，第二类办法中有 m_2 种不同的方法，…，第 n 类办法中

有 m_n 种不同的办法，那么完成这件事共有 $N＝m_1＋m_2＋\cdots＋m_n$ 种不同的方法．

（二）乘法原理

如果完成一件事，必须依次连续地完成 n 个步骤，这件事才能完成，若完成第一个步骤有 m_1 种不同的方法，完成第二个步骤有 m_2 种不同的方法，$\cdots$，完成第 n 个步骤有 m_n 种不同的方法，那么完成这件事共有 $N＝m_1 \cdot m_2 \cdots m_n$ 种不同的方法．

（三）排列

1. 排列

从 n 个不同元素中，任意取出 $m(m \leqslant n)$ 个元素，按照一定顺序排成一列，称为从 n 个不同元素中取出 m 个元素的一个排列．

2. 排列数

从 n 个不同元素中取出 $m(m \leqslant n)$ 个元素的所有排列的种数，称为从 n 个不同元素中取出 m 个元素的排列数，记作 A_n^m 或 P_n^m. 当 $m＝n$ 时，即从 n 个不同元素中取出 n 个元素的排列，叫作 n 个元素的全排列，也叫 n 的阶乘，用符号 $n!$ 表示．

3. 排列数公式

(1)规定 $A_n^0＝1$.

(2)$A_n^m＝n(n-1)(n-2)\cdots(n-m+1)＝\dfrac{n!}{(n-m)!}$.

(3)$A_n^n＝n×(n-1)×(n-2)×\cdots3×2×1＝n!$.

(4)$A_n^m＝A_n^k \cdot A_{n-k}^{m-k}$　$(m \geqslant k)$.

（四）组合

1. 组合

从 n 个不同元素中，任取 m $(m \leqslant n)$ 个元素组成一组(不考虑元素的顺序)，叫作从 n 个不同元素中任取 m 个元素的一个组合．

2. 组合数

从 n 个不同元素中任取 m $(m \leqslant n)$ 个元素的所有组合的总数，叫作从 n 个不同元素中任取 m 个元素的组合数，用符号 C_n^m 表示．

3. 组合数公式

(1)规定 $C_n^0＝C_n^n＝1$；

(2)$C_n^m＝\dfrac{A_n^m}{m!}＝\dfrac{n(n-1)\cdots(n-m+1)}{m×(m-1)×\cdots2×1}$，则 $A_n^m＝C_n^m \cdot A_m^m$；

(3)$C_n^m＝C_n^{n-m}$.

（五）二项式定理

$$(a+b)^n＝C_n^0a^n＋C_n^1a^{n-1}b＋\cdots＋C_n^ka^{n-k}b^k＋\cdots＋C_n^{n-1}ab^{n-1}＋C_n^nb^n,$$

其中第 $k＋1$ 项为 $T_{k+1}＝C_n^ka^{n-k}b^k$ 称为通项．

若令 $a＝b＝1$，得

$$C_n^0＋C_n^1＋C_n^2＋\cdots＋C_n^n＝2^n,$$

C_n^0，C_n^1，$\cdots$，C_n^n 称为展开式中的二项式系数，二项式系数具有以下性质：

(1)$C_n^0＋C_n^2＋C_n^4＋\cdots＋C_n^n＝2^{n-1}$　（n 为偶数）；

(2)$C_n^1＋C_n^3＋C_n^5＋\cdots＋C_n^n＝2^{n-1}$　（n 为奇数）；

(3)n 为偶数时中项的系数最大，n 为奇数时中间两项的系数等值且最大.

二、 老吕讲题型

题型 7.2 组合数公式

老吕施法

【易错点】若已知 $C_n^a = C_n^b$，a，b 均为非负整数，则有两种可能：

(1)$a + b = n$.

(2)$a = b$.

典型例题

例 4 $C_n^4 > C_n^6$.

(1)$n = 10$；   (2)$n = 9$.

【解析】条件(1)：$C_{10}^4 = C_{10}^6$，不充分.

条件(2)：$C_9^4 = \dfrac{9 \times 8 \times 7 \times 6}{4 \times 3 \times 2 \times 1} = 126$，$C_9^6 = C_9^3 = \dfrac{9 \times 8 \times 7}{3 \times 2 \times 1} = 84$，所以 $C_9^4 > C_9^3$，充分.

【答案】(B)

例 5 $C_{31}^{4n-1} = C_{31}^{n+7}$.

(1)$n^2 - 7n + 12 = 0$；   (2)$n^2 - 10n + 24 = 0$.

【解析】根据组合数的性质有 $C_n^m = C_n^{n-m}$ 或 $C_n^m = C_n^m$，故有 $4n - 1 + n + 7 = 31$ 或 $4n - 1 = n + 7$，解得 $n = 5$ 或 $n = \dfrac{8}{3}$(舍去).

条件(1)：$n^2 - 7n + 12 = 0$，解得 $n = 3$ 或 $n = 4$，条件(1)不充分.

条件(2)：$n^2 - 10n + 24 = 0$，解得 $n = 4$ 或 $n = 6$，条件(2)不充分.

联立条件(1)和条件(2)得，$n = 4$，显然也不充分.

【答案】(E)

题型 7.3 住店问题

老吕施法

n 个不同人(不能重复使用元素)，住进 m 个店(可以重复使用元素)，那么第 1，第 2，$\cdots$，第 n 个人都有 m 种选择，则总共排列种数是 m^n 个.

典型例题

例 6 有 5 人报名参加 3 项不同的培训，每人都只报一项，则不同的报法有(   ).

(A)243 种   (B)125 种   (C)81 种

(D)60 种   (E)以上选项均不正确

【解析】乘法原理，每个人都有 3 种选择，所以不同的报法有 $3^5 = 243$(种).

【答案】(A)

例 7 3 个人争夺 4 项比赛的冠军，没有并列冠军，则不同的夺冠可能有(   )种.

(A)4^3 (B)3^4 (C)4×3 (D)2×3 (E)以上选项均不正确

【解析】每个冠军都有 3 个人可选，故夺冠可能有 3^4 种.

【答案】(B)

【易错点】如果人去选冠军，可能会有两个人都想当某个项目的冠军，与题干没有并列冠军相矛盾，故必须是冠军去选人.

题型 7.4　简单排列组合问题以及两个原理的应用

老吕施法

(1)分清组合与排列的区别：只要求每个组里的元素不同，是组合问题，用 C_n^m；若对顺序有要求，则是排列问题，用 A_n^m.

(2)解决这类问题的关键是准确分类与分步.

典型例题

例 8　公路 AB 上各站之间共有 90 种不同的车票.

(1)公路 AB 上有 10 个车站，每两站之间都有往返车票；

(2)公路 AB 上有 9 个车站，每两站之间都有往返车票.

【解析】每两站之间只有单程票，用组合数；每两站之间有往返票，则产生了顺序的区别，用排列数；

条件(1)：车票种数为 $A_{10}^2 = 90$，充分.

条件(2)：车票种数为 $A_9^2 = 72$，不充分.

【答案】(A)

例 9　12 支篮球队进行单循环比赛，完成全部比赛共需 11 天.

(1)每天每队只比赛 1 场；

(2)每天每队比赛 2 场.

【解析】比赛场次的排列问题. 单循环赛，用组合数；主客场制，用排列数.

本题是单循环赛，比赛总场次为 $C_{12}^2 = 66$(场).

条件(1)：每天每队比赛 1 场，则一天共 6 场比赛，共需要 11 天完成 66 场比赛，充分.

条件(2)：每天每队比赛 2 场，则一天共 12 场比赛，共需要 5.5 天，不充分.

【答案】(A)

例 10　某次乒乓球单打比赛中，先将 8 名选手等分为 2 组进行小组单循环赛. 若一位选手只打了 1 场比赛后因故退赛，则小组赛的实际比赛场数是(　　).

(A) 24　　　(B) 19　　　(C) 12　　　(D) 11　　　(E) 10

【解析】单循环赛，用组合数.

每两人之间比赛一场，每组 4 人，故计划每组进行的比赛数为 $C_4^2 = 6$(场)；

每人在小组赛内与另外三人各比赛一场，故计划每人比赛数 3 场；

故因伤退赛的选手少赛了 2 场；

所以总比赛场数为 $2C_4^2 - 2 = 10$(场).

【答案】(E)

例 11　某公司员工义务献血，在体检合格的人中，O 型血的有 10 人，A 型血的有 5 人，B 型血的有 8 人，AB 型血的有 3 人. 若从四种血型的人中各选 1 人去献血，则不同的选法种数共有(　　)种.

(A) 1 200　　　(B) 600　　　(C) 400　　　(D) 300　　　(E) 26

【解析】由乘法原理得到 $10 \times 5 \times 8 \times 3 = 1\,200$(种).

【答案】(A)

例 12 湖中有四个小岛,它们的位置恰好近似构成正方形的四个顶点,若要修建起三座桥将这四个小岛连接起来,则不同的建桥方案有( )种.

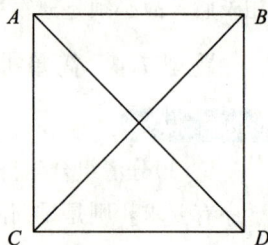

图 7-5

(A)12　　　(B)16　　　(C)18　　　(D)20

(E)24

【解析】如图 7-5 所示,在四个小岛中任意两个中间架桥,有 6 种方式,即正方形的四条边和对角线,故架 3 座桥总的不同方法有 C_6^3 种.

当三座桥分别构成 $\triangle ABC$,$\triangle ABD$,$\triangle ACD$,$\triangle BCD$ 的三条边时,不能将四个小岛连接起来,所以,符合题意的建桥方案有 $C_6^3 - 4 = 16$(种).

【答案】(B)

题型 7.5　排队问题

老吕施法

排队问题是最典型的排列问题,排列问题有以下常用方法,必须掌握:

(1)特殊元素优先法.

(2)特殊位置优先法.

(3)剔除法.

(4)相邻问题捆绑法.

(5)不相邻问题插空法.

(6)定序问题消序法.

典型例题

例 13 甲、乙、丙、丁、戊、己 6 人排队,则在以下各要求下,各有多少种不同的排队方法?

(1)甲不在排头;

(2)甲不在排头并且乙不在排尾;

(3)甲乙两人相邻;

(4)甲乙两人不相邻;

(5)甲始终在乙的前面(可相邻也可不相邻).

【解析】假设 6 人一字排开,排入如下格子:

排头					排尾

(1)方法一:剔除法.

6 个人任意排,有 A_6^6 种方法;

甲在排头,其他人任意排,有 A_5^5 种方法;故甲不在排头的方法有 $A_6^6 - A_5^5 = 600$(种).

方法二:特殊元素优先法.

第一步:甲有特殊要求,故让甲先排,甲除了排头外有 5 个格子可以选,即 C_5^1;

第二步：余下的 5 个人，还有 5 个位置可以选，没有任何要求，故可任意排，即 A_5^5.

故不同的排队方法有 $C_5^1 A_5^5 = 600$（种）.

方法三：特殊位置优先法.

第一步：排头有特殊要求，先让排头选人，除了甲以外都可以选，故有 C_5^1；

第二步：余下的 5 个位置，还有 5 个人可以选，没有任何要求，故可任意排 A_5^5.

故不同的排队方法有 $C_5^1 A_5^5 = 600$（种）.

【注意】①虽然方法二和方法三在这一道题列出式子来是一样的，但是两种方法的含义不同. ②在并非所有元素都参与排列时（如"6 个人选 4 个人排队，甲不在排头"），特殊位置优先法与特殊元素优先法列出的式子并不一样，特殊位置优先法会更简单.

(2)方法一：特殊元素优先法.

有两个特殊元素：甲和乙. 如果我们先让甲挑位置，甲不能在排头，故甲可以选排尾和中间的 4 个位置. 这时，如果甲占了排尾，则乙就变成了没有要求的元素；如果甲占了中间 4 个位置中的一个，则乙还有特殊要求：不能坐排尾；故按照甲的位置分为两类：

第一类：甲在排尾，其他人没有任何要求，即 A_5^5；

第二类：甲从中间 4 个位置中选 1 个位置，即 C_4^1；再让乙选，不能在排尾，不能在甲占的位置，故还有 4 个位置可选，即 C_4^1；余下的 4 个人任意排，即 A_4^4；故应为 $C_4^1 C_4^1 A_4^4$.

加法原理，不同排队方法有 $A_5^5 + C_4^1 C_4^1 A_4^4 = 504$（种）.

方法二：剔除法.

6 个人任意排 A_6^6，减去甲在排头的 A_5^5，再减去乙在排尾的 A_5^5；

甲既在排头乙又在排尾的减了 2 次，故需要加上 1 次，即 A_4^4；

所以，不同排队方法有 $A_6^6 - A_5^5 - A_5^5 + A_4^4 = 504$（种）.

(3)相邻问题用捆绑法.

第一步：甲乙两人必须相邻，故我们将甲乙两人用绳子捆起来，当作一个元素来处理，则此时有 5 个元素，可以任意排，即 A_5^5；

第二步：甲乙两人排一下序，即 A_2^2；

根据乘法原理，不同排队方法有 $A_5^5 A_2^2 = 240$（种）.

(4)不相邻问题用插空法.

第一步：除甲乙外的 4 个人排队，即 A_4^4；

第二步：4 个人中间形成了 5 个空，挑两个空让甲乙两人排进去，两人必不相邻，即 A_5^2；

根据乘法原理，不同排队方法有 $A_4^4 A_5^2 = 480$（种）.

(5)定序问题用消序法.

第一步：6 个人任意排，即 A_6^6；

第二步：因为甲始终在乙的前面，所以单看甲乙两人时，两人只有一种顺序，但是 6 个人任意排时，甲乙两人有 A_2^2 种排序，故需要消掉两人的顺序，用乘法原理的逆运算，即用除法，则有 $\dfrac{A_6^6}{A_2^2}$.

故不同排队方法有 $\dfrac{A_6^6}{A_2^2} = 360$（种）.

【注意】若 3 人定序则除以 A_3^3，以此类推.

例 14 计划在某画廊展示 10 幅不同的画,其中 1 幅水彩画、4 幅油画、5 幅国画,排列一行陈列,要求同一品种的画必须放在一起,并且水彩画不放在两端,那么不同的陈列方式有( )种.

(A)$A_4^4 A_5^5$ (B)$A_5^3 A_4^4 A_5^5$ (C)$A_3^1 A_4^4 A_5^5$ (D)$A_2^2 A_4^4 A_5^5$ (E)$A_2^2 A_4^4 A_5^5$

【解析】4 幅油画捆绑:A_4^4;5 幅国画捆绑:A_5^5;

水彩画放中间,则油画和国画在两边排列:A_2^2;

据乘法原理有:$A_2^2 A_4^4 A_5^5$.

【答案】(D)

例 15 某台晚会由 6 个节目组成,演出顺序有如下要求:节目 A 必须排在前两位、节目 B 不能排在第一位、节目 C 必须排在最后一位,该台晚会节目的编排方案共有( ).

(A)32 种   (B)34 种   (C)38 种   (D)40 种   (E)42 种

【解析】特殊元素优先法,A 的位置影响 B 的排列,故分两类:

A 排在第一位:共有 $A_4^4 = 24$(种);

A 排在第二位:共有 $A_3^1 A_3^3 = 18$(种);

故编排方案共有 $24 + 18 = 42$(种).

【答案】(E)

例 16 有 5 本不同的书排成一排,其中甲、乙必须排在一起,丙、丁不能排在一起,则不同的排法共有( ).

(A)12 种   (B)24 种   (C)36 种   (D)48 种   (E)60 种

【解析】捆绑法+插空法.

甲、乙捆绑作为 1 个元素,即 A_2^2;

捆绑元素与除丙、丁外的元素排列,即 A_2^2;

形成 3 个空,将丙丁插入其中两个空,即 A_3^2;

据乘法原理,得 $A_2^2 A_2^2 A_3^2 = 2 \times 2 \times 6 = 24$(种).

【答案】(B)

题型 7.6 看电影问题

老吕施法

看电影问题是排队问题的一种,与排队问题不同的是:

(1)相邻问题.

现有一排座位有 n 把椅子,m 个不同元素去坐,要求元素相邻,用"既绑元素又绑椅子法",也可以"穷举法"数一下,共有 $C_{n-m+1}^1 A_m^m$ 种不同坐法.详细分析见例 19(1).

(2)不相邻问题.

现有一排座位有 n 把椅子,m 个不同元素去坐,要求元素不相邻,用"搬着椅子去插空法",共有 A_{n-m+1}^m 种不同坐法.

典型例题

例 17 3 个人去看电影,已知一排有 9 把椅子,在以下要求下,不同的坐法有多少种?

(1)3 个人相邻;

(2)3 个人均不相邻.

【解析】(1)方法一：既绑元素又绑椅子法.

第一步：3个人相邻，将3个人捆绑，变成1个大元素；本来有9把椅子，绑起3把看作1把椅子，故共7把椅子其中1把可坐3人，从7把椅子里面挑1把给3个人坐，即C_7^1；

第二步：3个人排序，即A_3^3；

据乘法原理，则不同的坐法有$C_7^1 A_3^3=42$(种).

方法二：穷举法.

1	2	3	4	5	6	7	8	9

如上表所示，设这9把椅子的编号从左到右依次为1—9，则三个人相邻显然有以下组合：123，234，345，456，567，678，789；从这7种组合里面挑一种，即C_7^1；3个人排序，即A_3^3；

据乘法原理，则不同的坐法有$C_7^1 A_3^3=42$(种).

(2)搬着椅子去插空法

第一步：先把6把空椅子排成一排，只有1种方法；

第二步：每个人自带一把椅子，坐到6把空椅子两边的7个空里，故有A_7^3；

据乘法原理，则不同的坐法有$1×A_7^3=A_7^3=210$(种).

例18 有两排座位，前排6个座，后排7个座.若安排2人就座.规定前排中间2个座位不能坐.且此2人始终不能相邻而坐，则不同的坐法种数为(　　)种.

(A) 92　　　　(B) 93　　　　(C) 94　　　　(D) 95　　　　(E) 96

【解析】将题干的位置画表格如下：

前排：

后排：

1	2	3	4	5	6	7

用剔除法.

可坐的11个座位任意坐，即A_{11}^2；

同在前排相邻，即$C_2^1 A_2^2$；

同在后排相邻，座位有6种组合(12，23，34，45，56，67)，选一种组合，然后两人排列，即$C_6^1 A_2^2$；

故不同的坐法种数为$A_{11}^2-C_2^1 A_2^2-C_6^1 A_2^2=94$(种).

【答案】(C)

题型7.7　数字问题

老吕施法

(1)常见命题方式：从n个数里面取出m个数，组成m位数.

(2)要注意数字是否可重复.

(3)此类问题大多是排列问题，与排队问题的解法是相同的；少数问题如求和、求积等，是组合问题.

典型例题

例 19 从 0，1，2，3，4，5 中取出 4 个数字，组成 4 位数，在以下要求时，各能组成多少个不同的数字？

(1)组成可以有重复数字的 4 位数；

(2)组成无重复数字的 4 位数；

(3)组成无重复数字的 4 位偶数；

(4)组成无重复数字的 4 位奇数；

(5)组成个位数字大于十位数字的无重复数字的 4 位数；

(6)组成个位数字大于千位数字的无重复数字的 4 位数．

【解析】

千位	百位	十位	个位

(1)千位不能选 0，故有 5 种选择；其余三位均有 6 种选择．故有 $5 \times 6^3 = 1\,080$(个)．

(2)方法一：特殊元素优先法．

在这 6 个数字中，0 不能在千位，否则就不是 4 位数，故 0 是特殊元素．但是，当从 6 个数字中选择 4 个数时，未必选择 0，故要按照选 0 和不选 0 分成两类：

第一类：选 0．因为 0 不能在千位，故有 C_3^1 种选择；余下 5 个数字里面取 3 个，排入余下的 3 位置，即 A_5^3；故有 $C_3^1 A_5^3$ 个；

第二类：不选 0．则从 5 个数字选 4 个任意排入 4 个位置，即有 A_5^4．

据加法原理，不同的数字有 $C_3^1 A_5^3 + A_5^4 = 300$(个)．

方法二：特殊位置优先法．

第一步：千位选，不能选 0，从 1—5 中任意选 1 个数字，即 C_5^1；

第二步：余下 5 个数字里面取 3 个，排入余下的 3 位置，即 A_5^3．

据乘法原理，不同的数字有 $C_5^1 A_5^3 = 300$(个)．

(3)特殊位置优先法，分两类：

第一类：个位数是 0，则余下的 3 个位置可以在 5 个数中任选，即 A_5^3；

第二类：个数是 2 或 4，C_2^1；0 不能在千位，故千位还有 4 个数可选，即 C_4^1；余下的 2 个位置从余下的 4 个数字中任选，即 A_4^2；据乘法原理，故有 $C_2^1 C_4^1 A_4^2$．

据加法原理，则不同的数字共有 $A_5^3 + C_2^1 C_4^1 A_4^2 = 156$(个)．

(4)方法一：剔除法．

总的 4 位数的个数减去偶数的个数，即 $C_5^1 A_5^3 - (A_5^3 + C_2^1 C_4^1 A_4^2) = 144$(个)．

方法二：特殊位置优先法．

第一步：排个位，有 1，3，5 三个数字可选，即 C_3^1；

第二步：排千位，不能排 0，还有 4 个数字可选，即 C_4^1；

第三步：排百位和十位，还有 4 个数字可选，即 A_4^2．

据乘法原理，不同的数字共有 $C_3^1 C_4^1 A_4^2 = 144$(个)．

(5)在所有的 4 位数中，要么个位数大于十位数，要么十位数大于个位数，两种情况是等可能的，所以，符合题意的数字一共有 $\dfrac{C_5^1 A_5^3}{2} = 150$(个)．

（6）分两步：

第一步：排个位和千位，有以下几种可能：

个位是 1 时，千位选不到数字；

个位是 2 时，千位可选 1；

个位是 3 时，千位可选 1、2；

个位是 4 时，千位可选 1、2、3；

个位是 5 时，千位可选 1、2、3、4；

故共有 10 种排法；

第二步：排百位和十位，从余下的 4 个数中任意选择 2 个排列，即 A_4^2.

据乘法原理，不同的数字共有 $10A_4^2 = 120$（个）.

【注意】此题不适合用第（5）题的方法，因为 0 不能在千位，所以千位大于个位的 4 位数和个位大于千位的 4 位数不一样多.

题型 7.8 整除问题

老吕施法

整除问题是一类特殊的数字问题，常见两种命题方式：

（1）组成的数字能被 2、5 整除，仅需考虑个位数和首位数即可.

（2）组成的数字能被 3 整除，则按每个数字除以 3 的余数进行分组，然后按照题意求解.

典型例题

例 20 从 0、1、2、3、4、5 中取出 4 个数字，能组成可被 5 整除的无重复数字的 4 位数有（　　）个.

(A) 84　　　　(B) 96　　　　(C) 108　　　　(D) 120　　　　(E) 144

【解析】特殊位置优先法，分两类

第一类：个位选 0，从余下的 5 个数字中选 3 个任意排，即 A_5^3；

第二类：个位选 5，千位从除了 0 和 5 以外的 4 个数中选一个，即 C_4^1；再从余下的 4 个数字中任选 2 个排在百位和十位，即 A_4^2；故有 $C_4^1 A_4^2$.

据加法原理，能被 5 整除的 4 位数共有 $A_5^3 + C_4^1 A_4^2 = 108$（个）.

【答案】(C)

例 21 从 1、2、3、4、5、6 中任取 3 个数字，能组成可被 3 整除的无重复数字的 3 位数有（　　）个.

(A) 18　　　　(B) 24　　　　(C) 36　　　　(D) 48　　　　(E) 96

【解析】将这 6 个数字按照除以 3 的余数分为三类：

整除的：3、6；

余数为 1 的：1、4；

余数为 2 的：2、5.

从上面三组数中各取一个数，组成三位数，必然能被 3 整除，故能被 3 整除的数共有

$$C_2^1 C_2^1 C_2^1 A_3^3 = 48.$$

【答案】(D)

题型 7.9 数列问题

老吕施法

选出数字,组成等差数列、等比数列问题,常按照公差或公比的不同,使用穷举法.

典型例题

例 22 从 1~20 这 20 个自然数中任取 3 个不同的数,使它们成等差数列,这样的等差数列共有( )个.

(A)90 　　　(B)120 　　　(C)200 　　　(D)180 　　　(E)190

【解析】方法一:穷举法.

以 1 为公差的由小到大排列的等差数列有 18 个;

以 2 为公差的由小到大的等差数列有 16 个;

以 3 为公差的由小到大的等差数列有 14 个;

⋮

以 9 为公差的由小到大的等差数列有 2 个;

故递增数列有 $2+4+6+\cdots+18=90$.

将每个数列倒序排列,则递减数列也有 90 个,所以,等差数列总数为 180 个.

方法二:将这 20 个数字按照奇数和偶数分成两组,即

第 1 组:1、3、5、7、9、11、13、15、17、19;

第 2 组:2、4、6、8、10、12、14、16、18、20.

经观察,可知

在第 1 组中,任选 2 个数作为等差数列的第一项和第三项,则第二项自然确定,并且一定在这 20 个数中,即 A_{10}^2;

在第 2 组中,任选 2 个数作为等差数列的第一项和第三项,则第二项自然确定,并且一定在这 20 个数中,即 A_{10}^2;

所以组成等差数列总数为 $A_{10}^2+A_{10}^2=180$(个).

【答案】(D)

题型 7.10 万能元素问题

老吕施法

万能元素是指一个元素同时具备多种属性,一般按照选与不选万能元素来分类.

典型例题

例 23 在 8 名志愿者中,只能做英语翻译的有 4 人,只能做法语翻译的有 3 人,既能做英语翻译又能做法语翻译的有 1 人.现从这些志愿者中选取 3 人做翻译工作,确保英语和法语都有翻译的不同选法共有( )种.

(A) 12 　　　(B) 18 　　　(C) 21 　　　(D) 30 　　　(E) 51

【解析】分为两类:

第一类:有人既懂英语又懂法语 $C_1^1 C_7^2=21$;

第二类:没有人既懂英语又懂法语 $C_4^1 C_3^2+C_4^2 C_3^1=30$.

根据加法原理,不同的选法有 51 种.

【快速得分法】剔除法.

志愿者全是英语翻译，即 C_4^3；

志愿者全是法语翻译，即 C_3^3；

所以，不同的选法为 $C_8^3 - C_4^3 - C_3^3 = 51$.

【答案】(E)

例 24　从 1、2、3、4、5、6 中任取 3 个数字，其中 6 能当 9 用，则能组成无重复数字的 3 位数的个数是(　　)个.

(A) 108　　　(B) 120　　　(C) 160　　　(D) 180　　　(E) 200

【解析】分为三类：

第一类：无 6 和 9，则其余 5 个数选 3 个任意排，即 A_5^3；

第二类：有 6，则 1、2、3、4、5 中选 2 个，再与 6 一起任意排，即 $C_5^2 A_3^3$；

第三类：有 9，则 1、2、3、4、5 中选 2 个，再与 9 一起任意排，即 $C_5^2 A_3^3$；

故总个数为 $A_5^3 + C_5^2 A_3^3 + C_5^2 A_3^3 = 180$(种).

【答案】(D)

题型 7.11　均匀与不均匀分组

老吕施法

(1)均匀分组与不均匀分组.

如果组与组之间的元素个数相同，称为均匀分组；否则，称为不均匀分组.

(2)小组有名称与小组无名称.

只是分组即可，则小组无名称；如分为 A 组、B 组、C 组，或种子队、非种子队，等等，则小组有名称.

(3)如果均匀分组，并且小组无名称，需要消序(若有 m 组元素个数相等，就要除以 A_m^m)；其余情况均不需要消序.

典型例题

例 25　从 10 个人中选一些人，分成三组，在以下要求下，分别有多少种不同的方法？

(1)每组人数分别为 2、3、4；

(2)每组人数分别为 2、2、3；

(3)分成 A 组 2 人，B 组 3 人，C 组 4 人；

(4)分成 A 组 2 人，B 组 2 人，C 组 3 人；

(5)每组人数分别为 2、3、4，去参加不同的劳动；

(6)每组人数分别为 2、2、3，去参加不同的劳动.

【解析】(1)不均匀分组，不需要考虑消序，即 $C_{10}^2 C_8^3 C_5^4$.

(2)均匀并且小组无名字，要消序，即 $\dfrac{C_{10}^2 C_8^2 C_6^3}{A_2^2}$.

(3)小组有名字，不管均匀不均匀，不需要消序，即 $C_{10}^2 C_8^3 C_5^4$.

(4)小组有名字，不管均匀不均匀，不需要消序，即 $C_{10}^2 C_8^2 C_6^3$.

(5)第一步，不均匀分组，即 $C_{10}^2 C_8^3 C_5^4$；第二步，安排劳动，即 A_3^3；故有 $C_{10}^2 C_8^3 C_5^4 A_3^3$.

(6)第一步，均匀且小组无名称分组，即 $\dfrac{C_{10}^2 C_8^2 C_6^3}{A_2^2}$；第二步，安排劳动，即 A_3^3；故有 $\dfrac{C_{10}^2 C_8^2 C_6^3}{A_2^2} A_3^3$.

题型 7.12　不同元素的分配问题

老吕施法

不同元素的分配问题，采用先分组，再分配(排列)的原则.

典型例题

例 26　4 个不同的小球放入甲、乙、丙、丁 4 个盒中，恰有一个空盒的放法有(　　)种.

(A)$C_4^1 C_4^2$　　　(B)$C_4^3 A_3^3$　　　(C)$C_4^1 A_4^4$　　　(D)$C_4^2 A_4^3$　　　(E)$A_4^3 C_3^3$

【解析】 先取两个球作为一组是 C_4^2，余下 2 球自然成为 2 组，把 3 组球放入 4 个盒子的三个里，即 A_4^3，所以，不同的放法有 $C_4^2 \cdot A_4^3$(种).

【答案】 (D)

例 27　某大学派出 5 名志愿者到西部 4 所中学支教，若每所中学至少有一名志愿者，则不同的分配方案共有(　　).

(A)240 种　　　(B)144 种　　　(C)120 种　　　(D)60 种　　　(E)24 种

【解析】 其中一所学校分配 2 人，其余 3 所学校各分配一人，分两步：

第一步：从 5 名志愿者任选 2 人作为一组，另外三人各成一组，即 C_5^2；

第二步：将 4 组志愿者任意分配给 4 所学校，即 A_4^4.

故不同的分配方案有：$C_5^2 A_4^4 = 240$.

【答案】 (A)

【易错点】 先从 5 个人中挑 4 个，每个学校分一个，A_5^4；余下的一个人，在 4 个学校中任挑一个，即 C_4^1；则共有 $A_5^4 C_4^1 = 480$. 错误的原因在于：甲、乙两人在 A 学校和乙、甲两人在 A 学校，是相同的分组方法，但是用乘法原理时，产生了顺序，导致这两种情况成为 2 种不同的方法，这就产生了重复，所以这类问题牢记吕老师的口诀：先分组再分配.

题型 7.13　相同元素的分配问题

老吕施法

(1)挡板法

将 n 个"相同的"元素分给 m 个对象，每个对象"至少分一个"的分法如下：

把这 n 个元素排成一排，中间有 $n-1$ 个空，挑出 $m-1$ 个空放上挡板，自然就分成了 m 组，所以分法一共有 C_{n-1}^{m-1} 种，这种方法称为挡板法.

要使用挡板法需要满足以下条件：

①所要分的元素必须完全相同.

②所要分的元素必须完全分完.

③每个对象至少分到 1 个元素.

(2)如果不满足第三个条件，则需要创造条件使用挡板法.

①每个对象至少分到 0 个元素(如可以有空盒子)，则采用增加元素法，增加 m 个元素(m 为对象的个数，如盒子的个数)，此时一共有 $n+m$ 个元素，中间形成 $n+m-1$ 个空，选出 $m-1$ 个空放上挡板即可，共有 C_{n+m-1}^{m-1} 种方法.

②每个对象可以分到多个元素，则用减少元素法，使题目满足条件③.

典型例题

例 28 若将 10 只相同的球随机放入编号为 1、2、3、4 的四个盒子中,则每个盒子不空的投放方法有( )种.

(A) 72   (B) 84   (C) 96   (D) 108   (E) 120

【解析】挡板法. 10 个球排成一列,中间形成 9 个空,任选 3 个空放上挡板,自然分为 4 组,每组放入一个盒子,故不同的分法有 $C_9^3 = \dfrac{9 \times 8 \times 7}{3 \times 2 \times 1} = 84$(种).

【答案】(B)

例 29 若将 10 只相同的球随机放入编号为 1、2、3、4 的四个盒子中,则不同的投放方法有( )种.

(A) 172   (B) 84   (C) 296   (D) 108   (E) 286

【解析】增加(盒子)元素法.

本例与上例的不同之处:上例每个盒子至少放 1 个球,此例可以有空盒子,即每个盒子至少放 0 个球,所以不满足使用挡板法的第 3 个条件,要创造出第 3 个条件.

考虑下面两个命题:

命题(1):14 个相同的球放入 4 个不同的盒子,每个盒子至少放一个.

命题(2):10 个相同的球,随机放入 4 个不同的盒子,可以有空盒子(每个盒子至少放 0 个).

两个命题是等价的. 证明如下:

对于命题(1),我们采取 2 步:

第一步,每个盒子先放一个小球(相同的小球才可以这样处理,不同的小球要先分组再分配),因为小球相同,故有 1 种方法;

第二步,余下的 10 个相同的球随意放入 4 个盒子,设有 n 种不同的放法;可见第二步与命题(2)等价.

据乘法原理,共有 $1 \times n = n$(种)不同的放法.

所以,命题(1)的所有可能放法,与第二步的放法相同,即与命题(2)的放法相同;

所以,只需要求出命题(1)的放法即可得到答案,使用挡板法,故不同的放法有

$$C_{13}^3 = \frac{13 \times 12 \times 11}{3 \times 2 \times 1} = 286(\text{种}).$$

【答案】(E)

例 30 若将 15 只相同的球随机放入编号为 1、2、3、4 的四个盒子中,每个盒子中小球的数目,不少于盒子的编号,则不同的投放方法有( )种.

(A) 56   (B) 84   (C) 96   (D) 108   (E) 120

【解析】减少元素法.

相同元素的分配问题,但是不满足使用挡板法的第三个条件(每个盒子至少放一个小球),则需要创造出第三个条件.

第一步:先将 1、2、3、4 四个盒子分别放 0、1、2、3 个球. 因为球是相同的球,故只有一种放法.

第二步:余下的 9 个球放入四个盒子,则每个盒子至少放一个,就满足了题干的要求,也满足挡板法的要求,故 $C_8^3 = \dfrac{8 \times 7 \times 6}{3 \times 2 \times 1} = 56$(种).

【答案】(A)

例31 已知 x，y，z 为正整数，则方程 $x+y+z=10$ 不同的解有(　　)组.

(A) 36　　　　(B) 84　　　　(C) 96　　　　(D) 108　　　　(E) 120

【解析】 相同元素的分配问题，不仅仅是分"相同的球"，只要待分配元素相同即可，此题可以认为将 10 个相同的 1，分给 x，y，z 三个对象，每个对象至少分到一个 1，使用挡板法，即有 $C_9^2=\dfrac{9\times8}{2\times1}=36$(种).

【答案】(A)

题型 7.14　相同元素的排列问题

老吕施法

　　相同元素的排列问题，可先看作不同的元素进行排列，再消序(若有 m 个相同元素，则除以 A_m^m)即可.

典型例题

例32 有 3 面相同的红旗，2 面相同的蓝旗，2 面相同的黄旗，排成一排，不同的排法共有(　　)种.

(A)105　　　　(B)210　　　　(C)240　　　　(D)420　　　　(E)480

【解析】 先看作不同的元素排列，再消序，不同的排法有 $\dfrac{A_7^7}{A_3^3 A_2^2 A_2^2}=210$(种).

【答案】(B)

题型 7.15　数字之和问题

老吕施法

　　(1)此类题目一般需要分类，分类之后，求和为定值或者和满足某不等式.

　　(2)题目的一般可转化为：

　　　　$mx+ny=a$；

　　　　$mx+ny\leqslant a$；

　　　　$mx+ny\geqslant a$.

　　(3)此类题目多出概率题，见题型 7.23.

典型例题

例33 某幢楼从二楼到三楼的楼梯共 11 级，上楼可以一步上一级，也可以一步上两级，则不同的上楼方法共有(　　)种.

(A)34　　　　(B)55　　　　(C)89　　　　(D)130　　　　(E)144

【解析】 设走 m 个一级，n 个二级，则必须有：$m\times1+n\times2=11$，故需分为以下几类：

$m=1$，$n=5$：一共走 6 步，选其中任意 1 步走 1 级，即 C_6^1；

$m=3$，$n=4$：一共走 7 步，选其中任意 3 步走 1 级，即 C_7^3；

$m=5$，$n=3$：一共走 8 步，选其中任意 5 步走 1 级，即 C_8^5；

$m=7$，$n=2$：一共走 9 步，选其中任意 7 步走 1 级，即 C_9^7；

$m=9$，$n=1$：一共走 10 步，选其中任意 9 步走 1 级，即 C_{10}^9；

$m=11$：走 11 个 1 级，只有 1 种方法.

故上楼方法共有 $C_6^1+C_7^3+C_8^5+C_9^7+C_{10}^9+1=144$（种）.

【答案】(E)

例 34 某人计划使用不超过 500 元的资金购买单价分别为 60 元、70 元的单片软件和盒装磁盘，要求软件至少买 3 片，磁盘至少买 2 盒，则不同的选购方式有（ ）.

(A)5 种 　　 (B)6 种 　　 (C)7 种 　　 (D)8 种 　　 (E)12 种

【解析】方法 1：直接分析法.

购买 3 片软件和 2 盒磁盘花去 320 元，故只需要讨论剩下的 180 元如何使用，分以下四类：

第一类，再买 3 片软件，不买磁盘，只有 1 种方法；

第二类，再买 2 片软件，不买磁盘，只有 1 种方法；

第三类，再买 1 片软件，再买 1 盒磁盘或不买磁盘，有 2 种方法；

第四类，不买软件，再买 2 盒磁盘、1 盒磁盘或不买磁盘，有 3 种方法.

据加法原理，不同的购买方法共有 $1+1+2+3=7$（种）.

方法 2：不等式法.

设需要选购的软件为 x 片，磁盘为 y 盒，根据题意，得 $\begin{cases} x \geq 3,\ y \geq 2, \\ 60x+70y \leq 500, \end{cases}$ 解得

$$\begin{cases} x=3, \\ y=2 \end{cases} 或 \begin{cases} x=4, \\ y=2 \end{cases} 或 \begin{cases} x=5, \\ y=2 \end{cases} 或 \begin{cases} x=6, \\ y=2 \end{cases} 或 \begin{cases} x=3, \\ y=3 \end{cases} 或 \begin{cases} x=4, \\ y=3 \end{cases} 或 \begin{cases} x=3, \\ y=4. \end{cases}$$

共计 7 种可能.

【答案】(C)

题型 7.16 涂色问题

老吕施法

涂色问题分为以下三种：

(1)直线涂色：简单的乘法原理.

(2)环形涂色公式.

把一个环形区域分为 k 块，用 s 种颜色去涂，要求相邻两块颜色不同，则不同的涂色方法有
$$N=(s-1)^k+(s-1)(-1)^k,$$
其中，s 为颜色数（记忆方法：se 色），k 为环形被分成的块数（记忆方法：kuai 块）.

(3)立体涂色：考到的可能性较前两种要小，做些简单题即可.

典型例题

例 35 如图 7-6 所示，用五种不同的颜色涂在图中的四个区域，每一区域涂上一种颜色，且相邻区域的颜色必须不同，则不同的涂法共有（ ）.

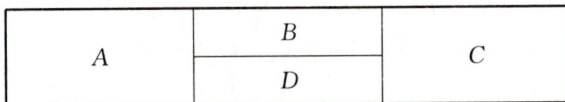

图 7-6

(A)120 种 　　 (B)140 种 　　 (C)160 种 　　 (D)180 种

【解析】A，B，D，C 四个区域分别有 C_5^1，C_4^1，C_3^1，C_3^1 种涂法，根据乘法原理，得

$$C_5^1 C_4^1 C_3^1 C_3^1 = 180(种).$$

【答案】(D)

例36 如图7-7所示,一环形花坛分成四块,现有4种不同的花供选种,要求在每块里种1种花,且相邻的2块不同的花,则不同的种法总数为( )种.

(A)96 　　(B)84 　　(C)60 　　(D)48 　　(E)36

【解析】环形涂色问题.

方法一:分为两类:

第一类,A,D种相同的花C_4^1;C不能和A,D相同,故有3种选择;B不能和A,D相同,故有3种选择;据乘法原理,得$C_4^1 \times 3 \times 3 = 36$(种).

第二类,A,D种不同的花A_4^2;C不能和A,D相同,故有2种选择;B不能和A,D相同,故有2种选择;据乘法原理,得$A_4^2 \times 2 \times 2 = 48$(种).

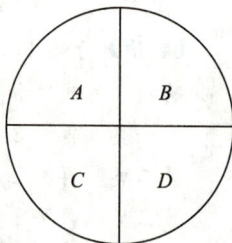

图7-7

据加法原理,得$36 + 48 = 84$(种).

方法二:公式法.

$$N = (s-1)^k + (s-1)(-1)^k = (4-1)^k + (4-1)(-1)^4 = 84(种).$$

【答案】(B)

例37 某人有3种颜色的灯泡,要在如图7-8所示的6个点$ABCDEF$上,各装一个灯泡,要求同一条线段上的灯泡不同色,则每种颜色的灯泡至少用一个的安装方法有( )种.

(A)12 　　(B)24 　　(C)36 　　(D)48 　　(E)60

【解析】分以下两类:

第一类,B,F同色:先装B,F,有3种选择;则C还有2种选择;因为A不能与B,C相同,只有1种选择;D不能和A,F同色,只有1种选择;E不能和D,F同色,只有1种选择;故共有

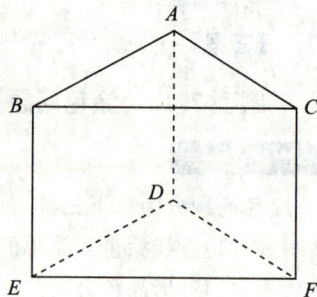

图7-8

$$3 \times 2 \times 1 \times 1 \times 1 \times 1 = 6(种);$$

第二类,B,F不同色:先装B,F,有A_3^2;E不能和B,F相同,只有1种选择;C不能和B,F相同,只有1种选择;D不能和E,F相同,只有1种选择;A不能和B,C相同,只有1种选择;故共有

$$A_3^2 \times 1 \times 1 \times 1 \times 1 = 6(种);$$

据加法原则,共有$6 + 6 = 12$(种).

【答案】(A)

题型7.17　不能对号入座问题

老吕施法

出题方式为:编号为1,2,3,$\cdots$,n的小球,放入编号为1,2,3,$\cdots$,n的盒子,每个盒子放一个,要求小球与盒子不同号.

此类问题不需要自己去做,直接记住下述结论即可:

①$n=2$时,有1种方法.

②$n=3$时,有2种方法.

③$n=4$时,有9种方法.

④$n=5$时,有44种方法.

典型例题

例 38 有 5 位老师，分别是 5 个班的班主任，期末考试时，每个老师监考一个班，且不能监考自己任班主任的班级，则不同的监考方法有(　　).

(A)6 种　　　(B)9 种　　　(C)24 种　　　(D)36 种　　　(E)44 种

【解析】不能对号入座问题，根据上述结论，直接选 44.

【答案】(E)

例 39 设有编号为 1、2、3、4、5 的 5 个小球和编号为 1、2、3、4、5 的 5 个盒子，现将这 5 个小球放入这 5 个盒子内，每个盒子内放入一个球，且恰好有 2 个球的编号与盒子的编号相同，则这样的投放方法的总数为(　　).

(A)20 种　　　(B)30 种　　　(C)60 种　　　(D)120 种　　　(E)130 种

【解析】分两步完成：

第 1 步，选出两个小球放入与它们具有相同编号的盒子内，有 C_5^2 种方法；

第 2 步，将其余 3 个小球放入与它们的编号都不相同的盒子内，有 2 种方法，

由乘法原理，所求方法数为 $C_5^2 \times 2 = 20$(种).

【答案】(A)

题型 7.18　成双成对问题

老吕施法

出题方式为：从鞋子、手套、夫妻中选出几个，要求成对或者不成对.

解题技巧：无论是不是要求成对，第一步都先按成对的来选. 若要求不成对，再从不同的几对里面各选一个即可.

典型例题

例 40 从 6 双不同的鞋子中任取 4 只，则其中没有成双鞋子的取法有(　　)种.

(A)96　　　(B)120　　　(C)240　　　(D)480　　　(E)560

【解析】第一步，从 6 双中选出 4 双鞋子，有 C_6^4；

第二步，从 4 双鞋子中各选 1 只，有 $C_2^1 C_2^1 C_2^1 C_2^1$；

故不同的取法有 $C_6^4 C_2^1 C_2^1 C_2^1 C_2^1 = 240$.

【答案】(C)

题型 7.19　求系数问题与二项式定理

老吕施法

(1)二项式定理：$(a+b)^n = C_n^0 a^n + C_n^1 a^{n-1}b + \cdots + C_n^k a^{n-k}b^k + \cdots + C_n^{n-1}ab^{n-1} + C_n^n b^n$,

其中第 $k+1$ 项为 $T_{k+1} = C_n^k a^{n-k}b^k$，称为通项.

(2)二项式定理在考试大纲里没有明确提出，但是在 2013 年 1 月的考试中出现了一道类似的题目，因此应该掌握.

典型例题

例 41 在 $(1-x^3)(1+x)^{10}$ 的展开式中，x^5 的系数等于(　　).

·

(A)−297　　　(B)−252　　　(C)297　　　(D)207　　　(E)328

【解析】原式可以化为 $(1+x)^{10}-x^3(1+x)^{10}$.

第一个 $(1+x)^{10}$ 的展开式中 x^5 的系数为 C_{10}^5;

第二个 $(1+x)^{10}$ 的展开式中 x^2 的系数为 C_{10}^2;

原式展开式中 x^5 的系数为 $C_{10}^5-C_{10}^2=252-45=207$.

【答案】(D)

例 42 $(x^2+1)(x-2)^7$ 的展开式中 x^3 项的系数是(　　).

(A)−1 008　　　(B)1 008　　　(C)504　　　(D)−504　　　(E)280

【解析】$(x-2)^7$ 的展开式中 x, x^3 的系数分别为 $C_7^1(-2)^6$ 和 $C_7^3(-2)^4$,故 $(x^2+1)(x-2)^7$ 的展开式中 x^3 项的系数为 $C_7^1(-2)^6+C_7^3(-2)^4=1\ 008$.

【答案】(B)

第三节　概率

一、老吕讲考点

(一)基本概念

1. 随机试验

所谓的随机试验是指具有以下 3 个特点的试验:

(1)可以在相同条件下重复进行;

(2)每次试验的可能结果可以不止一个,并且能事先明确试验的所有可能结果;

(3)进行一次试验之前不能确定哪一个结果会出现.

某个随机试验所有可能的结果的集合称为样本空间,记为 S;试验的每个结果,称为样本点.

例如:定义一个试验为抛掷一枚硬币,这个试验可以重复进行,并且事先可以预测结果是"正"或"反",但是在抛掷以前不能确定是"正"还是"反",所以这个试验是随机试验.

2. 事件

样本空间 S 的子集称为随机事件,简称事件.

由一个样本点组成的单个元素的集合,称为基本事件.

如果一个事件,在每次试验中它是必然发生的,称为必然事件,记作 Ω;如果一个事件,在每次试验中都不可能发生,称为不可能事件,记作 ϕ.

(二)事件的关系与运算

1. 和事件

事件 $A\bigcup B$ 称为事件 A 与事件 B 的和事件,当且仅当 A, B 至少有一个发生时,事件 $A\bigcup B$ 发生.

2. 差事件

事件 $A-B$ 称为事件 A 与事件 B 的差事件,即事件 A 发生并且事件 B 不发生,$A\bigcap\overline{B}$.

3. 积事件

事件 $A\bigcap B$ 称为事件 A 与事件 B 的积事件,当且仅当 A, B 同时发生时,事件 $A\bigcap B$ 发生,$A\bigcap B$ 有时也记为 AB.

4. 互斥事件

如果 $A\bigcap B=\phi$，则称事件 A 和事件 B 互不相容，或互斥，即指事件 A 与 B 不能同时发生，基本事件是两两互不相容的.

5. 对立事件

如果 $A\bigcup B=S$，且 $A\bigcap B=\phi$，称事件 A 与事件 B 互为对立事件，此时，$\overline{A}=B$，$\overline{B}=A$；在每次试验中，事件 A 与 B 必有一个且仅有一个发生.

（三）概率的概念和性质

在大量重复进行同一试验时，事件 A 发生的频率总是接近某个常数，在它附近摆动，这个常数就是事件 A 的概率 $P(A)$.

事件 A 的概率 $P(A)$ 具有以下性质：

(1)对于每一个事件 A，$0\leqslant P(A)\leqslant 1$.

(2)对于不可能事件 $P(\phi)=0$.

(3)对于必然事件 $P(\Omega)=1$.

(4)对任意的两事件 A，B 有

$$P(A\bigcup B)=P(A)+P(B)-P(A\bigcap B).$$

（四）古典概型

如果试验的样本空间只包含有限个基本事件，而且试验中每个基本事件发生的可能性相同，这种试验称为等可能概型或古典概型.

对古典概型，如果样本空间 S 中基本事件的总数是 n，而事件 A 包含的基本事件数为 m，那么事件 A 的概率是

$$P(A)=\frac{m}{n}.$$

例如：先后抛掷两枚均匀的硬币，计算：(1)两枚都出现正面的概率；(2)一枚出现正面，一枚出现反面的概率.

【解析】两次抛掷可能出现的结果是"正正""正反""反正""反反"，并且这 4 种结果可能性都相同，是等可能事件.

(1)设事件 A_1 为"两枚都出现正面"，在 4 种结果中，事件 A_1 包含的结果只有一种，所以 $P(A_1)=\frac{1}{4}$.

(2)设事件 A_2 为"一枚出现正面，一枚出现反面"，在 4 种结果中，事件 A_2 包含的结果有两种，所以 $P(A_2)=\frac{2}{4}=\frac{1}{2}$.

（五）和事件的概率

(1)设事件 A_1，A_2，$\cdots$，A_n，两两互不相容，则

$$P(A_1\bigcup A_2\bigcup\cdots\bigcup A_n)=P(A_1)+P(A_2)+\cdots+P(A_n).$$

(2)对任意两个事件 A，B 有

$$P(A\bigcup B)=P(A)+P(B)-P(AB).$$

(3)对任意三个事件 A，B，C 有

$$P(A\bigcup B\bigcup C)=P(A)+P(B)+P(C)-P(AB)-P(BC)-P(AC)+P(ABC).$$

(4)对立事件的概率 $P(A\bigcup\overline{A})=P(A)+P(\overline{A})=1$.

例如：100 件产品中有 10 件次品，现从中取出 5 件进行检验，求所取的 5 件产品中至多有一

件次品的概率.

【解析】至多有一件次品,可以分成两类:

第1类:只有一件次品的概率为 $\dfrac{C_{10}^1 C_{90}^4}{C_{100}^5}$;

第2类:都是正品的概率为 $\dfrac{C_{90}^5}{C_{100}^5}$.

所以,至多有一件次品的概率为 $P=\dfrac{C_{90}^5}{C_{100}^5}+\dfrac{C_{10}^1 C_{90}^4}{C_{100}^5}\approx0.923\,1$.

(六)相互独立事件

设 A,B 是两个事件,如果事件 A 的发生和事件 B 的发生互不影响,则称两个事件是相互独立的,对于相互独立的事件 A 和 B,有

$$P(AB)=P(A)P(B);$$

独立事件 A、B 至少发生一个的概率

$$P(A\cup B)=1-P(\overline{A})P(\overline{B});$$

独立事件 A、B 至多发生一个的概率

$$P(\overline{A}\cup\overline{B})=1-P(A)P(B);$$

这一性质在计算"n 个独立事件至少一个发生"的概率时,是非常有用的.

例如:甲、乙两人各独立投篮一次,如果两人投中的概率分别是 0.6 和 0.5,计算:

(1)两人都投中的概率;

(2)恰有一人投中的概率;

(3)至少有一人投中的概率.

【解析】设"甲投篮一次,投中"为事件 A,"乙投篮一次,投中"为事件 B,据题意 $P(A)=0.6$,$P(B)=0.5$,且 A,B 相互独立.

(1)$P(AB)=P(A)\cdot P(B)=0.6\times0.5=0.30$,所以两人都投中的概率为 0.30.

(2)恰有一人投中,可以分为两种情况:

甲中乙不中:$P(A\overline{B})=P(A)\cdot P(\overline{B})=0.6\times(1-0.5)=0.3$;

甲不中乙中:$P(\overline{A}B)=P(\overline{A})\cdot P(B)=(1-0.6)\times0.5=0.2$;

所以恰有一人投中的概率是 $0.3+0.2=0.5$.

(3)两人都不中的概率为 $P(\overline{AB})=(1-0.5)(1-0.6)$,

故至少一人投中的概率为 $p=1-P(\overline{AB})=1-(1-0.5)(1-0.6)=0.8$.

(七)伯努利试验

进行 n 次相同试验,如果每次试验的条件相同,且各试验相互独立,则称其为 n 次独立重复试验.

伯努利试验:在 n 次独立重复试验中,若每次试验的结果只有两种可能,即事件 A 发生或不发生,且每次试验中 A 事件发生的概率都相同,则这样的试验称作 n 重伯努利试验.

在伯努利试验中,设事件 A 发生的概率为 p,则在 n 次试验中事件 A 恰好发生 $k(0\leqslant k\leqslant n)$ 次的概率为

$$P_n(k)=C_n^k p^k(1-p)^{n-k}\ \ (k=0,\ 1,\ 2,\ \cdots,\ n).$$

例如:某射手射击 1 次,射中目标的概率是 0.9,则他射击 4 次恰好击中目标 3 次的概率是(   ).

【解析】$P_4(3)=C_4^3 p^3(1-p)^{4-3}=4\times0.9^3\times0.1=0.291\,6$.

二、　老吕讲题型

题型 7.20　基本古典概型问题

老吕施法

(1)古典概型公式：$P(A)=\dfrac{m}{n}$.

(2)古典概型的本质实际上是排列组合问题，所以上一节课总结的排列组合的所有方法和题型，在此节中适用.

(3)常用正难则反的思路(对立事件).

典型例题

例 43 某公司有 9 名工程师，张三是其中之一，从中任意抽调 4 人组成攻关小组，包括张三的概率是(　　).

(A)$\dfrac{2}{9}$　　　　(B)$\dfrac{2}{5}$　　　　(C)$\dfrac{1}{3}$　　　　(D)$\dfrac{4}{9}$　　　　(E)$\dfrac{5}{9}$

【解析】选张三，再从其余的 8 个人中任意选 3 个即可，即为 C_8^3；故包括张三的概率为

$$P=\frac{C_8^3}{C_9^4}=\frac{4}{9}.$$

【答案】(D)

例 44 在 36 人中，血型情况下：A 型 12 人，B 型 10 人，AB 型 8 人，O 型 6 人，若从中随机选出两人，则两人血型相同的概率是(　　).

(A)$\dfrac{77}{315}$　　　(B)$\dfrac{44}{315}$　　　(C)$\dfrac{33}{315}$　　　(D)$\dfrac{9}{122}$　　　(E)以上选项均不正确

【解析】两人血型相同的概率为

$$P=\frac{C_{12}^2+C_{10}^2+C_8^2+C_6^2}{C_{36}^2}=\frac{12\times11+10\times9+8\times7+6\times5}{36\times35}=\frac{77}{315}.$$

【答案】(A)

例 45 有五条线段，长度分别为 1，3，5，7，9，从中任取三条，能构成三角形的概率是(　　).

(A)0.1　　　(B)0.2　　　(C)0.3　　　(D)0.4　　　(E)0.5

【解析】根据三角形两边之和大于第三边，两边之差小于第三边，可知能构成三角形的线段有以下 3 组：(3，5，7)，(3，7，9)，(5，7，9).

故所求概率为 $\dfrac{3}{C_5^3}=0.3.$

【答案】(C)

例 46 12 支篮球队中有 3 支种子队，将这 12 支球队任意分成 3 个组，每组 4 队，则 3 支种子队恰好被分在同一组的概率为(　　).

(A)$\dfrac{1}{55}$　　　(B)$\dfrac{3}{55}$　　　(C)$\dfrac{1}{4}$　　　(D)$\dfrac{1}{3}$　　　(E)$\dfrac{1}{2}$

【解析】3 个种子队分在一组：$\dfrac{C_3^3C_9^1C_8^4C_4^4}{A_2^2}$；

任意成 3 组：$\dfrac{C_{12}^4C_8^4C_4^4}{A_3^3}$；

故所求概率为：$\dfrac{\dfrac{C_3^3 C_9^1 C_8^4 C_4^4}{A_2^2}}{\dfrac{C_{12}^4 C_8^4 C_4^4}{A_3^3}} = \dfrac{3}{55}$.

【答案】(B)

例47 已知 10 个产品中有 3 个次品，现从其中抽出若干个产品，要使这 3 个次品全部被抽出的概率不小于 0.6，则至少应抽出产品( )个.

(A)6   (B)7   (C)8   (D)9   (E)10

【解析】 设至少应抽出 x 个产品，则基本事件总数为 C_{10}^x；

3 个次品全部被抽出的基本事件个数为：$C_3^3 C_7^{x-3}$；

故有概率：$P = \dfrac{C_3^3 C_7^{x-3}}{C_{10}^x} \geqslant 0.6$，整理得 $x(x-1)(x-2) \geqslant 432$，验证各选项可知(D)、(E)两项满足此不等式，选较小的，故选(D).

【答案】(D)

例48 在 1，2，3，4，5，6 中，任选两个数，其中一个数是另一个数的 2 倍的概率为( ).

(A)$\dfrac{2}{3}$ (B)$\dfrac{1}{5}$ (C)$\dfrac{1}{3}$ (D)$\dfrac{1}{8}$ (E)$\dfrac{1}{4}$

【解析】 一个数是另外一个数的 2 倍有 3 组：1 和 2，2 和 4，3 和 6；故概率为 $\dfrac{3}{C_6^2} = \dfrac{1}{5}$.

【答案】(B)

例49 甲、乙、丙、丁、戊五名大学生被随机地分到 A，B，C，D 四个农村学校支教，每个岗位至少有一名志愿者．则甲、乙两人不分到同一所学校的概率为( ).

(A)$\dfrac{2}{3}$ (B)$\dfrac{1}{5}$ (C)$\dfrac{1}{10}$ (D)$\dfrac{7}{8}$ (E)$\dfrac{9}{10}$

【解析】 甲、乙两人分到同一所学校：A_4^4；

总的基本事件个数：$C_5^2 A_4^4$；

故甲乙不分到同一所学校的概率为：$1 - \dfrac{A_4^4}{C_5^2 A_4^4} = 1 - \dfrac{1}{10} = \dfrac{9}{10}$.

【答案】(E)

题型 7.21 古典概型之色子问题

老吕施法

(1)色子问题必用穷举法.

(2)常与解析几何结合考查，一般需要转化为不等式求解.

典型例题

例50 若以连续掷两枚骰子分别得到的点数 a 与 b 作为点 M 的坐标，则点 M 落入圆 $x^2 + y^2 = 18$ 内(不含圆周)的概率是( ).

(A)$\dfrac{7}{36}$ (B)$\dfrac{2}{9}$ (C)$\dfrac{1}{4}$ (D)$\dfrac{5}{18}$ (E)$\dfrac{11}{36}$

【解析】 点 M 落入圆 $x^2 + y^2 = 18$ 内，即 $a^2 + b^2 < 18$，则

$(a, b) = (1, 1)$、$(1, 2)$、$(1, 3)$、$(1, 4)$、$(2, 1)$、$(2, 2)$、$(2, 3)$、$(3, 1)$、

（3，2）、（4，1），共计 10 种，所以，落在圆内的概率 $P=\dfrac{10}{36}=\dfrac{5}{18}$.

【答案】（D）

例 51 若以连续两次掷色子得到的点数 a 和 b 作为点 P 的坐标，则点 $P(a,b)$ 落在直线 $x+y=6$ 和两坐标轴围成的三角形内的概率为（ ）.

(A) $\dfrac{1}{6}$ 　　　(B) $\dfrac{7}{36}$ 　　　(C) $\dfrac{2}{9}$ 　　　(D) $\dfrac{1}{4}$ 　　　(E) $\dfrac{5}{18}$

【解析】落在三角形内部，只需要 $a+b<6$ 即可，利用穷举法可知，P 点可以为：（1，1）、（1，2）、（1，3）、（1，4）、（2，1）、（2，2）、（2，3）、（3，1）、（3，2）、（4，1）共计 10 种，总共的不同可能点数为 $6\times6=36$（种）. 故所求概率为 $P=\dfrac{10}{36}=\dfrac{5}{18}$.

【答案】（E）

题型 7.22 古典概型之几何体涂漆问题

老吕施法

将一个正方体六个面涂成红色，然后切成 n^3 个小正方体，则

(1) 3 面红色的小正方体：8 个，位于原正方体角上.

(2) 2 面红色的小正方体：$12(n-2)$ 个，位于原正方体棱上.

(3) 1 面红色的小正方体：$6(n-2)^2$ 个，位于原正方体面上（不在棱上的部分）.

(4) 没有红色的小正方体：$(n-2)^3$ 个，位于原正方体内部.

典型例题

例 52 将一块各面均涂有红漆的正立方体锯成 125 个大小相同的小正立方体，从这些小正立方体中随机抽取一个，所取到的小正立方体至少两面涂有红漆的概率是（ ）.

(A) 0.064 　　(B) 0.216 　　(C) 0.288 　　(D) 0.352 　　(E) 0.235

【解析】小立方体位于大正立方体的角上时，有 3 面为红色，数量为 8 个；小立方体位于大正立方体的棱上时，有 2 面为红色，数量为 36 个. 故所求概率 $P=\dfrac{44}{125}=0.352$.

【答案】（D）

例 53 将一个表面漆有红色的长方体分割成若干个体积为 1 立方厘米的小正方体，其中，一点红色也没有的小正方体有 3 块，那么原来的长方体的表面积为（ ）平方厘米.

(A) 32 　　(B) 64 　　(C) 78 　　(D) 27 　　(E) 18

【解析】没有红色的小正方体位于原来的长方体的内部，这三个小正方体一定是一字排开的，长宽高分别为 1，1，3；所以，原长方体的长宽高应为 3，3，5.

故表面积为 $2\times3\times3+4\times5\times3=78$（平方厘米）.

【答案】（C）

题型 7.23 数字之和问题

老吕施法

解题技巧见题型 7.15.

典型例题

例 54 袋中有 6 只红球、4 只黑球,今从袋中随机取出 4 只球,设取到一只红球得 2 分,取到一只黑球得 1 分,则得分不大于 6 分的概率是(   ).

(A) $\dfrac{23}{42}$ (B) $\dfrac{4}{7}$ (C) $\dfrac{25}{42}$ (D) $\dfrac{13}{21}$

【解析】得分不大于 6,分为三种情况:两红两黑,三黑一红,四黑;故得分不大于 6 的概率为

$$\frac{C_6^2 C_4^2 + C_6^1 C_4^3 + C_6^0 C_4^4}{C_{10}^4} = \frac{23}{42}.$$

【答案】(A)

例 55 若从原点出发的质点 M 向 x 轴的正向移动一个和两个坐标单位的概率分别是 $\dfrac{2}{3}$ 和 $\dfrac{1}{3}$,则该质点移动 3 个坐标单位,到达 $x=3$ 的概率是(   ).

(A) $\dfrac{19}{27}$ (B) $\dfrac{20}{27}$ (C) $\dfrac{7}{9}$ (D) $\dfrac{22}{27}$ (E) $\dfrac{23}{27}$

【解析】$3=1+2=2+1=1+1+1$,故可分为三类:

先移动 1 个单位,再移动 2 个单位:$P_2 = \dfrac{2}{3} \times \dfrac{1}{3}$;

先移动 2 个单位,再移动一个单位:$P_1 = \dfrac{1}{3} \times \dfrac{2}{3}$;

三次移动 1 个单位:$P_3 = \left(\dfrac{2}{3}\right)^3$.

故到达 $x=3$ 的概率为 $P = P_1 + P_2 + P_3 = \dfrac{20}{27}$.

【答案】(B)

题型 7.24 袋中取球问题

老吕施法

袋中取球模型有 3 类:

(1)无放回取球模型.

设口袋中有 a 个白球,b 个黑球,逐一取出若干个球,看后不再放回袋中,则恰好取了 $m(m \leqslant a)$ 个白球,$n(n \leqslant b)$ 个黑球的概率是 $P = \dfrac{C_a^m \cdot C_b^n}{C_{a+b}^{m+n}}$.

【拓展】抽签模型.

设口袋中有 a 个白球,b 个黑球,逐一取出若干个球,看后不再放回袋中,则第 k 次取到白球的概率为 $P = \dfrac{a}{a+b}$,与 k 无关.

(2)一次取球模型.

设口袋中有 a 个白球,b 个黑球,一次取出若干个球,则恰好取了 $m(m \leqslant a)$ 个白球,$n(n \leqslant b)$ 个黑球的概率是 $P = \dfrac{C_a^m \cdot C_b^n}{C_{a+b}^{m+n}}$. 可见一次取球模型的概率与无放回取球相同.

(3)有放回取球模型.

设口袋中有 a 个白球，b 个黑球，逐一取出若干个球，看后放回袋中，则恰好取了 k ($k \leqslant a$) 个白球，$n-k$ ($n-k \leqslant b$) 个黑球的概率是 $P = C_n^k \left(\dfrac{a}{a+b} \right)^k \left(\dfrac{b}{a+b} \right)^{n-k}$.

上述模型可理解为伯努利概型：口袋中有 a 个白球，b 个黑球，从中任取一个球，将这个实验做 n 次，出现了 k 次白球，$n-k$ 次黑球.

典型例题

例 56　袋中有 5 个白球和 3 个黑球，从中任取 2 个球，求：

(1) 取得的两球同色的概率；

(2) 取得的两球至少有一个是白球的概率.

【解析】从 8 个球中任取 2 个球的取法为 C_8^2，所以

(1) 任取两球同色的取法为 $C_5^2 + C_3^2$，所以，取两球同色的概率为 $P = \dfrac{C_5^2 + C_3^2}{C_8^2} = \dfrac{13}{28}$.

(2) 任取两球全是黑球的概率 $\dfrac{C_3^2}{C_8^2}$，所以，任取两球至少有一白球的概率为 $P = 1 - \dfrac{C_3^2}{C_8^2} = \dfrac{25}{28}$.

例 57　小袋中有 10 个小球，其中有 7 个黑球，3 个红球，从中任取 2 个小球，至少有一个是红球的概率为（　　）.

(A) $\dfrac{1}{30}$ 　　　　(B) $\dfrac{1}{15}$ 　　　　(C) $\dfrac{7}{15}$ 　　　　(D) $\dfrac{8}{15}$ 　　　　(E) $\dfrac{2}{3}$

【解析】方法一：

恰好有 1 个红球的概率为 $P(A) = \dfrac{C_7^1 \cdot C_3^1}{C_{10}^2} = \dfrac{7}{15}$；

恰好有 2 个红球的概率为 $P(B) = \dfrac{C_3^2}{C_{10}^2} = \dfrac{1}{15}$；

所以至少有一个红球的概率是 $P(A \cup B) = P(A) + P(B) = \dfrac{7}{15} + \dfrac{1}{15} = \dfrac{8}{15}$.

方法二：剔除法.

从 10 个小球中任取 2 个，全为黑球的概率为 $\dfrac{C_7^2}{C_{10}^2} = \dfrac{7}{15}$，

事件 A 是"从 10 个球中任取 2 球，至少一个是红球"的对立事件，所以至少有一个红球的概率 $P = 1 - \dfrac{7}{15} = \dfrac{8}{15}$.

【答案】(D)

例 58　袋中有 50 个乒乓球，其中 20 个是白色的，30 个是黄色的．现有二人依次随机从袋中各取一球，取后不放回，则第二人取到白球的概率是（　　）.

(A) $\dfrac{19}{50}$ 　　　　(B) $\dfrac{19}{49}$ 　　　　(C) $\dfrac{2}{5}$ 　　　　(D) $\dfrac{20}{49}$ 　　　　(E) $\dfrac{2}{3}$

【解析】据抽签模型的公式，所求的概率为 $\dfrac{20}{50} = \dfrac{2}{5}$.

【答案】(C)

例 59　在一个不透明的布袋中装有 2 个白球、m 个黄球和若干个黑球，它们只有颜色不同，则 $m = 3$.

(1)从布袋中随机摸出一个球,摸到白球的概率是 0.2;

(2)从布袋中随机摸出一个球,摸到黄球的概率是 0.3.

【解析】单独显然不充分,联立两个条件:

由条件(1):摸到白球的概率,$P=\dfrac{2}{n}=0.2$,得 $n=10$,可知一共有 10 个球;

由条件(2):$P=\dfrac{m}{10}=0.3$,得 $m=3$,可知黄球为 3 个;

故联立起来充分.

【答案】(C)

例 60 某装置的启动密码是由 0 到 9 中的 3 个不同数字组成,连续 3 次输入错误密码,就会导致该装置永久关闭,一个仅记得密码是由 3 个不同数字组成的人能够启动此装置的概率为( ).

(A)$\dfrac{1}{120}$ (B)$\dfrac{1}{168}$ (C)$\dfrac{1}{240}$ (D)$\dfrac{1}{720}$ (E)$\dfrac{1}{1\,000}$

【解析】分为三类:

第一类:尝试一次即成功的概率为 $\dfrac{1}{A_{10}^3}=\dfrac{1}{720}$;

第二类:第一次尝试不成功,第二次尝试成功的概率为 $\dfrac{719}{720}\times\dfrac{1}{719}=\dfrac{1}{720}$;

第三类:第一、二次尝试不成功,第三次尝试成功的概率为 $\dfrac{719}{720}\times\dfrac{718}{719}\times\dfrac{1}{718}=\dfrac{1}{720}$;

由加法原理,能启动装置的概率为 $3\times\dfrac{1}{720}=\dfrac{1}{240}$.

【快速得分法】抽签原理的应用(不放回的取球).

本题相当于有 720 个签,抽 3 个抽中正确密码即可,故概率为 $\dfrac{3}{720}=\dfrac{1}{240}$.

【答案】(C)

题型 7.25　独立事件的概率

老吕施法

独立事件同时发生的概率公式:$P(AB)=P(A)P(B)$.

典型例题

例 61 一出租车司机从饭店到火车站途中有 6 个交通岗,假设他在各交通岗遇到红灯这一事件是相互独立的,并且概率都是 $\dfrac{1}{3}$. 那么这位司机遇到红灯前,已经通过了 2 个交通岗的概率是( ).

(A)$\dfrac{1}{6}$ (B)$\dfrac{4}{9}$ (C)$\dfrac{4}{27}$ (D)$\dfrac{1}{27}$ (E)$\dfrac{4}{25}$

【解析】第一、第二个交通岗未遇到红灯,在第三个交通岗遇到红灯,故

$$P=\left(1-\dfrac{1}{3}\right)\left(1-\dfrac{1}{3}\right)\times\dfrac{1}{3}=\dfrac{4}{27}.$$

【答案】(C)

例 62 某部队征兵体检,应征者视力合格的概率为 $\dfrac{4}{5}$,听力合格的概率为 $\dfrac{5}{6}$,身高合格的概

率为 $\frac{6}{7}$，从中任选一学生，则该生三项均合格的概率为(　　).

(A) $\frac{4}{9}$　　(B) $\frac{1}{9}$　　(C) $\frac{4}{7}$　　(D) $\frac{5}{6}$　　(E) $\frac{2}{3}$

【解析】$P=\frac{4}{5}\times\frac{5}{6}\times\frac{6}{7}=\frac{4}{7}$.

【答案】(C)

例63 图7-9是一个简单的电路图，S_1，S_2，S_3 表示开关，随机闭合 S_1，S_2，S_3 中的两个，灯泡发光的概率是(　　).

(A) $\frac{1}{6}$　　(B) $\frac{1}{4}$　　(C) $\frac{1}{3}$

(D) $\frac{1}{2}$　　(E) $\frac{2}{3}$

【解析】闭合两个开关，灯泡发光的情况为：S_1S_3 或 S_2S_3，共 2 种情况；闭合两个开关的所有可能情况为：S_1S_2 或 S_1S_3 或 S_2S_3，共 3 种情况. 故概率为 $\frac{2}{3}$.

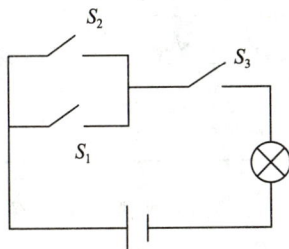

图 7-9

【答案】(E)

例64 在 10 道备选试题中，甲能答对 8 题，乙能答对 6 题. 若某次考试从这 10 道备选题中随机抽出 3 道作为考题，至少答对 2 题才算合格，则甲、乙两人考试都合格的概率是(　　).

(A) $\frac{28}{45}$　　(B) $\frac{2}{3}$　　(C) $\frac{14}{15}$　　(D) $\frac{26}{45}$　　(E) $\frac{8}{15}$

【解析】甲考试合格的概率是 $\frac{C_8^3+C_8^2C_2^1}{C_{10}^3}=\frac{14}{15}$；乙考试合格的概率是 $\frac{C_6^3+C_6^2C_4^1}{C_{10}^3}=\frac{2}{3}$.

甲、乙两人相互独立，所以他们考试都合格的概率为 $\frac{14}{15}\times\frac{2}{3}=\frac{28}{45}$.

【答案】(A)

题型 7.26　闯关问题

老吕施法

(1)闯关问题一般符合独立事件的概率公式：$P(AB)=P(A)P(B)$；

(2)闯关问题一般前几关满足题干要求后，后面的关就不用闯了，因此未必是每关都试一下成功不成功. 所以要根据题意进行合理分类.

典型例题

例65 在一次竞猜活动中，设有 5 关，如果连续通过 2 关就算闯关成功，小王通过每关的概率都是 $\frac{1}{2}$，他闯关成功的概率为(　　).

(A) $\frac{1}{8}$　　(B) $\frac{1}{4}$　　(C) $\frac{3}{8}$　　(D) $\frac{4}{8}$　　(E) $\frac{19}{32}$

【解析】闯关成功的可能有如表 7-5 所示的几种(过关用√标示，没过关用×标示)：

表 7-5

第1关	第2关	第3关	第4关	第5关
√	√			
×	√	√		
×	×	√	√	
√	×	√	√	
√	×	×	√	√
×	√	×	√	√
×	×	×	√	√

故闯关成功的概率为

$$P=\left(\frac{1}{2}\right)^{2}+\left(\frac{1}{2}\right)^{3}+2\times\left(\frac{1}{2}\right)^{4}+3\times\left(\frac{1}{2}\right)^{5}=\frac{19}{32}.$$

【答案】(E)

例 66 甲、乙、丙依次轮流投掷一枚均匀硬币,若先投出正面者为胜,则甲、乙、丙获胜的概率分别是(   ).

(A)$\frac{1}{3}$,$\frac{1}{3}$,$\frac{1}{3}$　　　　　(B)$\frac{4}{8}$,$\frac{2}{8}$,$\frac{1}{8}$　　　　　(C)$\frac{4}{8}$,$\frac{3}{8}$,$\frac{1}{8}$

(D)$\frac{4}{7}$,$\frac{2}{7}$,$\frac{1}{7}$　　　　　(E)以上选项均不正确

【解析】甲如果第 1 下就扔出正面,则后面就不用比了,以此类推;类似于闯关问题.

甲获胜:首次正面出现在第 1,4,7 等次,概率为

$$\frac{1}{2}+\left(\frac{1}{2}\right)^{3}\times\frac{1}{2}+\left(\frac{1}{2}\right)^{6}\times\frac{1}{2}+\cdots=\frac{1}{2}\left[1+\left(\frac{1}{2}\right)^{3}+\left(\frac{1}{2}\right)^{6}+\cdots\right]=\frac{1}{2}\times\frac{1}{1-\frac{1}{8}}=\frac{4}{7}.$$

乙获胜:首次正面出现在第 2,5,8,…次,概率为

$$\frac{1}{2}\times\frac{1}{2}+\left(\frac{1}{2}\right)^{4}\frac{1}{2}+\left(\frac{1}{2}\right)^{7}\frac{1}{2}+\cdots=\frac{1}{2}\left[1+\left(\frac{1}{2}\right)^{4}+\left(\frac{1}{2}\right)^{7}+\cdots\right]=\frac{1}{2}\times\frac{\frac{1}{2}}{1-\frac{1}{8}}=\frac{2}{7}.$$

丙获胜概率为 $1-\frac{4}{7}-\frac{2}{7}=\frac{1}{7}.$

【答案】(D)

例 67 某人将 5 个环——投向一木柱,直到有一个套中为止. 若每次套中的概率为 0.1,则至少剩下一个环未投的概率是(   ).

(A)$1-0.9^{4}$　　(B)$1-0.9^{3}$　　(C)$1-0.9^{5}$　　(D)$1-0.1\times0.9^{4}$

【解析】分为以下四种情况:

第 1 个中,后 4 个未投:0.1;

第 1 个没中,第 2 个中,后 3 个未投:0.9×0.1;

第 1、2 个没中,第 3 个中,后 2 个未投:$0.9^{2}\times0.1$;

前 3 个没中,第 4 个中,最后 1 个未投:$0.9^{3}\times0.1$;

故至少剩下一个环未投的概率为

$$P = 0.1 + 0.9 \times 0.1 + 0.9^2 \times 0.1 + 0.9^3 \times 0.1 = \frac{0.1(1 - 0.9^4)}{1 - 0.9} = 1 - 0.9^4.$$

【答案】(A)

题型 7.27　伯努利概型

老吕施法

(1)伯努利概型公式：$P_n(k) = C_n^k P^k (1 - P)^{n-k} (k = 1, 2, \cdots, n)$.

(2)独立地做一系列的伯努利试验，直到第 k 次试验时，事件 A 才首次发生的概率为
$$P_k = (1 - P)^{k-1} P \quad (k = 1, 2, \cdots, n).$$

典型例题

例68　某乒乓球男子单打决赛在甲乙两选手间进行比赛用 7 局 4 胜制．已知每局比赛甲选手战胜乙选手的概率为 0.7，则甲选手以 4∶1 战胜乙的概率为(　　　)．

(A)0.84×0.7^3　　　　　　　(B)0.7×0.7^3　　　　　　　(C)0.3×0.7^3

(D)0.9×0.7^3　　　　　　　(E)以上选项均不正确

【解析】根据题意可知，一共打了五局，其中前四局中，甲胜 3 局，乙胜 1 局，第 5 局甲获胜；故甲选手以 4∶1 战胜乙的概率为 $P = C_4^3 \times 0.7^3 \times 0.3 \times 0.7 = 0.84 \times 0.7^3$.

【答案】(A)

例69　张三以卧姿射击 10 次，命中靶子 7 次的概率是 $\frac{15}{128}$.

(1)张三以卧姿打靶的命中率是 0.2；

(2)张三以卧姿打靶的命中率是 0.5.

【解析】条件(1)：$P = C_{10}^7 \times 0.2^7 \times 0.8^3 \neq \frac{15}{128}$，不充分．

条件(2)：$P = C_{10}^7 \times 0.5^7 \times 0.5^3 = \frac{15}{128}$，充分．

【答案】(B)

微模考七(上)· 基础篇

(共 25 题，每题 3 分，限时 60 分钟)

一、问题求解：第 1~15 小题，每小题 3 分，共 45 分. 下列每题给出的(A)、(B)、(C)、(D)、(E)五个选项中，只有一项是符合试题要求的，请在答题卡上将所选项的字母涂黑.

1. 2 000 辆汽车通过某一段公路时的时速的频率分布直方图如图 7-10 所示，时速在 $[50, 60)$ 的汽车大约有( ).

   (A)30 辆 (B)60 辆 (C)300 辆

   (D)600 辆 (E)500 辆

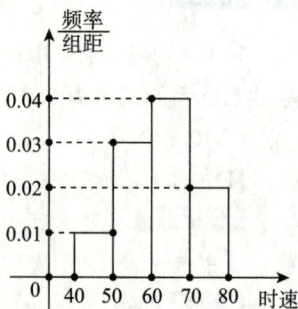

图 7-10

2. 4 名学生和 2 名教师排成一排照相，两位教师不在两端，且要相邻的排法共有( )种.

   (A)72 (B)108 (C)144

   (D)288 (E)36

3. 将 4 本不同的书分给 3 个人，每人至少一本，不同分配方法的种数是( ).

   (A)$C_4^1 C_3^1 C_3^3$ (B)$C_4^2 A_3^3$ (C)$3A_3^3$

   (D)$3A_4^3$ (E)以上选项均不正确

4. 有甲、乙、丙三项任务，甲需 2 人承担，乙、丙各需 1 人承担. 现从 10 人中选派 4 人承担这三项任务，不同的选派方法有( ).

   (A)1 260 种 (B)2 025 种 (C)2 520 种 (D)5 040 种 (E)5 080 种

5. 由 0，1，2，3 组成无重复数字的 4 位数，其中 0 不在十位的有( )个.

   (A)$A_3^1 A_3^3$ (B)$A_2^1 A_3^3$ (C)$A_4^1 - A_3^3$

   (D)$A_3^1 A_3^1 A_2^2$ (E)以上选项均不正确

6. $(x - \sqrt{2})^{10}$ 展开式中 x^6 的系数是( ).

   (A)$-8C_{10}^6$ (B)$8C_{10}^4$ (C)$-4C_{10}^6$ (D)$4C_{10}^4$ (E)以上选项均不正确

7. 打印一页文件，甲出错的概率是 0.04，乙出错的概率是 0.05，从两人打印的文件中各任取一页，其中恰有一页有错的概率是( ).

   (A)0.038 (B)0.048 (C)0.086 (D)0.096 (E)0.02

8. 图书馆新进 3 批新书，每批 100 本，其中每批都有 2 本美术书，现从 3 批新书中各抽取一本，这 3 本书恰有一本美术书的概率为( ).

   (A)0.02×0.98^2 (B)$3 \times 0.02 \times 0.98^2$ (C)$0.02^2 \times 0.98$

   (D)$3 \times 0.02^2 \times 0.98$ (E)$1 - 3 \times 0.02^2 \times 0.98$

9. 掷一均匀硬币 6 次，则出现正面次数多于反面次数的概率为( ).

   (A)$\dfrac{5}{16}$ (B)$\dfrac{1}{2}$ (C)$\dfrac{13}{32}$ (D)$\dfrac{11}{32}$ (E)$\dfrac{29}{64}$

10. 某小组有 10 名同学，按每年 365 天计，他们之中至少有二人的生日相同的概率是（ ）.

（A）$1-\dfrac{A_{365}^{10}}{365^{10}}$ （B）$\dfrac{A_{365}^{10}}{365^{10}}$ （C）$\dfrac{C_{10}^1 A_{365}^9}{365^{10}}$

（D）$\dfrac{C_{10}^1 C_9^1 C_{365}^1 A_{364}^8}{365^{10}}$ （E）以上选项均不正确

11. 甲袋中有 3 只黑球，2 只白球，乙袋中有 2 只黑球，3 只白球，从甲袋中取出 1 只球放入乙袋，再从乙袋中取出 1 只球放入甲袋，经过这样的交换后，甲袋中黑球数不变的概率是（ ）.

（A）$\dfrac{3}{10}$ （B）$\dfrac{8}{15}$ （C）$\dfrac{17}{30}$ （D）$\dfrac{11}{15}$ （E）$\dfrac{23}{30}$

12. 一射手对同一目标独立地进行 4 次射击，若至少命中 1 次的概率是 $\dfrac{80}{81}$，则该射手的命中率是（ ）.

（A）$\dfrac{1}{9}$ （B）$\dfrac{1}{3}$ （C）$\dfrac{1}{2}$ （D）$\dfrac{2}{3}$ （E）$\dfrac{8}{9}$

13. 在伯努利试验中，事件 A 出现的概率为 $\dfrac{1}{3}$，则在此 3 重伯努利试验中，事件 A 出现奇数次的概率是（ ）.

（A）$\dfrac{2}{27}$ （B）$\dfrac{8}{27}$ （C）$\dfrac{13}{27}$ （D）$\dfrac{1}{2}$ （E）$\dfrac{23}{27}$

14. 8 个足球队有 2 个种子队，把 8 个队任意分成甲、乙两组，每组 4 队，则这 2 个种子队被分在同一组内的概率为（ ）.

（A）$\dfrac{6}{7}$ （B）$\dfrac{1}{2}$ （C）$\dfrac{1}{4}$ （D）$\dfrac{3}{7}$ （E）$\dfrac{1}{3}$

15. 15 名学生中 12 名男生 3 名女生，按人数平均分成甲、乙、丙三组，则每组中各有 1 名女生的概率为（ ）.

（A）0.137   （B）0.200   （C）0.250   （D）0.275   （E）0.333

二、条件充分性判断：第 16～25 小题，每小题 3 分，共 30 分. 要求判断每题给出的条件（1）和条件（2）能否充分支持题干所陈述的结论. （A）、（B）、（C）、（D）、（E）五个选项为判断结果，请选择一项符合试题要求的判断，在答题卡上将所选项的字母涂黑.

（A）条件（1）充分，但条件（2）不充分.

（B）条件（2）充分，但条件（1）不充分.

（C）条件（1）和条件（2）单独都不充分，但条件（1）和条件（2）联合起来充分.

（D）条件（1）充分，条件（2）也充分.

（E）条件（1）和条件（2）单独都不充分，条件（1）和条件（2）联合起来也不充分.

16. 某种流感在流行. 从人群中任意找出 3 人，其中至少有 1 人患该种流感的概率为 0.271.

（1）该流感的发病率为 0.3；

（2）该流感的发病率为 0.1.

17. 在某次考试中，3 道题中答对 2 道题即为及格. 假设某人答对各题的概率相同，则此人及格的概率是 $\dfrac{20}{27}$.

（1）答对各题的概率均为 $\dfrac{2}{3}$；

(2)3道题全部答错的概率为 $\dfrac{1}{27}$.

18. 四只球,每只都以同样概率落入四个格子中的任一个中去,则恰有三只球落入同一格的概率为 $\dfrac{1}{8}$.

(1)前二只球落入相同的格子;

(2)前二只球落入不同的格子.

19. 掷 n 次骰子得最小点数为 2 的概率是 $\dfrac{61}{216}$.

(1)$n=2$;

(2)$n=3$.

20. 掷 n 次均匀硬币出现正面次数少于出现反面次数的概率为 $\dfrac{1}{2}$.

(1)n 为偶数;

(2)n 为奇数.

21. 共有 432 种不同的排法.

(1)6 个人排成两排,每排 3 人,其中甲、乙两人不在同一排;

(2)6 个人排成一排,其中甲、乙两人相邻且不在排头和排尾.

22. 从含有 2 件次品,$n-2(n>2)$ 件正品的 n 件产品中随机抽查 2 件,其中恰有 1 件次品的概率为 0.6.

(1)$n=5$;

(2)$n=6$.

23. 点 $(s,\ t)$ 落入圆 $(x-a)^2+(y-a)^2=a^2$ 内的概率是 $\dfrac{1}{4}$.

(1)s,t 是连续掷一枚骰子两次所得到的点数,$a=3$;

(2)s,t 是连续掷一枚骰子两次所得到的点数,$a=2$.

24. 若王先生驾车从家到单位必须经过三个有红绿灯的十字路口,则他没有遇到红灯的概率为 0.125.

(1)他在每一个路口遇到红灯的概率都是 0.5;

(2)他在每一个路口遇到红灯的事件相互独立.

25. 某产品由两道独立工序加工完成. 则该产品是合格品的概率大于 0.8.

(1)每道工序的合格率为 0.81;

(2)每道工序的合格率为 0.9.

微模考七(下)·强化篇

（共 25 题，每题 3 分，限时 60 分钟）

一、问题求解：第 1～15 小题，每小题 3 分，共 45 分．下列每题给出的 (A)、(B)、(C)、(D)、(E) 五个选项中，只有一项是符合试题要求的，请在答题卡上将所选项的字母涂黑．

1. 从 0，1，2，3，6，7 中每次取两数相乘，不同的积有（   ）种．
   (A)10　　　　(B)11　　　　(C)13　　　　(D)15　　　　(E)21

2. 由 1，2，3，4，5 构成的无重复数字的五位数中，大于 23 000 的五位数有（   ）个．
   (A)180　　　　(B)150　　　　(C)120　　　　(D)90　　　　(E)60

3. 如图 7-11 所示，将 1，2，3 填入 3×3 的方格中，要求每行、每列都没有重复数字，下面是一种填法，则不同的填写方法共有（   ）．

1	2	3
3	1	2
2	3	1

图 7-11

   (A)3 种　　　(B)6 种　　　(C)12 种　　　(D)24 种　　　(E)48 种

4. 如图 7-12 是某班同学参加一次数学测试成绩的频数分布直方图（成绩均为整数），下列命题中正确的有（   ）个．
   ①共有 50 人参加了考试；
   ②90 分以上（含 90 分）的共有 21 人；
   ③本次考试及格率为 90%（60 分以上及格）；
   ④70 分以上的频率为 0.92．
   (A)0　　　　(B)1　　　　(C)2
   (D)3　　　　(E)4

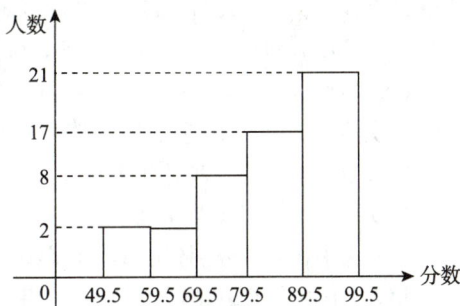

图 7-12

5. 如图 7-13 所示，用四种不同颜色给图中的 A，B，C，D，E，F 六个点涂色，要求每个点涂一种颜色，且图中每条线段的两个端点涂不同颜色，则不同的涂色方法有（   ）．
   (A)288 种　　　(B)264 种　　　(C)240 种　　　(D)168 种　　　(E)96 种

6. 某单位安排 7 位员工在 10 月 1 日至 7 日值班，每天 1 人，每人值班 1 天，若 7 位员工中的甲、乙排在相邻两天，丙不排在 10 月 1 日，丁不排在 10 月 7 日，则不同的安排方案共有（   ）．
   (A)504 种　　　(B)960 种　　　(C)1 008 种　　　(D)1 108 种　　　(E)1 206 种

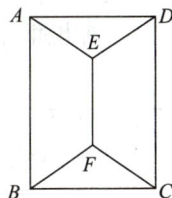

图 7-13

7. 单位拟安排 6 位员工在今年 6 月 14 日至 16 日(端午节假期)值班，每天安排 2 人，每人值班 1 天．若 6 位员工中的甲不值 14 日，乙不值 16 日，则不同的安排方法共有(   )．

(A)30 种　　(B)36 种　　(C)42 种　　(D)48 种　　(E)56 种

8. 已知 10 个产品中有 3 个次品，现从其中抽出若干个产品，要使这 3 个次品全部被抽出的概率不小于 0.6，则至少应抽出产品(   )个．

(A)6　　(B)7　　(C)8　　(D)9　　(E)10

9. 甲、乙两同学投掷一枚色子，用字母 p，q 分别表示两人各投掷一次的点数．满足关于 x 的方程 $x^2+px+q=0$ 有实数解的概率为(   )．

(A)$\dfrac{19}{36}$　　(B)$\dfrac{7}{36}$　　(C)$\dfrac{5}{36}$　　(D)$\dfrac{1}{36}$　　(E)以上选项均不正确

10. 12 个篮球队中有 3 个强队，将这 12 个队任意分成 3 个组(每组 4 个队)，则 3 个强队恰好被分在同一组的概率为(   )．

(A)$\dfrac{1}{55}$　　(B)$\dfrac{3}{55}$　　(C)$\dfrac{1}{4}$　　(D)$\dfrac{1}{3}$　　(E)以上选项均不正确

11. 如图 7-14 所示，一个地区分为 5 个行政区域，现给地图着色，要求相邻区域不得使用同一颜色，有 4 种颜色可供选择，则不同的着色方法共有(   )种．

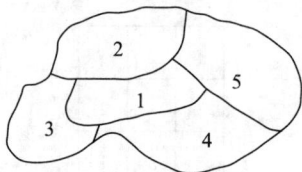

图 7-14

(A)26　　(B)36　　(C)96　　(D)72　　(E)84

12. 设有编号为 1、2、3、4、5 的 5 个球和编号为 1、2、3、4、5 的 5 个盒子，将 5 个小球放入 5 个盒子中，每个盒子放 1 个小球，则至少有 2 个小球和盒子编号相同的方法有(   )．

(A)36 种　　(B)49 种　　(C)31 种　　(D)28 种　　(E)72 种

13. 一次演唱会一共 10 名演员，其中 8 人能唱歌，5 人会跳舞，现要演出一个 2 人唱歌 2 人伴舞的节目，有(   )种选派方法．

(A)126　　(B)168　　(C)179　　(D)186　　(E)199

14. 从 6 人中选 4 人分别到巴黎、伦敦、悉尼、莫斯科 4 个城市游览，要求每个城市各 1 人游览，每人只游览 1 个城市，且这 6 人中甲、乙两人不去巴黎游览，则不同的选择方案共有(   )．

(A)300 种　　(B)240 种　　(C)114 种　　(D)96 种　　(E)36 种

15. 马路上有 10 只路灯，为节约用电又不影响正常的照明，可把其中的 3 只灯关掉，但不能同时关掉相邻的 2 只或 3 只，也不能关掉两端的灯，那么满足条件的关灯方法共有(   )种．

(A)20　　(B)120　　(C)240　　(D)60　　(E)144

二、条件充分性判断：第 16~25 小题，每小题 3 分，共 30 分．要求判断每题给出的条件(1)和条件(2)能否充分支持题干所陈述的结论．(A)、(B)、(C)、(D)、(E)五个选项为判断结果，请选择一项符合试题要求的判断，在答题卡上将所选项的字母涂黑．

(A)条件(1)充分，但条件(2)不充分．

(B)条件(2)充分，但条件(1)不充分．

(C)条件(1)和条件(2)单独都不充分，但条件(1)和条件(2)联合起来充分．

(D)条件(1)充分，条件(2)也充分．

(E)条件(1)和条件(2)单独都不充分，条件(1)和条件(2)联合起来也不充分．

16. 不同的投信方法有 3^4 种．

(1)四封信投入 3 个不同的信箱，其不同的投信方法种数；

(2)三封信投入 4 个不同的信箱，其不同的投信方法种数．

17. 共有 288 种不同的排法．

(1)6 个人站两排，每排三人，其中甲、乙两人不在同一排；

(2)6 个人排成一排，其中甲、乙不相邻且不站在排头．

18. $n=130$．

(1)从 5 双鞋里任选 4 只，恰好有 2 只是 1 双的可能性有 n 种；

(2)从 5 双鞋里任选 4 只，至少有 2 只是 1 双的可能性有 n 种．

19. n 是质数．

(1)30 030 能被 n 个不同的正偶数整除；

(2)30 030 能够 n 个大于 2 的偶数整除．

20. 将书发给 4 名同学，每名同学至少有一本书的概率是 $\dfrac{5}{42}$．

(1)有 5 本不同的书；　　　　　　(2)有 6 本相同的书．

21. 一批产品，现逐个检查，直至次品全部被查出为止，则第 5 次查出最后一个次品的概率为 $\dfrac{4}{45}$．

(1)共有 10 个产品；　　　　　　(2)含有 2 个次品．

22. 把 n 个相同的小球放入三个不同的箱子，第一个箱子至少 1 个，第二个箱子至少 3 个，第三个箱子可以放空球，有 10 种情况．

(1)$n=7$；　　　　　　　　(2)$n=8$．

23. $P=\dfrac{3}{8}$．

(1)一个口袋有大小不同的 7 个白球和 1 个黑球，从中取 3 个球，恰有 1 个黑球的概率为 P；

(2)一个口袋有大小不同的 7 个白球和 1 个黑球，从中取 3 个球，不含有黑球的概率为 P．

24. 某公司开晚会原有 6 个节目，由于节目较少，需要再添加 n 个节目，但要求原先的 6 个节目相对顺序不变，则所有不同的安排方法共有 504 种．

(1)$n=2$；　　　　　　　　(2)$n=3$．

25. $b>a$ 的概率是 $\dfrac{1}{5}$．

(1)从 $\{1，2，3，4，5\}$ 中随机选取一个数为 a；

(2)从 $\{1，2，3\}$ 中随机选取一个数为 b．

微模考七(上)·基础篇参考答案

一、问题求解

1. (D)

【解析】时速在 $[50,60)$ 的汽车的频率为 $10\times0.03=0.3$，所以

$$频数=频率\times数据总数=0.3\times2\,000=600.$$

2. (C)

【解析】先做 4 名学生的全排列 A_4^4；他们之间的 3 个空位中(不包括两端)选一个给教师 C_3^1；两教师进行全排列 A_2^2；根据乘法原理，不同的排法一共有 $A_4^4\cdot C_3^1\cdot A_2^2=144$(种).

3. (B)

【解析】第一步，将 4 本书分成 2 本、1 本、1 本的三组，即 C_4^2；第二步，将三组书分给三个人，即 A_3^3. 所以，不同的分配方法是 $C_4^2A_3^3$.

4. (C)

【解析】先选派出 2 人承担甲任务，再选出 1 人承担乙任务，最后选出 1 人承担丙任务，所以不同的选派方法有 $C_{10}^2\cdot C_8^1\cdot C_7^1=2\,520$(种).

5. (B)

【解析】先考虑 0 的位置，有两种方法，即百位或个位；再排列其他的三个数；则方法有 $A_2^1\cdot A_3^3$.

6. (D)

【解析】$T_{i+1}=C_n^i a^{n-i}b^i=C_{10}^i x^{10-i}(-\sqrt{2})^i$，所以，$10-i=6$，得 $i=4$，所以，x^6 的系数是

$$C_{10}^4(-\sqrt{2})^4=4C_{10}^4.$$

7. (C)

【解析】分成 2 种情况：

甲错乙不错的概率：$0.04\times(1-0.05)=0.038$；

甲不错乙错的概率：$(1-0.04)\times0.05=0.048$；

所以恰有一页有错的概率是 $0.038+0.048=0.086$.

8. (B)

【解析】独立重复试验重复进行 3 次，每次抽到美术书的概率为 0.02，恰有一本美术书的概率为 $P_3(1)=C_3^1\times0.02\times(1-0.02)^2=3\times0.02\times0.98^2$.

9. (D)

【解析】正、反面次数同样多的概率为 $C_6^3\left(\dfrac{1}{2}\right)^3\left(\dfrac{1}{2}\right)^3=\dfrac{5}{16}$，正面次数多于反面和正面次数少于反面是一样多的，所以，正面次数多于反面次数的概率为 $\dfrac{1}{2}\times\left(1-\dfrac{5}{16}\right)=\dfrac{11}{32}$.

10. （A）

【解析】没有人生日相同的概率为 $A_{365}^{10}/365^{10}$，所以至少有 2 人生日相同的概率为
$$1-A_{365}^{10}/365^{10}.$$

11. （C）

【解析】设 A 表示从甲袋中取黑球，B 表示从乙袋中取黑球，则
$$P=P(AB)+P(\overline{AB})=\frac{3}{5}\times\frac{3}{6}+\frac{2}{5}\times\frac{4}{6}=\frac{17}{30}.$$

12. （D）

【解析】设命中率为 P. 可知一次也不能命中的概率为 $(1-P)^4$，所以至少命中一次的概率为
$1-(1-P)^4=\dfrac{80}{81}$，解得 $P=\dfrac{2}{3}$.

13. （C）

【解析】$P(A)=P_3(1)+P_3(3)=C_3^1\dfrac{1}{3}\times\left(\dfrac{2}{3}\right)^2+C_3^3\left(\dfrac{1}{3}\right)^3=\dfrac{4}{9}+\dfrac{1}{27}=\dfrac{13}{27}.$

14. （D）

【解析】方法一：甲组分 2 个种子队，再从 6 支球队中选择 2 支，余下 4 队在乙组，即 $\dfrac{C_2^2C_6^2}{C_8^4}$；

乙组分 2 个种子队，再从 6 支球队中选择 2 支，余下 4 队在甲组，即 $\dfrac{C_2^2C_6^2}{C_8^4}$；所以 2 个种子队

在同一组的概率为 $\dfrac{2C_2^2C_6^2}{C_8^4}=\dfrac{3}{7}$.

方法二：将 2 支种子队选一队放在甲组，即 C_2^1；再将余下的 6 支队伍中选 3 队放在甲组，即

C_6^3；余下的 4 支球队放在乙组．所以 2 支种子队不在同一组的概率为 $\dfrac{C_2^1C_6^3}{C_8^4}$.

所求概率为 $1-\dfrac{C_2^1C_6^3}{C_8^4}=\dfrac{3}{7}$.

15. （D）

【解析】此题为均匀不编号分组．

每组有一名女生的分法有 $C_{12}^4C_3^1\cdot C_8^4C_2^1$，总的分法有 $C_{15}^5C_{10}^5$，

所求概率为 $\dfrac{C_{12}^4C_3^1\cdot C_8^4C_2^1}{C_{15}^5C_{10}^5}=\dfrac{25}{91}=0.275$.

二、充分性判断

16. （B）

【解析】条件(1)：至少有一人患此流感的概率为 $1-(1-0.3)^3=0.657$，条件(1)不充分．
条件(2)：至少有一人患此流感的概率为 $1-(1-0.1)^3=0.271$，条件(2)充分．

17. （D）

【解析】条件(1)：分两种情况：全部答对的概率为 $\left(\dfrac{2}{3}\right)^3$；答对两道的概率为 $C_3^2\left(\dfrac{2}{3}\right)^2\left(\dfrac{1}{3}\right)$；

及格的概率为 $C_3^2\left(\dfrac{2}{3}\right)^2\left(\dfrac{1}{3}\right)+\left(\dfrac{2}{3}\right)^3=\dfrac{20}{27}$. 所以条件(1)充分．

条件(2)：设答对各题的概率均为 P，则 3 道题全部答错的概率为 $(1-P)^3=\dfrac{1}{27}$，所以 $P=$

$\dfrac{2}{3}$，与条件(1)等价，所以条件(2)也充分．

18. (B)

【解析】条件(1)：所求概率为 $C_2^1\left(\dfrac{1}{4}\right)^1\left(\dfrac{3}{4}\right)^1=\dfrac{3}{8}$，所以条件(1)不充分.

条件(2)：所求为 $2C_2^2\left(\dfrac{1}{4}\right)^2\left(\dfrac{3}{4}\right)^0=\dfrac{1}{8}$，所以条件(2)充分.

19. (B)

【解析】条件(1)：投掷2次最小点数为2，分为两种情况：

出现两次2点的概率为 $\left(\dfrac{1}{6}\right)^2=\dfrac{1}{36}$；

出现一次2点的概率为 $C_2^1\left(\dfrac{1}{6}\right)^1\left(\dfrac{4}{6}\right)^1=\dfrac{8}{36}$；

所求概率为 $\dfrac{1}{4}$，条件(1)不充分.

条件(2)：分为三种情况：

出现1次2点的概率为 $C_3^1\left(\dfrac{1}{6}\right)^1\left(\dfrac{4}{6}\right)^2=\dfrac{48}{216}$；

出现2次2点的概率为 $C_3^2\left(\dfrac{1}{6}\right)^2\left(\dfrac{4}{6}\right)^1=\dfrac{12}{216}$；

出现3次2点的概率为 $\left(\dfrac{1}{6}\right)^3=\dfrac{1}{216}$；

所求概率为 $\dfrac{61}{216}$，条件(2)充分.

20. (B)

【解析】设 $A=\{$正面次数少于反面次数$\}$，$B=\{$正面次数等于反面次数$\}$，$C=\{$正面次数多于反面次数$\}$. 显然有 $P(A)=P(C)$，且 $P(A)+P(B)+P(C)=1$，即 $P(A)=\dfrac{1}{2}[1-P(B)]$.

当 n 为奇数时，$P(B)=0$，从而 $P(A)=\dfrac{1}{2}$；当 n 为偶数时，$P(B)>0$，从而 $P(A)<\dfrac{1}{2}$.

条件(1)不充分，条件(2)充分.

21. (A)

【解析】条件(1)：分类.
第1类，甲在前排，乙在后排，有 $A_3^1A_3^1A_4^4$ 种排法；
第2类，甲在后排，乙在前排，有 $A_3^1A_3^1A_4^4$ 种排法.
由加法原理，不同的排法共有 $A_3^1A_3^1A_4^4+A_3^1A_3^1A_4^4=432$(种)，所以条件(1)充分.
条件(2)：分步.
第一步，除甲、乙以外的4个人排队，有 A_4^4 种排法；
第二步，甲、乙插入排好的队中除头、尾以外的3个空位置，有 A_3^2 种插法.
由乘法原理，不同的排法共有 $A_4^4A_3^2=144$(种)，所以条件(2)不充分.

22. (A)

【解析】条件(1)：当 $n=5$ 时，$P=\dfrac{C_2^1C_3^1}{C_5^2}=0.6$，条件(1)充分.

条件(2)：当 $n=6$ 时，$P=\dfrac{C_2^1C_4^1}{C_6^2}=\dfrac{8}{15}$，条件(2)不充分.

23. (B)

【解析】s，t 可取 1、2、3、4、5、6.

条件(1)：要使点 $(s，t)$ 落入 $(x-3)^2+(y-3)^2=3^2$ 内：

当 $s=1$ 时，$t=1$、2、3、4、5；当 $s=2$ 时，$t=1$、2、3、4、5；

当 $s=3$ 时，$t=1$、2、3、4、5；当 $s=4$ 时，$t=1$、2、3、4、5；

当 $s=5$ 时，$t=1$、2、3、4、5；当 $s=6$ 时，t 无解.

点 $(s，t)$ 落入 $(x-a)^2+(y-a)^2=a^2$ 内的概率是 $\dfrac{25}{36}$. 条件(1)不充分.

条件(2)：要使点 $(s，t)$ 落入 $(x-2)^2+(y-2)^2=2^2$ 内，

当 $s=1$ 时，$t=1$、2、3；

当 $s=2$ 时，$t=1$、2、3；

当 $s=3$ 时，$t=1$、2、3；

当 $s=4$、5、6 时，t 无解.

点 $(s，t)$ 落入 $(x-a)^2+(y-a)^2=a^2$ 内的概率是 $\dfrac{9}{36}=\dfrac{1}{4}$. 条件(2)充分.

24. (C)

【解析】显然需要联立两个条件.

根据相互独立事件同时发生的概率有 $P=(1-0.5)^3=0.125$，联立起来充分.

25. (B)

【解析】条件(1)：合格概率为 $0.81\times0.81<0.8$，不充分.

条件(2)：合格概率为 $0.9\times0.9=0.81>0.8$，充分.

微模考七(下)·强化篇参考答案

一、为题求解

1. (A)

【解析】数字问题(组合).

0 乘任何数都得 0,故若取到的两个数中有一个为 0,则积只有一种;

若取到的两个数中无 0,则积有 $C_5^2 = 10$(种);

但 $1 \times 6 = 2 \times 3$,故需要减去 1 种.

故不同的积共有 $1 + 10 - 1 = 10$(种).

2. (D)

【解析】数字问题.

此题一定要从最高位进行分析,分如下情况:

第一种:

≥3				

即最高位从 3,4,5 中选,有 C_3^1 种,后四位任意选,有 A_4^4 种,总的有 $C_3^1 A_4^4 = 72$(种).

第二种:

2	≥3			

最高位是 2,千位从 3,4,5 中选,有 C_3^1 种,后三位任意选,有 A_3^3 种,总得有 $C_3^1 A_3^3 = 18$(种).

综上,答案为 $72 + 18 = 90$(种).

3. (C)

【解析】不对号入座问题.

将 3 个数字放入第一行,可以任意排: A_3^3 种.

再排第 2 行,第 2 行的第 1 个数字不能和第 1 行的第 1 个数字相同,故有 2 种选择;

第 2 行的第 2 个数字既不能和第 1 行第 2 个数字相同,又不能和第 2 行的第 2 个数字相同,故只有 1 种选择;

第 2 行第 3 个数字显然只有 1 种选择;

故第 2 行的排法共有 $2 \times 1 \times 1 = 2$(种).

再排第 3 行,因为第 3 行的每个数字都不能与它上面的 2 个数字相同,故每个数字都只有 1 种排法,故有 $1 \times 1 \times 1 = 1$(种).

由乘法原理,得 $A_3^3 \times 2 \times 1 = 12$(种).

【快速得分法】第 1 行可任意排: A_3^3;第 2 行为 3 球不对号入座问题: 2 种;第 3 行只有 1 种排法;由乘法原理,得 $A_3^3 \times 2 \times 1 = 12$(种).

4. (D)

【解析】数据的图表表示.

①人数共有 $2+2+8+17+21=50$(人)，正确；

②显然正确；

③及格率为 $\dfrac{48}{50} \times 100\%=96\%$，错误；

④70 分以上的频率为 $\dfrac{46}{50} \times 100\%=92\%$，正确.

故共有 3 个正确命题.

5. (B)

【解析】涂色问题.

可分成以下几种情况：

①B，D，E，F 用四种颜色，则有 $A_4^4 \times 1 \times 1=24$(种)涂色方法；

②B，D，E，F 用三种颜色，则有 $A_4^3 \times 2 \times 2+A_4^3 \times 2 \times 1 \times 2=192$(种)涂色方法；

③B，D，E，F 用两种颜色，则有 $A_4^2 \times 2 \times 2=48$(种)涂色方法；

根据加法原理，则共有 $24+192+48=264$(种)不同的涂色方法.

6. (C)

【解析】排队问题.

可分为四类：

①甲、乙排 1、2 号有 $A_2^2 A_4^1 A_4^4$ 种方法；

②甲、乙排 6、7 号有 $A_2^2 A_4^1 A_4^4$ 种方法；

③甲、乙排中间，且丙排 7 号有 $4A_2^2 A_4^4$ 种方法；

④甲、乙排中间，且丙不排 7 号，共有 $4A_2^2 A_3^1 A_3^1 A_3^3$ 种方法；

根据加法原理，共有 1 008 种不同的排法.

7. (C)

【解析】排除问题.

先任意排，再减去甲在 14 日值班，再减去乙在 16 日值班的情况，再加上甲在 14 日且乙在 16 日的情况，即 $C_6^2 C_4^2-2C_5^1 C_4^2+C_4^1 C_3^1=42$(种).

8. (D)

【解析】古典概型.

设至少应抽出 x 个产品，则基本事件总数为 C_{10}^x；

使这 3 个次品全部被抽出的基本事件个数为 $C_3^3 C_7^{x-3}$；

故有 $\dfrac{C_3^3 C_7^{x-3}}{C_{10}^x} \geqslant 0.6$，得 $x(x-1)(x-2) \geqslant 432$.

分别把选项(A)，(B)，(C)，(D)，(E)代入，得(D)，(E)均满足不等式，x 取最小值，故 $x=9$.

9. (A)

【解析】掷色子问题.

两人投掷色子共有 36 种可能；

穷举法，当 $p^2-4q \geqslant 0$ 时，p，q 的取值如下：

当 $p=6$ 时，$q=6$、5、4、3、2、1；

当 $p=5$ 时，$q=6$、5、4、3、2、1；

当 $p=4$ 时,$q=4$、3、2、1;

当 $p=3$ 时,$q=2$、1;

当 $p=2$ 时,$q=1$.

故其概率为 $\dfrac{19}{36}$.

10.（B）

【解析】古典概型.

因为试验发生的所有事件是将 12 个组分成 4 个组,分法有 $\dfrac{C_{12}^4 C_8^4 C_4^4}{A_3^3}$ 种;

而满足条件的 3 个强队恰好被分在同一组分法有 $\dfrac{C_3^3 C_9^1 C_8^4 C_4^4}{A_2^2}$ 种;

根据古典概型公式,得 3 个强队恰好被分在同一组的概率为 $\dfrac{\dfrac{C_3^3 C_9^1 C_8^4 C_4^4}{A_2^2}}{\dfrac{C_{12}^4 C_8^4 C_4^4}{A_3^3}}=\dfrac{3}{55}$.

11.（D）

【解析】环形涂色问题.

先涂区域 1,有 4 种涂法;

余下的区域使用环形涂色公式,得

$$N=(s-1)^k+(s-1)(-1)^k=(3-1)^4+(3-1)(-1)^4=18;$$

据乘法原理有 $4\times18=72$(种).

12.（C）

【解析】对号入座问题.

①2 球对号入座:先从 5 个中任取 2 个放入编号相同的盒子中,有 C_5^2 种放法;

剩下 3 个小球不对号入座,有 2 种放法;故此类共有 $C_5^2\times2=20$(种)不同方法;

②3 球对号入座:先从 5 个中任取 3 个放入编号相同的盒子中,有 C_5^3 种放法;

剩下的 2 个小球不对号入座,只有 1 种放法;故此类共有 $C_5^3=10$(种)不同方法;

③恰有 5 个小球与盒子编号相同,只有 1 种方法.

由加法原理,得 $20+10+1=31$(种)不同方法.

13.（E）

【解析】万能元素问题.

10 名演员中,只会唱歌的有 5 人,只会跳舞的有 2 人,3 人为全能演员.分成三种情况:

①唱歌组中只会唱歌的有 2 人:$C_5^2 C_5^2$;

②唱歌组中只会唱歌的有 1 人,全能演员有 1 人:$C_5^1 C_3^1 C_4^2$;

③唱歌组有 2 个全能演员:$C_3^2 C_3^2$;

由加法原理,得 $C_5^2 C_5^2+C_5^1 C_3^1 C_4^2+C_3^2 C_3^2=199$.

14.（B）

【解析】排队问题.

按选不选甲乙分成三类:

①选出的 4 人中不包含甲、乙,不同方案有 $A_4^4=24$(种);

②选出的 4 人中甲、乙中选 1 人,不同方案有 $C_2^1\times C_4^3\times C_3^1\times A_3^3=144$(种);

③选出的 4 人中甲、乙均包括，不同方案有 $C_2^2 \times C_4^2 \times C_2^1 \times A_3^3 = 72$(种).

由加法原理得，不同的方案总数为 $24 + 144 + 72 = 240$(种).

15. (A)

【解析】排队问题.

在 7 只亮灯的 8 个空中插入 3 只暗灯且不插在两端，故关灯方法为 $C_6^3 = 20$.

二、条件充分性判断

16. (A)

【解析】住店问题.

条件(1)：每封信都有 3 个选择，共有 4 封信，故有 3^4 种，充分.

条件(2)：每封信都有 4 个选择，共有 4 封信，故有 4^3 种，不充分.

17. (B)

【解析】排队问题.

条件(1)：先排甲，6 个位置任意选：C_6^1；

再排乙，在甲没选的那一排的 3 个位置中选 1 个：C_3^1；

其余四人全排列：$C_6^1 C_3^1 A_4^4 = 432$(种)，不充分.

条件(2)：其余四人全排列，甲、乙插空且不能插在排头：$A_4^4 A_4^2 = 288$(种)，充分.

18. (B)

【解析】成双成对问题.

条件(1)：从 5 双鞋里任选 1 双：C_5^1；

再从余下的 4 双中任选 2 双，这 2 双中每双里面选 1 只，就能保证不成双：$C_4^2 C_2^1 C_2^1$；

根据乘法原理，$n = C_5^1 C_4^2 C_2^1 C_2^1 = 120$，故不充分.

条件(2)：至少有 2 只是 1 双有两种情况：

恰好有 2 只是 1 双：120 种；

4 只恰好是 2 双：C_5^2；

根据加法原理 $n = 120 + 10 = 130$，充分.

19. (B)

【解析】将 30 030 分解质因数，得 $30\,030 = 2 \times 3 \times 5 \times 7 \times 11 \times 13$.

条件(1)：偶因数一定要选取 2，剩下每个因数是否被选取均有 2 种可能，故有 $2^5 = 32$(种)可能性，不充分.

条件(2)：要求该偶数大于 2，故剩下 5 个因数至少要选取一个，即排除每个因数均不选取的可能，即 $32 - 1 = 31$(种)，充分.

20. (B)

【解析】不同元素的分配问题＋相同元素的分配问题.

条件(1)：将 5 本不同的书分配给 4 个同学，有 4^5 种可能；

每名同学至少有一本书的可能为 $C_5^2 A_4^4$；

故概率为 $\dfrac{C_5^2 A_4^4}{4^5} = \dfrac{15}{64}$，不充分.

条件(2)：挡板法.

6 本相同的书分配给 4 个人，每人至少 1 本可能性有 C_5^3 种；

6 本相同的书分配给 4 个人，任意分的可能性有 C_9^3 种.

故所求概率为 $\dfrac{C_5^3}{C_9^3}=\dfrac{5}{42}$，充分．

21. (C)

【解析】古典概型．

显然单独不成立，联立两个条件：

此题可以看作将 2 件次品放在 10 个格子中的两个，且第 1 个次品在前四个位置，第二个次品在第五个位置的概率：$\dfrac{C_4^1}{C_{10}^2}=\dfrac{4}{45}$，联立起来充分．

22. (A)

【解析】相同元素的分配问题．

第 2 个箱子至少放 3 个小球，故减少 2 个小球；

第 3 个箱子可以为空，故增加 1 个小球；

此题转化为 $n-2+1=n-1$ 个小球，放入 3 个不同的箱子，每个箱子至少放一个的问题．用挡板法：

条件(1)：$C_5^2=10$，充分．

条件(2)：$C_6^2=15$，不充分．

23. (A)

【解析】取球问题．

条件(1)：$P=\dfrac{C_7^2}{C_8^3}=\dfrac{21}{56}=\dfrac{3}{8}$，充分．

条件(2)：$P=\dfrac{C_7^3}{C_8^3}=\dfrac{35}{56}=\dfrac{5}{8}$，不充分．

24. (B)

【解析】排队问题．

条件(1)：

方法一：分两类，第一类：2 个新加节目相邻：$C_7^1\times A_2^2$；

第二类：2 个团体节目不相邻，插空即可：A_7^2；

由加法原理，得 $C_7^1\times A_2^2+A_7^2=56$ 种，不充分．

方法二：可先将 8 个节目全排列，然后对原先有的 6 个节目消序：$\dfrac{8!}{6!}=56$．

条件(2)：分三类：

第一类：3 个新加节目相邻：$C_7^1\times A_3^3$；

第二类：3 个新加节目中有 2 个相邻，另外 1 个不相邻：$C_3^2 A_2^2 A_7^2$；

第三类：3 个新加节目均不相邻：A_7^3；

由加法原理，得 $C_7^1\times A_3^3+C_3^2\times A_2^2\times A_7^2+A_7^3=504$，充分．

25. (C)

【解析】古典概型．

两个条件单独显然不充分，联立，用穷举法，可知满足条件的事件有

$$a=1,\ b=2;\ a=1,\ b=3;\ a=2,\ b=3$$

共 3 种结果；总的可能性有 $C_5^1\times C_3^1=15$；

故所求概率为 $P=\dfrac{3}{15}=\dfrac{1}{5}$，两个条件联立充分．

管理类联考综合全年备考规划

阶段	时间	备考用书	图书内容及特点
导学	3月前	名校先行班讲义	入门基础知识
基础阶段	6月前	《老吕数学要点精编》 《老吕逻辑要点精编》 《老吕写作要点精编》基础部分	系统讲解管综全部基础知识 解题方法简洁粗暴 编书风格幽默搞笑
暑假阶段	7—8月	《老吕数学母题800练》 《老吕逻辑母题800练》 《老吕写作要点精编》练习部分	1.系统总结所有考点和题型（母题），给出每个题型的常见变化、常用方法和常见陷阱。 2.每个题型均有一个全系列图书统一的母题编号，无论你看老吕哪本书，有任何一道题不会，均可通过母题编号查到相关题型做系统练习和总结。
真题阶段	8—10月	第1遍模考： 《老吕综合真题超精解》（试卷版）	真题套卷，赠送答题卡，用于模考 每题解析均给出母题编号
		第2遍总结： 《老吕综合真题超精解》（题型分类版）	真题按题型分类练习，用于总结 每题解析均给出母题编号
冲刺阶段	11月	《老吕数学冲刺600题》 《老吕逻辑冲刺600题》	数学、逻辑套卷，用于刷题和查缺补漏 每题解析均给出母题编号
		《老吕写作母题50练》（素材·范文·模板）	1.提供大量写作练习 2.提供常考话题的范文和素材，可供改写使用
模考阶段	12月	《老吕综合密押6套卷》	全真模考卷，赠送答题卡，用于模考 每题解析均给出母题编号

说明：
1.在校考生建议按照上述规划备考；在职考生可根据备考情况，适当减少部分图书的学习。
2.淘宝、天猫搜索"老吕学习包"即可优惠购买全套图书。

2019管理类联考·老吕学习包

11本正版图书，原价599元，仅售365元，限量1万套！

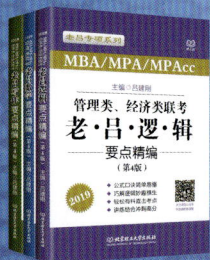

基础知识

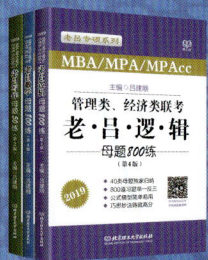

题型讲解

真题套卷

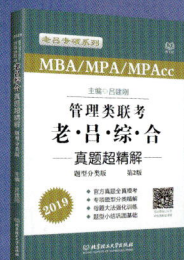

真题总结

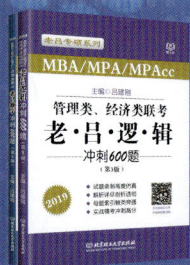

冲刺刷题

考前模考

◎ 赠品1：1680元老吕管综全程班（约23天课）

◎ 赠品2：980元陈正康英语二全程班（约17天课）

◎ 赠品3：1000元老吕VIP课程代金券

（可用于购买老吕管综弟子班等课程）

全程班课程内容

阶段	课程名称	管综配套用书	英语二配套用书
导学阶段	名校先行班 管综3天 英语3天	讲义	讲义
基础阶段 3-7月	基础班 管综15天 英语10天	《老吕数学要点精编》 《老吕逻辑要点精编》 《老吕写作要点精编》	《考研英语真题词汇分频速记宝典》 《考研英语核心语法与长难句突破》 《考研英语真题超精读（基础篇）》 《考研英语七天突破必考词组》
强化阶段 8-10月	真题班 管综3天 英语2天	《老吕综合真题超精解》 （试卷版） 《老吕综合真题超精解》 （题型分类版）	《考研英语（二）真题超精读 （提高篇）》
冲刺阶段 11-12月	冲刺模考 管综2次 英语2次	《老吕综合密押6套卷》	《考研英语（二）冲刺密训6套卷》

说明：上课形式为直播+录播；英语配套用书需自行购买，也可购买老吕管综+陈正康英语二学习包，
仅售699元。

购买方式 打开手机淘宝，检索"老吕学习包"即可 **GO**

老吕弟子班

不仅是上课，更是考研全套解决方案

课 — 管综全套直播课程，全年护航；赠送英语二直播课程，全科无忧。所有课程均赠送录播，查缺补漏。

练 — 经典图书讲义，配套课后习题；讲练结合，易得高分。

测 — 每周周测，实时反馈学习效果。

模 — 每月模考排名，知晓自身学习情况，及时调整备考方案。

评 — 模考深度讲评，不仅有测试，更会给出提高方案。

管 — 小班化管理，专职班主任跟踪服务。

传统线下班VS弟子班VS全程班

阶段	课程名称	课程单价（预计）	传统线下班 约14800元	弟子班 6580元	全程班 1680元
导学阶段	名校先行班	299元	×	√	√
基础阶段	基础班	899元	√	√	√
强化阶段	母题特训营	4999元	×	√	×
提高阶段	真题班	599元	√	√	√
提高阶段	管综写作特训营	999元	×	√	×
冲刺阶段	写作押题班	299元	×	√	×
冲刺阶段	冲刺模考班	299元	√	√	√
英语二	英语二全程班	999元	√	√	√
英语二	暑假特训营	1499元	×	√	×
英语二	写作押题班	299元	×	√	×
配套图书讲义			一般为讲义	18本正版图书	5本正版图书

2019管理类联考老吕弟子班

仅售 6580 元

阶段	课程名称	赠：管理类联考配套用书	赠：英语二配套用书
导学阶段 3月前	名校先行班	讲义	讲义
基础阶段 3-6月	基础班	《老吕数学要点精编》《老吕逻辑要点精编》《老吕写作要点精编》	《考研英语真题词汇分频速记宝典》《考研英语核心语法与长难句突破》《考研英语真题超精读》（基础篇）《考研英语七天突破必考词组》
强化阶段 7-8月	暑期母题直播集训营	《老吕数学母题800练》《老吕逻辑母题800练》《老吕写作要点精编》	《考研英语同源阅读80篇》《考研英语（二）真题超精读》（提高篇）
提高阶段 9-11月	真题班	《老吕综合真题超精解》（试卷版）	《考研英语（二）真题超精读》（提高篇）
	管综写作特训营	《老吕写作母题50练》（素材·范文·模板）	
冲刺阶段 11-12月	写作押题班	独家讲义	独家讲义
	冲刺模考班	《老吕综合密押6套卷》	《考研英语（二）冲刺密训6套卷》

赠送图书：老吕管综全套图书11本+陈正康英语二配套用书7本

赠送课程：老吕管综全程班+英语二全程班+英语二暑假特训营+英语二写作押题班+MBA提前面试课程（除MBA提前面试课程外，其他全部赠送课程均已在上述表格中体现）

自行购买图书套装的同学可获赠1000元课程代金券，但报名课程不再赠送图书。

◎ 会计专硕（MPAcc）、审计硕士（MAud）、图书情报硕士（MILS）备考交流群
391151375 454327989 288165825 398343934 436331330

◎ 工商管理硕士（MBA）、公共管理硕士（MPA）等在职管理类专硕备考交流群
655684395 390064782

扫描二维码
回复"弟子班"购买课程